E o Verbo se fez rede

Serviço à Pastoral da Comunicação
Coleção Pastoral da Comunicação: Teoria e Prática

A. *Série Manuais* (aplica, na prática, os conteúdos laboratoriais realizados no Sepac)
   1. Rádio: a arte de falar e ouvir (Laboratório)
   2. Jornal impresso: da forma ao discurso (Laboratório)
   3. Publicidade: a criatividade na teoria e na prática (Laboratório)
   4. Teatro em comunidade (Laboratório)
   5. Internet: a porta de entrada para a comunidade do conhecimento (Laboratório)
   6. Mídias Digitais - produção de conteúdo para a web (Laboratório)
   7. Oratória: técnicas para falar em público
   8. Espiritualidade: consciência do corpo na comunicação
   9. Vídeo: da emoção à razão (Laboratório)

B. *Série Dinamizando a comunicação* (reaviva, sobretudo nas paróquias, a Pastoral da Comunicação para formar agentes comunicadores)
   1. Dia Mundial das Comunicações Sociais – Maria Alba Vega
   2. Comunicação e família – Ivonete Kurten
   3. Pastoral da Comunicação: diálogo entre fé e cultura – Joana T. Puntel e Helena Corazza
   4. Homilia: a comunicação da Palavra – Enio José Rigo
   5. Geração Net: relacionamento, espiritualidade, vida profissional – Gildásio Mendes
   6. A comunicação nas celebrações litúrgicas – Helena Corazza
   7. Homilia: espaço para comunicar esperança – Helena Corazza, Edelcio Ottaviani, Leomar Nascimento de Jesus

C. *Série Comunicação e cultura* (oferece suporte cultural para o aprofundamento de temas comunicacionais)
   1. Cultura midiática e Igreja: uma nova ambiência – Joana T. Puntel
   2. Comunicação eclesial: utopia e realidade – José Marques de Melo
   3. INFOtenimento: informação + entretenimento no jornalismo – Fábia Angélica Dejavite
   4. Recepção mediática e espaço público: novos olhares – Mauro Wilton de Sousa (org.)
   5. Manipulação da linguagem e linguagem da manipulação: estudando o tema a partir do filme A fuga das galinhas – Claudinei Jair Lopes
   6. Cibercultura sob o olhar dos Estudos Culturais – Rovilson Robbi Britto
   7. Fé e Cultura; desafio de um diálogo em comunicação – Celito Moro
   8. Jovens na cena metropolitana: percepções, narrativas e modos de comunicação – Silvia H. S. Borelli, Rose de Melo Rocha, Rita de Cássia Alves de Oliveira (orgs.)
   9. Comunicação: diálogo dos saberes na cultura midiática – Joana T. Puntel
   10. Igreja e sociedade. Método de trabalho na comunicação – Joana T. Puntel
   11. E o verbo se fez rede: Religiosidades em reconstrução no ambiente digital – Moisés Sbardelotto

Moisés Sbardelotto

E o Verbo se fez rede
Religiosidades em reconstrução no ambiente digital

Dados Internacionais de Catalogação na Publicação (CIP)
(Câmara Brasileira do Livro, SP, Brasil)

Sbardelotto, Moisés
    "E o verbo se fez rede" : religiosidades em reconstrução no ambiente digital
/ Moisés Sbardelotto. – São Paulo : Paulinas, 2017. – (Coleção pastoral da
comunicação : teoria e prática. Série comunicação e cultura)

    ISBN: 978-85-356-4302-2

    1. Comunicação - Aspectos religiosos - Igreja Católica 2. Evangelização
3. Igreja Católica 4. Internet - Aspectos religiosos - Cristianismo 5. Mídias digitais
6. Redes sociais 7. Tecnologias digitais I. Título II. Série.

17-04019   CDD-261.52

Índice para catálogo sistemático:

1. Comunicação e Igreja : Ambiente digital :
Teologia social: Cristianismo   261.52

Direção-geral:
Flávia Reginatto

Editora responsável:
Maria Goretti de Oliveira

Copidesque:
Ana Cecilia Mari

Coordenação de revisão:
Marina Mendonça

Revisão:
Sandra Sinzato

Gerente de produção:
Felício Calegaro Neto

Capa e diagramação:
Claudio Tito Braghini Junior

Nenhuma parte desta obra poderá ser reproduzida ou transmitida
por qualquer forma e/ou quaisquer meios (eletrônico ou mecânico,
incluindo fotocópia e gravação) ou arquivada em qualquer sistema ou
banco de dados sem permissão escrita da Editora. Direitos reservados.

Paulinas
Rua Dona Inácia Uchoa, 62
04110-020 – São Paulo – SP (Brasil)
Tel.: (11) 2125-3500
http://www.paulinas.org.br – editora@paulinas.com.br
Telemarketing e SAC: 0800-7010081
© Pia Sociedade Filhas de São Paulo – São Paulo, 2017

Serviço à Pastoral da Comunicação (SEPAC)
Rua Dona Inácia Uchoa, 62
04110-020 – São Paulo – SP (Brasil)
Tel.: (11) 2125-3540
http://www.sepac.org.br – sepac@paulinas.com.br

A Martim e Anne,
com o carinho de quem,
como pai e esposo,
tem a alegria de ser amado e de amar.

Sem "caos", não há conhecimento.
Paul Feyerabend

Crer é afirmar que a vida tem sentido.
Ludwig Wittgenstein

O fazer é cego sem o saber,
e o saber é estéril sem o amor.
Joseph Ratzinger

Dialogar não significa renunciar às próprias ideias e tradições,
mas à pretensão de que sejam únicas e absolutas.
Jorge Mario Bergoglio

Agradecimentos

Este livro é fruto de muitas mãos, mentes e corações.

Agradeço primeiramente à Anne, sem a qual a pesquisa que levou a este livro não teria nem começado. A ela, o meu obrigado pela ternura, paciência, encorajamento e também por ser a inspiração para cada passo meu há mais de uma década. Minha eterna "musa", em todos os sentidos. A ela, com ela e por ela, o meu obrigado também ao Martim, fruto do nosso amor, que me dá a alegria e a dádiva de chamá-lo de *filho* e de poder ser chamado de *pai*.

A meu pai, Cláudio (*in memoriam*), e minha mãe, Idena, que sempre souberam dar valor ao conhecimento dos seus filhos e, com a sua experiência e exemplo, ensinam a cada dia que sabedoria não é acúmulo de anos escolares ou de títulos. E, quase sempre, vem acompanhada de muito trabalho, polenta, fortaia e vinho. *Grazie, vecchi!*

Ao Mateus (*in memoriam*), melhor irmão do mundo, meu muito obrigado pelo exemplo, inspiração e companhia constantes. Foi com você que aprendi a aprender. E você me ensinou muito, principalmente com o exemplo. Você faz *muita* falta aqui. Mas está comigo sempre.

Às minhas irmãs, Cláudia e Cristiane – e, com elas, aos cunhados Celso e Paulo –, por aguentarem e incentivarem sempre aquele piá que, depois de alguns anos, virou doutor, mas não o faria se não fosse também por elas. E por terem trazido ao mundo as pessoas que me tornam o tio (ou, melhor, o "doutor tio") mais feliz da terra... Cecília, André, Teresa, Tomás, Milena, Clara, Alice e Luisa, a vocês, o meu obrigado simplesmente por existirem. Todo o resto é lucro. E também às minhas sobrinhas Ísis e Lara, que ganhei por tabela (obrigado Vivi e Pilla!) e aumentam ainda mais a minha alegria.

Ao orientador do meu doutoramento, Jairo Ferreira, pela presença efetiva e afetiva ao longo desta pesquisa. E aos demais professores da linha de pesquisa Midiatização e Processos Sociais, da Universidade do Vale do Rio dos Sinos – Unisinos, Antonio Fausto Neto, José Luiz Braga e Pe. Pedro Gilberto Gomes, sj, pelo acompanhamento e exemplo como verdadeiros "mestres".

Aos "amigos para sempre" da Fabico-UFRGS 2002/1, desde os tempos de Orkut: Anelise, Paulo, Pedro, Rovani, Serginho, Vagner e Virgínia.

Às amigas Missionárias de Cristo Ressuscitado, por toda a companhia e partilha há tantos e tantos anos, e, junto com elas, a todos os demais membros da Comunidade MCR.

À Ir. Élide Fogolari, fsp, que muito me apoiou e me incentivou, minha homenagem, com o fruto desta pesquisa, pela liderança comunicacional, em seu sentido mais pleno, ao longo dos 13 anos de esforços até a aprovação do *Diretório de Comunicação da Igreja no Brasil.*

À Ir. Joana Puntel, fsp, pela inspiração nos estudos de interface entre comunicação e Igreja, assim como pela confiança no meu trabalho e pela aposta neste livro.

Aos amigos jesuítas, especialmente a Roque Junges, pela presença amiga, fraterna e formativa há tanto tempo; a Inácio Neutzling, pelo convívio e aprendizado no Instituto Humanitas Unisinos – IHU desde 2008; e a Antonio Spadaro, que, física ou digitalmente, me alegra com a sua amizade e me inspira em minha trajetória de pesquisa. E que também enriquece sobremaneira este livro com o seu Prefácio.

A Nancy e Nelcy, por todo o apoio e preocupação comigo ao longo desta pesquisa.

Ao Prof. Dr. Alberto Marinelli e, em seu nome, à Università di Roma "La Sapienza", por me acolherem e possibilitarem meu estágio doutoral de 2014 a 2015. *Grazie mille!*

Ao Prof. Dr. Stewart M. Hoover, da University of Colorado Boulder, pela inspiração acadêmica e pelo exemplo de vida pessoal, assim como pela amizade há vários anos e também por reabrir as discussões deste livro com o seu Posfácio.

Aos membros do ex-Pontifício Conselho para as Comunicações Sociais do Vaticano, na pessoa do seu então presidente, Dom Claudio Maria Celli; do seu então secretário, Dom Paul Tighe; do seu oficial de língua inglesa, Thaddeus Jones; assim como de Cristiane Aparecida Monteiro, pela acolhida, pela oportunidade de conhecer o trabalho comunicacional da Santa Sé e pelas entrevistas que me foram concedidas.

A Silvonei José, diretor do Programa Brasileiro da Rádio Vaticano, e ao jornalista Rafael Belincanta; a Felipe Rodrigues e Layla Kamila, do projeto *Jovens Conectados*; e a Cristiana Serra, do grupo *Diversidade Católica*, por também compartilharem suas experiências comigo.

Com todas essas pessoas, este livro ganha mais sentido. Com elas, compartilho uma mesma fraternidade, uma mesma origem e um mesmo destino, graças Àquele que é e sem o qual eu nada seria. A Ele, o meu *muito obrigado* – o maior de todos.

São Leopoldo, outono de 2017.

Sumário

Prefácio – Os grandes desafios da comunicação digital na pastoral – Antonio Spadaro 15

INTRODUÇÃO

1 – Gênese e encarnação do "Verbo em rede" 23

PARTE I

2 – A trama das "redes do Verbo":
contextos, método, problema 37

3 – Midiatização:
a relação entre sociedades, tecnologias e sentidos 67

4 – Midiatização digital:
a relação entre redes sociais e redes digitais 79

5 – Midiatização digital da religião:
a relação entre o ambiente digital e o fenômeno religioso 95

PARTE II

6 – Uma "ponte digital" entre a Igreja e o mundo:
o caso @Pontifex_pt no Twitter 111

7 – A voz on-line da Igreja:
o caso Rádio Vaticano – Programa Brasileiro no Facebook 151

8 – O rosto jovem da Igreja em bits e pixels:
o caso Jovens Conectados no Facebook 177

9 – As "periferias existenciais" da Igreja em rede:
caso Diversidade Católica no Facebook 213

PARTE III

10 – Religiosidades em midiatização digital:
a emergência das redes comunicacionais 253

11 – A circulação midiática em rede:
a emergência do dispositivo conexial...................................265

12 – A reconstrução do "católico" em rede:
a emergência do leigo-amador e das heresias comunicacionais........297

CONCLUSÕES

13 – Entre raízes e asas:
por uma práxis conexial da Igreja 345

Posfácio – O futuro das "espiritualidades digitais" –
Stewart M. Hoover 375

Referências..381

Prefácio
Os grandes desafios da comunicação digital na pastoral

Antonio Spadaro, S.I.[1]

A internet é uma realidade que já faz parte da vida cotidiana: não uma opção, mas um fato. A rede, hoje, se apresenta como um tecido conectivo das experiências humanas. Não um instrumento. As tecnologias da comunicação, portanto, estão criando um ambiente digital no qual o ser humano aprende a se informar, a conhecer o mundo, a estreitar e a manter vivas as relações, contribuindo para definir também um modo de habitar o mundo e de organizá-lo, guiando e inspirando os comportamentos individuais, familiares, sociais. Por essa razão, "o ambiente digital não é um mundo paralelo ou puramente virtual, mas faz parte da realidade diária de muitas pessoas, especialmente dos mais jovens" (Bento XVI). A evangelização não pode desconsiderar essa realidade.

E é esse fenômeno que Moisés Sbardelotto aprofunda neste seu livro, de modo articulado, preciso e profundo, ao mesmo tempo. Sua pesquisa começa justamente a partir da presença da Igreja Católica em rede, nas suas várias expressões, partindo da clarividente e histórica decisão de Bento XVI de criar a sua conta @*Pontifex* no Twitter, até as manifestações mais difusas nas *social networks* de expressões individuais e coletivas que fazem referência ao catolicismo. Nesse processo, ele analisa a "circulação" da experiência e da práxis católica, em muitas de suas luzes e sombras.

Este livro de Sbardelotto, portanto, nas suas abordagens "poliédricas", como diria o Papa Francisco, me oferece a oportunidade de expor quatro grandes desafios importantes que a comunicação digital coloca

---

[1] Diretor da revista *La Civiltà Cattolica*, Roma (Itália), e consultor do Pontifício Conselho para a Cultura.

à pastoral eclesial, considerando, como escrevera Bento XVI, que "as redes sociais são alimentadas por aspirações radicadas no coração humano". Estes desafios podem servir de chaves para uma leitura também pastoral das considerações de Sbardelotto, eclesialmente atuais e teologicamente instigantes.

Da pastoral da resposta
à pastoral da pergunta

Vivemos bombardeados por mensagens, sofremos uma sobreinformação, a chamada *information overload*. No tempo dos sistemas de busca, as respostas estão ao alcance das mãos, estão por toda a parte. Por isso, é importante hoje não tanto dar respostas. Todos dão respostas! *"The teacher doesn't need to give any answers because answers are everywhere"*[2] (Sugata Mitra, professor de Tecnologia Educacional da Newcastle University). Hoje, é importante reconhecer as perguntas importantes, as fundamentais. E, assim, fazer com que a nossa vida permaneça aberta, para que Deus ainda nos possa falar.

O anúncio cristão hoje corre o risco de apresentar uma mensagem ao lado de outras, uma resposta dentre muitas. Mais do que apresentar o Evangelho como o livro que contém todas as respostas, deveríamos aprender a apresentá-lo como o livro que compreende todas as perguntas certas.

A grande palavra a ser redescoberta, então, como Sbardelotto nos mostra em suas conclusões, é uma velha conhecida do vocabulário cristão: o discernimento espiritual, que significa reconhecer, entre as tantas respostas que hoje recebemos, quais são as perguntas importantes, as verdadeiras e fundamentais. É um trabalho complexo, que requer uma grande sensibilidade espiritual. "Nunca se deve responder a perguntas que ninguém se põe" (*Evangelii Gaudium*, 155).

A Igreja sabe se envolver com as perguntas e as dúvidas das pessoas? Sabe despertar as questões insuprimíveis do coração, sobre o sentido da existência? "É preciso, portanto, saber-se inserir no diálogo com os

---

[2] "O professor não precisa dar nenhuma resposta, porque as respostas estão por toda parte" (NT).

homens e mulheres de hoje, para compreender os seus anseios, dúvidas, esperanças" (Mensagem do Santo Padre Francisco para o XLVIII Dia Mundial das Comunicações Sociais – "Comunicação a serviço de uma autêntica cultura do encontro", 2014).

Da pastoral centrada nos conteúdos à pastoral centrada nas pessoas

Hoje também está mudando a modalidade de fruição dos conteúdos. Estamos assistindo ao colapso das programações... Até algum tempo atrás, a MTV (Music Television), entre os jovens, era considerada uma emissora *"cult"*. Agora, está passando por uma crise ou, se quisermos, uma transformação.

Os jovens, de fato, agora fruem a música na internet, e não há mais razões para que a desfrutem na TV. A TV é um ruído de fundo, o zumbido do mundo. Deixa-se que ela fale... Raramente, hoje, ela encontra lugar nos quartos dos jovens. Hoje, além disso, o "ver" implica seleção e a possibilidade do comentário e da interação. E essa possibilidade é dada por uma *social network* como o YouTube.

A fé parece participar dessa lógica. Os programas são substituídos pelas buscas pessoais e pelos conteúdos sempre acessíveis em rede. A catequese era uma forma de apresentar de forma ordenada, coerente e marcada os conteúdos da fé. Em um tempo em que as grades de programação estão em crise, essa modalidade de apresentar a fé está em crise.

Que desafios tudo isso coloca à fé e à sua comunicação? Como fazer com que a Igreja não se torne um "contêiner" a ser mantido ligado como um televisor que "fala" sem comunicar?

Encontramos uma direção de resposta a essa pergunta em uma passagem de Dom Claudio Maria Celli, ex-presidente do Pontifício Conselho para as Comunicações Sociais – entrevistado também por Sbardelotto neste livro –, no seu discurso ao Sínodo dos bispos sobre a Nova Evangelização:

> A hierarquia eclesiástica, assim como a política e social, deve encontrar novas formas para elaborar a própria comunicação, para que a sua contribuição a esse fórum receba a devida atenção. Estamos aprendendo a superar o modelo do púlpito e da assembleia que escuta por respeito à nossa posição. Somos

obrigados a expressar a nós mesmos de modo a envolver e convencer os outros que, por sua vez, compartilham as nossas ideias com os seus amigos, *"followers"* e parceiros de diálogo.

A vida da Igreja é chamada a assumir uma forma cada vez mais comunicativa e participativa.

Da pastoral da transmissão à pastoral do testemunho

A verdadeira novidade do ambiente digital é a sua natureza de *social network*, como Sbardelotto nos apresenta com aprofundamentos teóricos e empíricos. Ou seja, o fato de que ele permite que surjam não só as relações entre mim e você, mas também as minhas relações e as suas relações. Ou seja, em rede, emergem não só as pessoas e os conteúdos, mas também as relações.

Comunicar, portanto, não significa mais transmitir, mas compartilhar.

A sociedade digital não é mais concebível e compreensível somente através dos conteúdos. Acima de tudo, não há as coisas, mas as "pessoas". Há, sobretudo, as relações: o intercâmbio dos conteúdos que ocorre dentro das relações entre as pessoas. A base relacional do conhecimento em rede é radical.

Entende-se bem, portanto, como é importante o testemunho. Esse é um aspecto determinante, como aponta Sbardelotto. Hoje o ser humano da rede confia nas opiniões em forma de testemunho. Nesse sentido, o cristão que vive imerso nas redes sociais é chamado a uma autenticidade de vida muito desafiadora: ela toca diretamente o valor da sua capacidade de comunicação. De fato, Bento XVI escreveu na sua Mensagem para o Dia Mundial das Comunicações de 2011: "Quando as pessoas trocam informações, estão já a partilhar-se a si mesmas, a sua visão do mundo, as suas esperanças, os seus ideais".

O Documento de Aparecida, no número 145, afirmava claramente: "A missão não se limita a um programa ou projeto, mas é compartilhar a experiência do encontro com Cristo, testemunhá-lo e anunciá-lo de pessoa a pessoa, de comunidade a comunidade e da Igreja a todos os confins do mundo (cf. At 1,8)". A fé, portanto, não é só "transmitida", como também nos diz Sbardelotto, mas, sobretudo, também pode ser suscitada no encontro pessoal, nas relações autênticas.

Ainda o Documento de Aparecida, no número 489, embora tendo sido escrito antes do nascimento das *social networks*, já afirmava: "Os sites podem reforçar e estimular o intercâmbio de experiências e informações que intensifiquem a prática religiosa através de acompanhamentos e orientações".

Da pastoral da propaganda à pastoral da proximidade

Evangelizar não significa fazer "propaganda" do Evangelho. A Igreja em rede é chamada, portanto, não a uma "emissão" de conteúdos religiosos, mas a um "compartilhamento" do Evangelho. De certo modo, é o desafio de uma "práxis conexial", proposta por Sbardelotto à Igreja de hoje.

E, para o Papa Francisco, essa partilha é ampla. Ele escreve claramente: "A internet pode oferecer maiores possibilidades de encontro e de solidariedade entre todos; e isto é uma coisa boa, é um dom de Deus". O papa parece ler na rede o sinal de um dom e de uma vocação da humanidade a ser unida, conectada, "conexial".

Revive, graças às novas tecnologias da comunicação,

> o desafio de descobrir e transmitir a "mística" de viver juntos, misturar-nos, encontrar-nos, dar o braço, apoiar-nos, participar nesta maré um pouco caótica que pode transformar-se numa verdadeira experiência de fraternidade, numa caravana solidária, numa peregrinação sagrada (*Evangelii Gaudium*, 2013, n. 87).

Por fim, a rede certamente não é desprovida de ambiguidades e utopias. Em todo o caso, a sociedade fundada sobre as redes de conexão começa a colocar desafios realmente significativos tanto para a pastoral quanto para a própria compreensão da fé cristã, a partir da sua linguagem de expressão. Estamos diante de uma verdadeira "Reforma digital", como salienta Sbardelotto. Os desafios são exigentes. A nossa tarefa o é igualmente.

Nesse sentido, para concluir e, ao mesmo tempo, para abrir à leitura desta atual e necessária pesquisa de Sbardelotto, encerro com esta sua conclusão:

> O catolicismo contemporâneo vai se constituindo não apenas como aquilo que é "enunciado" pela instituição eclesiástica e seus representantes autorizados,

mas principalmente por aquilo que é "anunciado" pela comunidade eclesial em geral, pelas diversas pessoas católicas, em rede ou fora dela, em seus diversos níveis, em suas variadas interações sociais, sendo, portanto, diversa e difusamente posto em circulação, reconhecido e reconstruído. O catolicismo, na era digital, continua se manifestando como historicamente enraizado e institucionalmente estruturado, mas também como contemporaneamente fluido e comunicacionalmente poliédrico.

E é nesse processo, entre as "tramas" das redes, que Sbardelotto nos insere com este seu livro, tão atual quanto necessário.

Introdução

1
Gênese e encarnação do "Verbo em rede"

"No princípio, Deus criou o céu e a terra.
A terra estava sem forma e vazia;
as trevas cobriam o abismo
um vento impetuoso soprava sobre as águas.
Deus disse: 'Que exista a luz!'. E a luz começou a existir.
Deus viu que a luz era boa.
E Deus separou a luz das trevas:
à luz Deus chamou 'dia', e às trevas chamou 'noite'.
Houve uma tarde e uma manhã: foi o primeiro dia."
(Gênesis 1,1-5)

"No princípio..." Como no relato do livro bíblico do Gênesis, este livro também começou em uma "terra sem forma". Nela, entre "trevas", percebíamos um "abismo" encoberto na interface entre os processos midiáticos e as práticas religiosas contemporâneas. E nos sentimos impelidos a aprofundá-lo. Inicialmente, estávamos desorientados diante de um "vento impetuoso" de perguntas que "soprava sobre as águas" desse fenômeno comunicacional. Mas, aos poucos, "a luz começou a existir".

"Redes", "redes sociais", "redes digitais", "redes midiáticas": tudo é "rede". Com o desenvolvimento da internet e do ambiente digital, as pessoas, hoje, encontram novas formas de relação e de interação, sem fronteiras de espaço e sem limites de tempo. Não é novidade dizer que as últimas décadas foram marcadas por uma reviravolta comunicacional, uma verdadeira "revolução digital". Os 10 mil dias que estremeceram o mundo.[1] Assim, passamos a viver em uma sociedade da comunicação e da conexão, em velocidade e abrangência crescentes.

Para as religiões em geral, esse é um grande desafio contemporâneo. O ambiente digital emerge[2] como um novo lócus religioso e teológico. Formam-se novas modalidades de percepção, de experiência e de expressão do "sagrado" em novos ambientes comunicacionais. E as práticas sociais no ambiente *on-line*, a partir de lógicas midiáticas, complexificam hoje o fenômeno religioso. Isso diz respeito especialmente às tradições religiosas mais históricas, como o Cristianismo, dada a sua existência bimilenar, em sua relação com esse *novum* comunicacional contemporâneo.

Neste livro, abordamos a interface comunicacional de uma das facetas do Cristianismo, o catolicismo brasileiro em rede.[3] O interesse pelo catolicismo se deve, primeiramente, à relevância sócio-histórico-cultural da Igreja Católica no Brasil.[4] Para além dos dados estatísticos, a tradição, a doutrina e a prática religiosa do catolicismo constituem uma *referência comunicacional da cultura no Brasil*, porque, embora a população católica brasileira esteja em queda nos últimos anos, "não se pode afirmar que o catolicismo deixou de figurar como *uma das referências religiosas estruturantes da nacionalidade e da cultura nacionais*" (Steil; Toniol, 2013, p. 224, grifos nossos). E, se a cultura é construída por "mediações comunicativas" (Martín-Barbero, 2009), são estas que

---

[1] Segundo Scolari (2013), desde o surgimento das interfaces gráficas dos computadores (com o Macintosh, da Apple, em 1984) e da Web (a *World Wide Web*, WWW, em 1992), o mundo passou por uma explosão sociotecnocultural, cujos desdobramentos ainda são experimentados por nós em vários sentidos.

[2] "Emergência" diz respeito ao surgimento de uma qualidade nova com relação às qualidades anteriores dos elementos de um fenômeno. Ela é ao mesmo tempo fenomênica (por ser produzida pela organização do sistema em que nasce), mas também epifenomênica (por seu caráter acontecimental, novo, que retroage sobre o fenômeno) (Morin, 2008).

[3] Isso não impede, entretanto, que o leitor e a leitora encontrem aqui elementos para uma reflexão ampliada, que vá além dessa especificidade religiosa e até mesmo do próprio âmbito religioso, a partir de uma leitura transversal, relacionando outros fenômenos e contextos.

[4] Em termos quantitativos, os dados apontam uma redução histórica do número de católicos no território brasileiro: em 1872, 99,7% da população brasileira era católica; em comparação, no ano 2000, 73,6% dos brasileiros permaneciam católicos. Contudo, ainda hoje, a Igreja Católica detém a maioria religiosa da população do país, com 64,6% do total (dados mais recentes segundo o Censo 2010 do IBGE. Dados do Censo 2010 do IBGE, disponíveis em: <http://migre.me/ddYsQ>.

nos instigam em relação ao catolicismo contemporâneo, especialmente em tempos de plataformas sociodigitais.[5]

A Igreja Católica, ao longo do tempo, tentou se aproximar, captar e responder a esses "sinais dos tempos" comunicacionais. Um grande marco histórico, nesse sentido – anterior à "revolução digital", mas que serviu de horizonte para os passos comunicacionais eclesiais posteriores –, foi a publicação do decreto *Inter mirifica*, sobre os meios de comunicação social, aprovado em 1963 pelo Concílio Ecumênico Vaticano II.[6] Foi a primeira vez na história que um Concílio da Igreja abordou, em um documento próprio, a comunicação, reconhecendo e assumindo, assim, os "novos caminhos" abertos para a manifestação do "espírito humano" (n. 1). Promulgado pelo Papa Paulo VI, o decreto exalta as *"mirifica technicae artis"*, as "admiráveis artes técnicas" inventadas pelo engenho humano para a comunicação humana, que, à época, tornava-se realmente *social*. A partir delas, a Igreja via o favorecimento também da sua própria missão de "pregar a mensagem da salvação" (n. 3).

Outro grande marco histórico ocorreu no papado de João Paulo II (1978-2005), o primeiro pontífice que reconheceu a "revolução das comunicações e da informática em pleno desenvolvimento" (2002, s/p) e que efetivamente inseriu a Igreja no processo de digitalização. Segundo alguns relatos, ao conhecer as potencialidades da nascente internet, o papa perguntou aos seus assessores: "Por que a Santa Sé ainda não está lá? Quem deve decidir isso?". Responderam-lhe: "Cabe ao senhor, Santo Padre". E o papa: "Mas então que se faça!". Foi assim que, de forma inovadora no âmbito eclesial, no dia 30 de março de 1997, domingo de Páscoa, foi inaugurado o site da Santa Sé (www.vatican.va). E, em 2001, o papa polonês também enviou o primeiro e-mail pontifício, cujos des-

---

[5] Entendemos por plataforma sociodigital aqueles padrões comunicacionais *on-line* caracterizados por interfaces e protocolos multimodais específicos, como Twitter, Facebook, Instagram etc. Cada um desses padrões comunicacionais envolve, ao mesmo tempo, *softwares*, sites e aplicativos próprios, todos interconectáveis, que também podem se inter-relacionar com as demais plataformas e podem ser acionados mediante os mais diversos aparatos digitais (computador, celular, tablete), a eles se ajustando de modo interdependente. O conceito será mais aprofundado ao longo do livro.

[6] O Concílio Ecumênico Vaticano II (1962-1965) foi uma assembleia da cúpula mundial da Igreja Católica, com a participação dos papas – primeiro, João XXIII e, depois, Paulo VI – e de mais de 2 mil cardeais e bispos do mundo inteiro, além de demais membros da hierarquia, religiosos/as, leigos/as auditores/as e delegados de outras confissões cristãs. Tal evento, de certa forma, revolucionou o catolicismo a partir do século XX. Com informações da Wikipédia, disponíveis em <https://goo.gl/BhneC4>.

tinatários eram os bispos do mundo, contendo como anexo a exortação pós-sinodal *Ecclesia in Oceania*.

Já durante o pontificado de Bento XVI (2005-2013), a Igreja aprofundou ainda mais as suas reflexões e ações em relação à internet. Foi o pontífice alemão que identificou o surgimento de uma "nova cultura da comunicação" (ibid., 2009, s/p). Segundo ele, a revolução digital era uma verdadeira reviravolta comunicacional, pois a "transformação operada no campo das comunicações guia o fluxo de grandes mudanças culturais e sociais" (2011, s/p). Também foi Bento XVI que deu outro grande passo comunicacional de aproximação da Igreja ao fenômeno digital. Isso ocorreu em 2011, quando, com grande repercussão midiática, o pontífice lançou mundialmente o portal *News.va*, uma iniciativa comunicacional da Santa Sé para reunir em um único site as notícias produzidas pelas diversas mídias vaticanas e para também buscar maior inserção da Igreja Católica nas plataformas sociodigitais. O surpreendente, contudo, foi a forma como se deu tal lançamento e os seus desdobramentos. No dia 28 de junho de 2011, a equipe responsável pela criação da plataforma reuniu-se com o então papa para disponibilizá-la ao público. Para isso, diante de um tablete, solicitaram que o pontífice tocasse na tela e enviasse uma inédita e histórica mensagem pontifícia via Twitter:[7] o primeiro "tuíte" papal da história da Igreja.

O envio dessa mensagem, marcado pelo ineditismo e contemporaneidade da modalidade comunicacional, detinha um relevante caráter histórico entre os principais gestos comunicacionais da Igreja Católica ao longo da história – comparável à primeira imagem registrada em filme de um papa, Leão XIII, em 1896;[8] à primeira transmissão da voz papal no rádio, em 1931, quando foi fundada a Rádio Vaticano por Pio XI;[9] à primeira transmissão de imagens papais na televisão, em 1949, com Pio

---

[7] O Twitter (palavra que significa "gorjear", em inglês, cujo logotipo é um pássaro azul) foi fundado em 2006, também na Califórnia, e se define como "uma rede de informações composta de mensagens com 140 caracteres, conhecidas como *Tweets*" (disponível em <https://support.twitter.com/articles/262253>). A empresa assume como missão "capacitar todos os usuários a criar e compartilhar ideias e informações instantaneamente, sem qualquer barreira". Segundo dados oficiais de junho de 2016, o Twitter conta com 313 milhões de usuários ativos mensalmente, sendo que 79% das contas estão fora dos EUA. Mais de 1 bilhão de tuítes são enviados por dia. (disponível em <https://about.twitter.com/pt/company>.).

[8] Disponível em: <https://www.youtube.com/watch?v=vzLduvnW-FA>.

[9] Disponível em: <https://www.youtube.com/watch?v=0yaZWYNw0sc>.

XII,[10] ou ainda ao primeiro e-mail enviado oficialmente por um papa, João Paulo II, em 2001.

O momento do envio do primeiro tuíte papal foi registrado em vídeo pela instituição religiosa,[11] repercutindo depois nas publicações das mídias corporativas mundiais. Nas imagens registradas, percebe-se, por parte de Bento XVI, a curiosidade diante da "novidade" da comunicação midiática digital, assim como a dificuldade de manuseio da tecnologia para o envio da mensagem – o seu dedo, quase trêmulo, ao pressionar a tela do tablete, não ativa o *software* na primeira tentativa (Fig. 1).

Figura 1 – Papa Bento XVI envia seu primeiro "tuíte"
Fonte: <http://goo.gl/rXqae>.

Ambas as coisas – a repercussão midiática em torno do envio histórico de um tuíte papal e a "trêmula" relação do pontífice com a tecnologia – nos revelavam a existência de um "abismo" encoberto – parafraseando o texto do Gênesis – que começava a se manifestar "entre trevas" para nós como pergunta a ser investigada. Ou seja, ao mesmo tempo que a cúpula da Igreja contava com a presença de um pontífice idoso, com mais de 80 anos, que nunca usava o computador e escrevia todos os seus documentos e livros manualmente a lápis, sem recorrer a

---

[10] Disponível em: <https://www.youtube.com/watch?v=r8IpsH3XGtk>.
[11] Disponível em: <https://www.youtube.com/watch?v=tty87WDBukk>.

qualquer outro aparato eletrônico,[12] a instituição – sob sua liderança – investia seus esforços em novas modalidades comunicacionais. A ideia parecia ser a de mostrar que, embora guardiã de uma tradição multissecular, a Igreja também conseguia falar as novas linguagens e "traduzir" a sua tradição e doutrina para o contexto das plataformas sociodigitais, "onde o conhecimento é partilhado no âmbito de intercâmbios pessoais" (Bento XVI, 2011, s/p).

Por outro lado, o texto da inédita mensagem papal via Twitter, enviada em inglês pela conta do *News.va*, trazia elementos muito instigantes. O pontífice afirmava: "Queridos amigos, acabo de lançar o *News.va* [link]. Louvado seja nosso Senhor Jesus Cristo! Com minhas orações e bênçãos, Bento XVI" (Fig. 2).

Figura 2 – Primeiro "tuíte" papal da história
Fonte: <https://twitter.com/news_va_en/status/85740997933404160>.

O conteúdo da mensagem apontava para novas expressões religiosas que emergiam graças às mediações digitais, principalmente, a proximidade construída pelo pontífice junto aos seus leitores e leitoras, e possibilitada pela mediação tecnológica ("queridos amigos"). Mas também novas modalidades de vínculo com o "sagrado" no ambiente digital ("louvado seja nosso Senhor Jesus Cristo") e novas práticas religiosas em rede ("orações e bênçãos").

O gesto e a mensagem papais revelavam que, em um ambiente "secular" como o Twitter, sem qualquer vínculo direto com formas de expressão religiosa, um pontífice "descia" ao nível popular para se aproximar das pessoas – de qualquer uma, visto que os seguidores da conta, embora vinculada à Igreja Católica, não são necessariamente todos católicos –, chamando-as de "amigos" e dando-lhes a sua "bênção".

---

[12] Segundo a agência católica *Ecclesia*, disponível em: <http://goo.gl/E2kou4>.

Tal processo se exponenciou com a entrada do então Papa Bento XVI no Twitter, em 2012, com a criação das diversas contas @*Pontifex* (um dos casos de estudo deste livro), e, mais recentemente, com o ingresso do Papa Francisco no Instagram, em 2016, com sua conta @*Franciscus*.[13] Ou seja, agora, não se trata mais apenas da conta de um meio de comunicação vaticano (porta-voz, jornal, rádio, TV, site etc.), mas sim da *presença da própria instância máxima do catolicismo – o pontífice – em tais plataformas*. Emergem, assim, os primeiros *"papas-mídias"*,[14] pois as contas @*Pontifex* e @*Franciscus*, em sua personalização, apontam para um papa pessoalmente midiatizado em uma plataforma sociodigital ou, vice-versa, para uma mídia personificada na pessoa papal. No Twitter e no Instagram, portanto, a mediação comunicacional Igreja-mundo não se dá mais apenas pelas mídias vaticanas ou externas à Santa Sé (embora estas continuem complexificando o cenário). Agora, o próprio papa passa a ser uma *mídia-em-pessoa*.

Ou seja, tais presenças institucionais da Igreja nas plataformas sociodigitais manifestam ainda mais o reconhecimento de que a rede "tornou-se parte integrante da vida humana" (Bento XVI, 2011, s/p), e de que a Igreja não pode ignorar esse fenômeno. Não basta apenas uma presença *on-line* institucional em sites próprios (como o site do

---

[13] Disponível em: <https://www.instagram.com/franciscus/>. Em seu site, o Instagram se define como "uma maneira divertida e peculiar para compartilhar a sua vida com os amigos por meio de uma série de imagens". A empresa, que foi comprada pelo Facebook em 2012, explica que o Instagram é uma forma de construir "um mundo mais conectado através das fotos". Essa missão, portanto, passa a ser assumida pelo pontífice. Sua entrada na plataforma, não por acaso, ocorreu depois de receber a visita do presidente-executivo e cofundador do Instagram, Kevin Systrom, no dia 26 de fevereiro de 2016, no Vaticano. Na sua conta pessoal, Systrom postou uma foto desse primeiro encontro com o papa, afirmando que havia falado com Francisco "sobre o poder das imagens para unir as pessoas nas diferentes culturas e línguas". Celebrou-se, assim, um "compartilhamento" de intenções comunicacionais ("unir as pessoas") entre a empresa e a Igreja. No dia 19 de março de 2016, Systrom esteve novamente no Vaticano, onde acompanhou a postagem da primeira imagem pontifícia no Instagram. Logo depois, ele voltou a postar uma foto com o pontífice, escrevendo: "Assistir o Papa Francisco postar a sua primeira foto no Instagram hoje foi um momento incrível. @franciscus, bem-vindo à comunidade Instagram! As suas mensagens de humildade, compaixão e misericórdia vão deixar uma marca duradoura". E foi praticamente com as mesmas palavras que o papa se definiu na própria plataforma, em sua descrição pessoal, em inglês: "Eu quero caminhar com vocês pelo caminho da misericórdia e da ternura de Deus" ("I want to walk with you along the way of God's mercy and tenderness").

[14] Desde o Papa Leão XIII, em 1896, o primeiro pontífice a ter a sua imagem filmada, passamos a contar com *"papas midiáticos"*, em sentido contemporâneo, os quais encontraram o seu auge em São João Paulo II. Em tais casos, a construção de sentido social sobre a *persona* pontifícia era agenciada pelas operações midiáticas da Santa Sé: do porta-voz papal, do *L'Osservatore Romano*, da Rádio Vaticano, do Centro Televisivo Vaticano ou do *Vatican.va*, enfim, das mídias vaticanas em geral. A situação atual, contudo, é muito mais complexa.

Vaticano ou das mídias vaticanas), mas é preciso participar desta "nova cultura da comunicação" (ibid., 2009, s/p), aproveitando o seu "enorme potencial [...] para favorecer a ligação, a comunicação e a compreensão entre indivíduos e comunidade" (id.), entre o pastor e o seu rebanho.

Assim, vemos que os papas, pessoalmente, passam a se "misturar" com as pessoas em rede, deixando de lado a ênfase nos sites institucionais da Santa Sé e passando a buscar uma maior participação nas plataformas sociodigitais, indo ao encontro das pessoas onde elas estão. E aqui percebemos uma primeira tensão: participar do Twitter, ou do Instagram, por exemplo, significa, para a instituição, abrir mão do seu poder de controle sobre a construção de sentido. Ela deve, agora, obedecer aos protocolos empresariais indicados por essas outras instituições comunicacionais e também aos protocolos sociais que as pessoas vão elaborando no desenrolar das interações em rede. Desse modo, a Igreja Católica adentra aos poucos em um "território" alheio e não neutro. Que desdobramentos isso pode provocar, ou, melhor, já está provocando?

Bento XVI assumia que "o envolvimento cada vez maior no areópago digital público das chamadas *social networks* [...] influi sobre a percepção de si próprio e, por conseguinte, inevitavelmente, coloca a questão [...] da autenticidade do próprio ser" (2011, s/p). Surge aí uma segunda tensão: o temor da Igreja Católica diante dos riscos que podem estar envolvidos, do seu ponto de vista, como instituição, na sua entrada nesse "areópago". Como Igreja, podem estar em risco a "percepção de si própria" e a sua própria "autenticidade", justamente pelo fato de as redes comunicacionais[15] serem um ambiente sem a possibilidade de controles institucionais próprios em relação ao que ali circula socialmente. Por isso, segundo Bento XVI, no contexto digital, deveria haver um esforço maior para dar a conhecer a verdade do Evangelho "na sua integridade" em vez de "torná-la aceitável, talvez 'mitigando-a'" (2011, s/p). Ou seja, o risco também diz respeito à "integridade" do catolicismo. Por isso, por parte da instituição, é necessário evitar toda possibilidade de sua "mitigação". Mas como a instituição pode promover um evitamento disso em meio às diversas e difusas interações comunicacionais em rede?

Em rede, a Igreja-instituição, conscientemente, percebe que passa a interagir com a "participação maciça [das pessoas] nos vários *social networks*" (Bento XVI, 2011, s/p), em que as pessoas em geral podem

---

[15] Trata-se das diversas matrizes de interconexão e comunicabilidade em plataformas sociodigitais. O conceito será mais aprofundado ao longo do livro.

manifestar suas opiniões pessoais sobre o catolicismo publicamente, com alcance global e instantâneo, muitas vezes com conteúdos desviantes ou até mesmo contrários ao sentido proposto pela instituição, que vão além de qualquer controle institucional. Em rede, o fluxo comunicacional não se deixa deter ou delimitar por estruturas ou impedimentos quaisquer e, mesmo diante de obstáculos, encontra outros circuitos e conexões para a construção de sentido.

Tal "participação maciça" envolve, ainda, inúmeras outras expressões públicas assumidamente católicas nas plataformas sociodigitais, desprovidas de qualquer vinculação oficial com a Igreja. Para além dos perfis individuais que cada pessoa pode possuir ou dos grupos fechados que podem ser constituídos dentro de plataformas como Twitter, Facebook, Instagram etc., pessoas e grupos criam ambientes públicos de circulação de sentidos sobre o catolicismo – mediante "contas" ou "páginas" intituladas deliberadamente como católicas (*"Fé católica"*, *"Música católica"*, *"Catequese católica"*, *"Catecismo da Igreja Católica"* etc.). Nesses ambientes, para além da vigilância ou da restrição institucionais, tais sujeitos "falam" sobre o catolicismo, postando conteúdos diversos (sob a forma de textos, imagens e vídeos) vinculados à tradição e à doutrina da Igreja Católica, em meio a tensões e polarizações. Isto é, as plataformas sociodigitais, especificamente, oferecem a possibilidade de que as pessoas em geral – indivíduos, grupos e instituições – possam produzir conteúdos religiosos de forma pública e em rede, distribuindo--os de modo instantâneo, potencialmente em nível global,[16] alimentando os fluxos circulatórios da comunicação.

Vemos, assim, que a "autenticidade" e a "integridade" do catolicismo, atualizando o temor de Bento XVI, podem passar, de certo modo, a ser "mitigadas" pela ação social nos diversos circuitos comunicacionais em rede: em respostas/comentários que são publicizadas nas próprias páginas e contas oficiais da Igreja Católica nas plataformas sociodigitais; pelas ações comunicacionais da sociedade, de modo geral, mediante retuítes, compartilhamentos e novas postagens sobre o catolicismo em tais plataformas; pela criação de contas e páginas públicas dedicadas ao catolicismo em tais plataformas por parte de pessoas comuns, sem vinculação institucional; dentre outros.

---

[16] Apenas o Facebook reúne mais de 1,23 bilhão de usuários diários ativos ou 1,86 bilhão de usuários mensais ativos. Dados da própria plataforma, de dez. 2016, disponíveis em <http://newsroom.fb.com/company-info/>.

Nesses ambientes, a sociedade em geral – pessoas ou grupos católicos e também não católicos ou até "anticatólicos" – se apropria do catolicismo de forma mais autônoma (sem a supervisão institucional nem a aprovação oficial da Igreja em relação à autenticidade ou integridade daquilo que é posto em circulação) e, ao mesmo tempo, de forma pública (potencialmente sem limites de alcance social "em massa"), alimentando a circulação comunicacional. Assim, paralelamente ao reforço da presença institucional católica na rede, vemos que o sentido do "ser religioso" e do "ser católico" na sociedade, mediante essas novas mediações sociais e comunicacionais, muitas vezes, vai muito além (ou fica muito aquém) da sua possível "aceitabilidade" por parte da Igreja Católica. A instituição eclesiástica se defronta com uma construção social de sentidos emergentes sobre ela própria e sobre a fé católica como um todo, porque as pessoas em geral, católicas ou não, nos diversos âmbitos da rede, também podem agora *dizer publicamente* o catolicismo.

Se o catolicismo, especificamente, "com sua estrutura de caráter performativo, já tem um potencial de incorporar a diversidade" (Teixeira; Menezes, 2009, p. 9), ao se posicionar em uma arena pública como a internet e suas redes, coloca-se em uma encruzilhada ainda mais complexa de discursos outros, inclusive que não lhe pertencem e lhe escapam. Emerge, assim, uma diversificada e difusa rede de relações entre símbolos, crenças e práticas vinculados à experiência religiosa católica, à tradição histórica do catolicismo ou à Igreja Católica: aquilo que aqui chamamos de "católico".[17]

Em um período histórico em que os processos de comunicação midiática se tornam generalizados no tecido social, a internet, como ambiente midiático, vai-se constituindo como um "meio de comunicação, de interação e de organização social" (Castells, 2005, p. 257) e também de prática religiosa, caracterizando um fenômeno de midiatização digital da religião.[18] Entendida como um sistema social de significação cultural em torno do "sagrado" e do transcendente, a religião, hoje, se depara, nesse processo, com contextos midiáticos de experiência emergentes, nos quais a fé é percebida e expressada de formas inovadoras com relação aos contextos institucionais tradicionais. Nas interações sociais que emergem dos usos e apropriações digitais, as práticas religiosas trazem consigo lógicas e dinâmicas midiáticas. No caldo cultural contemporâneo,

---

[17] O conceito será mais aprofundado no capítulo 5.

[18] O conceito será mais aprofundado nos capítulos 3, 4 e 5.

portanto, a religião embebe e é embebida por processos midiáticos, e, assim, instituições religiosas e fiéis vão sendo impelidos pela complexidade social a modificar suas estruturas comunicacionais e seus sistemas internos e externos de significação do "sagrado" em sociedade.

Ou seja, se o "Verbo se fez bit" (Sbardelotto, 2012), ele também passa a fluir, deslocar-se, circular pelos meandros da internet mediante infindáveis ações de construção de sentido por parte de inúmeros interagentes[19] em conexão em plataformas sociodigitais. Portanto, para além da experiência religiosa específica em sites católicos analisada em nossa pesquisa anterior, interroga-nos agora a *experimentação religiosa* diversa e difusa sobre o catolicismo nas plataformas sociodigitais. Para além do caráter privado da fé *on-line*, interroga-nos o *aspecto público do fenômeno religioso* em circulação comunicacional na internet. Para além de uma prática ritual de fé, interrogam-nos *ações comunicacionais sobre o catolicismo* por parte de diversos interagentes conectados em rede e suas (micro)transformações de sentido.

Parafraseando o livro do Gênesis, a gênese deste livro foi nos mostrando que aquela "luz" inicial que entrevíamos em meio à complexidade desse fenômeno comunicacional "era boa". Este livro, portanto, busca separar a "luz" das "trevas" que encobrem esse fenômeno e chamar pelo nome os processos que o constituem ou, melhor, "dar-lhes nome" para que possam ser reconhecidos e discernidos.

"Houve uma tarde e uma manhã": o *Verbo se fez rede.*

* * *

Este livro está dividido em três partes, além de suas conclusões finais.

Na Parte I, apresentamos a construção desta pesquisa, como o seu contexto, problema, questões específicas, método e metodologias (capítulo 2). Também refletimos sobre alguns eixos de articulação e tensionamento teóricos, que poderão facilitar ao leitor e à leitora a compreensão dos conceitos aqui acionados e o aprofundamento das análises e inferências realizadas. Neles, são trabalhados, principalmente, o conceito de midiatização (capítulo 3), sua especificidade digital (capítulo 4) e sua interface com a religião (capítulo 5).

---

[19] Interagente é aquele que *age com outro*, seja uma pessoa, uma tecnologia, um discurso, um símbolo etc. O conceito será aprofundado ao longo do livro.

Na Parte II, descrevemos casos empíricos de circulação do "católico" em rede, no Twitter e no Facebook, a partir da ação comunicacional da Igreja-instituição[20] e da sociedade em geral em torno do catolicismo, em quatro níveis diferenciados. Em um nível suprainstitucional, examinamos a conta pessoal do papa no Twitter em português, @Pontifex_pt (capítulo 6). Em um nível institucional vaticano, a página *Rádio Vaticano – Programa Brasileiro (RVPB)*, no Facebook (capítulo 7). Em um nível socioinstitucional brasileiro, a página do projeto *Jovens Conectados*, no Facebook (capítulo 8). E, em um nível minoritário periférico católico brasileiro, a página *Diversidade Católica*, no Facebook (capítulo 9).

Na Parte III, "redescrevemos" as nossas descrições prévias, fazendo algumas inferências transversais sobre lógicas e dinâmicas midiáticas percebidas nas análises dos diversos casos. Isso é feito a partir de três ângulos diferenciados: no âmbito das religiosidades em midiatização digital, refletimos sobre a emergência de redes comunicacionais (capítulo 10); no âmbito da circulação midiática em rede, examinamos a emergência daquilo que chamamos de dispositivo conexial (capítulo 11); e no âmbito da reconstrução do "católico", apontamos para a emergência daquilo que chamamos de leigos-amadores e de heresias comunicacionais, em meios aos quais indicamos algumas tendências do "católico" (capítulo 12).

Por fim, no capítulo 13, elaboramos algumas conclusões sobre a práxis conexial da Igreja. Tais inferências encerram este livro, mas, dada sua incompletude e provisoriedade, reabrem a discussão mediante novas perguntas sobre como reconhecer a catolicidade do "católico", sobre a necessidade de escutar e discernir o *sensus fidelium digitalis* e sobre a manifestação de uma "religião (em) comum".

---

[20] Distinguimos neste livro duas concepções de Igreja em tensão: a institucional e a popular, a eclesiástica e a elesial, ou, nas palavras de Boff (1994), entre uma Igreja-Hierarquia, "dirigida exclusivamente por clérigos", e uma Igreja-Povo-de-Deus. Ao nos referirmos à primeira – com as expressões "Igreja-instituição", "Igreja Católica", "Santa Sé", "Vaticano" –, abordamos uma organização durável e regrada " com seus cânones e com sua tradição [...] em termos de estabilidade, de conservação da própria identidade [...] A instituição tem a ver sempre com o poder" (Boff, 1994, p. 93). Já ao falarmos da segunda concepção – com a expressão mais genérica "Igreja" –, abordamos as "comunidades de batizados [...], animados pela mensagem de absoluta fraternidade de Jesus Cristo [que] se propõe, historicamente, a concretizar um povo de livres, fraternos e participantes" (ibid., p. 94). Em outras palavras, é a tensão reconhecida pelo próprio Papa Francisco, que afirma: "A evangelização é dever da Igreja. Este sujeito da evangelização, porém, *é mais do que uma instituição orgânica e hierárquica*; é, antes de tudo, *um povo que peregrina para Deus*. Trata-se certamente de um mistério [...], mas tem a sua *concretização histórica num povo peregrino e evangelizador, que sempre transcende toda a necessária expressão institucional*" (Francisco, 2013, n. 111, grifo nosso).

Parte I

Nos capítulos que compõem esta primeira parte, apresentamos a construção de nossa pesquisa, como o seu contexto, problema, questões específicas, método e metodologias (capítulo 2).

Em seguida, repassamos alguns eixos de articulação e tensionamento teóricos que fazem parte do horizonte de reflexão acerca de nosso problema de pesquisa. Tais eixos foram ou voltarão a ser acionados, alimentados e complexificados pela observação e análise empírica (parte II), em nossa seção de inferências transversais (parte III) e em nossas Conclusões (capítulo 13), que nos ajudarão a aprofundar nossas inferências. Assim, reconhecemos que nossa experiência de observação se desenvolve com os eixos teóricos que aqui apresentamos, e não antes ou depois deles.

Primeiramente, a partir do caso da circulação do "católico" em rede, apresentamos algumas problematizações da relação entre sociedades, tecnologias e sentidos hoje, compreendidas a partir do conceito de midiatização (capítulo 3). Depois, aproximamos nossa "lente" de estudo, debruçando-nos sobre a especificidade digital da midiatização, problematizando a relação entre redes e sociedades (capítulo 4). Em um nível mais específico de reflexão, comentamos a midiatização digital da religião, a partir da problematização sobre a relação entre o ambiente digital e o fenômeno religioso (capítulo 5).

2
A trama das "redes do Verbo":
contextos, método, problema

> *"O Senhor Deus plantou um jardim em Éden, no Oriente,*
> *e aí colocou o ser humano que havia modelado [...]*
> *para que o cultivasse e guardasse."*
> *(Gênesis 2,8.15)*

A construção deste livro, parafraseando o relato do Gênesis, também se "coloca" em um determinado "jardim". Nossa pesquisa, em primeiro lugar, foi "modelada" em um ambiente social específico, marcado pela crescente complexificação dos processos comunicacionais em plataformas sociodigitais. Por outro lado, na interface com o fenômeno religioso, situamos nosso caso em um ambiente religioso específico – o catolicismo –, acentuado por um contexto eclesial historicamente delimitado entre os papados de Bento XVI e Francisco.

Tomar consciência dos contextos em que nos situamos e em que nosso estudo está situado, assim como o método que o "modela" e que "nos modela" como observadores-pesquisadores, é importante para percebermos que nossa pesquisa não foi feita em uma "torre de marfim", isolada do mundo, mas foi "colocada" – por nós, por nossos contextos, por nosso método – no amplo "jardim" do mundo sociocultural e com ele também dialoga. Como parte do nosso caminho de pesquisa, reconhecemos que também somos chamados a "cultivar e guardar" tal jardim, assumindo uma postura política de construção do conhecimento, retornando à sociedade e à Igreja, na forma de novos insumos de reflexão e ação, aquilo que delas recebemos como incentivos e estímulos ao conhecimento.

Neste capítulo, apresentaremos, primeiro, o contexto sociocomunicacional de nossa pesquisa, marcado por uma conectividade cada vez maior. Depois, o contexto sociorreligioso em que nosso estudo se enquadra, que

E o Verbo se fez rede: religiosidades em reconstrução no ambiente digital

aponta para uma "Reforma digital" emergente nas sociedades contemporâneas e, igualmente, para uma "Contrarreforma digital" por parte da Igreja Católica. Em seguida, abordaremos nosso problema de pesquisa e as questões pontuais que este estudo buscou trabalhar. Por fim, revisitando nosso método, indicamos ao leitor e à leitora alguns passos metodológicos que permitiram chegar às nossas conclusões.

2.1 Contextualização sociocomunicacional: as redes de um Brasil conectado

Este livro foca o contexto sociocomunicacional brasileiro, analisando observáveis que têm uma vinculação direta com a realidade digital do Brasil. No momento histórico atual da comunicação, a inscrição das diversas instituições sociais, como a Igreja, e das pessoas em plataformas sociodigitais "se articulam como mundos paralelos, em que um é ambiente do outro, acelerando os processos de interação intramidiáticos articulados com os que ocorrem na esfera intermidiática" (Ferreira, 2013a, p. 152).

Alguns dados de contexto permitem compreender melhor esse cenário. Segundo a Pesquisa Brasileira de Mídia 2015 (PBM, 2015), embora a TV e o rádio continuem sendo os meios de comunicação predominantes no Brasil, praticamente metade dos brasileiros (48%) já usa a internet (Secretaria, 2014). Estamos falando, portanto, de um fenômeno crescente, que já abrange "meio Brasil" e merece ser analisado também especificamente nas suas mais diversas interfaces, como a religião.

Dados da Pesquisa Nacional por Amostra de Domicílios (PNAD), divulgados pelo Instituto Brasileiro de Geografia e Estatística (IBGE) em abril de 2015, confirmam esses resultados, informando que 85,6 milhões de brasileiros acima de 10 anos de idade (49,4% da população) tinham usado a internet, pelo menos uma vez (Barrucho, 2015). Uma das principais constatações da PBM 2015 é que, no total, 76% dos brasileiros acessam a internet todos os dias.

Em relação especificamente às plataformas sociodigitais, segundo a PBM 2015, entre os internautas, 92% estão conectados a elas, com um predomínio do Facebook (83%). Já o Twitter, "popular entre as elites políticas e formador de opinião", é usado por 5% dos internautas brasileiros entrevistados.

Em suma, analisando o contexto sociocomunicacional brasileiro, destaca-se o grande uso da internet e uma grande presença de brasileiros em plataformas sociodigitais. Esse também foi um dos indícios que nos levaram a construir nosso caso em torno do fenômeno da midiatização digital da religião. A Igreja, nas suas mais diversas expressões, especificamente em solo brasileiro, reconhece essa realidade sociocomunicacional local, buscando enfrentar esses processos de mudança, como veremos.

2.2 Contextualização sociorreligiosa: as redes do catolicismo brasileiro

Tomando como eixo de investigação os processos comunicacionais, não nos interessa analisar especificamente a "tradição" católica ou a sua "presença" em território brasileiro, mas sim algumas lógicas e dinâmicas que possibilitam a sua referenciação estruturante da cultura nacional, a partir de ações comunicacionais no ambiente digital. Vejamos alguns aspectos dessa questão.

Estudos sobre as religiões e religiosidades contemporâneas apontam que o cenário brasileiro atual é de grande mobilidade e sincretismo religiosos, efeitos da pluralização em curso. Por um lado, no Brasil, "fragiliza-se o peso da tradição e vem reforçada a busca de alternativa individual no processo de afirmação da identidade religiosa" (Teixeira, 2010, p. 23). Assim, dentro do próprio catolicismo contemporâneo brasileiro, "o fiel católico insere-se num quadro diversificado de modos de ser e participar, configurando uma forma plural de exercer sua vinculação" (ibid., 2009, p. 19).

Por outro lado, tal diversificação e mobilidade se dão mediante "processos de combinação e identificação" não apenas entre religiões diferentes, mas inclusive dentro do próprio catolicismo, mediante uma "circulação de crenças e ritos" (Rumstain; Almeida, 2009, p. 33). Nesse processo, não são só as pessoas que circulam entre os diversos catolicismos, mas também os diversos conteúdos simbólicos e as diversas práticas rituais católicas, na sua pluralidade interna, dentro do próprio catolicismo, "por meio de cópias, oposições, concorrência" (ibid., p. 31).

Se, no Brasil, não existe "um" catolicismo estanque e cristalizado, mas sim "estilos culturais de 'ser católico'", ou "catolicismos" no plural, estes se inserem "num quadro geral marcado por relações de comunicação, de proximidades e distanciamentos" (Teixeira, 2009, p. 20). Assim, podemos entender o catolicismo brasileiro contemporâneo como uma "prática dialógica e interativa, em que se fazem presentes múltiplas vozes que competem e negociam entre si, num processo de enunciação e performance constante" (Steil, 2009, p. 155), cuja dimensão e alcance são catalisados pela midiatização digital. Em suma, processos *comunicacionais* de construção de "catolicismos" ou do "ser católico" brasileiro contemporâneo, que, ao longo da gênese do nosso caso, pudemos perceber nas interações sociais *on-line*.

Esses processos não passam despercebidos pela própria Igreja. O Papa Bento XVI, por exemplo, pouco depois de anunciar a sua histórica renúncia ao papado em fevereiro de 2013, identificou a interface extremamente complexa e densa entre a Igreja e o processo de midiatização. No seu discurso de despedida do clero romano, ele voltou aos tempos do Vaticano II. No seu relato, o pontífice reconheceu que "havia o Concílio dos Padres – o *verdadeiro Concílio* –, mas havia também o Concílio dos meios de comunicação, que era *quase um Concílio à parte*" (Bento XVI, 2013a, s/p, grifo nosso). E percebia que "o mundo captou o Concílio através deles, através dos *mass media*", pois foi o que "chegou de forma *imediata e eficiente* ao povo" (id., grifo nosso).

Diferenciando o Concílio dos Padres (que se realizava "no âmbito da fé") do Concílio dos Jornalistas (que "não se realizou no âmbito da fé"), o então papa identificava "hermenêuticas diferentes" (Bento XVI, 2013a, s/p). Embora com uma crítica contumaz à cobertura jornalística do evento, o destaque da fala do pontífice é o reconhecimento de que "este Concílio dos meios de comunicação era *acessível a todos*. Por isso, acabou por ser o *predominante, o mais eficiente*" (grifos nossos). E nisso o papa via um processo negativo de "descentralização da Igreja".

Falando décadas depois do Concílio, Bento XVI percebia, nas entrelinhas do seu discurso, o papel do fenômeno da midiatização nos próprios processos internos e externos de significação da Igreja, não apenas em termos de expansão do alcance do Concílio ("acessível a todos", "predominante"), mas também de reconstrução social do evento ("o mais eficiente"). Assim, apontava para o risco central do ponto de vista institucional: a "descentralização da Igreja", devido a uma "hermenêutica política" dos jornalistas, que defendiam um maior peso ao "poder do povo, dos leigos" (ibid., s/p).

Tal "risco", com o passar dos anos e a maior complexificação da midiatização com o aprofundamento da digitalização, apenas aumentou.

Com as mudanças do papel do jornalismo e a passagem dos "meios de massa para a massa de meios" (Alves, 2013, s/p) daí decorrentes, as hermenêuticas "da Igreja" e "dos jornalistas" foram pulverizadas em inúmeras hermenêuticas eclesiais e inúmeras hermenêuticas jornalísticas, complementadas e tensionadas por inúmeras outras hermenêuticas "sociais" diversas, de pessoas e grupos sociais, que agora passam a encontrar seu espaço midiático no ambiente digital.

2.2.1 Igreja e redes: a "Reforma digital"

Na interface entre o contexto eclesial e o contexto sociocomunicacional, podemos dizer que as instituições religiosas hoje se defrontam com um fenômeno histórico que encontra um paralelo semelhante nas convulsões vividas no período da Reforma Protestante, no século XVI. Logo após a Idade Média, diversas reformas religiosas ocorreram por toda a Europa, tendo como base a insatisfação com as atitudes da Igreja Católica e o seu distanciamento em relação aos princípios do Evangelho. O principal movimento de Reforma teve início com o então monge católico alemão Martinho Lutero. Em 1517, ele publicou suas "95 teses", possivelmente na porta da Igreja do Castelo de Wittenberg, protestando contra diversos pontos da doutrina da Igreja Católica, propondo uma reforma no catolicismo romano. Graças também à nascente imprensa, tais teses se espalharam muito rapidamente por toda a Alemanha, desencadeando uma controvérsia teológica que foi muito além do que o próprio Lutero pensava e pretendia (Pontifício; Federação, 2015).

Com o avanço da midiatização em suas especificidades digitais, podemos dizer que as Igrejas se defrontam com uma verdadeira "Reforma digital" (Drescher, 2011; Fiegenbaum, 2010) no ambiente sociocultural. Se a reforma histórica envolveu o complexo de eventos ocorridos a partir da publicação das teses de Lutero, hoje teríamos um número incalculável de "teses" sobre a fé e o "sagrado" sendo publicadas exponencialmente por incontáveis "luteros" conectados em rede. Trata-se de um processo extremamente novo, não mais de 500 anos, mas de pouco mais de 10 mil dias, desde o surgimento das interfaces gráficas dos computadores (com o Macintosh, da Apple, em 1984) e da rede mundial de conexões digitais (a *World Wide Web*, WWW, em 1992) (Scolari, 2013). Tal processo ainda está em experimentação e evolução, demandando das Igrejas um reconhecimento atento e uma reflexão aprofundada, que permita compreender e discernir tais "sinais dos tempos". Assim como em relação à Reforma histórica, também é preciso reconhecer, valorizar e frutificar os possíveis "dons espirituais e teológicos recebidos através da Reforma" digital (cf. Declaração, 2016, s/p).

Uma das principais preocupações de Lutero, dentre outras, era "superar a fragilidade de conhecimento da fé cristã entre ministros e o povo leigo" (Pontifício; Federação, 2015, p. 33). Isso o levou, junto com colegas da Universidade de Wittenberg, a traduzir a Bíblia do latim para o alemão, de modo que mais pessoas pudessem ter acesso a ela para a leitura pessoal e comunitária, visando à difusão de informações, à partilha de conhecimentos e, assim, a uma participação leiga mais efetiva na vida da Igreja. Para isso, os reformadores fundaram diversas escolas tanto para meninos quanto para meninas (uma inovação para a época), encorajando e promovendo a alfabetização das pessoas, gerando uma verdadeira revolução cultural. Esse processo, segundo Drescher (2010), foi catalisado pelo surgimento concomitante da imprensa, que favoreceu o acesso a meios de comunicação (livros, panfletos, jornais) mais baratos, mais rápidos de produzir e mais fáceis de circular. Isso acabou favorecendo também a difusão de alternativas religiosas para mais pessoas, com menos possibilidade de controle para as autoridades eclesiásticas.

Hoje, por sua vez, com a midiatização digital, temos processos de expansão do alcance e de aprofundamento da abrangência das relações comunicacionais, que, analogamente à cultura impressa nos tempos de Lutero, geram um contexto sociocultural em mudança articulado com as recentes inovações tecnológicas. Na cultura digital, também estão em jogo – em novas processualidades – a circulação de sentidos, o compartilhamento de informações e conhecimentos, e a participação leiga. Fiegenbaum (2010) chama tais transformações de "Reforma Protestante do século XXI". Segundo ele, tal reforma

> não é um movimento, não tem um gesto fundador, nem um protagonista carismático, nem mesmo tem seu nascedouro nas sacristias das igrejas. A Reforma Protestante do século XXI é silenciosa, nasce na sociedade, modifica crenças, estabelece outros modos de visibilidade e reorganiza vínculos dentro e fora da Igreja. A Reforma Protestante do século XXI não é teológica, é midiática. É midiática porque as condições pelas quais as igrejas se inserem no mundo e realizam sua missão na sociedade mudaram nos últimos 500 anos. Mas mudaram ainda mais radicalmente de uns 20 anos para cá, por conta dos processos de midiatização, que se têm tornado cada vez mais referência para as interações sociais de toda ordem, inclusive no que se refere às questões últimas e ao transcendente (Fiegenbaum, 2010, p. 222).

Esses últimos 20 anos envolvem, precisamente, a revolução digital. É nesse sentido que Drescher (2011) especifica ainda mais tais mudanças ao abordar aquilo que chama de "Reforma digital". Ou seja,

> uma revitalização da Igreja impulsionada geralmente por espiritualidades *ad hoc* de fiéis comuns que integram práticas de acesso, conexão, participação, criatividade e colaboração, encorajadas pelo uso disseminado de novas mídias sociais digitais em todos os aspectos da vida diária, incluindo a vida de fé (ibid., p. 4, trad. nossa).

A digitalização situa-se, portanto, como eixo de uma "explosão global de criatividade religiosa" (ibid., p. 7, trad. nossa) na contemporaneidade.

Se na Reforma histórica Lutero defendeu "um papel ativo das pessoas leigas na reforma da Igreja" (Pontifício; Federação, 2015, p. 32), na "Reforma digital" as pessoas encontram meios comunicacionais para exercer publicamente esse papel, mediante sua autonomização em novos modos de "acesso, participação, cocriatividade e autoridade distribuída" (Drescher, 2010, p. 1, trad. nossa). Como nos tempos de Lutero, temos hoje uma demanda social por participação nos processos de circulação de informações e compartilhamento de conhecimentos, especialmente no âmbito eclesial. Analisando-se um contexto histórico mais amplo,

> ao contrário das reformas eclesiais anteriores, a Reforma digital é movida não tanto por teologias, dogmas e política – embora estes certamente estejam sujeitos a um questionamento renovado –, mas sim pelas *práticas espirituais digitalmente intensificadas de crentes comuns com acesso global entre si e a todas as formas de conhecimento religioso previamente disponíveis apenas ao clero, aos estudiosos e a outros especialistas religiosos.* Isso coloca praticamente tudo em jogo – nossas tradições, nossas histórias, nossa compreensão do sagrado, até mesmo a estrutura e o significado dos textos sagrados que nós pensávamos que haviam sido assegurados em um cânone duradouro há muito tempo, no quarto século (Drescher, 2011, p. 2, trad. e grifos nossos).

Nesse sentido, se a Reforma Protestante foi uma revolução religiosa que desencadeou uma revolução sociocultural (Boff, 1986), podemos dizer que a "Reforma digital" se manifesta como uma revolução sociocultural que está desencadeando uma revolução religiosa, especialmente a partir da ubiquidade dos processos (não tendo mais um "centro difusor" como Wittenberg, mas sim redes espalhadas pelo globo) e da autonomia dos sujeitos (em que cada pessoa, potencialmente, pode promover uma "minirreforma" de alcance mundial), em suas ações e práticas comunicacionais.

Tanto Fiegenbaum (2010) quanto Drescher (2011) reconhecem que a teologia se converte em um eixo secundário das transformações em curso. O que move tais "reformas" são ações e práticas de sentido, que desencadeiam processos comunicacionais e midiáticos mais amplos. Essa articulação contemporânea cada vez mais forte entre teologia e comunicação tem sido reconhecida pelas diversas igrejas, em níveis diferenciados e a partir de pontos de vistas distintos, visando a objetivos também diferentes.

A Igreja Católica, especificamente, vem atentando para os desdobramentos históricos da "Reforma digital" como um grande desafio pastoral, tentando captar esses "sinais dos tempos" comunicacionais. Isso ocorre, principalmente, a partir dos próprios papas cujos pontificados ocorreram ao longo do avanço da "Reforma digital", a saber, João Paulo II (1978-2005), que introduziu a Igreja no processo de digitalização, Bento XVI (2005-2013) e Francisco (2013-). Nos seus documentos e reflexões, eles buscaram despertar a Igreja ao que acontecia no âmbito da comunicação, especialmente em suas mensagens anuais para o Dia Mundial das Comunicações Sociais.[1]

O papa polonês introduziu a reflexão sobre a internet no magistério pontifício. Em 2002, ele publicou uma mensagem intitulada "Internet: um novo foro para a proclamação do Evangelho". Nela, o pontífice a situava em um mesmo patamar epocal que as grandes descobertas, a Renascença, a invenção da imprensa, a Revolução Industrial e o nascimento do novo mundo. Se estes foram "momentos de vanguarda, que exigiram novas formas de evangelização", assim também o é "a revolução das comunicações e da informática em pleno desenvolvimento" (João Paulo II, 2002, s/p, grifo nosso). Para o pontífice, o "espaço cibernético" era "uma nova fronteira que se abre no início deste novo milênio" para a Igreja, "cheia da ligação entre perigos e promessas" e marcada também pelo "sentido de aventura que caracterizou os outros grandes períodos de mudança". Isto é, um verdadeiro desafio pastoral.

Já Bento XVI reconheceu que "as novas tecnologias digitais estão provocando mudanças fundamentais nos modelos de comunicação e nas relações humanas" (2009, s/p). Segundo o pontífice, a "Reforma digital"

---

[1] Especialmente desde o Concílio Ecumênico Vaticano II, foram publicados inúmeros documentos pontifícios sobre a relação entre a Igreja e a comunicação em geral. Aqui, não faremos uma retomada histórica e uma análise de seus conteúdos, visto que outros estudos já foram feitos nesse sentido: para isso, ver Puntel (2011), Dariva (2003) e Teer-Tomaselli e Tomaselli (2014).

estaria marcada pela facilidade de acesso a celulares e a computadores, junto com o alcance global e a onipresença da internet, criando "uma multiplicidade de vias através das quais é possível enviar, instantaneamente, palavras e imagens aos cantos mais distantes e isolados do mundo: trata-se claramente de uma possibilidade que era impensável para as gerações anteriores" (Bento XVI, 2009, s/p).

Segundo o papa alemão, assim como a revolução industrial produziu uma mudança profunda na sociedade, "também hoje a profunda transformação operada no campo das comunicações *guia o fluxo de grandes mudanças culturais e sociais*" (2011, s/p, grifo nosso). Ou seja, "as novas tecnologias estão mudando não só o modo de comunicar, mas *a própria comunicação em si*, podendo-se afirmar que estamos perante uma *ampla transformação cultural*" (id., grifo nosso). A Igreja, portanto, encontra-se diante de uma "nova cultura da comunicação" (ibid., 2009, s/p), que a desafia e a impele a reformar suas práticas de sentido. É significativo, nesse sentido, a transição lexical que acompanha as mensagens pontifícias, indo dos *mass media* (meios de massa) evocados inúmeras vezes por João Paulo II às *social networks* (redes sociais) ou "novos *media*" citados por Bento XVI: a comunicação pessoal e social mudava, e era necessário que a práxis eclesial acompanhasse tal mudança.

As pessoas, agora, graças às redes, podem se encontrar "para além dos confins do espaço e das próprias culturas" (Bento XVI, 2011, s/p). Ao se tornarem "cada vez mais parte do próprio tecido da sociedade", as plataformas sociodigitais, segundo Bento XVI, levam também à "aparição de uma *nova ágora*, de uma *praça pública e aberta* onde as pessoas *partilham* ideias, informações, opiniões e podem ainda ganhar vida novas relações e formas de comunidade" (2013, s/p, grifo nosso). Em rede, as pessoas podem "construir relações e encontrar amizade", mas também "buscar respostas para as suas questões" e "ser estimuladas intelectualmente e partilhar competências e conhecimentos" (id.).

Diante desse contexto, a Igreja reconhece que principalmente os jovens da "geração digital" usam tais meios para *"partilhar as próprias ideias e opiniões"* (ibid., 2009, s/p, grifo nosso). Ou seja, "os meios modernos de comunicação" possibilitam "formas de diálogo *mais abrangentes*", com uma "incisiva difusão" e uma "notável influência" (ibid., 2010, s/p). Reconhece-se, assim, que as novas modalidades comunicacionais trazem consigo outras possibilidades de construção social de sentido, mais abrangentes, incisivas e influentes do que as anteriores.

Por fim, segundo o Papa Francisco (2014a, s/p), "hoje vivemos num mundo que se está tornando cada vez menor", pois "os progressos dos transportes e das tecnologias de comunicação deixam-nos mais próximos, interligando-nos sempre mais, e a globalização faz-nos mais interdependentes". Nesse contexto, afirma o pontífice, "as redes da comunicação humana *atingiram progressos sem precedentes*. Particularmente a internet pode oferecer maiores possibilidades de encontro e de solidariedade entre todos; *e isto é uma coisa boa, é um dom de Deus*" (id., grifo nosso).

O problema desse processo, segundo o papa, é que "a variedade das opiniões expressas [na internet] pode ser sentida como riqueza, mas é possível também *fechar-se numa esfera de informações que correspondem apenas às nossas expectativas e às nossas ideias*" (2014a, s/p, grifo nosso). Ou seja, a Igreja correria o risco de ser excluída de determinadas "esferas" que não se sentem correspondidas por ela, ou então de ser considerada uma "opinião a mais" em um contexto comunicacional "variado".

Em um encontro com os participantes do Congresso Internacional da Pastoral das Grandes Cidades, em 2014, o Papa Francisco comentava a repercussão dessa evolução histórica em relação à vida da Igreja:

> Viemos de uma prática pastoral secular, em que a Igreja era o único ponto de referência da cultura. (...) Como autêntica Mestra, ela sentiu a responsabilidade de delinear e de impor não só as formas culturais, mas também os valores e, mais profundamente, de traçar o imaginário pessoal e coletivo, isto é, as histórias, os eixos sobre os quais as pessoas se apoiam para encontrar os significados últimos e as respostas às suas perguntas vitais. *Mas não estamos mais nessa época. Ela passou. Não estamos na cristandade, não mais. Hoje, não somos mais os únicos que produzem cultura, nem os primeiros, nem os mais ouvidos. Precisamos, portanto, de uma mudança de mentalidade pastoral* (Francisco, 2014b, s/p, grifo nosso).

Para a Igreja Católica, esse crescimento exponencial de "produtores da cultura" é o principal desafio eclesial contemporâneo, no qual também se insere "a nova arena digital, o chamado *cyberspace*, [que] permite encontrar-se e conhecer os valores e as tradições *alheios*" (Bento XVI, 2010, s/p, grifo nosso). Isto é, a Igreja-instituição não seria mais o eixo central das interações sociais, nem mesmo em âmbito religioso, e passaria a disputar a atenção de diversas alteridades religiosas presentes na rede, passando por um reforço ainda maior daquela "descentralização" sentida por Bento XVI nos tempos do Concílio.

Se "a *web* está contribuindo para o desenvolvimento de formas novas e mais complexas de consciência intelectual e espiritual, de certeza compartilhada", o risco principal, na perspectiva eclesiástica, é que o "envolvimento cada vez maior no areópago digital público (...) *influi sobre a percepção de si próprio* e, por conseguinte, inevitavelmente, coloca a questão não só da justeza do próprio agir, mas também da *autenticidade do próprio ser*" (Bento XVI, 2011, s/p, grifos nossos). Lidas do ponto de vista institucional, tais frases apontam para o grande desafio percebido pela Igreja Católica nas relações sociais *on-line*. As pessoas passam a construir "certezas compartilhadas" por conta própria, complexificando, assim, a "consciência espiritual" pessoal e modificando também a "percepção" que têm da própria Igreja, das suas lideranças e da sua autoridade, colocando em xeque a sua "autenticidade".

Do ponto de vista comunicacional, tais fenômenos relacionados com a "Reforma digital" chegaram ao seu auge, de certa forma, no próprio anúncio da renúncia do Papa Bento XVI em 2013. O gesto histórico foi justificado pelo pontífice como consequência da sua falta de "vigor" diante do "mundo de hoje, *sujeito a rápidas mudanças e agitado por questões de grande relevância para a vida da fé*" (Bento XVI, 2013c, s/p, grifo nosso). Mesmo sem explicitar concretamente quais seriam tais "mudanças" e "agitos" que o levaram a tal decisão, o cenário analisado nas mensagens de Bento XVI sobre a comunicação contemporânea pode muito bem servir como pano de fundo, a ponto de ele assumir a sua "incapacidade para administrar bem o ministério que me foi confiado" (id., grifo nosso).

2.2.2 Igreja em rede: a "Contrarreforma digital" católica

Diante desse fenômeno, ao mesmo tempo, percebemos também uma espécie de "Contrarreforma digital" por parte da Igreja Católica, tanto em nível vaticano quanto brasileiro. Se a chamada "Reforma digital" guia "o fluxo de grandes mudanças culturais e sociais", dando origem a "uma nova maneira de aprender e pensar" (Bento XVI, 2011, s/p), a Igreja Católica buscou assumi-la conscientemente, aprendendo a aprender e a pensar de forma nova no contexto digital. Assim, tal "Contrarreforma digital" buscou chamar a Igreja Católica como um todo a se apropriar da cultura digital na sua reflexão e na sua prática, com inúmeras iniciativas de aproximação às plataformas sociodigitais.

Essa resposta começou ainda no papado de João Paulo II (1978-2005). Em sua mensagem de 2002, o pontífice afirmava que, "para a

Igreja, o novo mundo do espaço cibernético é uma exortação à *grande aventura do uso do seu potencial para proclamar a mensagem evangélica*". Para o pontífice, "é importante que a comunidade cristã descubra formas muito especiais de ajudar aqueles que, pela primeira vez, entram em contato com a internet, *a passar do mundo virtual do espaço cibernético para o mundo real da comunidade cristã*" (2002, s/p). Trata-se de uma postura eclesial de desbravamento e reconhecimento de um "novo mundo", na tentativa de convertê-lo (fazê-lo "passar") ao "mundo real da comunidade cristã". Tal postura teve seu correlato na ação pastoral da Igreja, já que foi João Paulo II que inaugurou a presença da Santa Sé na internet, com um site próprio (www.vatican.va), lançado no dia 30 de março de 1997, Domingo de Páscoa, e foi também ele, em 2001, que enviou o primeiro e-mail pontifício, cujos destinatários eram os bispos do mundo inteiro.

Já durante o pontificado de Bento XVI (2005-2013), por sua vez, a Igreja aprofundou ainda mais as suas reflexões e ações em relação à internet. Das oito mensagens do papa alemão para o Dia Mundial das Comunicações Sociais, nada menos do que quatro são dedicadas especificamente ao fenômeno digital: *Novas tecnologias, novas relações. Promover uma cultura de respeito, de diálogo, de amizade* (2009); *O sacerdote e a pastoral no mundo digital: os novos media a serviço da Palavra* (2010); *Verdade, anúncio e autenticidade de vida, na era digital* (2011); e *Redes sociais: portais de verdade e de fé; novos espaços de evangelização* (2013). Diante dos desafios que a comunicação contemporânea levantava, a própria instituição eclesiástica, nas reflexões de âmbito papal, buscava se posicionar, reagindo com o apelo a um posicionamento e a uma resposta concreta por parte de toda a Igreja. Tal convocação visava a instar católicos e católicas a "anunciar, neste campo também [da *web*], a nossa fé" (Bento XVI, 2011, s/p).

Ao longo de suas mensagens para o Dia Mundial das Comunicações Sociais, Bento XVI apelou a tal "Contrarreforma digital" dirigindo-se, principalmente, a três grandes públicos: os jovens, o clero e os cristãos em geral. Primeiramente, o então pontífice exortou especialmente os jovens católicos a "levarem para o mundo digital o testemunho da sua fé", pedindo que se sentissem "comprometidos a introduzir na cultura deste novo ambiente comunicador e informativo os valores sobre os quais assenta a vida de vocês" (2009, s/p). "A vocês, jovens – afirmou o papa –, que se encontram quase espontaneamente em sintonia com esses novos meios de comunicação, compete de modo particular a tarefa

da evangelização deste 'continente digital'. (...) sejam os seus arautos!".
Assim, diante da realidade de uma sociedade em mudança, o pontífice
convocava a juventude católica a assumir uma importante "tarefa"
eclesial no ambiente digital. Como em uma "Cruzada *on-line*", os jovens eram exortados a investir suas energias na entrada em um novo
"território" a ser conquistado, e "o papa acompanha vocês com a sua
oração e a sua bênção".

Por outro lado, Bento XVI também despertava o clero[2] para que
atentasse para o "limiar de uma 'história nova'" (2010, s/p) marcada pela
cultura digital. Para o pontífice, o "âmbito vasto e delicado da pastoral
como é o da comunicação e do mundo digital [...] oferece ao sacerdote
novas possibilidades para exercer o seu serviço à Palavra e da Palavra"
(id.). E conclamava: "Aos presbíteros é pedida a capacidade de estarem
presentes no mundo digital", especialmente diante das suas "perspectivas sempre novas e, pastoralmente, ilimitadas" para a missão da Igreja
(id.). Segundo o papa, quanto "mais ampliadas forem as fronteiras pelo
mundo digital, tanto mais o sacerdote será chamado a se ocupar disso
pastoralmente, *multiplicando o seu empenho* em colocar os *media* a
serviço da Palavra" (id., grifo nosso). O comprometimento solicitado é
exponencial. Fica explícita a demanda por parte da hierarquia de um
maior envolvimento dos clérigos nas novas práticas comunicacionais da
sociedade, em vista dos objetivos eclesiais.

Por fim, o chamado do então papa a essa "Contrarreforma digital"
era generalizado: "Quero convidar *os cristãos* a unirem-se confiadamente
e com criatividade consciente e responsável na rede de relações que a
era digital tornou possível" (Bento XVI, 2013, s/p). O convite era para
que os cristãos fossem "arautos" comprometidos, criativos e responsáveis, assumindo o desafio do "anúncio de Cristo no mundo das novas
tecnologias", a "tarefa da evangelização deste 'continente digital'" (ibid.,
2009, s/p) e o compromisso de proclamar "a verdade do Evangelho (...)
no espaço virtual da rede" (ibid., 2013b, s/p).

Portanto, desde a sua base (os jovens) até a hierarquia da Igreja
(o clero), chegando a todos "os cristãos", a autoridade católica máxima
solicita que a Igreja exerça "uma 'diaconia da cultura' no atual 'continente
digital'" (Bento XVI, 2010, s/p).

---

[2] O conjunto dos ministros ordenados da Igreja Católica, como sacerdotes e bispos, que detêm um
vínculo institucional com a Igreja e uma função oficial de liderança das comunidades católicas.

É interessante a referência pontifícia a imagens geográficas ("mundo", "fronteiras", "continente") para falar de um ambiente de outra ordem, como o digital. O então presidente do Pontifício Conselho para as Comunicações Sociais (PCCS) da Santa Sé, o arcebispo Claudio Maria Celli, entrevistado para esta pesquisa (na época, o PCCS era o principal órgão da comunicação vaticana, subsumido em junho de 2015 na nova Secretaria para a Comunicação do Vaticano), aprofunda a analogia a essa "territorialidade difusa" da missão digital:

> Nesse *mundo da internet*, há muitíssimas pessoas que nunca vão entrar na igreja, mas que também devem encontrar Jesus Cristo. Usando esta perífrase: uma vez, os missionários partiam – eu penso na China – para não mais voltar. Partiam para anunciar o Evangelho também naqueles continentes distantes. *Mas o continente digital também precisa do seu anúncio* (informação verbal, Vaticano, 3 jul. 2015, trad. e grifos nossos).

A mesma imagem é retomada por Dom Paul Tighe, então secretário do PCCS, ao afirmar que, diante das mudanças culturais contemporâneas, o desafio da Igreja é

> fazer uma avaliação da realidade, considerar seriamente as mudanças. Não é simplesmente a pergunta que as pessoas fazem: "Como vamos usar as novas tecnologias para a nova evangelização?", mas sim *como vamos nos fazer presentes nesse novo mundo, nesse novo ambiente que foi trazido pela internet*, pela associação de plataformas, especialmente as mídias digitais. Creio que esse é o ponto principal: como vamos nos fazer presentes. *Uma das coisas que vemos é essa analogia de falar de um "continente digital". E, assim como a Igreja, quando foi para a África, ou a Ásia ou para a América Latina, teve que entender as línguas e a cultura dos povos de lá, nós temos que entender a cultura das mídias digitais.* E isso é um grande desafio para nós, pois estamos acostumados a falar mais em um modelo *broadcast*: "Eu falo, todo mundo tem que parar e escutar". Enquanto este [o "continente digital"] é um ambiente onde você pode falar, mas, se você não escutar, se não se engajar, se não responder as perguntas, se não levar as críticas seriamente em consideração, se não fizer parte de uma comunidade mais ampla, a sua voz vai ser deixada de lado, sem ser ouvida (informação verbal, Vaticano, 5 jun. 2015, trad. e grifos nossos).

Para enfrentar tais desafios da "Reforma digital", reconhecida pela Igreja, a alta cúpula eclesiástica convocou essa "Contrarreforma", mediante o "compromisso por um testemunho do Evangelho na era digital" (ibid., 2013, s/p). Uma ação pública de ressignificação do "ser católico" no ambiente digital, a convite da mais alta instância da Igreja Católica.

Em âmbito brasileiro, em março de 2014, depois de 13 anos de estudos e aprofundamentos, a Conferência Nacional dos Bispos do Brasil (CNBB)[3] também aprovou e lançou o *Diretório de Comunicação da Igreja no Brasil*.[4] O documento "chega no momento em que a Igreja é interpelada pelas mudanças trazidas à sociedade contemporânea pela revolução digital, tema tratado com vigor pelo Papa Bento XVI" (Conferência, 2014, n. 6). Em um capítulo específico sobre *Igreja e mídias digitais*, o Diretório afirma que "a presença da Igreja no ambiente digital é incentivada por ser um lugar de testemunho e anúncio do Evangelho" (ibid., n. 175), na busca de "inculturar a mensagem do Evangelho na cultura digital" (ibid., n. 182).

Na prática, por conseguinte, essa "Contrarreforma digital" da Igreja Católica foi se concretizando em diversas iniciativas, tanto na Santa Sé quanto na Igreja do Brasil, que podem ser destacadas em alguns marcos históricos principais (Tab. 1):

Tabela 1 – Principais marcos históricos da "Contrarreforma digital" católica

Janeiro 2009	Criação do canal oficial em inglês do Vaticano no YouTube.[5] Até meados de 2017, o serviço contava com mais de 165 mil inscritos.
Dezembro 2010	Lançamento do site do projeto Jovens Conectados, promovido pela Comissão Episcopal Pastoral para a Juventude (CEPJ), da CNBB, para a divulgação das atividades dos jovens das mais diversas expressões ecleciais (pastorais, movimentos, congregações, novas comunidades), mediante uma grande rede de colaboração presente desde o início nas principais plataformas sociodigitais, como Facebook, Twitter, YouTube e Flickr. Com o passar dos anos, a presença do projeto foi se ampliando para outras plataformas digitais.

---

[3] A Conferência Nacional dos Bispos do Brasil (CNBB) é uma "instituição permanente que congrega os bispos da Igreja Católica no país". Trata-se do órgão máximo da Igreja Católica no Brasil, ao favorecer e articular "as relações entre as Igrejas particulares do Brasil e a Santa Sé". Com informações disponíveis em: <http://goo.gl/89ZyGw>.

[4] O autor deste livro, a convite da CNBB, fez parte da comissão especial que produziu o documento.

[5] Disponível em <https://www.youtube.com/user/vatican>.

Junho 2011	Envio do primeiro "tuíte papal" da história, pelo então Papa Bento XVI. O mesmo tuíte lançou o portal News.va, serviço criado para congregar as principais notícias produzidas pelos meios de comunicação vaticanos (como: Agência Fides, jornal L'Osservatore Romano, Sala de Imprensa da Santa Sé, Serviço de Informação Vaticano, Rádio Vaticana, Centro Televisivo do Vaticano e Setor de Internet da Santa Sé), buscando maior inserção da Igreja nas plataformas sociodigitais com presenças paralelas, especialmente no Facebook e Twitter, em diversos idiomas.
Março 2012	Jovens Conectados lança conta no Instagram.[6] Até meados de 2017, o serviço contava com mais de 50 mil seguidores.
Junho 2012	Grande reformulação do site do Vaticano, reorganizando seus elementos e layout.
Agosto 2012	O Programa Brasileiro da Rádio Vaticano abre sua página do Facebook.[7] Foi a primeira página de um departamento da Santa Sé nessa plataforma de rede social on-line. Até meados de 2017, a página contava com mais de 550 mil "curtidas".
Dezembro 2012	Papa Bento XVI lança sua primeira mensagem na sua conta pessoal no Twitter, @Pontifex. Até a sua renúncia, em fevereiro de 2013, o pontífice alemão somaria mais de 3 milhões de seguidores nas oito versões idiomáticas da conta.
Janeiro 2013	Papa Bento XVI dedica sua mensagem do 47º Dia Mundial das Comunicações ao tema Redes sociais: portais de verdade e de fé; novos espaços de evangelização.
Janeiro 2013	Lançamento do The Pope App, aplicativo oficial do papa: um programa para download em celulares com conteúdos referentes ao pontífice e ao Vaticano, integrado com diversas plataformas, permitindo compartilhar informações via Facebook, Twitter ou e-mail.

---

[6] Disponível em <https://www.instagram.com/jconectados/>.

[7] Disponível em <https://pt-br.facebook.com/radiovaticanobrasil>.

Março 2013	Recém-eleito, Papa Francisco retoma a conta @Pontifex e envia o seu primeiro tuíte. Até meados de 2017, o papa já havia superado a marca de 33 milhões de seguidores na soma das suas oito contas.
Março 2013	Papa Francisco grava a sua primeira videomensagem como pontífice,[8] de uma série de muitas outras que se sucederiam com o passar dos anos. A primeira videomensagem, justamente, abordava uma questão midiático-religiosa, pois se dirigia aos fiéis que assistiriam, no dia 30, Sábado Santo, a uma exposição televisiva extraordinária do Santo Sudário no canal italiano Rai, evento que precisou da autorização do então Papa Bento XVI.
Março 2013	Criação da conta oficial da Santa Sé no Instagram, "newsva".[9] Até meados de 2017, o serviço contava com mais de 120 mil seguidores.
Março 2014	Aprovação e publicação do Diretório de Comunicação da Igreja no Brasil, da CNBB, com um capítulo exclusivo sobre "Igreja e mídias digitais".
Maio 2014	Nova reformulação do site do Vaticano, apresentando um novo layout, contemplando destaques para a presença do pontífice no Twitter e Instagram.
Setembro 2014	Papa Francisco participa, de forma inédita para um pontífice, de um encontro via Google Hangout, plataforma de videoconferência via internet, para o lançamento do projeto digital Scholas Social, da rede Scholas Ocurrentes, promovida pelo papa para buscar uma maior conexão entre escolas do mundo inteiro. O encontro on-line contou com a presença de cinco grupos de estudantes da África do Sul, Austrália, El Salvador, Israel e Turquia.[10]
Novembro 2014	Criação do canal oficial em português do Vaticano no YouTube.[11] Até meados de 2017, o serviço contava com mais de 22 mil inscritos.

---

[8] Disponível em: <http://goo.gl/BqKZoa>.

[9] Disponível em <https://www.instagram.com/newsva/>.

[10] Disponível em: <https://www.youtube.com/watch?v=lal12wXkao8>.

[11] Disponível em <https://goo.gl/mk6J25>.

Fevereiro 2015	Papa Francisco participa de uma nova videoconferência via Google Hangout, desta vez com crianças portadoras de deficiência de escolas do Brasil, Espanha, Estados Unidos e Índia, novamente em parceria com o projeto Scholas Ocurrentes.[12]
Março 2015	Jovens Conectados cria grupo aberto no aplicativo de conversa por celular Viber, "experiência inédita de comunicação na Igreja no Brasil", conforme sua divulgação.
Junho 2015	Entra em atividade a nova Secretaria para a Comunicação da Santa Sé, assumindo sob o seu comando todas as atividades de comunicação vaticana, como as contas @Pontifex.
Outubro 2015	Jovens Conectados lança conta no aplicativo de conversa por celular Snapchat, focado em fotos e vídeos.
Janeiro 2016	O Apostolado da Oração, organização de leigos católicos, também chamada de Rede Mundial de Oração do Papa, lança o projeto Vídeo do Papa, no qual, mensalmente, o Papa Francisco explica, em primeira pessoa, as suas tradicionais intenções de oração para o mês em questão. Nos vídeos, o papa fala em espanhol, com legendas em 10 idiomas, incluindo português. O conteúdo é divulgado nas principais plataformas sociodigitais, como Facebook, Twitter, Instagram, YouTube. O primeiro vídeo foi postado no dia 6.[13]
Julho 2016	Lançamento do aplicativo para smatphones DoCat, também disponível em formato impresso. Trata-se de um manual que apresenta a doutrina social da Igreja em linguagem jovem e digital, traduzido inicialmente para mais de 30 idiomas.

Fonte: Elaborado pelo autor.

Esses marcos não são uma cronologia exaustiva de toda a aproximação da Igreja às plataformas sociodigitais, até porque, ao longo do tempo, outros departamentos eclesiásticos vaticanos e brasileiros também

---

[12] Disponível em: <https://goo.gl/k6f8Vp>.

[13] Disponível em: <https://www.youtube.com/watch?v=kHsfzPv7gMU>.

A trama das "redes do Verbo": contextos, método, problema **55**

foram marcando presença no ambiente digital. Por meio de tais passos, a Igreja buscou fortalecer sua presença oficial na internet, cuja constituição não foi neutra, nem automática. Para a sua ocorrência, a Igreja precisou atualizar seus processos comunicacionais internos e externos para dar conta de uma nova complexidade sociossimbólica que emergia a partir dos desdobramentos das práticas comunicacionais digitais.

Sinal disso foram os questionários vaticanos, disponibilizados para toda a Igreja Católica em nível mundial em novembro de 2013 e em dezembro de 2014, como preparação para a III Assembleia Geral Extraordinária e para a XIV Assembleia Geral Ordinária do Sínodo dos Bispos.[14] No documento preparatório para a assembleia de 2013, divulgado em nível mundial, o Vaticano indicou uma série de perguntas que "permitem às Igrejas particulares participar *ativamente* na preparação do Sínodo Extraordinário" (Sínodo, 2013, s/p, grifo nosso).

Tal questionário foi enviado para 114 Conferências Episcopais dos cinco continentes, e suas respostas deviam ser devolvidas, posteriormente, à Santa Sé. Diversas conferências locais optaram por colher as respostas via internet, mediante sites específicos, listas de e-mail ou mesmo em plataformas sociodigitais.[15] Por outro lado, diversas dioceses ou conferências episcopais também divulgaram as respostas ou comentários sobre elas publicamente, via internet, antes mesmo de qualquer retorno ou síntese oficial aos escritórios centrais em Roma. Assim, os sites e as plataformas sociodigitais passaram a abrigar uma nova discursividade pública sobre a Igreja e seus embates com a sociedade contemporânea, envolvendo diversos ambientes (sites, fóruns, plataformas sociodigitais etc.) e diversos interagentes (dioceses, jornalistas, fiéis individuais, grupos etc.). Trata-se, portanto, de um fenômeno novo inclusive na gestão dos processos eclesiais e comunicacionais *ad intra* e *ad extra*.

Em resposta a esse fenômeno, o Cardeal Gerhard Müller, prefeito da Congregação para a Doutrina da Fé (o ex-Santo Ofício dos tempos

---

[14] O Sínodo dos Bispos é uma reunião universal, periódica e consultiva de bispos da Igreja Católica (incluindo os das Igrejas Católicas orientais), convocada pelo papa, com o objetivo de refletir, discutir e aconselhar o pontífice sobre assuntos diversos no âmbito das políticas e das orientações diretivas gerais da Igreja. Com informações da Wikipédia, disponíveis em: <https://goo.gl/GihnBO>.

[15] Na Suíça, por exemplo, foram reunidas mais de 23 mil respostas (cf. <http://goo.gl/40sEDg>); na Áustria, mais de 30 mil (cf.: <http://goo.gl/6nCWba>); na França, o montante da síntese das respostas chegou a mais de 2 mil páginas (cf. <http://goo.gl/UL00pg>), preparadas não apenas em nível institucional das dioceses, mas também por fiéis comuns individuais ou em grupo, enviadas via internet.

da Inquisição), órgão máximo da doutrina católica abaixo do papa, criticou duramente tais processos:

> Não há quem não veja a *imprecisão e a miopia*, a esse respeito [de uma reflexão sobre a Igreja], do emprego de técnicas de *e-mailing* para *sondar indiscriminadamente* na rede, via internet, a opinião dos demais... Bem outros são os fóruns e as ágoras de que a Igreja precisa hoje para reencontrar e expressar, de modo genuíno, aquele *sensus fidei* pelo qual ela é, em todos os tempos, revigorada e rejuvenescida. [...] O fato de ter substituído a opinião da rede pelos lugares próprios do *sensus fidelium* revela não só um *misunderstanding* em torno do que constitui a Igreja, mas também leva a pensar até que, na formação eclesial, consideram-se, no fundo, como mais eficazes algumas *técnicas de pressão política*, em vez dos critérios concedidos pela própria fé (Müller, 2014, p. 7-8, trad. e grifos nossos).

A linha de análise, como se vê, segue a de Bento XVI, em que, segundo a leitura eclesiástica, as modalidades comunicacionais emergentes com a midiatização digital trariam uma politização desnecessária e alheia à vida eclesial, envolvendo uma ação pública "imprecisa e míope" de "pressão política". Tal ação dar-se-ia para além do campo jornalístico (conforme a análise de Bento XVI) e, segundo o cardeal, também envolveria a "opinião da rede". Isso, do ponto de vista da cúpula eclesiástica, comportaria riscos de descentralização e deturpação do autêntico *sensus fidei* (sentido da fé). Assim, ao se apropriar da internet, a Igreja assumidamente adentra uma arena pública formada por redes e práticas diversas, em uma encruzilhada extremamente complexa de discursividades outras, que não podem ser controladas *a priori* pela instituição.

Tais desdobramentos comunicacionais daquilo que aqui chamamos de "Contrarreforma digital" são assim analisados por Dom Celli:

> Não é uma leitura ingênua [que a Igreja Católica faz] do que está acontecendo nas redes sociais. Todos estamos convencidos dos limites, dos perigos das redes sociais. Mas o Papa Francisco disse: "Não tenham medo", como disse Jesus aos discípulos, mas que também tem a ver com as redes sociais. A nossa reflexão é esta: consideramos que a rede social é um ambiente de vida onde habitam milhões e milhões de pessoas. *E a Igreja tem a consciência de que também a esses milhões de pessoas, a esses habitantes do continente digital deve anunciar o Evangelho. Essa é uma consciência já possuída. Isto é, o magistério da Igreja já recebeu isso, e é uma realidade. Para nós isso é muito importante. Portanto, em relação a isso, não se volta atrás.* A ideia é: testemunho no contexto das redes sociais – o papa diz que o problema não é bombardear as redes sociais com mensagens religiosas. É toda uma visão do que significa anunciar o Evangelho. [...] Isto é, uma comunicação que não é somente anúncio, mas uma *comunicação que vai ao encontro do homem, percebe os problemas que o homem tem e começa a*

se encarregar deles. E é um grande desafio (informação verbal, Vaticano, 3 jul. 2015, trad. e grifo nossos).

Ou seja, "habitar a rede" deveria ser uma realidade comum por parte de toda a Igreja. A questão, no fundo, é "ir ao encontro" das pessoas de hoje onde elas estão e assumir os seus problemas. Em sentido comunicacional, isso significa reconhecer que a realidade também reage, responde, se comunica. Para uma instituição acostumada a ser apenas e principalmente *magistra*, em uma posição "acima" das pessoas em geral, cabe agora reequilibrar a balança e ser mais *mater*, em uma posição igual ou abaixo da sociedade, à sua escuta, para acompanhá-la, discerni-la e integrá-la (cf. *Mater et Magistra*, 1961; *Amoris laetitia*, 2016).

Esse "desafio" foi aprofundado com a constituição de um comitê voltado para a reforma das mídias vaticanas, dentro de um conjunto mais amplo de reformas dos órgãos da Santa Sé propostas pelo Papa Francisco. Tal comitê foi constituído em julho de 2014 e era composto por seis especialistas externos e cinco membros internos do Vaticano. Seus objetivos eram, em geral, "adequar as mídias da Santa Sé às novas tendências de consumo das mídias, melhorar a sua coordenação e alcançar progressiva e sensivelmente economias financeiras consideráveis".[16] Mas também se informava que, "com base nas experiências positivas com as recentes iniciativas como o *Pope App* e a conta no Twitter do Santo Padre, *os canais digitais serão fortalecidos para garantir que as mensagens do Santo Padre alcancem mais os fiéis em todo o mundo, sobretudo entre os jovens*" (grifo nosso).

Para o então presidente do comitê, Lorde Christopher Patten, político britânico e reitor da Universidade de Oxford desde 2003, "a ampla disponibilidade da conectividade da internet globalmente significava que o conteúdo midiático do Vaticano estava teoricamente mais disponível diretamente a um público mais amplo do que antes" (Patten, 2015, s/p, trad. nossa). E indicava uma mudança de abordagem em relação à presença digital, que demanda "uma abordagem interativa, em que a informação não é meramente 'disseminada' a um público passivo, mas em que haja uma *capacidade de ter um diálogo com o público, respondendo a questões e críticas, convidando as pessoas a um engajamento mais profundo*" (id.).

---

[16] Cf. Boletim da Sala de Imprensa da Santa Sé (n. B0590). Disponível em: <https://goo.gl/Fdr9Pc>.

Portanto, a instituição eclesiástica reconhecia as mudanças comunicacionais no âmbito digital, assumindo que o "público" já não era "passivo", e que havia a necessidade de apostar no "diálogo", na "resposta", no "engajamento mais profundo" com as pessoas. Do ponto de vista das estratégias comunicacionais da Igreja, o interlocutor ganhava centralidade e paridade na produção de conteúdos em nível social.

Como resposta institucional a essas considerações do comitê, o Papa Francisco instituiu, em 2015, um novo órgão vaticano, a Secretaria para a Comunicação, que passou a centralizar todos os órgãos jornalísticos e de informação da Santa Sé. Nas palavras do pontífice, a criação de tal dicastério se deveu ao "atual contexto comunicativo, caracterizado pela presença e pelo desenvolvimento dos meios de comunicação digitais, pelos fatores da convergência e da interatividade" (Francisco, 2015a, s/p). Reconhecendo a complexidade da "Reforma digital" e o papel comunicacional dos diversos agentes sociais ("interatividade"), a instituição promovia a sua "Contrarreforma digital" inclusive na estrutura de governo da Santa Sé, com a criação de novos órgãos encarregados de promover as mudanças necessárias.

São os desdobramentos de tais processos que aqui problematizaremos, com foco em alguns objetos específicos, na busca de compreendê-los à luz dos processos comunicacionais que constituem a midiatização digital da religião.

2.3 O "católico" em rede: problematizações

Ao continuar o relato "genésico", lemos que, depois de o Senhor Deus fazer o "jardim", "não havia ser humano que cultivasse o solo e fizesse subir da terra a água para regar a superfície do solo. Então o Senhor Deus modelou o ser humano com a argila do solo, soprou-lhe nas narinas um sopro de vida, e o ser humano tornou-se um ser vivente" (Gênesis 2,5-7). Mantendo a metáfora, pensar sobre o que vemos no mundo também é "modelar" algo vivo, em movimento, que nos escapa. Porque a ação de problematizar, embora traga os traços próprios de quem problematiza (o "sopro de vida das narinas"), traz também as marcas do contexto em que se problematiza ("a argila do solo"), mas transcende a ambos, como "ser vivente", como problema de pesquisa emergente.

Em nosso caso, podemos afirmar que as práticas sociais no ambiente *on-line*, a partir de lógicas midiáticas, complexificam hoje o fenômeno religioso. Formam-se novas modalidades de percepção e de expressão do "sagrado" em novos ambientes comunicacionais, como as plataformas sociodigitais. O "sagrado" passa a circular, fluir, deslocar-se nos meandros da internet por meio de uma ação não apenas do âmbito da "produção" eclesiástica nem só industrial-midiática, mas também mediante uma ação comunicacional das inúmeras pessoas conectadas. Em plataformas como Twitter e Facebook, Igreja e sociedade, em geral, encontram-se agora marcadas por novas possibilidades de construção de sentido, em termos de acesso, criação, armazenamento, gestão, distribuição e consumo de informações – indo muito além da ação tradicional da "grande mídia", entendida como as corporações midiáticas, e muito além das ações eclesiais tradicionais voltadas à comunicação: um processo sociocomunicacional que pode ser entendido a partir da perspectiva da midiatização.

Ao mesmo tempo que a "grande mídia" vai perdendo o monopólio do agenciamento dos sentidos sociais em geral, a Igreja Católica passa pelo mesmo processo em relação aos sentidos religiosos sobre o catolicismo. Em sociedades cada vez mais em midiatização, o fluxo comunicacional dos sentidos não se deixa deter ou delimitar por estruturas quaisquer. Embora a Igreja Católica busque fazer um "uso bom e sagrado" da internet, o fluxo de sentidos sobre o que é "ser católico" – seus saberes e fazeres – encontra brechas e escapes no processo de circulação social, indo muito além (ou ficando muito aquém) dos interesses eclesiais. Mesmo nos sites e páginas oficiais da Igreja, mediante ações comunicacionais diversas, a sociedade desvia e desloca os sentidos propostos. Isso graças à emergência de novos agentes midiáticos – pessoas, grupos e demais instituições – que passam a promover modalidades complexificadas de significação do *socius* em rede, de forma pública, também sobre o fenômeno religioso. Essas processualidades ocorrem na especificidade do ambiente digital, onde se desdobra o avanço de complexas "redes de redes" que constituem a internet, em um processo de midiatização digital, marcadas pela construção comum de sentido. Advém daí um novo tipo de "gestão" do social e do religioso, que passa, agora, pela mediação desses novos agentes midiáticos, que não substituem, mas se articulam aos agentes tradicionais.

Nos mais diversos âmbitos da internet, portanto, a instituição eclesiástica e a sociedade em geral *falam sobre* o catolicismo, retrabalhando, ressignificando, ressemantizando a experiência, a identidade, o imaginário, as crenças, as práticas, a doutrina, a tradição religiosa, atualizando-os a novos interagentes sociais e a públicos ainda maiores, em uma trama complexa de sentidos. Em suas inter-relações, tais ações acionam um processo de circulação comunicacional, por meio de lógicas e dinâmicas midiáticas. Nesse processo, vemos que a sociedade em geral diz "isto é católico", "isto não é". A sociedade *fala sobre* e *faz algo com* o catolicismo, para além da oferta religiosa disponível na internet por parte da Igreja ou da grande mídia. Construtos sociais sobre o catolicismo vão sendo ofertados não por um polo fixo de produção (a Igreja-instituição ou "os jornalistas", segundo Bento XVI), mas ofertados-recebidos constante e simultaneamente pelos mais diversos interagentes sociais (pessoas, grupos e demais instituições, religiosas ou não), para além do controle simbólico e teológico da instituição: aquilo que poderíamos chamar de "católico", ou seja, uma rede de relações entre símbolos, crenças e práticas diversos vinculados ao catolicismo, construída midiaticamente pela sociedade e que, ao mesmo tempo, torna possível a comunicação sobre o catolicismo entre os interagentes sociais. O "católico", por um lado, é um *produto* da interação e da comunicação entre as pessoas em rede sobre o catolicismo; e, por outro lado, um *processo produtor* do próprio catolicismo contemporâneo, pois, sem ele, não é possível tal processo de interação e comunicação entre as pessoas sobre o catolicismo (cf. Duveen, 2011; Moscovici, 2011).

Se falamos de "católico", contudo, não nos interessa tanto analisar se tais manifestações do "religioso" se enquadram no dispositivo ideológico, doutrinal, teológico e jurídico do catolicismo institucional oficial. O "católico", aqui, é entendido como uma "crença", no sentido dado por Certeau (2012, p. 252). Ou seja, envolve não apenas uma certeza teológica, mas principalmente o *"ato de enunciá-la* considerando-a verdadeira – noutros termos, uma *'modalidade' da afirmação* e não o seu conteúdo": isto é, uma ação propriamente comunicacional.

Dessa forma, as mediações históricas do "religioso" passam a ser cada vez mais midiatizadas, em rede. Entrevê-se uma coevolução entre as mídias (agora ampliadas complexamente ao *socius* em geral) e as religiões, que gera novos desdobramentos nos elementos constituintes de cada uma delas. Nessa nova ambiência sociocultural midiatizada, tais construtos comunicacionais católicos se manifestam cada vez mais como cristalizações das aspirações e das necessidades dos diversos sujeitos sociais em sua construção de sentido, afastando-se aos poucos de um "centro" norteador marcado pela instituição e pela autoridade.

Se também podemos entender o "católico" como "uma 'rede' de ideias, metáforas e imagens, mais ou menos interligadas livremente"

(Moscovici, 2011, p. 210) sobre o catolicismo, é possível entrever uma tríplice rede em jogo e que merece análise: uma rede (internet) de redes (plataformas como Facebook e Twitter) em que circula uma rede de construtos sobre o catolicismo (o "católico"). Mediante a possibilidade de publicização e socialização digitais, por conseguinte, explicita-se não apenas uma pluralidade de sentidos católicos em circulação, mas também a possibilidade de sua reconstrução pública, em uma ruptura de escala em termos de alcance e de velocidade em relação aos processos sócio--históricos de constituição do catolicismo. Isso, por sua vez, transforma a relação entre o midiático e o religioso.

Tais processos nos instigam, nos questionam, nos problematizam. Revelam a incerteza inscrita no fenômeno comunicacional, em meio a ações práticas de sentido perceptivelmente organizadas na internet: um fenômeno complexo. Ao questionarmos a "organização" de tais processos midiáticos, buscamos compreender o "princípio ordenador" (Morin, 2008) que constitui a inter-relação entre a especificidade das interações comunicacionais em rede e o processo de circulação em que se dá a formação e a transformação do "católico".

Esse é o panorama que nos faz problematizar como se organizam os processos midiáticos de circulação do "católico" em redes comunicacionais, que emergem em plataformas sociodigitais como Facebook e Twitter. Nessa problematização, levantamos as seguintes questões a serem trabalhadas, em níveis diferenciados:

- No processo de midiatização digital, como se constituem as ações comunicacionais da Igreja Católica e da sociedade em geral sobre o catolicismo?

- De que modo se organizam os processos midiáticos de circula-ção do "católico" em plataformas sociodigitais como o Twitter e o Facebook?

- Que transformações ocorrem na reconstrução da experiência católica em rede, em termos de percepção e expressão de sím-bolos, crenças e práticas religiosos?

Tais perguntas nos mobilizam a apreender algumas lógicas e dinâ-micas do processo de circulação do "católico" em redes comunicacionais, que, ao longo deste livro, buscaremos descrever, analisar, compreender, explicar e interpretar nas transversalidades dos casos de análise. Por meio da articulação entre a reflexão teórico-metodológica e a análise crítico--descritiva dos observáveis, será possível, por fim, apresentar às leitoras

E o Verbo se fez rede: religiosidades em reconstrução no ambiente digital

e aos leitores novas proposições – ou proposições "renovadas" – sobre o problema comunicacional aqui levantado. Não buscamos apenas soluções a problemas conhecidos, nem respostas a perguntas aprioristicas, mas sim *construir um problema*, produzindo instabilidade e tensão no sistema de conhecimento comunicacional em que nos situamos (Novello, 2009). Não se trata meramente de resolver problemas práticos do ponto de vista técnico-comunicativo ou pastoral-eclesiástico nem de oferecer soluções para eles, mas sim de *levantar problemas, problematizando soluções* (Morin, 1999).

2.4 Os caminhos da pesquisa: metodologias

Diante de tais problematizações, o método que perpassa nossa pesquisa busca relacionar o "paradigma indiciário" proposto por Ginzburg (1989) e o "paradigma da complexidade" proposto por Morin (2008). Com isso, tentamos evitar o linearismo/reducionismo das perspectivas de análise – que julga o complexo como simples, partindo de uma "ideologia observacional" (Feyerabend, 2011) – assim como o holismo/abstracionismo, que complica o complexo, caindo eruditamente nas "ratoeiras da abstração" (Veyne apud Gusmão, 2012, p. 83).

Em nível empírico, metodologicamente, fizemos um *estudo de casos múltiplos* (Braga, 2006; Yin, 2001), a partir de quatro níveis diferentes percebidos na circulação do "católico" no Twitter e no Facebook.[17] Em um nível *suprainstitucional católico*, analisamos a conta pessoal do papa no Twitter em português, *@Pontifex_pt*.[18] Em um nível *institucional vaticano*, a página *Rádio Vaticano – Programa Brasileiro* no Facebook. No nível *socioinstitucional brasileiro*,[19] a página do projeto *Jovens Co-*

---

[17] Alguns critérios para a seleção dos materiais foram os seguintes: presenças explicitamente vinculadas e/ou relacionadas com o catolicismo de acordo com os quatro níveis; voltadas ao público brasileiro; com acesso disponível aos dados das páginas por parte do público em geral (deixando de lado, portanto, grupos ou comunidades "fechados" em tais plataformas); atualizações frequentes pelos responsáveis ao longo da nossa análise (deixando de lado páginas "mortas" ou "páginas-repositório"); e com certa participação dos leitores em postagens públicas (como comentários e outros materiais que oferecem indícios e rastros de interações e práticas de construção de sentido).

[18] Chamamos esse nível de "suprainstitucional" porque, como instância máxima do catolicismo, o pontífice possui um poder "supremo, pleno, imediato e universal" (Código, 1983, cân. 331) sobre a instituição eclesial católica.

[19] Chamamos esse nível de "socioinstitucional" porque o caso em questão, como veremos, é resultado de um processo de institucionalização de ações comunicacionais das bases juvenis articuladas previamente de forma não institucional.

nectados, da Comissão Episcopal Pastoral para a Juventude (CEPJ), da Conferência Nacional dos Bispos do Brasil (CNBB), no Facebook. Por fim, em relação ao nível *minoritário periférico católico brasileiro*,[20] foi examinada a página *Diversidade Católica* no Facebook.

Cada um dos casos, com suas especificidades, será apresentado no seu respectivo capítulo. Eles não são tomados aqui como exemplos representativos da pluralidade heterogênea do catolicismo brasileiro em rede. Contudo, em seu interior, cada um deles fornece elementos comunicacionais plurais e heterogêneos, que apontam para a complexidade da circulação do "católico" em rede, como variáveis aleatórias, em cujas processualidades se manifesta de modo significativamente complexo tal circulação.

Nessas presenças *on-line*, realizamos uma observação não participante, não obstrutiva, silenciosa, oculta, também chamada de *"lurking"* [espreitar] (Strickland; Schlesinger, 1969; Edelmann, 2013), buscando observar especificamente *ações comunicacionais*, entendendo que a lógica inerente à comunicação é justamente a ação (Rothenbuhler, 2009; Pace, 2013; Couldry, 2012). Desse modo, isolamos momentaneamente alguns rastros digitais (tuítes, retuítes, comentários, compartilhamentos ou novas postagens dos mais diversos interagentes sobre o catolicismo nas plataformas sociodigitais) para compreendê-los (pensamento indiciário--analítico) e depois voltamos a colocá-los em seus contextos e processos para interpretá-los (pensamento sistêmico-complexo).

Para a análise de tais ações, empregamos uma abordagem triádica, ou seja, uma análise sócio-tecno-simbólica, entendendo os processos comunicacionais em jogo a partir da noção de *dispositivo midiático* (Ferreira, 2013; Miège, 2009). Em termos metodológicos, identificamos três processos principais relacionados a tal tríade: a saber, as *interfaces* das plataformas sociodigitais, isto é, suas materialidades tecnológicas e gráfico-simbólicas; os *protocolos* das interações em rede, ou seja, as lógicas de negociação entre os interagentes para regular os processos midiáticos em jogo; e, por fim, as *reconexões* realizadas pelos diversos interagentes, isto é, as dinâmicas comunicacionais sobre o catolicismo, mediante experimentação e reinvenção simbólico-religiosas. São tais processos tecnológicos e simbólicos (interfaces), sociais e técnicos

---

[20] Ou seja, grupos menos regulados por parte do "centro" institucional da Igreja e que, ao mesmo tempo, não possuem uma voz ativa nos processos eclesiais. A ideia de "minoria periférica" será aprofundada ao longo do livro.

(protocolos), e sociais e simbólicos (reconexões) de interação em rede que possibilitam a circulação do "católico".

Para poder acompanhar, coletar e analisar o material extremamente complexo e difuso, e quantitativamente imenso e heterogêneo dos rastros dos interagentes em tais páginas, operamos um recorte temporal dos materiais durante dois períodos principais de observação:

- Semana Santa de 2015 (29 de março a 5 de abril; total de nove dias), por ser a maior festa cristão-católica, em que os discursos sociais se concentram naquilo que é "especificamente católico", com possibilidade de analisar como se "traduz" o catolicismo em rede;

- 14ª Assembleia Geral Ordinária do Sínodo dos Bispos (3 a 27 de outubro de 2015; total de 25 dias), assembleia dos representantes da alta hierarquia da Igreja do mundo inteiro, de caráter consultivo, na presença do Papa Francisco. Momento de grande debate na Igreja em nível mundial, dedicado ao tema da família, envolvendo questões de grande tensão simbólico-discursiva em torno da moral afetiva e sexual da Igreja (divorciados, contracepção, homossexualidade...), com possibilidade de se analisar como se negociam e se resolvem as tensões sobre questões em aberto ou em debate do "católico" em rede.

Não se trata, no entanto, de um estudo de "acontecimentos" católicos como a Semana Santa e o Sínodo: tais eventos são apenas ocasião para delimitar duas temporalidades que podem oferecer mais elementos para a análise da circulação do "católico". Trata-se, portanto, de um recorte específico para focar alguns pontos da análise, mas isso não impede que as descrições vão além dessa temporalidade, abrangendo momentos relevantes anteriores ou mesmo posteriores aos dessa coleta, de modo a compreender melhor a circulação do "católico" em rede.

Para confrontar nossas inferências com as dos interagentes envolvidos, recorremos também a sete entrevistas focais semiestruturadas com os principais responsáveis por cada conta/página observada no Brasil e também no Vaticano, durante um estágio doutoral realizado em Roma, entre setembro de 2014 e setembro de 2015, na Università di Roma "La Sapienza". Nesse período, pudemos visitar os principais escritórios da comunicação da Santa Sé – como o Pontifício Conselho para as Comunicações Sociais, o News.va e a Rádio Vaticano – e entrevistar seus responsáveis.

Foram entrevistados/as: Dom Claudio Maria Celli, arcebispo italiano, então presidente do Pontifício Conselho para as Comunicações Sociais (PCCS), espécie de "Ministério das Comunicações" do Vaticano; Dom Paul Tighe, bispo irlandês, então secretário do PCCS no período de realização da entrevista e hoje secretário-adjunto do Pontifício Conselho para a Cultura do Vaticano; Thaddeus Jones, coordenador do projeto News.va do Vaticano e oficial de língua inglesa do PCCS; Rafael Belincanta, jornalista brasileiro, responsável pela atualização das mídias sociais da Rádio Vaticano em português; Felipe Rodrigues, jornalista e cientista político brasileiro, coordenador-geral do projeto *Jovens Conectados* desde 2014; Layla Kamila, coordenadora da equipe de redes sociais do projeto *Jovens Conectados* desde 2014; e Cristiana Serra, psicóloga e membro do grupo *Diversidade Católica* desde 2008. Mediante tais visitas e entrevistas, pudemos descrever e interpretar aspectos da realidade que não eram diretamente observáveis ou inferenciáveis nos seus rastros, ou que simplesmente ignoramos ao longo de nossas análises, ou ainda que não eram acessíveis por serem informações de posse dos agentes envolvidos nos processos comunicacionais em observação (Moya; Raigada, 1998).

O foco de tais entrevistas não era o registro biográfico do/a entrevistado/a ou descrever suas culturas locais, mas sim o fenômeno comunicacional em que se inseriam. A partir de um conjunto de perguntas livres e abertas, cada entrevistado/a podia, espontaneamente, conduzir a reflexão, que nós, como pesquisadores, ouvíamos em diálogo crítico e reconstruíamos mediante nossa interpretação (Duarte, 2011). Feitas as análises de cada caso específico, "devolvemos" aos/às entrevistados/as respectivos/as, em um formato textual ainda em construção, os resultados por nós encontrados e descritos, para verificar como a nossa escuta/leitura e as nossas inferências sobre tais casos eram relidas pelas pessoas diretamente envolvidas nas circunstâncias investigadas.[21]

Para explicitar textualmente o nosso percurso teórico-metodológico, recorremos a um gesto de "redescrição", como um "empenho ético-político-antropológico no sentido de viabilizar uma *compreensão* das mutações socioculturais" (Sodré, 2003, p. 311). Ou seja, buscamos acionar um dispositivo de releitura e reescuta da sociedade, que permitisse

---

[21] Apenas Felipe Rodrigues, do *Jovens Conectados*, nos retornou seus comentários, que, por sua vez, foram incorporados neste texto, quando considerado necessário. A ele, o nosso agradecimento.

ler/escutar, escrever e descrever novamente não apenas as processualidades da circulação do "católico" em rede, mas também nossos próprios gestos como observadores-redescritores.

Por fim, nossa única certeza é de que "nosso conhecimento nunca é absoluto, mas sempre flutua, por assim dizer, em um *continuum* de incerteza e indeterminação" (Fann apud Eco, 1983, p. 241). E a complexidade da comunicação, observada no mundo vivido, apropriada pela ciência como método e trabalhada por nós como pesquisa, "enriquecendo e mudando o sentido da palavra conhecer, [...] nos chama a enriquecer e mudar o sentido da palavra ação" (Morin, 2008, p. 468).

3
Midiatização:
a relação entre sociedades, tecnologias e sentidos

Vivemos atualmente em uma "sociedade da comunicação generalizada" (Vattimo, 1992), marcada por uma "nova ambiência" sociocomunicacional (Gomes, 2008). No contexto contemporâneo, são inúmeros os agentes sociais conectados que manifestam comunicacionalmente as suas competências sobre diversos âmbitos do social, inclusive o religioso, para além da ação das corporações midiático-industriais. Trata-se de uma "virada midiática", marcada por um "'grau historicamente único' de integração do tecnológico e do sociocultural" (Friesen; Hug, 2009, p. 65, trad. nossa).

A ideia de midiatização aponta para esses fenômenos, sendo "a chave hermenêutica para a compreensão e interpretação da realidade" contemporânea (Gomes, 2008, p. 30), por revelar a natureza comunicativa e comunicacional das culturas e das sociedades. E o "conteúdo" do fenômeno da midiatização são os processos midiáticos, cada vez mais abrangentes, cada vez mais acelerados, cada vez mais diversificados (cf. ibid., 2010). Isto é, as condições de possibilidade de interação humana, de comunicação social e de organização societal passam a ser condicionadas (mas não necessariamente *determinadas*) por lógicas e dinâmicas midiáticas. E isso também diz respeito às práticas sociais de instituições como a Igreja e da sociedade como um todo na sua relação com o catolicismo.

Contudo, não podemos restringir o fenômeno da midiatização a um período histórico específico, especialmente se levarmos em consideração os desdobramentos comunicacionais do próprio catolicismo ao longo da história, pois "os processos de comunicação e as tecnologias midiáticas condicionaram o modo como o Cristianismo se desenvolveu *historicamente*" (Horsfield, 2015, p. 2, trad. e grifo nossos). Porém, grande parte dos estudos na interface mídia/religião não levam em consideração essa dimensão sócio-histórica, não relacionando o que acontece agora com o que já aconteceu antes. "Como resultado, grande parte do pensamento sobre mídia e religião vê o que acontece hoje como uma questão distintivamente moderna" (id.), o que pode (e deve) ser questionado, dada a evolução histórica dos processos comunicacionais.

Basta acompanhar a história do Cristianismo primitivo para perceber já então diversos processos comunicacionais que moldaram a sua evolução ao longo da história e das culturas (testemunhos, textos, livros, rituais, imagens etc.), o que aponta para certa continuidade dos processos atuais em relação ao passado, mas, ao mesmo tempo, para uma grande capacidade de reinvenção e reconstrução, que hoje se manifesta com ainda mais força naquela que chamamos de "Contrarreforma digital". E o que vemos hoje são desdobramentos dessa gênese comunicacional do catolicismo, a qual está relacionada com as grandes mudanças e transformações dos processos comunicacionais ao longo da história.

A midiatização, nesse sentido, não é um fenômeno novo, mas um fundamento da própria comunicação humana (Rothenbuhler, 2009). E mais: "Sem midiatização não haveria sociedades humanas", porque são os fenômenos midiáticos que tornam possível a "intervenção da temporalidade sob a forma de um *passado* e de um *futuro*" (Verón, 2013, p. 299, trad. nossa). Retomar essa longa trajetória, essa "perspectiva de longo prazo da midiatização" (Verón, 2014), nos permite evitar pensá--la como uma mutação inexistente e impensável em épocas anteriores ou como uma ruptura a-histórica nos processos sociais, assumindo, ao contrário, uma perspectiva "social e histórica" que dá "ênfase às continuidades, complementações e mestiçagens, e não às rupturas e mutações radicais" (Miège, 2009, p. 82).

Se a midiatização pode ser entendida como um processo cultural historicamente emergente, portanto, é preciso salientar que, do ponto de vista observacional, é a experiência social contemporânea que possibilita a emergência da midiatização como objeto de reflexão comunicacional. Isso se dá graças a pontos de saturação e bifurcações na escala espaço--temporal, em termos de velocidade e alcance dos processos comunicacionais. Nesse processo, a curva histórica de evolução da midiatização sofre deslocamentos significativos, especialmente "nos últimos anos do século XX, em sociedades modernas e altamente industrializadas" (Hjarvard, 2013, p. 18, trad. nossa).

Assim, ao mesmo tempo que é possível perceber uma continuidade dos processos midiáticos ao longo da história, também é preciso reconhecer a sua transformação e mudança a partir do século XX, em aceleração cada vez maior por parte dos avanços tecnológicos e da industrialização recente. Não se trata de um desenvolvimento gradual e linear, mas de uma evolução em processos de mudança históricos heterogêneos e irreversíveis, não tanto mediante uma "seleção natural", mas sim por meio de uma seleção social em relação a aspectos tecnológicos, simbólicos, culturais.

Hoje, deparamo-nos com um "salto" histórico. Verón (2012) aponta para isso ao abordar a *"mutação* nas condições de acesso dos atores individuais na discursividade midiática, produzindo *transformações inéditas* nas condições de circulação" (2012, p. 14, trad. e grifos nossos). Isso demanda a revisão, de um lado, da ideia de que o "profissionalismo" está só no âmbito das corporações midiáticas empresariais e, de outro, de que as práticas sociais se resumem a ações de "audiências", "usuários", "consumo". Como aponta Couldry (2010), está ocorrendo uma transformação profunda que questiona a "ontologia" na qual se baseava o paradigma da comunicação de massa. "Os produtores e consumidores de mídia agora são, muitas vezes, a mesma pessoa; as produções culturais profissional e amadora não estão distantes, mas, sim, sobrepondo-se intimamente, como áreas do mesmo vasto espectro" (p. 52, trad. nossa).

Por isso, diante de um fenômeno complexo, é necessário complexificar nossa abordagem teórica. Hoje, cada vez mais, "passamos da era dos meios de massa para a era da massa de meios", em que se explicita a "possibilidade de qualquer pessoa se transformar em mídia, capaz de falar para milhares de outras pessoas" (Alves, 2013, s/p). A "Reforma" e a "Contrarreforma" digitais apontam justamente para uma *travessia* do "deserto, com seus cáctus, arbustos secos e poucos animais", como metáfora do ambiente midiático da era industrial, rumo a uma "floresta amazônica como metáfora para explicar o que se está formando depois do dilúvio digital: uma selva úmida, cheia de água, sol e vida, com uma enorme biodiversidade, onde qualquer ser minúsculo tem chance de sobreviver" (ibid., s/p).

Isso pressupõe um ecossistema midiático muito mais complexo, que demanda abordagens teóricas atentas para a emergência dos fenômenos e para as *mudanças e transformações* das práticas comunicacionais mediante processos midiáticos, como no caso da "Contrarreforma digital".

Pois, com o avanço tecnológico e sua apropriação social em processos comunicacionais emergentes, como a circulação do "católico" em rede, vai-se constatando cada vez mais "uma *aceleração* e *diversificação* de modos pelos quais a sociedade interage com a sociedade" (Braga, 2012a, p.35). Nesse contexto, é preciso aprofundar alguns aspectos centrais que embebem a noção de "midiatização", propondo uma conceituação específica para os fins deste livro.

3.1 Das tecnologias aos meios

Naquilo que chamamos aqui de "Reforma" e "Contrarreforma" digitais, de um lado, percebe-se o avanço de um processo tecnológico histórico, a partir do surgimento de *inovações tecnológicas* voltadas à comunicação, cada vez em maior escala e alcance, como as plataformas sociodigitais. De outro, há um processo sociocultural, em que a sociedade não apenas cumpre os usos previstos pelo setor produtivo em relação aos artefatos tecnológicos, mas também os desdobra em novos usos experimentais e até mesmo subversivos – incluindo ações especificamente comunicacionais com tecnologias não necessariamente pensadas para esse fim, e também apropriações específicas de tais tecnologias segundo os diversos campos sociais, como as práticas religiosas. Vai emergindo, assim, a "exteriorização dos processos mentais" na forma de artefatos materiais, fenômenos que são "uma característica universal de todas as sociedades humanas" (Verón, 2014, p. 14). Trata-se de *invenções socioculturais* sobre as tecnologias e para além delas.

Surge, assim, uma inter-relação entre inovações tecnológicas e invenções socioculturais em torno da comunicação: desejos, interesses ou necessidades sociais demandam uma inovação tecnológica, pois as tecnologias existentes não responderiam a tais desejos, interesses ou necessidades. Com o surgimento de uma inovação, a sociedade em geral inventa novos usos não pensados previamente ou subverte os usos planejados, esperados ou estimulados pelos projetistas de tal tecnologia, apropriando-se de tais artefatos em suas práticas sociais. Isso dá origem a novos desdobramentos que poderão vir a dar forma a novas inovações tecnológicas, em um ciclo retroativo de coevolução sociotécnica, marcado por processos tecnológicos desdobrados pela transformação da sociedade, e por processos sociais catalisados pela transformação da técnica. É a partir desse processo que podem surgir fenômenos como um "pontífice tuiteiro", ou uma "instituição eclesiástica conectada", ou ainda grupos católicos diversos, sem vinculação institucional, nem eclesiástica, nem midiático-corporativa, que constroem sentidos públicos sobre o catolicismo de modo mais autônomo.

É a partir dessa processualidade sociotécnica que entendemos o conceito de "meio" no contexto comunicacional. Isto é, trata-se de um artefato tecnológico de "produção-reprodução de mensagens *associado* a determinadas condições de produção e a determinadas modalidades (ou práticas) de recepção de tais mensagens" (Verón, 1997. p. 13, trad. e grifo nossos). E o que merece ênfase é essa *associação* entre tecnologia, "condições de produção" e "modalidades de recepção". Um artefato/plataforma tecnológica está inserido em um contexto sociocultural, marcado por práticas sociais específicas em produção e em recepção, envolvendo, assim, uma articulação em vista à comunicação. Não se trata apenas de materialidades tecnológicas "comunicacionais" (livro, radiotransmissor, televisor, computador, celular, tablete, *software*), mas, também e principalmente, de ações propriamente comunicacionais *por meio dessas materialidades, sobre elas e para além delas*, transformando-as.

Poderíamos esquematizar a noção de "meio", no contexto comunicacional, como as relações entre *tecnologia + ações comunicacionais*. Estas ações podem ser entendidas como as experiências individuais e sociais dos diversos sujeitos com e sobre a tecnologia: ou seja, aquilo que as pessoas efetivamente fazem com os artefatos tecnológicos para a construção de sentido.

Assim, tomando como exemplo a plataforma Facebook ou Twitter, podemos ver nelas um meio de comunicação, pois se trata de uma inovação tecnológica articulada com ações e invenções socioculturais sobre ela voltadas à construção de sentido. Entretanto, o observador pode perceber ações comunicacionais nessas plataformas sociodigitais que as configuram como um meio de comunicação voltado à circulação (como a postagem de conteúdos públicos sob as mais diversas formas), mas também meros usos sociotécnicos que não as configurariam como meio de comunicação (como o armazenamento e medição de dados, os sistemas de busca etc.). Portanto, a identificação de um meio também depende do olhar do observador, pois é este que, ao ter acesso à construção de sentido em circulação por meio de uma tecnologia específica, pode entrever aí as configurações comunicacionais que o caracterizam como tal.

3.2 Dos meios às mídias

Em sentido comunicacional, propomos complexificar a noção de "meio" na articulação com o conceito de "mídia", ressignificado a partir do contexto das sociedades em midiatização. O termo "mídia", etimologicamente, em português, é um desdobramento do latim *media*, plural de *medium* ("meio"). Aqui, partindo da riqueza linguística do português, que apresenta nuances de significação diferenciados entre os termos "meio" e "mídia" nos usos comuns da linguagem, propomos também uma diferenciação entre eles, sem receios de utilizar o "desastroso neologismo" *mídia*, "termo inculto, testemunho de nossa indigência intelectual" (Marcondes Filho, 2005, p. 9). Ao contrário, cremos que, longe de "indigência", nele se manifesta a abundância criativa dos usos da língua como indicadora da riqueza de práticas sociais no Brasil, que, se observadas com olhar atento e curioso, sem preconceitos nem pré-concepções, revela-se como fonte de explicitação conceitual da complexidade dos fenômenos.

"Meios" e "mídias", no sentido comunicacional aqui proposto, estão relacionados e são parte necessária e significativa da abrangência da midiatização (Braga, 2012a). Os diversos meios se relacionam entre si, gerando "meios de meios", que, por sua vez, se inter-relacionam com diversos outros sistemas culturais para a construção de sentido, a interação pessoal e a organização social.

Dessa forma, entendemos aqui como "mídia" uma *rede de relações entre meios (tecnologia + ações comunicacionais) e práticas socioculturais em um dado contexto*. Ou seja, trata-se de um sistema comunicacional extremamente complexo formado por interações entre tecnologias, ações comunicacionais e processos socioculturais mais amplos (o conjunto de práticas socioculturais simbólicas, políticas, econômicas, religiosas, empresariais etc. em um contexto específico). Tais relações se configuram como um verdadeiro *"sistema-rede de meios"* em sua relação com o ambiente sociocultural. É uma visão sistêmico-complexa: a soma dos meios não é uma mídia; a mídia é mais do que a soma dos meios (Morin, 2008).

E é possível ver empiricamente esse processo em mídias que chamamos de "rádio", "televisão", "internet", que, primeiro, não são sinônimos de "televisor", "radiotransmissor", "computador"; segundo, envolvem também um "meio ambiente" complexo formado pelas relações entre esses meios, encarnadas em saberes, práticas, discursos e materialidades, configurando-os como mídias; e, terceiro, em seu desenvolvimento, trazem consigo elementos de fases anteriores, em um processo de transformações evolutivas.

É o que vemos também no Facebook, especificamente, observado como mídia, que evoluiu a partir das interações entre seus usuários, agregando funcionalidades não existentes ou não previstas na sua programação original, como o uso de *hashtags* e a possibilidade de responder a um comentário específico de outra pessoa, por exemplo. São funcionalidades que foram sendo agregadas e apropriadas a partir das relações entre os interagentes, a partir das práticas existentes em seus contextos socioculturais. E também na relação entre o Facebook e o Twitter, observados como meios em um mesmo ambiente midiático, que coevoluíram a partir de mídias anteriores (remodelando o e-mail, os chats, os blogs etc.) e também a partir de afetações mútuas, apropriando-se, por exemplo, do uso da funcionalidade *hashtag* (no caso do Facebook em relação ao Twitter) e das "curtidas" (no caso do Twitter em relação ao Facebook), gerando modificações em seus sistemas próprios a partir de tais afetações.

A midiatização, portanto, é dinamizada por *ações, interações e retroações das mídias*, que levam a uma "reconfiguração de uma ecologia comunicacional (ou um *bios* midiático)" (Gomes, 2008, p. 30). Por isso, o estudo da midiatização também demanda uma "virada midiática" do olhar do pesquisador, para compreender as mídias em sua *medialidade*, isto é, "as interações de fatores tecnológicos, sociais e culturais" (Friesen; Hug, 2009, p. 69) na complexidade do caldo cultural das sociedades contemporâneas.

3.3 Das mídias à circulação

Analisar a midiatização é analisar as mudanças vividas pela sociedade na contemporaneidade, complexificadas pelo fenômeno midiático. Em nosso caso, as interações em plataformas sociodigitais produzem novas modalidades comunicacionais em torno do catolicismo, da Igreja para com a sociedade, da sociedade para com a Igreja, e da sociedade para com a própria sociedade.

Nessa ampliação das interações sociais para além do controle das instituições estruturadas e na maior difusão de construções midiáticas para além da gestão do "campo dos *media*" (Rodrigues, 2011), vemos também uma das principais processualidades comunicacionais em sociedades em midiatização, justamente o fenômeno da *circulação*. Nos processos de circulação comunicacional que permeiam toda a sociedade, brotam os fluxos, formam-se os circuitos e as redes, e travam-se as disputas simbólicas pela construção de sentido social.

Nesse movimento, a construção de sentido só é possível a partir do reconhecimento prévio de outros sentidos, e tal reconhecimento leva a novas produções de sentido. "Um determinado discurso em circulação na sociedade produzirá uma multiplicidade de efeitos, uma vez que tal estratégia vai lidar com uma existência e multiplicidade de outros discursos" (Fausto Neto, 2007, p. 23). Por isso, "os efeitos de uma produção de sentido são sempre uma produção de sentido" (Verón, 2004, p. 60), que não encontra um "fim" ou um "destinatário final" – trata-se de uma construção sempre contínua, social e histórica.

Desse modo, torna-se muito mais complexo delimitar quem "produz" e quem "recebe" nessas relações, assim como os "pontos de partida" e os "pontos de chegada" do processo comunicacional, pois, em sociedades em midiatização, geram-se "novas estruturas e dinâmicos feixes de relações entre produtores e receptores de discursos" (Fausto Neto, 2010, p. 6), que também se tornam mais visíveis para o pesquisador. Como afirma Ferreira (2008, p. 64), toda construção de sentido é "atravessada pela travessia que propicia", e é nessa relação que a circulação emerge como problema.

3.4 Da circulação à ambiência

Como víamos, na sua convocação a uma "Contrarreforma digital", começando pela base da Igreja (os jovens) até a hierarquia (o clero), o Papa Bento XVI solicitava que a Igreja exercesse a "tarefa da evangelização deste *'continente digital'*" (2009, s/p, grifo nosso). Por outro lado, reconhecia na internet "a aparição de uma *nova ágora*, de uma *praça pública e aberta*" (ibid., 2013, s/p, grifos nossos).

A referência a essa "espacialidade" presente nos discursos papais não é à toa, mas sintomática da midiatização contemporânea. Desponta aí a compreensão das mídias como *"ponto de partida* para a constituição de um novo *bios* com um tipo novo de sociabilidade" (Sodré, 2014, p. 246). Isso também faz com que se reorientem os modos de pensar e de sentir, formando outro tipo de *polis*, ou, em nosso caso, outro tipo de *ekklesia* (assembleia) religiosa. São indícios que nos ajudam a perceber "a natureza da inter-relação entre as mudanças históricas na comunicação midiática e outros processos transformacionais" (Hepp, 2012, p. 38, trad. nossa), como os vividos pela Igreja Católica e pelo catolicismo em geral.

Em termos de midiatização, é possível afirmar que a vida social hoje é como é *porque assim também foi possibilitada pelas mídias*, e as mídias hoje são como são *porque assim também foram constituídas pela vida social* – ou seja, uma articulação complexa entre tecnologias apropriadas pela prática social para a construção de sentido, práticas sociais de construção de sentido encarnadas em tecnologias midiáticas com os mais diversos sistemas sociais e culturais. Nesse contexto específico, "é possível falar da mídia como um lócus de compreensão da sociedade", pois "a sociedade percebe e se percebe a partir do fenômeno da mídia" (Gomes, 2008, p. 21).

Como já reconhecia o próprio Papa Bento XVI (2013, s/p, grifos nosso) no caso digital, "as redes sociais são o *fruto* da interação humana, *mas, por sua vez, dão formas novas* às dinâmicas da comunicação que cria relações". Ou seja,

> a midiatização abrange dois movimentos simultâneos e dialéticos. De um lado, ela é fruto e consequência das relações, inter-relações, conexões e interconexões da utilização pela sociedade dos meios e instrumentos comunicacionais, potencializados pela tecnologia digital. De outro, ela significa um novo ambiente social que incide profundamente nessas mesmas relações, inter-relações, conexões e interconexões que constroem a sociedade contemporânea (Gomes, 2015, p. 53).

Nessa dialética, a midiatização não se refere apenas à institucionalização de um campo social midiático e aos seus "impactos" sobre a vida social. Ela é mais do que isso, emergindo como um *metaprocesso sociocomunicacional* (Krotz, 2007), com especificidades próprias em cada fase histórica. É esse metaprocesso que gera a construção social da vida cotidiana e do ambiente cultural das sociedades. A midiatização, portanto, se situa em uma "dialética das reciprocidades na mudança da comunicação midiática, por um lado, e na contínua mudança social e cultural, por outro" (Hepp, 2012, p. 44, trad. nossa). Ela tem algo de *relativo* aos sistemas e processos midiáticos que a originam (aspecto dedutível), mas também algo de *absoluto* em sua novidade fenomênica, que, por sua vez, condiciona aqueles sistemas e processos (aspecto irredutível) (cf. Morin, 2008). Nesse sentido, a midiatização é *metamidiática* (Gomes, 2013), pois é a gênese de meios sociais (sociedades e culturas) que geram e são gerados por meios midiáticos (mídias), em complexidade crescente.

Emerge, dessa forma, uma nova natureza organizacional da sociedade. Trata-se de "uma *ambiência mais ampla*", ou seja, um "*bios midiático* [...] que se forma com a sociedade da informação atual" (Gomes, 2015, p. 48, grifos nossos). Mas isso não significa uma realidade etérea, simulada, metafórica, incorpórea, substitutiva, virtualizada. O que surge, ao contrário, é

> um ambiente (que chamamos de sociedade em midiatização) que configura para as pessoas um *novo modo de ser no mundo*, pelo qual os meios não mais são utilizados como instrumentos possibilitadores das relações pessoais, mas *fazem parte da autocompreensão social e individual*. [...] cria-se um novo ambiente matriz que acaba por determinar [*condicionar*, melhor dizendo] o modo de ser, pensar e agir em sociedade (Gomes, 2015, p. 53).

Assim, chegamos à *emergência* da midiatização, ou seja, à sua ambiência, que apresenta um caráter de novidade em relação às propriedades dos seus componentes midiáticos. Nela, a comunicação constitui "um conjunto de valores, uma forma nova de viver, de nos movimentar, de nos socializar. E isso é, do ponto de vista antropológico (nossas crenças, nossos estilos de vida, nossos costumes etc.), uma cultura midiática", que, por sua vez, "se constitui em um elemento articulador que gera, administra, sustenta, desenvolve e ancora todos os aspectos de vida/sociedade que vivemos na sociedade contemporânea" (Puntel, 2014, s/p).

3.5 Da ambiência à midiatização

Agora, podemos fazer inter-retroagir nossas considerações em relação às tecnologias, aos meios, às mídias, à circulação e à ambiência, já complexificadas, na tentativa de sistematizar, a partir das especificidades deste livro, o conceito de midiatização.

Compreendemos a midiatização como *um metaprocesso comunicacional, constituído por processos midiáticos emergentes no eixo do espaço e por transformações comunicacionais evolutivas das sociedades e das culturas no eixo do tempo, em complexidade, aceleração e abrangência cada vez maiores.*[1]

---

[1] Uma análise meramente tecnológica desse processo de transformações evolutivas já nos dá um pouco da sua dimensão de complexidade, aceleração e abrangência: "A evolução da linguagem falada à linguagem escrita envolveu entre 50.000 e 100.000 anos. A evolução da escrita à mão até a imprensa foi de 4.500 anos. A evolução da imprensa ao processamento de textos

Ou seja, trata-se de um fenômeno comunicacional emergente, que se manifesta a partir de determinadas condições histórico-culturais para a comunicação das e entre as culturas, que, mediante transformações sociotécnicas, evoluem desde as origens da vida humana até o ambiente comunicacional contemporâneo.

De um lado, temos o eixo do tempo que nos insere na perspectiva de uma evolução cronológica que vai dos primórdios da consciência humana e chega aos dias atuais. O segundo eixo situa-se na dimensão qualitativa, de complexidade crescente nas relações, inter-relações e interconexões humanas. É a bissetriz de ambos que espelha a flecha simbólica da evolução humana (Gomes, 2013, p. 137).

No caso específico aqui em análise, a midiatização digital da religião se explicita empiricamente no eixo do espaço mediante práticas comunicacionais em torno da circulação do "católico". Estas, por sua vez, realimentam o "caldo" histórico da midiatização que se desdobra no eixo do tempo, dinamizando as transformações evolutivas (em seu sentido de gradualidade, não necessariamente de melhoria ou aperfeiçoamento) do catolicismo como um todo, em suas diversas mediações comunicacionais.

A midiatização, portanto, é tanto um *fenômeno processual* quanto um *processo fenomênico*. Ou seja, ao mesmo tempo que constrói a midiatização como processo, a sociedade (e suas práticas localizadas) é por ela construída e não a controla como fenômeno, pela complexidade dos contextos culturais específicos – interacionais, híbridos, intersubjetivos, indeterminados, irreversíveis, mutáveis, complexos.

* * *

Depois de problematizar a relação entre sociedades, tecnologias e sentidos, de analisar a midiatização como a constituição de uma ambiência comunicacional desencadeada por e desencadeadora de processos midiáticos (a partir de suas lógicas e dinâmicas próprias), e

---

foi de somente 500 anos, e a evolução da linguagem baseada em computadores ao radicado na internet foi de somente 50 anos. A evolução da internet à web foi de somente dez anos, e agora novos formatos baseados na rede (blogs, iTunes, iPods, *podcasts* etc.) vão aparecendo em questão de meses" (Logan, 2015, p. 203, trad. nossa). Lembrando também que a internet como a conhecemos, a *World Wide Web*, tem menos de 10 mil dias de história (Scolari, 2015). Se articularmos a isso as mais diversas práticas socioculturais de comunicação, na sua heterogeneidade espaço-temporal, podemos vislumbrar a complexidade da midiatização.

de refletir sobre a circulação comunicacional de sentidos, entre fluxos e circuitos, podemos, agora, aumentar o "zoom" de nossas análises, para compreender como a midiatização se revela hoje a partir do fenômeno da digitalização.

4
Midiatização digital:
a relação entre redes sociais e redes digitais

Os anos recentes têm revelado uma potencial virada epocal da comunicação, no sentido de uma reviravolta das práticas comunicacionais em sociedade. Isso se deve em grande parte às inovações tecnológicas digitais. Não tanto porque elas tenham revolucionado inteiramente a história humana, "mas principalmente devido ao fato de terem posto em relevo certas questões que *antes não se manifestavam de forma tão evidente quanto agora*" (Felinto, 2011, p. 238). O fenômeno digital "favoreceu a problematização do próprio cerne da noção de comunicação" (ibid.) e, consequentemente, também da noção de religião e de sua relação com as mídias.

Por isso, podemos falar de midiatização *digital*: em um processo histórico como a midiatização, o "novo" é justamente o avanço sociotécnico recente da digitalização, a "virada digital". Isto é, o surgimento de "novas formas de relação social, que são fruto de uma série de mudanças históricas, *mas que não poderiam desenvolver-se sem a internet*" (Castells, 2005, p. 287, grifo nosso).

A internet desponta, no panorama atual, como um "meio de comunicação, de interação e de organização social" (Castells, 2005, p. 257). A midiatização, em sua especificidade digital, surge e se desdobra com o avanço desse complexo dispositivo "internet", que, por sua vez, se desenvolveu mediante "a apropriação da capacidade de interconexão por redes sociais de todos os tipos [...] que reinventaram a sociedade e, nesse processo, expandiram espetacularmente a interconexão de computadores, em seu alcance e em seus usos" (ibid., 2001, p. 53).

Além da "revolução da internet", Rainie e Wellman (2012) abordam também o panorama da midiatização digital a partir de outras duas "revoluções" recentes. A primeira delas é a "revolução das redes sociais", em que novas tecnologias e transformações sociais entraram em sintonia com o espírito nômade e o desejo de autonomia pessoal nas sociedades contemporâneas, caracterizadas por uma mudança nas modalidades de relação entre as pessoas. Por sua vez, a "revolução do *mobile*" catalisou tais mudanças culturais, permitindo que as pessoas passem a ficar quase sempre *on-line*, conectadas em aparelhos móveis. Isso produz aquilo que os autores chamam de "uma abordagem mental '*internet-first*'", ou seja, a prioridade das dinâmicas da vida pessoal, social e também religiosa é posta no ambiente digital.

Como complexo sociotecnocultural, a internet, as chamadas "redes sociais" e o *"mobile"* também moldam as processualidades comunicacionais do fenômeno religioso, por meio de novas modalidades de construção simbólica, de interação social e de prática religiosa. Na interface específica do processo de midiatização digital com o fenômeno religioso, vemos cada vez mais a apropriação dos ambientes digitais para a circulação de símbolos, crenças e práticas católicos, remodelados para as novas linguagens em rede. Igreja e sociedade em geral encontram-se marcadas hoje por novas possibilidades de construção de sentido, em que os meios de acesso, criação, armazenamento, gestão, distribuição e consumo de informações não são mais detidos por uma elite cultural, econômica ou eclesial, mas, de certa forma, se "socializam" pelo tecido social.

Para compreender tal processo, destacaremos, primeiro, quatro características-chave da midiatização digital, a saber, a sintetização, a ubiquização, a autonomização e a conectivização. Depois, refletiremos sobre a conceituação específica de redes comunicacionais que aqui utilizaremos. E, no âmbito de tais redes, abordaremos também as interfaces, protocolos e reconexões que surgem no ambiente *on-line*. Todos esses conceitos serão desdobrados, aprofundados e complexificados ao longo do livro.

4.1 Características da midiatização digital

O fenômeno da midiatização digital tem sido analisado por diversos autores e com diversas abordagens teóricas. Por se tratar de um processo complexo, cada tentativa de análise privilegia alguns aspectos sobre os demais, de modo a dar conta de seus objetivos específicos. Aqui, destacaremos algumas características da midiatização digital entendidas como *processos comunicacionais* que se evidenciam na internet. São elas: a *sintetização*; a *ubiquização*; a *autonomização*; e a *conectivização*.

Tais movimentos – sem a intenção de esgotar a variedade e a diversidade dos processos – estão mais diretamente relacionados com o fenômeno religioso contemporâneo, em que o "religioso" se digitaliza e se torna fonte de reconstrução simbólica (sintetização); disponibilizando-se em toda parte e a qualquer momento (ubiquização); promovendo uma "tomada da palavra" dos interagentes na constituição de suas práticas em relação a esquemas de ação historicamente consolidados (autonomização); que agora também se dão mediante conexões sociodigitais difusas e abrangentes voltadas à interação e à comunicação (conectivização).

4.1.1 Sintetização

Em um sentido técnico, o processo de digitalização possibilita que toda informação seja dividida em pequenas partes e quantificada em códigos informáticos sob a forma binária (isto é, dois números, 0 e 1 – bits[1] e pixels[2] da informação). Por meio do fluxo dessas microunidades, é possível estocar, acessar e reagrupar a informação, que pode ser identificada, reproduzida, arquivada, modificada, amplificada por qualquer pessoa ou sistema digital, favorecendo a criação de grandes bancos de dados.

Desse modo, é possível converter quase a totalidade dos elementos culturais em dígitos, renovando todas as fases do processo de construção simbólica. Portanto, para além da "mensagem", o "meio" também se digitaliza – todo o processo de construção de sentido, passando pelos artefatos tecnológicos, até as práticas sociais e religiosas.

Em termos comunicacionais, é importante destacar que, digitalizada, a informação é passível a dois processos, chamados por Kerckhove (1998) de *descontextualização* e *recombinação*. No primeiro caso, o "texto" simbólico se liberta do seu "contexto". São dados à disposição da pessoa. Essa descontextualização, por sua vez, é que permite a recom-

---

[1] O termo *bit* é a simplificação para dígito binário, B*Inary* digi*T* em inglês. Um *bit* é a menor unidade de informação que pode ser armazenada ou transmitida e pode assumir somente 2 valores: 0 ou 1, verdadeiro ou falso. Os *bits* geralmente são idealizados para armazenar instruções em múltiplos de *bits*, chamados *bytes*. Com informações da Wikipédia, disponíveis em: <http://pt.wikipedia.org/wiki/Bit>.

[2] O termo pixel é a aglutinação de *Picture* e *Element*, ou seja, elemento de imagem. Um pixel é o menor elemento num dispositivo de exibição (como por exemplo um monitor), ao qual é possível atribuir-se uma cor. Com informações da Wikipédia, disponíveis em: <http://pt.wikipedia.org/wiki/Pixel>.

binação simbólica (com outros dados) e social (com outros indivíduos). A pessoa pode "analisar (fragmentar) a matéria e a linguagem, dividir (descontextualizar) segmentos úteis, e depois combin[á]-los (recombinação) com outros segmentos" (ibid., p. 219). A informação convertida em *bits* e *pixels* se torna "disponível por toda parte, difícil de proteger, impossível de controlar" (Gensollen, 2010, p. 95, trad. nossa).

Por isso, falamos aqui de *sintetização*, ou seja, a possibilidade de recombinação dos mais diversos processos de percepção e expressão socioculturais e religiosas em um mesmo ambiente comunicacional digital. A sintetização permite, assim, "abarcar e integrar todas as formas de expressão, bem como a diversidade de interesses, valores e imaginações, inclusive a expressão de conflitos sociais" (Castells, 2000, p. 396), sob uma condição: a adaptação de tais elementos à lógica digital, configurando sua existência nesse ambiente em modo binário, "presença/ausência" no sistema digital, mediante acionamentos comunicacionais.

4.1.2 Ubiquização

Nossas concepções temporais e espaciais objetivas "são necessariamente criadas por meio de práticas e processos materiais que servem para reproduzir a vida social [...] o tempo e o espaço não podem ser entendidos independentemente da ação social" (Harvey apud Castells, 2000, p. 436). Em sociedades em midiatização digital, podemos dizer que as noções espaço-temporais são construídas mediante nossas ações comunicacionais em rede, que geram uma nova experiência da existência.

A *ubiquização* (do latim *ubique*, "em/por tudo") diz respeito, justamente, ao salto para uma maior compressão e organização espaço-temporal possibilitada pela conexão de todas as redes digitais, em que a pessoa e seu universo simbólico estão *em toda parte ao mesmo tempo*. Para Verón (2012, p. 12, trad. nossa), a especificidade da internet (a *WWW*) está expressa "não no último W (*Web*), mas nos dois primeiros (*World Wide*)", ou seja, justamente no seu alcance (ampliação espacial) e na sua velocidade (compressão temporal). Trata-se da intensificação da característica *"speed and spread"* (velocidade e alcance) da internet, no cruzamento de fronteiras culturais regionais e nacionais.

Nesse contexto,

os meios digitais não representam apenas um *alargamento* societal e cultural da existência dos indivíduos e dos grupos, representam também um *aprofundamen-*

to histórico e cultural, precisamente na medida em que cada sociedade tende a digitalizar o seu patrimônio e a torná-lo o mais acessível possível *urbi et orbi* (Fidalgo, 2013, p. 48, grifos nossos).

É o que acontece com a Igreja em sua relação com o ambiente digital: amplia-se ainda mais o seu raio de ação em nível mundial, podendo chegar potencialmente a todas as culturas e sociedades, assim como a própria vida da Igreja passa a se digitalizar, seja em termos de "conteúdo" (documentos, encíclicas etc.), seja em termos de "forma" (práticas de comunicação, modalidades de interação etc.). Mediante tal processo de ubiquização, de um lado, o conceito de espaço religioso é relativizado e complexificado pela ideia de "acesso" (não importa *onde*, mas sim *como chegar*); de outro, o conceito de tempo religioso é relativizado e complexificado pelo de "instantaneidade" (não importa *quando*, mas sim em *quanto tempo*). Reforçam-se a mobilidade e o movimento das pessoas em interação e dos processos sociais de construção de sentido, independentemente da presença no mesmo local ou da proximidade no mesmo momento: é possível até carregar "o papa no seu bolso".[3]

Emerge, assim, um mundo híbrido, que não significa um mundo "virtual" ou "substitutivo" do mundo "real". Ao contrário, a conexão *on-line* e a interação *off-line* se dão concomitantemente. "O ambiente digital *não é um mundo paralelo ou puramente virtual, mas faz parte da realidade cotidiana de muitas pessoas [...]*. As redes sociais são o fruto da interação humana, mas, por sua vez, dão formas novas às dinâmicas da comunicação que cria relações" (Bento XVI, 2013, s/p, grifo nosso). A experiência humana, portanto, torna-se *"always in"* e *"always on"*, isto é, independentemente do espaço-tempo dos demais interagentes, é uma experiência compartilhada sempre "aqui" e sempre "agora", graças à conexão digital.

4.1.3 Autonomização

Os meios tecnológicos de acesso, produção, distribuição e consumo de sentido hoje (às vezes em um único artefato) estão ao alcance da imensa maioria da população. A internet, pela sua facilidade de uso

---

[3] Essa é a manchete de uma notícia do site de notícias da Santa Sé, *News.va*, divulgando a nova versão do PopeApp. Disponível em: <http://www.news.va/en/news/the-pope-in-your-pocket-new-20-app-launched>.

e pela expansão do alcance e da abrangência das interações sociais, possibilita que as pessoas assumam um poder de ter uma "palavra pública", especialmente aquelas que não tinham acesso aos artefatos tecnológicos industriais ou corporativos de comunicação. As mídias digitais tornam-se espaços de autonomia, para além do controle de governos, empresas e instituições midiáticas que historicamente monopolizaram o processo de produção da informação e detinham o seu poder, como a Igreja.

A *autonomização* aponta, justamente, para a "mutação nas condições de acesso dos atores individuais à discursividade midiática, produzindo transformações inéditas nas condições de circulação" (Verón, 2012, p. 14, trad. nossa), especialmente a partir da midiatização digital. As especificidades do digital permitem que, pela primeira vez na história, a pessoa tenha "o controle do *'switch'* entre o privado e o público" (ibid., 2010, p. 15, trad. nossa), podendo decidir autonomamente os conteúdos e os interagentes com os quais quer se comunicar. Trata-se de uma dupla revolução: por um lado, a autonomia de tomar a palavra em público junto à sociedade inteira, potencialmente; por outro, a autonomia de incorporar no espaço público as próprias construções de sentido privadas, assim como as interações pessoais mais íntimas (Cardon, 2010).

Especialmente com a internet, "é o homem comum, sem qualquer visibilidade corporativa, que dá à ambiência da comunicação e da informação generalizada o estatuto de nova esfera existencial" (Sodré, 2014, p. 116). Ocorre, dessa forma, uma "emergência das pessoas" (Lipovetsky, 2009, p. 61), possibilitada pelos dispositivos digitais. No ambiente digital, os chamados "receptores", em relação às mídias corporativas ou à instituição eclesiástica, também participam como construtores de discursos, ocupando lugares antes só detidos pelos técnicos, em sentido comunicacional, ou pelos clérigos, em sentido religioso.

Desse modo, a circulação ocorre de forma imprevisível, não necessariamente "de cima para baixo" – ou seja, da chamada "grande mídia" para a massa, ou da instituição eclesiástica para os fiéis –, mas como resultado de "uma multidão de decisões locais tomadas por agentes autônomos que negociam o seu caminho mediante espaços culturais diversos" (Jenkins; Ford; Green, 2013, p. 294, trad. nossa).

A autonomização aponta para a *emancipação da autoria* (Miroshnichenko, 2013), uma revolução catalisada pela internet que leva a práticas religiosas marcadas pela *improvisação*, em tensão com a regulação das instituições e das autoridades (Drescher, 2011).[4] Mas é preciso sopesar qualquer aproximação entre autonomização e "independização", afinal, em um ambiente midiático, os interagentes não são indivíduos atomizados e independentes, nem estão isolados do seu ambiente – há, justamente, uma *interação*, uma *interdependência*.

4.1.4 Conectivização

A inovação sociotécnica atual, segundo Miège (2009), está centrada no *digital* (compressão dos dados) e na *internet* (rede física integrada). "As tecnologias digitais são profundamente marcadas pelos comportamentos de autonomia individual e de 'conectividade' [*mise en connexion*]" (Flichy, 2010, p. 15, trad. nossa), contribuindo para o desenvolvimento de novas práticas sociais. No nosso caso de pesquisa, mediante conexões diversas e difusas entre múltiplos interagentes, que, por sua vez, se constituem em redes de grande alcance (pessoas, grupos, instituições, discursos, práticas, dispositivos, artefatos etc.), constrói-se o sentido do "católico".

E a midiatização é justamente um "processo viabilizador e favorecedor de *circuitos de complexidade ampliada*, pondo em conjunção circunstâncias que antes podiam compartimentar-se em sistemas quase estanques" (Braga, 2013, p. 164, grifo nosso). Nesse sentido, a *conectivização* é o processo de expansão do alcance e de aprofundamento da abrangência das relações comunicacionais entre meios sociotécnicos e práticas socioculturais de construção de sentido e de interação.

O processo de conectivização é tanto tecnológico quanto social e simbólico. Tecnologicamente, os últimos 150 anos, desde o desenvolvimento do telégrafo, revelaram uma proliferação e um crescimento

---

[4] Em suas análises, Miroshnichenko (2013) identifica outras duas grandes revoluções históricas prévias que favoreceram tal "emancipação" no processo comunicacional. Primeiro, houve o salto da *emancipação da escrita*, com o surgimento da escrita demótica no século VII a.C., no Egito, em que os escribas dos templos perderam o monopólio sobre a produção de informação. Para Drescher (2011), em sentido religioso, esse seria o período de uma *obediência regulada* nas práticas religiosas, que encontravam sua possibilidade de mudança em ações sociais acidentais ou não desejadas. Um segundo momento, segundo Miroshnichenko (2013), foi a *emancipação da leitura*, com a invenção da imprensa por Gutenberg, no século XV, o que desencadeou a Reforma Protestante, dando acesso à Bíblia e aos textos antigos ao povo comum, fazendo com que as autoridades eclesiais perdessem o monopólio sobre a interpretação da informação. Aqui, Drescher (2011) aponta para um período de *descoberta e invenção reguladas* nas práticas religiosas, em que as mudanças culturais ocorriam mediante ações estratégicas e administradas.

acelerado das conexões entre redes de informação, em camadas interconectadas e integradas, gerando uma ambiência comunicacional crescentemente complexa.

Socialmente, ocorre uma "implosão populacional" (Kerckhove, 1998), porque, graças às mídias digitais, as pessoas em geral estão exponencialmente mais "expostas" à relação umas com as outras, de modo mais amplo e diversificado. Introduz-se uma nova forma de conectar, interagir e comunicar que permanecia, até então, encerrada no âmbito das "sociabilidades privadas" (Cardon, 2010).

Por outro lado, a proliferação e o crescimento acelerado das conexões também ocorrem em nível simbólico, "concentrando e multiplicando a energia mental humana" (Kerckhove, 1998, p. 143, trad. nossa). Nas interações humanas pessoais, institucionais ou sociais em geral, a conectividade se torna "uma condição para o crescimento acelerado da produção intelectual humana" (ibid., p. xxxi, trad. nossa). Assim, emergem uma "sabedoria das multidões" (Proulx; Millerand, 2010) e um novo modelo de saber baseado na força das conexões comunicacionais.

* * *

Esses movimentos da midiatização digital nos permitem compreender mais especificamente uma crescente reconstrução de sentidos em torno do catolicismo (sintetização), um rompimento com espaço-temporalidades tradicionalmente central para as práticas católicas (ubiquização), uma nova forma de participação a partir da autonomia sociotécnica e da emergência da figura do amador nas práticas comunicacionais em torno do catolicismo (autonomização) e a complexa formação de redes comunicacionais entre membros da Igreja diversos, para além dos vínculos tradicionais que constituem a Igreja Católica (conectivização).

A partir desse panorama, é possível explorar, aprofundar e problematizar o que se entende pelo conceito de "rede" em sua inter-relação com os processos midiáticos.

4.2 A comunicabilidade das redes

Para a compreensão da configuração social emergente a partir da midiatização digital, um dos conceitos-chave é a noção de *rede*, "forma organizacional da Era da Informação" (Castells, 2003, p. 7). A noção de "rede" não é novidade nos mais diversos âmbitos do saber. Ela é um modelo histórico para a compreensão de diversos tipos de fenômenos, especialmente o funcionamento de sistemas complexos. Contudo, como aponta Musso (2007), tal noção é saturada de significados, sendo considerada um "'conceito arco-íris', como 'mesoconceito', ou ainda como 'desastre conceitual'" (p. 198, trad. nossa).[5]

Para entender uma rede é preciso analisá-la como tal: ou seja, é preciso se afastar de outras construções teóricas mais hierarquizadas.[6] Diferentemente de um edifício, em que, retirada alguma parte de seus fundamentos, tudo desmorona, a rede é uma "teia dinâmica de eventos inter-relacionados", de "relações [...], de concepções e de modelos, na qual não há fundamentos" (Capra, 2006, p. 48). Retirada ou acrescentada qualquer conexão, a estrutura da rede se auto-organiza. "Nenhuma das propriedades de qualquer parte dessa teia é fundamental; todas elas resultam das propriedades das outras partes, e a consistência global de suas inter-relações determina a estrutura de toda a teia" (Capra, 2006, p. 48).

Nesse sentido, uma rede se caracteriza justamente pela *interconexão dinâmica e instável* no tempo entre os elementos que a compõem (Musso, 2004). Aqui, chamamos tais elementos diversos de *interagentes*, isto é, *"aquele que age com outro"* (Primo, 2003, p. 133, grifo nosso). Mas não se trata apenas do interagente humano, pois existem ações

---

[5] Um conceito minimalista e genérico de rede é oferecido por Castells (2000, p. 498), que a entende como um "conjunto de nós interconectados". Já em termos sociológicos, o conceito de "rede social" é concebido como "um conjunto de dois elementos: atores (pessoas, instituições ou grupos; os nós de uma rede) e suas conexões (interações ou laços sociais)" (Recuero, 2009, p. 24). Contudo, trata-se de simplificações e esquematizações extremas, pois não apenas uma rede está dentro de outras redes, mas, como afirma Capra (2006), em sistemas vivos, cada nó de uma rede, quando ampliado, também aparece como uma rede.

[6] Por exemplo, as listas, como modelo mais linear; ou as árvores ou construções arquitetônicas, como modelo mais hierárquico. Com os modelos em rede, entretanto, a ciência em geral pôde superar a "ordem vertical, descontínua, hierárquica e natural da árvore" ou da pirâmide, para passar a uma "lógica horizontal, multirracional e artificial" (Musso, 2007, p. 3, trad. nossa), libertando-se do peso da noção de centralidade. A pirâmide, aliás, é uma metáfora conceitual que explicita o caráter hierárquico de uma organização, como a Igreja Católica, em que o poder e a comunicação são ordenados do topo para a base (Deus, papa, clero, base). Chama a atenção que, em um discurso em 2015, o Papa Francisco retomou tal metáfora, literalmente a invertendo: "Jesus constituiu a Igreja, colocando no seu vértice o Colégio Apostólico, no qual o apóstolo Pedro é a 'rocha' (cf. Mateus 16,18), aquele que deve 'confirmar' os irmãos na fé (cf. Lucas 22,32). Mas nesta Igreja, como numa *pirâmide invertida*, o vértice encontra-se abaixo da base. Por isso, aqueles que exercem a autoridade chamam-se 'ministros', porque, segundo o significado original da palavra, são os menores no meio de todos" (*Discurso na comemoração do Cinquentenário da instituição do Sínodo dos Bispos*, 17 out. 2015. Disponível em: <http://goo.gl/W5hU77>.

difusas e heterogêneas que também são realizadas por outros "agentes" (tecnologias, discursos, símbolos, lógicas socioculturais, contextos de interação etc.) sobre os demais agentes. Interagente, portanto, é todo aquele que *age e faz agir* ("inter-age") no processo midiático – e o desafio de pesquisa é justamente observar tais ações e analisar tais interagentes, indo além do estritamente humano, em processos de comunicação.

No contexto da midiatização digital, temos um processo de transformação sociotécnica que, mediante a crescente integração e conexão de redes *digitais* locais e globais, favoreceu a crescente integração e conexão de redes *sociais* locais e globais. Isso catalisou, por outro lado, a abrangência, flexibilidade, descentralização e inclusão das diversas expressões socioculturais (Castells, 2000). As mídias digitais, particularmente a internet, portanto, passaram a atuar como "facilitadoras ou realçadoras de redes *humanas*" (Dijck, 2013, p. 11, trad. nossa).

O momento atual apresenta, porém, um salto qualitativo no sentido da integração e da interconexão de redes sociais e digitais. Mediante a crescente ubiquização e conectivização, marcadas cada vez mais pelo aparecimento de mídias móveis, surgem *plataformas sociodigitais*, como Twitter e Facebook. Em sua multimodalidade de uso e conexão, cada uma delas envolve, ao mesmo tempo, *softwares*, sites e aplicativos próprios, todos interconectáveis entre si e também, em geral, com as demais plataformas.

Dessa forma, as interações não se dão mais especificamente mediante um *software*, site ou aplicativo individual específico e isolado, nem mediante um único artefato maquínico (ou computador pessoal, ou celular, ou tablete). Agora, Facebook e Twitter, por exemplo, dentre outros, apresentam padrões comunicacionais *on-line*, voltados à interação interpessoal, à construção simbólica e à circulação de conteúdos por parte de seus usuários, que se inter-relacionam com as demais plataformas e podem ser acionados mediante os mais diversos aparatos digitais (computador, celular, tablete etc.), a eles se ajustando de modo interdependente.[7]

---

[7] Por isso, o conceito de "sites de redes sociais" (*social network sites*, SNSs) do estudo pioneiro de Boyd e Ellison (2007) e outros conceitos afins trabalhados por diversos autores já não dão mais conta dos processos comunicacionais nas plataformas sociodigitais. Ou seja, são insuficientes do ponto de vista social e tecnológico, dada a sua dimensão unicamente formal e a sua centralidade em "sites", "padrões de conexões", "estruturas sociais", "grupos sociais". Assim, o *trabalho comunicacional* propriamente dito de constituição e de manutenção simbólica dos vínculos em rede e de reinvenção das mediações tecnológicas fica subsumido em aspectos sociológicos "duros", como "capital social", "laços sociais" (fortes ou fracos), "suporte

Do ponto de vista da comunicação, cremos que é necessário primar por uma perspectiva própria sobre tais fenômenos, observando aquilo que é *especificamente comunicacional* nas redes que se formam em plataformas sociodigitais.[8] Isto é, seus padrões de conexão são "tanto uma causa quanto uma consequência do comportamento humano" (Kadushin, 2012, p. 10, trad. nossa), porque nascem da interação entre pessoas e grupos, e dos complexos processos de apropriação comunicacional, que, além disso, estão inscritos em contextos sociais mais amplos do que um site ou mesmo "a internet".

Portanto, a "socialidade" ou "informacionalidade" de uma rede não está dada *a priori*, mas depende de complexas relações comunicacionais. O risco seria reificar o conceito de rede, como se se tratasse de algo "lá fora", observável a olho nu. Entretanto, não queremos analisar aqui as "redes que vemos", mas *ver em rede* os fenômenos comunicacionais da circulação do "católico" na internet. Não se trata de circunscrever "redes sociais" (*social networks*) já existentes na internet, mas de perceber o "trabalho comunicacional em rede" (*networking*) entre os diversos interagentes nas plataformas socidigitais.

Mais do que as matrizes de socialidade de uma rede (redes "sociais") ou as suas matrizes de tecnicidade e informacionalidade (redes "digitais"), interessam-nos as suas matrizes de *comunicabilidade*. Por

---

social", "cooperação social". A mera adjetivação de "social" no ambiente digital também pode acabar se naturalizando, como se uma rede ou mídia fosse social apenas pelo fato de envolver seres sociais como os humanos, sendo que, ao contrário, "o social só se estabelece naqueles momentos em que as associações ocorrem" (Primo, 2013, p. 28). Desse modo, o "social" torna-se um termo tão abrangente que mais oculta do que revela. Ou, então, o foco pode recair em modelos matemáticos voltados para o estudo de grafos, *clusters*, *hubs*, *memes*, difusão de informação, viralidade. Contudo, como afirma Primo (2013), um antropólogo não poderia estudar as formas de vida em um território debruçando-se somente sobre o mapa de suas estradas e pontes. "Assim como o mapa não é o território, o grafo não é a vida" (ibid., p. 27). O risco é justamente descontextualizar os padrões de conexão, promovendo uma pesquisa apolítica e a-histórica, uma mera "sociometria" que descreve todos os fenômenos apenas a partir da "matematização do social" (Musso, 2007, p. 196, trad. nossa).

[8] Isso também significa ir além de noções como "redes sociais", "redes digitais" ou "redes sociais digitais". Em termos sociológicos, as "redes sociais" em geral existem há milhares de anos. A novidade é que, mediante inovações tecnológicas recentes baseadas em redes, no âmbito do transporte físico (trens, automóveis, aviões) e especialmente do transporte simbólico de informações (desde o telégrafo até as redes de informação eletrônicas), somadas às invenções socioculturais de microrredes institucionais e pessoais (especialmente universitárias e científicas), as redes agora emergem como objeto de destaque do nosso olhar, assumindo o papel de "*episteme* da nossa época" (Scolari, 2013, p. 95-96). Já em termos tecnológicos, o que temos na internet é uma hibridação sociotécnica, em que se dá a "socialização das redes técnicas e a tecnicização da mudança social" (Musso, 2007, p. 182, trad. nossa), que se manifestam como processos sócio-históricos.

isso, aqui nos propomos a trabalhar com a noção de *redes comunicacionais*, entendidas como as *matrizes de interconexão e comunicabilidade presentes em plataformas sociodigitais*, ou seja, os processos comunicacionais transversais que se estabelecem a partir de conexões digitais,[9] por meio dos quais ocorre a circulação do "católico".

4.3 O dispositivo das redes comunicacionais

A circulação do "católico" em redes comunicacionais e a própria estrutura instável dessas redes se concretizam naquilo que Ferreira (2013a, p. 147, trad. nossa) chama de *dispositivos midiáticos*, isto é, nem o meio nem a mensagem, mas "um lugar de inscrição que se transforma em operador de novas condições de produção e de recepção e, ao mesmo tempo, passagem e meio". Trata-se, segundo o autor, de uma "abstração do conjunto de relações" das mediações midiáticas que, neste caso, se estabelecem nas redes comunicacionais.

No caso comunicacional, a noção de dispositivo nos ajuda a compreender as processualidades das redes comunicacionais, que "incorporam vários processos circulares de comunicação, incluindo os receptores de diversos níveis, operando em redes" (Ferreira, 2012, p. 256, trad. nossa). Por isso, perceber os dispositivos que ativam as redes comunicacionais é poder compreender a "organização estruturada de meios materiais, tecnológicos, simbólicos e relacionais, naturais e artificiais, que tipificam, a partir de suas características próprias, os comportamentos e as condutas sociais, cognitivas, afetivas dos sujeitos" (Peraya, 2002, p. 29). Ou seja, "modos de fazer socialmente produzidos e tornados

---

[9] Em um período de complexa conectivização, as condições de possibilidade da comunicação se alteram. O acesso e a presença do interagente na rede são possíveis graças a uma conexão digital ubíqua à internet ou a plataformas sociodigitais específicas, em qualquer ponto do tempo e do espaço. Mas estar *off-line* ou *on-line* é uma escolha da pessoa. Portanto, não basta ter um artefato digital: é preciso também se conectar à rede e manter a conexão. As práticas sociais também apontam para essa nova complexificação dos processos. Não há separação entre os ambientes *on-line* e *off-line*, mas sim uma hibridação, como víamos. A questão, contudo, é que "estar *on-line*" não é uma ação automática, mas complexa. Sinal disso é o que afirma um "meme" da internet, que indica os três maiores medos da geração digital: 1) estar sem sinal de *wi-fi*, 2) estar conectado a uma rede lenta demais e 3) ficar sem carga suficiente no celular ou tablete para manter a conexão (algumas imagens ilustrativas estão disponíveis aqui: <https://goo.gl/9QZrM5>).

disponíveis" e que "se organizam social e praticamente *como base para comunicação entre participantes*" (Braga, 2011, p. 9-11).

Peraya (2002) analisa o conceito de dispositivo a partir das interações "entre os universos técnico, semiótico e ainda social ou relacional" (p. 29). Já Ferreira (2006, p. 138) define-o como "um lugar de interação entre três universos: uma tecnologia, um sistema de relações sociais e um sistema de representações". Tais interações "não são de determinação unívoca e linear. É uma relação matricial, de mútuas determinações" (ibid., 2012a, p. 256, trad. nossa). Cremos que tal tríade – social, tecnológica, simbólica – é de grande relevância para a análise dos fenômenos comunicacionais, pois nos ajuda a superar determinismos de toda ordem. Na articulação complexa e inter-retroativa entre tais polos, encontramos a *distinguibilidade* das ações em jogo, mas, ao mesmo tempo, a sua *inseparabilidade* como fenômeno (Morin, 2008). É a tensão entre as polaridades da tríade que merece análise. Trata-se de processos dialógicos e recursivos, isto é, nenhum dos três polos pode ser concebido fora da inter-relação complementar, concorrente e antagônica com os outros dois, pois é nela que ele ganha sentido e "força".

Esse complexo triádico não está dado de antemão, mas emerge a partir de processualidades características das redes comunicacionais. Cruzando os aspectos social, tecnológico e simbólico, buscamos complexificar a nossa compreensão desse dispositivo a partir das inter-relações entre três aspectos centrais de análise: as *interfaces* das plataformas sociodigitais, os *protocolos* regulatórios que nelas emergem e as *reconexões* que caracterizam a construção de sentido e os processos midiáticos em redes comunicacionais.

Quanto às *interfaces*, referimo-nos a uma determinada estruturação das conexões entre os interagentes, que, por sua vez, é reinventada a partir da prática social, na complexidade das redes de relações que aí se formam. Isto é, os *processos tecnológicos e simbólicos de conexão em rede*.[10] É preciso perceber que "a interface, por si mesma, não existe: ela necessita de um usuário que a faça funcionar ou, para dizer em termos semióticos, necessita de um sujeito que a *atualize*" (Scolari, 2004, p. 82, trad. nossa). Ao longo dos usos e das apropriações sociais, as interfaces

---

[10] Ao longo deste livro, as complexas relações entre processos tecnológicos e simbólicos serão referidas com o termo *"processos tecnossimbólicos"*, reconhecendo, desde já, que se trata de processos inter-retroativos. Isto é, todo processo tecnossimbólico é também um processo simbólico-tecnológico. É a tensão entre as polaridades de tal díade que tentaremos aqui desdobrar e aprofundar, mais do que a "força" de cada uma em separado.

podem se tornar naturalizadas, automatizadas, "transparentes", devido à sua funcionalidade ou usabilidade, abandonando a sua "transparência" apenas quando deixam de funcionar ou quando falham. Por outro lado, é preciso atentar que a interface carrega consigo sentidos próprios e condiciona os fluxos de circulação e a experiência dos interagentes. Como afirma Scolari (2004, p. 239), "cremos usar as interfaces, mas na realidade também elas estão nos modelando".

As interfaces, em suma, se constituem como redes de relações, como processo comunicacional que se desencadeia a partir de estruturações organizacionais das interações e de composições gráfico-simbólicas explicitadas em seus rastros digitais (Sbardelotto, 2012). Ou seja, são um lócus organizador das interações em plataformas sociodigitais, um cosmos tecnológico e simbólico de interagentes em rede, cuja lógica é a mediação (Toledo, 2012). São elas que permitem e potencializam a comunicação, ao unirem interagentes distintos que, "interfaciados", tornam-se acessíveis e significativos uns para os outros.

A regulação desses processos, para que não ocorra nem a desestabilização nem o enrijecimento da plataforma – mediante usos desregulados por parte dos usuários ou o bloqueio desses usos por parte da plataforma –, ocorre por meio de *protocolos*,[11] configurados pela plataforma e negociados com os interagentes em suas práticas comunicacionais. Isto é, os interagentes vão estabelecendo certos "acordos", estratégias de contato, padrões de relações, modos de interagir que organizam as conexões. Algumas dessas regras nascem junto com as plataformas e vão sendo flexibilizadas posteriormente a partir dos usos sociais, que também podem constituir novas regras: mas todas evoluem em termos de complexidade e hibridização. Os protocolos, portanto, envolvem inter-relações entre *processos sociais e tecnológicos de conexão em rede*,[12] ou seja, ações e práticas dos próprios usuários ao longo do tempo, que tensionam, aprimoram e dão novos destinos às plataformas.

---

[11] Em termos etimológicos, "o termo grego *prôtokollon*, derivado do adjetivo *prôtos* (primeiro) e do verbo *kollân* (colar, ligar, unir), deu origem aos termos latino *protocollum* e ao nosso "protocolo", cujas acepções específicas nos âmbitos cerimoniais (tanto do ponto de vista jurídico quanto diplomático), mas também na investigação científica, compartilham uma mesma ideia: o que se dispõe para ligar de forma válida um procedimento" (Moya; Raigada, 1998, p. 304, trad. nossa). Tendo nascido em âmbito diplomático, o termo "protocolo" passou a designar, no âmbito computacional, as regras e padrões de usos das tecnologias, ou seja, comportamentos "apropriados", "corretos", "convencionais" para determinados fins.

[12] Aqui, também, relembramos que se trata de processos inter-retroativos. Isto é, todo processo sociotécnico é também um processo tecnossocial.

"Se as redes são as estruturas que conectam organismos e máquinas, então os protocolos são as regras que fazem com que as conexões realmente funcionem" (Galloway; Thacker, 2007, p. 29, trad. nossa). Os protocolos, portanto, geram os "fluxos regulados" dos sentidos em rede, possibilitando a comunicação entre os interagentes. "Sem um protocolo compartilhado, não há rede" (Galloway, 2004, p. 12, trad. nossa). É isso que caracteriza especificamente a internet como uma "delicada dança entre controle e liberdade" (ibid., p. 75, trad. nossa), em que,

> ao lado da presença de regras compartilhadas (linguagens, códigos culturais, paracódigos, padrões de comportamento e de pertinência), sem as quais não haveria entendimento possível, constatamos uma flexibilidade conjuntural dessas regras, pois senão o processo emperraria em automatismos justamente anticomunicacionais (Braga, 2012c, p. 33).

Desse modo, tornar-se parte de uma rede comunicacional envolve um processo de socialização e negociação dos protocolos, de modo que as ações comunicacionais sejam por eles possibilitadas, sem a necessidade de serem considerados conscientemente a cada gesto interacional. Assim, também emergem rotinas, hábitos, padrões, "modos de fazer religioso" em rede, que explicitam publicamente saberes-fazeres em torno do catolicismo.

O "católico", como macroconstruto social, entre interfaces e protocolos, envolve justamente inúmeras ações comunicacionais locais, que, em suas inter-relações complexas, fazem emergir a *reconexão*. Esta possibilita a percepção e a expressão de sentidos, e também a interação entre interagentes sobre e para além de tais sentidos, ou seja, *processos sociais e simbólicos de conexão em rede*.[13]

Na comunicação religiosa, "todo o agir comunicativo é de natureza simbólica" (Dianich, 1993, p. 71, trad. nossa). Os símbolos *organizam elementos* mediante sua conexão (*syn-bállein*). Por isso, o símbolo é um "mediador" entre diversos âmbitos de sentido, um "*coagulum* de sentidos" (Duport apud Morin, 1999, p. 190), que também atua como um "condensador semiótico" (Lotman, 1996), sendo indício de um processo de construção de sentido e também possibilidade de construção de sentidos outros.

---

[13] Reiterando, trata-se de processos inter-retroativos, pois entendemos que todo processo sociossimbólico é também um processo simbólico-social.

Nas reconexões, portanto, encontramos a explicitação específica daquilo que Morin (1999) chama de *computação*. Trata-se de "um complexo organizador/produtor de caráter cognitivo" (p. 51), que pode ser concebido mais simplesmente como *"tratamento de símbolos"* (p. 50). Contudo, não se trata apenas do aspecto *maquinal* das operações de uma "máquina artificial" (que também se fazem presentes nas plataformas sociodigitais), mas principalmente do aspecto *maquinante* das "atividades inteligentes do espírito humano" (ibid., p. 51). Na construção de sentido sobre o "católico", há, de fato, uma *computação de terceira ordem*, ou seja, a computação (construção de sentido por parte da sociedade em geral) de uma computação (reconhecimento por parte da sociedade de discursos e símbolos católicos que circulam em rede) de uma computação (construção de sentido por parte da Igreja ou de outros agentes sobre o catolicismo).

Em suas inter-relações, as interfaces das plataformas sociodigitais, em sua dimensão tecnológica e simbólica, os protocolos que aí são instituídos em relações sociais e tecnológicas, e as reconexões nelas realizadas como ações sociais e simbólicas complexas dinamizam as redes comunicacionais. É na relação complexa entre processos sociais, tecnológicos e simbólicos que se catalisa a circulação do "católico" nas plataformas sociodigitais. Desse modo, compreender a circulação do "católico" é concebê-la como processo, articulando materialidades, lógicas e dinâmicas comunicacionais. Em suma, "são os processos que estabelecem e dão vida e sentido ao fenômeno da midiatização" (Gomes, 2013, p. 127).

A partir desse contexto, aproximaremos ainda mais as nossas "lentes", ajustando também o seu foco, para perscrutar a relação entre o ambiente digital e o fenômeno religioso.

5
Midiatização digital da religião:
a relação entre o ambiente digital e o fenômeno religioso

A partir da "reviravolta comunicacional" devida em grande parte às inovações sociotecnológicas digitais, decorre também a necessidade de uma reproblematização da própria noção de religião e de sua relação com os processos midiáticos, porque

> a midiatização da religião traduz-se não apenas como um momento de alteração das práticas das instituições religiosas, mas também como uma aparente reestruturação, mais ampla, dos significados do que é "sagrado", "religioso" e da "experiência religiosa" (Martino, 2012, p. 237).

Assim, a interface mídia/religião precisa ser repensada, para que a compreensão daquilo que passou a ser definido correntemente como "midiatização da religião" – envolvendo tanto a presença da religião nas mídias quanto de mídias nas práticas religiosas – não compreenda vieses ou pré-conceitos exclusivamente otimistas ou pessimistas acerca do fenômeno midiático contemporâneo em sua relação com a tradição e a doutrina católicas.

5.1 Midiatização da religião: revisão crítica

Grande parte dos estudos sobre o conceito de "midiatização da religião", em geral, decorre de uma análise da centralidade da mídia, das instituições midiáticas ou das tecnologias midiáticas nas práticas de sentido em torno das crenças e práticas religiosas. Não negamos que tais observáveis tenham a sua relevância para a compreensão do fenômeno.

96 E o Verbo se fez rede: religiosidades em reconstrução no ambiente digital

Contudo, cremos que, em tais estudos, a ênfase recai, em grande parte, em *apenas uma parte do processo*, em um de seus polos, não dando conta de sua complexidade.

Tais formas de analisar o fenômeno partem, principalmente, de duas perspectivas de reflexão centrais e articuladas: a *dependência/ subserviência* da religião perante a mídia, e vice-versa; e a *influência/ prepotência* de uma sobre a outra. Repassaremos aqui, de modo crítico e sintético, alguns dos estudos mais recentes que abordam especificamente o conceito de "midiatização da religião" em suas análises e reflexões, sem qualquer pretensão de exaustividade ou abrangência.

Em relação à perspectiva de análise da *dependência/subserviência* da religião em relação às mídias, e vice-versa, Hjarvard (2013, p. 80, trad. e grifo nossos) defende que a midiatização da religião se manifesta quando "os imaginários e as práticas religiosos se tornam crescentemente *dependentes* da mídia". Para essa perspectiva, a religião se midiatiza quando "aparece" nos meios de comunicação, mediante a crescente presença de temáticas religiosas na mídia, já que as Igrejas passam a ter nas mídias "não apenas um aliado na divulgação de uma mensagem, mas quase a sua própria razão de ser" (Martino, 2012, p. 220). Segundo outros estudos, por outro lado, para fazerem sentido na sociedade contemporânea, são as religiões que "manipulam" os meios (considerados quase como tecnologias neutras). Analisa-se, assim, o surgimento de "organizações e práticas midiáticas que são principalmente *controladas* e desempenhadas por atores religiosos" (Hjarvard, 2013, p. 83, trad. e grifo nossos).

Já a perspectiva de análise em termos da *influência/prepotência* midiática sobre a religião, ou religiosa sobre a mídia, está relacionada com o que Hjarvard (2013) afirma quando defende que a religião passa a ser "pensada e praticada em função do que determina a mídia. A religião passa, pois, a se conformar à lógica da mídia" (Marques, 2016, p. 280). Em outras palavras, segundo tal perspectiva, a midiatização ocorreria mediante um processo de "colonização" midiática e *"adequação* [religiosa] institucional às lógicas de produção midiática, bem como dos fiéis e de suas práticas, ao ambiente midiático" (Martino, 2015, p. 12). O pressuposto é de que, no processo de midiatização, as práticas religiosas "se *submetem* agora às regras e padrões do consumo mercantil" (Riezu, 2013, p. 7, trad. e grifo nossos). Certas análises defendem que a religião não poderia sequer "*escapar* da dinâmica convergente da midiatização que constitui a cultura atual" (Gutiérrez, 2010, p. 189), razão pela qual "as estruturas religiosas [...] seguirão *sofrendo indefinidamente o impacto dos fortes vendavais da midiatização*" (p. 193). Por outro lado, tal perspectiva subsume os processos midiáticos em relação ao poder da religião, apontando para uma "'cristificação' dos meios", que, embora seja uma tese assumidamente "exagerada", "valeria a pena" ser seguida (Burity, 2003, p. 84-87). Em suma, segundo tal perspectiva, quando "a religião midiatiza-se, a técnica é *sacralizada*" (Miklos, 2012, p. 191).

Essas perspectivas são desencadeadas por lógicas de análise que, geralmente, restringem o estudo da midiatização da religião a um enquadramento que não dá conta de um fenômeno muito mais complexo e que se desdobra na articulação com outros fenômenos sociais. Por um lado, as religiões são vistas como "reféns" dos processos midiáticos, ou as mídias seriam apenas "ferramentas" à disposição das religiões. Ou, então, apenas a religião e a mídia institucionalizadas fazem parte do espectro de análise, razão pela qual a midiatização da religião levaria à transformação das crenças e práticas religiosas em mera "mercadoria" simbólica e material.

Tentaremos, ao longo deste livro, desconstruir tais perspectivas e lógicas, pois, embora tragam à tona a relevância dos processos midiáticos e religiosos, parecem-nos pouco profundas para dar conta do fenômeno da midiatização da religião, restringindo-se aos "efeitos" da mídia sobre a religião ou aos "usos" religiosos da mídia, ou a ambas como "formas coerentes, trans-históricas, imutáveis" (Hoover, 2006, p. 8, trad. nossa) que acabam sendo pensadas como independentes e autônomas em suas ações uma "*sobre*" a outra. O que está em jogo, ao contrário, é a relação das próprias igrejas com a comunicação, que, em geral, não é problematizada, mas vista como uma solução diante dos desafios culturais contemporâneos.

Por isso, é preciso dar um salto qualitativo nas análises, indo além da simples reflexão sobre os "efeitos/impactos midiáticos" sobre a religião ou sobre os "usos religiosos" das mídias. Percebe-se hoje uma "ideologia comunicacional" que por vezes perpassa as instituições religiosas, especialmente ao dar uma ênfase excessiva ao papel das tecnologias comunicacionais, como meros meios à disposição dos propósitos institucionais das religiões, por possibilitarem a transmissão de forma "eficiente, eficaz e abrangente" de sua mensagem religiosa às sociedades contemporâneas. Ao contrário, é preciso aprofundar a análise e perceber a complexidade da situação, marcada pela *integração, articulação, hibridação* entre mídia e religião, processualidades em que a exposição midiática serve como uma espécie de *acelerador* para o discurso religioso, provendo o "oxigênio da publicidade" para ideias e movimentos que possam não ter sido capazes de alcançar uma proeminência antes. A religião também atua como uma espécie de *acelerador* para a mídia, atuando como algo fora do âmbito do discurso midiático normal que existe, intervém e contradiz esse discurso (Hoover, 2006, p. 289, trad. nossa).

Por isso, é preciso estar atento às microalterações na vivência religiosa, a chamada *midiamorfose da fé*, "por meio da qual [as religiões] coevoluem e se complexificam cada vez mais em sua relação com as práticas e os processos sociomidiáticos" (Sbardelotto, 2012a, p. 150). O desafio de análise do fenômeno da midiatização da religião está lançado: contemplar os ambientes midiático-religiosos na busca de "se aceder a uma realidade que esconde uma ambiência social mais ampla", em que "o quadro final não é a soma dos fatos individuais, mas uma realidade metamorfoseada que, inclusive, ocasiona um novo modo de ser religioso" (Gomes, 2012, p.18).

Diante da complexidade da midiatização da religião na era digital, é preciso aprofundar a reflexão sobre o fenômeno da comunicação contemporânea em sua relação com as práticas religiosas subjacentes a esse conceito.

5.2 A "mediunidade" midiático-religiosa

Modalidades mais complexas de comunicação podem gerar e mediar modalidades mais complexas de religião e religiosidade. Nessa nova complexidade social, as igrejas vão sendo impelidas a modificar suas próprias estruturas comunicacionais e sistemas internos e externos de significação do "sagrado", mediante não apenas processos de adoção (*adopt*) ou de adaptação (*adapt*) aos processos midiáticos (Lundby, 2009), mas também de apropriação, negociação, reconstrução. Nisso também se encontra mais uma das facetas da midiatização, pois, além de ser fonte de informação, o meio comunicacional passa também a gerar, mediante processos sociais, uma ambiência social de experiência e de prática da fé.

Por isso, é preciso assumir com todas as suas consequências a crítica aos vieses funcionalistas, instrumentais, institucionais ou essencialistas que muitas vezes embebem as análises da relação mídia/religião. Nossa perspectiva, aqui, é de que não é "a religião" em alguma forma pura ou essencialista que deve estar em questão, mas, ao contrário, "a forma e o perfil do 'religioso' e a sua constituição" (Hoover, 2014, p. 198), em que a definição do "religioso" não é dada hierárquica-autoritativamente, mas emerge a partir das práticas sociais e das ações comunicacionais em torno do "sagrado".

Desse modo, a distinção entre religião e mídia não pode assumir a conotação de uma separação entre "sagrado" (religião como algo puro, rarefeito, transcendente) e "profano" (mídia como algo duro, racional, desencantado). Isso significa que muitas "fronteiras que pensávamos existir entre 'o religioso' e 'o secular' romperam-se há muito tempo e são crescentemente problemáticas" (Hoover, 2009, p. 135, trad. nossa). A interface mídia/religião está marcada por uma especificidade característica a ambas: mídias e religiões são modalidades de *medium*, ou seja, instâncias de mediação social e parte de um processo comunicacional (Martino, 2012).

A religião manifesta essa "mediunidade" ao ser a "realização socioindividual [...] de uma *relação* do homem com algo que o transcende e a seu mundo, ou que abrange todo o mundo" (Küng, 1986, p. 8, grifo nosso). E a religião, hoje, explicita-se cada vez mais como "algo que ocorre enquanto as pessoas *trabalham com recursos simbólicos* providos pela sua cultura para *criar sentido* para as suas vidas diárias, para *compartilhar experiências* de temor e mistério" (Horsfield, 2015, p. 1, trad. e grifos nossos). Trata-se, portanto, de um verdadeiro processo comunicacional.

Essa realidade "mediúnica", do ponto de vista midiático, sempre marcou também a história das mídias (basta pensar na cultura das pinturas rupestres repletas de símbolos religiosos; na evolução da escrita e dos escribas em sua função sociorreligiosa, no desenvolvimento da imprensa, dos livros e de seus desdobramentos nas grandes religiões monoteístas; nos meios eletrônicos e no surgimento de televangelistas etc.). Por conseguinte, para compreender a midiatização da religião, é preciso ultrapassar a ideia de causa-efeito e uma visão linear de ações diretas da mídia sobre a religião, ou da religião sobre a mídia. Em vez disso, "mídia e religião estão articuladas uma à outra na experiência contemporânea, e, assim, uma clara distinção entre 'religião' e 'a mídia' e como a primeira é 'mediatizada' pela última é difícil de traçar" (Hoover, 2009, p. 136, trad. nossa).

Entendendo as religiões como *sistemas comunicacionais de relações simbólicas em torno do "sagrado"* e as mídias como *sistemas comunicacionais de relações entre meios e práticas socioculturais*, podemos observar sua interface como um "fenômeno cultural simbiótico" (Horsfield, 2015), marcado por processos significativamente comunicacionais. Mas pensar a midiatização da religião não é apenas perceber como as religiões hoje são "mediadas" pelas mídias contemporâneas. O processo de midiatização da religião é muito mais complexo do que a mediação religiosa ou midiática. Nos novos contextos de interação social, surgem também religiosidades renovadas e sentidos emergentes de "sagrado" e "sacralidade", em que

> as mídias podem ser, ao mesmo tempo, *fonte* de religião e espiritualidade, um *indicador* da mudança religiosa e espiritual, e podem *estar articuladas com* as tendências religiosas e espirituais – *mudando a religião* mediante essas interações e *sendo mudadas por* essa relação (Hoover, 2008, p. 4, trad. nossa).

Ocorre, assim, "um deslocamento da religião para o céu aberto do mercado simbólico de natureza midiática" (Fausto Neto, 2005, p. 3). Nesse deslocamento, o fenômeno midiático amplia a semântica cultural da religião, ultrapassando as próprias instituições e autoridades religiosas e qualquer possibilidade de controle teológico, dogmático, hierárquico (Carranza, 2011), abrindo-se às múltiplas construções de sentido sociais em processos midiáticos, que, por sua vez, não estão dados de antemão, mas se constituem a partir de práticas religiosas locais.

Hoje, praticamente todos os âmbitos da vida religiosa – historicamente marcada por rituais iniciatórios, reservados a poucos escolhidos – estão expostos à experiência de qualquer pessoa. "As mídias e a religião ocupam os mesmos espaços, e as próprias práticas que formaram o material da religião ao longo da história são as práticas que agora são midiáticas" (Hoover, 2013b, p. 13, trad. nossa). É nessa interface, especialmente no âmbito digital, que podemos questionar a emergência de religiosidades e práticas religiosas midiáticas.

A midiatização, em suma, catalisa a publicização da religião, que não pode mais ser entendida apenas como instituição ou doutrina fixada; ela também tem a ver com práticas e experiências "encarnadas" socialmente por pessoas, coletivos e instituições em ambientes públicos. Nesse sentido, conceitos como "mídias religiosas", "religião midiática", ou "religião midiatizada" não dão conta do fenômeno, que se expande para além do polo midiático corporativo e para além do polo institucional religioso, encontrando novas formas de complexificação no ambiente digital.

5.3 A especificidade digital da midiatização da religião

Com o processo de digitalização, a "mediunidade" mídia/religião passa a ser marcada principalmente por uma ruptura de escala espaço-temporal e por uma descontextualização e recombinação de sentidos. Assim, se estamos vivendo uma "reviravolta comunicacional" a partir da digitalização, as crenças e práticas religiosas, ao se embeberem da cultura emergente, passam a se constituir a partir de novos processos que merecem reflexão e análise.

A digitalização impele o catolicismo, neste caso, a assumir novas formas de percepção do mundo em que habita e novas formas de expressão de sua tradição e doutrina dentro desse contexto. Ocorre um deslocamento das práticas de fé para o ambiente *on-line*, a partir de lógicas midiáticas, complexificando o fenômeno religioso e as processualidades comunicacionais mediante novas temporalidades, novas espacialidades, novas materialidades, novas discursividades e novas ritualidades (Sbardelotto, 2012). Alguns elementos de continuidades, rupturas e transformações que apontam para novas formas de ser religioso na internet, de um modo geral, já foram analisados por nós em outro contexto (Sbardelotto, 2012b), por isso nos limitaremos aqui a aspectos mais diretamente relacionados com as redes comunicacionais.

Hoje, segundo Pace (2013), estaríamos testemunhando o surgimento de uma "comunicação de quarta ordem" no campo religioso.[1] Isso porque, na internet e nas mídias digitais, a sociedade como um todo reconstrói comunicacional, social e publicamente a matriz original das mensagens religiosas. Ou seja, em redes comunicacionais, a religião – neste caso, o catolicismo – "se expõe à interação com um ambiente muito mais vasto, complexo e diferenciado daqueles com os quais habitualmente entra em contato" (ibid., p. 93, trad. nossa).

---

[1] Em suas análises, Pace (2013) acompanha o processo histórico da religião a partir da noção de *medium*. Segundo o autor, uma religião nasce a partir de uma "palavra viva", manifestada como uma revelação, uma epifania, uma comunicação a um interlocutor original, a uma autoridade (*comunicação de primeira ordem*). Essa palavra viva se transforma em uma "palavra dada", mediante a "comunicação da comunicação" desse intérprete autorizado ou de um texto sagrado, explicitando socialmente essa identidade religiosa (*comunicação de segunda ordem*). Por sua vez, essa palavra dada é conservada na memória e na comunicação de uma "comunidade da palavra", que realiza uma *comunicação de terceira ordem*, cuja unidade é mantida na comunicação de suas teologias e liturgias, em sua ritualidade.

Essa ruptura de escala da prática religiosa, no processo de midiatização em ambientes digitais, é marcada por dois emergentes decisivos, a saber, o *alcance* e a *velocidade* exponenciais possibilitados pelos processos midiáticos contemporâneos (Verón, 2012). Desse modo,

> a religião na sociedade complexa entrou em "flutuação", ou seja, numa relação de *maior indeterminação* – e, portanto, de *maior liberdade* – em relação às outras esferas sociais, especialmente àquela da produção, e à lógica da racionalização instrumental nelas dominantes. Isto é, a religião, constituindo um recurso de sentido e uma reserva de significados, é capaz de assumir em si mesma as relações sociais existentes, conferindo-lhes formas diferentes e *favorecendo diversas mixagens entre os elementos da tradição e da modernidade*, com resultados não apenas acomodatícios, mas inovadores e até disfuncionais em relação ao sistema social, e *governados por uma lógica específica: a da comunicação simbólica* (Martelli, 1995, p. 26, grifos nossos).

A religiosidade *on-line*, portanto, é tanto um produto quanto um sinal da mudança produzida pelo fenômeno da midiatização, no qual as religiões em geral encontram-se em um ambiente muito mais complexo, em que coexistem inúmeros pontos de vista religiosos diferentes e heterodoxos. Na articulação entre a autonomização, a conectivização e a ubiquização das pessoas em rede, emerge ainda mais claramente a possibilidade de *sintetização religiosa*, em que os interagentes, por interagirem em um ambiente muito mais fluido do ponto de vista doutrinal religioso, veem-se encorajados à experimentação religiosa e espiritual.

Isso porque, em redes comunicacionais,

> os significados que os diversos componentes atribuem ao que os reúne [como as crenças e práticas religiosas] são discutidos, submetidos a uma *contínua negociação*, aceitos e redefinidos, acolhidos com entusiasmo ou com críticas. Tudo isso contribui para formar significados inter-subjetivos que, por definição, não podem exibir um fundamento absoluto. A participação de mais pessoas em tal processo de *definição e redefinição dos significados* dilata o sentido a ser atribuído a palavras-chave (por exemplo: as palavras "Deus" ou "espírito") ou a objetos que pretendem incorporar uma mensagem simbólica (Pace, 2013, p. 22, trad. e grifos nossos).

Desse modo, é relevante observar o que acontece quando a experiência e a comunicação religiosas se manifestam nos ambientes digitais, que concedem um grau de autonomia e liberdade muito maior à construção de sentido em uma escala mais ampla e abrangente, "liberando uma subjetividade que pode pôr em crise o princípio de autoridade sobre o qual se baseia a força comunicativa das religiões históricas" (Pace, 2013, p. 191, trad. nossa).

O desafio, portanto, é "religar", teoricamente, o elo entre os processos midiáticos digitais e as práticas religiosas, buscando compreender os vínculos que unem, hoje, os universos simbólico-religiosos e os ambientes comunicacionais em mudança no tempo, no espaço e em suas materialidades. Assim, se o foco é a comunicação em torno de crenças e práticas católicas, é preciso também refletir sobre como estas geram e são geradas, por sua vez, mediante *ações de comunicação* sobre o "católico".

Trata-se de identificar as lógicas das práticas digitais, em que não há apenas tecnologias e crenças religiosas sendo usadas e apropriadas, mas também inter-relações entre práticas sociorreligiosas e ações comunicacionais que constituem as próprias tecnologias e crenças religiosas. E as redes comunicacionais são um ambiente significativo para observar e compreender tais processualidades, pois é nelas que percebemos práticas de construção do "católico".

5.4 A construção do "católico"

Analisar a midiatização digital da religião é analisar as mudanças vividas pela sociedade e pela religião na contemporaneidade, complexificadas pelo fenômeno midiático, que possibilita novos processos comunicacionais entre as pessoas, as instituições e os diversos campos sociais, a partir de lógicas e dinâmicas emergentes. Como afirma Hoover (2009, p. 136), "a fim de compreender a midiatização contemporânea da religião, precisamos compreender as complexidades e as nuances da religião contemporânea".

O fenômeno da midiatização e os processos circulatórios em rede aqui analisados são situados no âmbito do catolicismo brasileiro. Por isso, é preciso compreender algumas de suas nuances e complexidades no contexto brasileiro contemporâneo, a partir do seu processo de *construção comunicacional*.

A diversidade e a pluralidade são traços constitutivos da configuração do catolicismo no Brasil. O catolicismo "não é uma 'identidade constituída', o 'estrutural institucionalizante', mas é também o instituinte, que revela um dinamismo de reinvenção permanente e um impulso renovador" (Teixeira; Menezes, 2009, p. 9). Historicamente, o catolicismo sempre foi não homogêneo, plural, polarizado. O próprio núcleo do catolicismo "parece exatamente constituído por uma tensão entre elementos contraditórios" (Sanchis, 1992, p. 22).[2]

Por outro lado, no contexto especificamente brasileiro,

> diversa como os meios sociais [e comunicacionais] de que participa, [...] modulando, enfim, os matizes de sua adesão, os conteúdos e a própria natureza do seu "crer", a vivência do ser católico no Brasil *foge de qualquer univocidade*. [...] Há religiões demais nessa religião (Sanchis, 1992, p. 33, grifo nosso).

Essa plurivocidade se constitui a partir de processos comunicacionais complexos, ao mesmo tempo que os desencadeia para manter e sustentar a sua unidade socialmente reconhecida como catolicismo. E, hoje, confrontado com o ambiente digital e a sua heterogeneidade, esse processo se complexifica ainda mais. Podemos dizer que, hoje, as expressões e as experiências católicas são "mais públicas [...] do que no passado e não podem mais construir e manter poderosas fronteiras ao seu redor" (Hoover, 2013b, p. 5). Suas fronteiras são mais "porosas", pois seus discursos e símbolos circulam para muito além dos seus domínios específicos, sendo reconstruídos pelos mais diversos interagentes. É o que os autores chamam de "religiões 'à la carte', religiosidade 'flutuante', crenças 'relativas', novas elaborações sincréticas, [...] religiosidade 'vagante'" (Hervieu-Léger, 2008, p. 25).

Isso se deve também ao contexto da modernidade, que se caracteriza por uma "expansão quase inconcebível da área da vida humana aberta a escolhas" (Berger, 1979, p. 3, trad. nossa) – escolhas estas que levam a uma *multiplicação de opções*, graças também às novas relações sociais midiatizadas. Passa-se "do destino à escolha", também em termos religiosos. Assim, o fiel católico, hoje, tem à disposição inúmeras opções para a sua experiência de fé, porque o predomínio institucional da Igreja se afrouxa em comparação com períodos anteriores, dando à pessoa maior autonomia de escolhas possíveis. E também porque o ambiente comunicacional o insere em uma diversidade de universos simbólicos em relação aos quais é preciso escolher e articular para organizá-los e dar-lhes sentido. Hervieu-Léger (2008) chama tal fenômeno de "bricolagens da fé", em que "o próprio indivíduo produz, de maneira autônoma, o

---

[2] Sanchis (1992) aponta para alguns dos contrastes presentes no catolicismo desde os seus primórdios: uma *"utopia* cristã" e uma *"topia* caracteristicamente católica", ou seja, o contraste entre o aspecto "a-religioso" próprio do Cristianismo e o ser-Igreja institucional, a sua organização de tipo "religioso" (p. 187); "por um lado (romanidade), imposição – jurídica e militar – de uma ordem 'definida' e, por outro (latinidade), porosidade desta ordem às realidades humanas a que se impõe" (p. 189); além das polarizações entre indivíduo e instituição, a parte e a totalidade, religião e a cultura, o mito (irracional) e a teologia (racional), a carne e o espírito, conservadores e progressistas, tradicionalistas e reformadores.

dispositivo de sentido que lhe permite orientar sua vida e responder às questões últimas de sua existência", estabelecendo "um vínculo entre sua solução crente pessoal e uma tradição crente instituída [neste caso, a Igreja Católica] à qual ele se reporta de maneira livre" (p. 156).

O catolicismo, portanto, com o avanço da midiatização, é ainda mais lançado ao centro do "mercado religioso", tornando-se recurso de sentido disponível às mais diversas ressignificações sociais, de forma pública e abrangente. Pessoas e grupos sociais diversos revestem-se de um papel de *sujeitos* na construção do "religioso", assumindo a responsabilidade pela sua própria fé, espiritualidade ou identidade religiosa, e as religiões, mais do que definidas por suas autoridades, doutrinas, instituições e tradições, são marcadas por processos socioindividuais de escolha e de *construção comunicacional*.

Assim, símbolos, crenças e práticas católicas públicas se manifestam cada vez mais como cristalizações das aspirações e das necessidades dos diversos sujeitos sociais em sua construção de sentido, afastando-se aos poucos de um "centro" norteador marcado pela instituição e pela autoridade eclesiais. Sem dúvida, a catolicidade se manifesta em torno de uma mesma fé religiosa, mas sua identidade, sua unidade, sua universalidade "se objetiva dentro dos parâmetros de um tempo e de um espaço" específicos (Boff, 1994, p. 169), existindo "*unicamente* como produto da atividade humana" (Berger; Luckmann, 2012, p. 136), isto é, mediante processos comunicacionais locais.

E, mediante a publicização e a socialização digitais, nos mais diversos âmbitos da internet, a sociedade em geral passa a *falar sobre o catolicismo*, retrabalhando, ressignificando, ressemantizando a experiência, a identidade, o imaginário, as crenças, as práticas, a doutrina, a tradição católicos, atualizando-os a novos interagentes sociais e a públicos ainda maiores, em uma trama complexa de sentidos.

É nesse processo que percebemos a emergência do "*católico*", entendido como uma diversificada e difusa rede de relações entre símbolos, crenças e práticas vinculados à experiência religiosa católica, à tradição histórica do catolicismo ou à Igreja Católica, construída midiaticamente pela sociedade e que torna possível a comunicação sobre tais elementos entre os interagentes sociais. Mediante a comunicação do "católico", a sociedade percebe e expressa o catolicismo em práticas de construção de sentido que não estão dadas de antemão, nem são neutras ou automáticas, mas que apontam para o processo de comunicação que as constitui e lhes dão sentido (já que as próprias modalidades de construção de sentido também são construídas).

5.5 O "católico" em circulação

Muito além de uma instituição social que contém um texto-base, uma estrutura hierárquica, uma liturgia e um Deus a ser venerado,[3] a religião hoje se manifesta como experiências e práticas religiosas emergentes, marcadas por religiosidades diversas e heterogêneas: ou seja, aquilo que as pessoas *fazem pública e socialmente com aquilo em que acreditam*. Religião e religiosidade articulam-se como "duas faces complementares", em que "a religião responde à religiosidade, a religiosidade pede e provoca religiões" (Libanio, 2002, p. 101), que existem "porque pessoas concretas, em comunidade e socialmente, as praticam" (p. 100).

Interessam-nos aqui, portanto, os processos comunicacionais de identificação social em torno do catolicismo; identificação esta que pode ser tanto interna, incorporando elementos (relações, símbolos, discursos) dentro de um mesmo sistema midiático-religioso; quanto externa, separando-se daqueles que não pertenceriam a esse sistema. Mas essa identificação não deve ser naturalizada. É preciso analisar, precisamente, o *"processo de decomposição e de recomposição das crenças* [que] encontram sua razão de ser no fato de darem um sentido à experiência subjetiva dos indivíduos. [...] tais crenças pertencem a práticas, linguagens, gestos, automatismos espontâneos que constituem o 'crer' contemporâneo" (Hervieu-Léger, 2008, p. 22, grifo nosso).

A singularidade dessa recomposição se encontra no "seu caráter maleável, fluido e disperso e, ao mesmo tempo, na lógica dos empréstimos e reutilizações de que as grandes tradições religiosas históricas são objeto" (Hervieu-Léger, 2008, p. 22). A busca religiosa que configura as sociedades contemporâneas traz consigo o desejo e a necessidade de símbolos e discursos religiosos que vão além das fronteiras das "religiões" tradicionais, gerando novas expressões do "religioso". Grande parte desses símbolos e discursos ainda provém das religiões históricas, como o catolicismo, mas são descontextualizados e recombinados de formas únicas e heterogêneas pelas práticas sociais. Cada vez mais, o contexto das práticas religiosas passa a ser o "céu aberto" dos processos midiáticos, sempre mais difusos, abrangentes, heterogêneos e complexos.

---

[3] Causou debate a decisão de maio de 2014 do juiz da 17ª Vara Federal do Rio de Janeiro, Eugênio Rosa de Araújo. O magistrado havia negado o pedido de retirada, por parte do Google, de vídeos com mensagens de intolerância contra religiões afro-brasileiras, por considerar que a umbanda e o candomblé "não contêm os traços necessários de uma religião", como os elementos supracitados. Depois, o juiz voltou atrás e afirmou que as manifestações religiosas afro-brasileiras constituem, de fato, uma religião. Com informações do site G1, disponíveis em: <http://goo.gl/WIlARX>.

Assim, visibiliza-se midiaticamente que os diversos "catolicismos" contemporâneos não são "realidades estanques e cristalizadas, mas inserem-se num quadro geral marcado por relações de comunicação, de proximidades e distanciamentos" (Teixeira, 2009, p. 20). O "princípio católico" se expressa publicamente não na sua "inalterabilidade uniforme de formas mas pela unidade *na* Igreja sempre mantida através da pluralidade de variações" (Boff, 1994, p. 131). E se entendermos "Igreja" como uma "construção histórica dos homens de fé *em diálogo com o mundo circunstante*" (id.), perceberemos aí a relevância do comunicacional nesse processo.

Por isso, quando abordamos o "católico" nos referimos à expressão sociocomunicacional, na complexidade da midiatização digital, de um possível eixo organizador que caracteriza a "unidade diversa" ou a "diversidade una" dos diversos catolicismos e perspectivas católicas, que se inscrevem, conscientemente ou não, "pelo menos sutil e secretamente, nos contornos do parâmetro estrutural" da Igreja Católica (Sanchis, 2009, p. 204), sem perder tal plurivocidade. Abordar a circulação do "católico" é justamente focar o movimento, a confusão, a negociação, a tensão, a reconstrução, o "macroprocesso de contínua síntese e diferenciação" (Rumstain; Almeida, 2009, p. 32) característico do catolicismo brasileiro, exponenciado e catalisado pela midiatização digital.

O que vemos hoje é a inserção de uma instituição religiosa como a Igreja Católica na trama de uma sociedade em midiatização digital e, por sua vez, os desdobramentos do catolicismo em geral, no tecido social, mediante práticas e discursos em rede sobre o "católico". Dessa forma, a circulação de símbolos, crenças e práticas católicas em redes comunicacionais ajuda a perceber que diversas dimensões do fenômeno religioso, na sua especificidade católica, podem estar sendo reconstruídas nas interações comunicacionais, como autoridade, comunidade, identidade, ritualidade.[4]

---

[4] Contudo, autores que analisam tais transformações, como Campbell, 2013, Højsgaard e Warburg, 2005b, e Martelli, 2010, partem de pressupostos sociológicos ou teológicos para suas análises. Dedutivamente, examinam como, a partir do "emprego" de uma tecnologia, tais dimensões podem sofrer ou estão sofrendo "moldagens" específicas. Cremos que isso restringe o olhar observador, ao tentar encontrar semelhanças e diferenças com algo já dado teoricamente, como as noções de autoridade, comunidade, identidade, ritualidade etc., em geral pensadas alhures, como, nos casos citados, a Sociologia ou a Teologia. Mais do que identificar tais noções como componentes "instituídos" no catolicismo digital, parece-nos mais valioso seguir a indicação de Sanchis (1992, p. 32) de tentar "reconhecer, captar e situar" o seu *processo instituinte*, que, deste ponto de vista, é principalmente comunicacional.

Se, histórica e tradicionalmente, já é possível perceber "mecanismos de fagocitose que parecem ser parte da identidade católica" (Sanchis, 1992, p. 33), é preciso aqui atentar para o *propriamente comunicacional* na construção desses mecanismos no processo de midiatização digital da religião. Por isso, mais do que perceber mudanças ou rupturas em tais âmbitos entre um "antes" e um "depois", parece-nos heuristicamente mais produtivo acompanhar *o processo comunicacional pelo qual tais dimensões emergem* na circulação do "católico" em rede, mediante mecanismos de "fagocitose da fagocitose" da identidade católica por parte da sociedade em rede.

Nesse processo, o "católico" só é enquanto está sendo, e só permanece porque muda (Freire, 2011): e essa tensão de uma "estabilidade dinâmica" ou de uma "dinâmica estável", sendo principalmente comunicacional, demanda um olhar específico com tal sensibilidade.

Com isso, cremos ter os elementos suficientes para poder ajustar novamente as lentes e focar casos empíricos de circulação do "católico" em redes comunicacionais, para tentar descrevê-los, compreendê-los, interpretá-los e explicá-los.

Parte II

Depois de articular e tensionar alguns eixos teóricos, cabe-nos, agora, descrever como o "Verbo se faz rede". Nossos casos de pesquisa revelam a manifestação de um fenômeno que, até aqui, delimitamos em contornos contextuais e teóricos e que, neste capítulo, analisaremos empiricamente. Buscaremos, agora, explicitar os desdobramentos comunicacionais da chamada "Contrarreforma digital" católica, tentando compreendê-la e explicá-la.

Descreveremos e analisaremos observáveis empíricos de apropriação do Facebook e do Twitter em quatro níveis diferentes de circulação do "católico" em rede: em um nível suprainstitucional, analisaremos a conta pessoal do papa no Twitter, em português, @Pontifex_pt (capítulo 6). Em um nível institucional vaticano de língua portuguesa, analisaremos a página Rádio Vaticano – Programa Brasileiro (RVPB), no Facebook (capítulo 7). Em um nível socioinstitucional brasileiro, analisaremos a página Jovens Conectados, no Facebook (capítulo 8). Em relação ao nível minoritário católico brasileiro, analisaremos a página Diversidade Católica, no Facebook (capítulo 9).

Nesses casos, buscamos rastros e fazemos inferências sobre como se organizam os processos midiáticos de circulação do "católico" em redes comunicacionais que emergem nessas plataformas. Nessa prática pública e situada de interação religiosa, poderemos rastrear indícios e pistas do acionamento de ações comunicacionais religiosas em plataformas sociodigitais como Twitter e Facebook.

O que está em jogo é um fenômeno comunicacional que acontece em, com e para além de plataformas sociodigitais específicas, que não estão dadas de antemão nem são automáticas. Estas se constituem e são reconstituídas mediante as inter-relações entre processos tecnológicos e simbólicos (interfaces), sociais e técnicos (protocolos), e sociais e simbólicos (reconexões) de interação em rede, que possibilitam a circulação do "católico" na internet.

Capítulo 6
Uma "ponte digital" entre a Igreja e o mundo:
o caso *@Pontifex_pt* no Twitter

A circulação do "católico" em rede teve um dos seus grandes catalisadores com o ingresso do então Papa Bento XVI na plataforma Twitter com uma conta pessoal. Não se tratava de mais uma conta de um meio de comunicação vaticano (como do jornal *L'Osservatore Romano*, da Rádio Vaticano, do Centro Televisivo Vaticano etc.), mas sim da presença da própria instância máxima do catolicismo – o pontífice – no Twitter.

Segundo o Código de Direito Canônico, o pontífice "goza na Igreja de poder ordinário, supremo, pleno, imediato e universal, que pode exercer sempre livremente" (Código, 1983, cân. 331). E "contra uma sentença ou decreto do Romano Pontífice não há apelação nem recurso" (ibid., cân. 333, § 3). O papa, portanto, situa-se acima de qualquer disposição institucional da Igreja. Por isso, a conta papal no Twitter adquire um caráter de suprainstitucionalidade católica, pois o papa "é a cabeça do Colégio dos Bispos, Vigário de Cristo e Pastor da Igreja universal neste mundo" (ibid., cân. 331), também em nível comunicacional.

Aqui, primeiramente, faremos um resgate histórico do desenvolvimento da conta *@Pontifex_pt* até a renúncia de Bento XVI, dada a sua relevância histórica e comunicacional. Em seguida, analisaremos as interfaces, protocolos e reconexões acionados pelo Papa Francisco e os demais interagentes.

6.1 De Bento XVI a Francisco: um resgate histórico das contas *@Pontifex*

As contas *@Pontifex* foram criadas em dezembro de 2012, na época do papado de Bento XVI. Trata-se de um produto desenvolvido pela agência espanhola *101* para a Igreja Católica em seu processo de "Contrarreforma digital". Gustavo Entrala, dono da agência, foi o responsável por "colocar o papa na rede". Em entrevista ao jornal *Folha de S.Paulo*, em 2013, ele afirmou: "Vejo a Igreja Católica como uma marca. Uma marca tem que emocionar. Nós nos apoiamos no carinho que as pessoas sentem pelo papa".[1] É a partir da construção dessa "afetividade" e "emotividade" do contato com alguém tão eminente que se desdobrou grande parte da visão publicitária por trás da discursividade pontifícia no Twitter.

Com a presença digital do pontífice nessa plataforma, a Igreja visava estabelecer uma nova modalidade de diálogo com a cultura contemporânea marcada pelas mídias digitais. Com esse gesto pontifício, essa plataforma que permite "criar e compartilhar ideias e informações instantaneamente, sem qualquer barreira",[2] passava também a conectar os usuários – católicos ou não – com o líder máximo dos católicos e às "ideias e informações" sobre o papa e a Igreja.

A conta foi lançada no dia 3 de dezembro de 2012, com o nome de usuário @*Pontifex* ("construtor de pontes", em latim). Além do inglês, também foram lançadas outras oito versões idiomáticas da conta (alemão, árabe, espanhol, italiano, francês, latim, polonês e português, @ *Pontifex_pt*)[3], que continuam traduzindo e republicando os conteúdos.[4]

Até o seu último túite, Bento XVI reuniu mais de 3 milhões de seguidores em todas as suas contas somadas.[5] Contudo, havia – e continua havendo – somente oito "seguidos" por parte do papa no Twitter,

---

[1] Entrevista a Mônica Bergamo, *Folha de S.Paulo*, 21 out. 2013. Disponível em: <http://goo.gl/jBLN4y>.

[2] Disponível em: <https://twitter.com/about>.

[3] Disponível em: <https://twitter.com/Pontifex_pt>.

[4] Dom Paul Tighe, então secretário do PCCS na época desta pesquisa, abordou a problemática das traduções idiomáticas dos túites pontifícios. Segundo ele, o desafio é traduzir uma mensagem original do papa para outras oito línguas: "E isso é um desafio, porque você está trabalhando sempre com 140 caracteres. O que pode funcionar em italiano pode não funcionar tão facilmente em alemão, por causa dos desafios da estrutura. E, particularmente, você pode estar ciente: usamos o português de Portugal ou o português do Brasil? E até isso se torna um problema, às vezes, sabe? Isso pode acontecer um pouco agora com o espanhol porque deveria ser o espanhol com 'sabor' da Argentina ou com o 'sabor' de... [risos]. Então, há alguns desafios técnicos aí" (informação verbal, Vaticano, 5 jun. 2015).

[5] A conta mais seguida era a versão em inglês, com mais de 1,63 milhão. Em outubro de 2013, em menos de um ano de existência, sob o pontificado de Francisco, as contas @Pontifex ultrapassaram a marca de 10 milhões de seguidores.

ou seja, outros usuários de quem o pontífice receberia as atualizações: apenas as oito demais *personas* linguísticas das contas @*Pontifex* (Fig. 3).

Figura 3 – Detalhe da conta @*Pontifex_pt* no Twitter em 2013
Fonte: Twitter.com, arquivo do autor.

Entre os dias 3 e 12 de dezembro de 2012, a conta permaneceu *ativada* (existia e era acessível), embora não estivesse *ativa* (nenhuma mensagem havia sido publicada), pois a Santa Sé anunciara, mediante seus outros meios de comunicação, que o líder católico só postaria seu primeiro tuíte no dia 12 do mesmo mês. Enquanto isso, as pessoas foram convidadas, pelos meios de comunicação da Santa Sé, a enviar ao papa perguntas sobre a fé via Twitter, usando a *hashtag*[6] #askpontifex ("pergunte ao papa"), criada pela Santa Sé para esse fim.

Os primeiros tuítes papais foram respostas a três dessas perguntas, cujas autorias não foram identificadas pela Santa Sé dentre as pessoas que as haviam enviado. A Santa Sé também não divulgou números relativos a quantas mensagens foram recebidas, mas era possível perceber uma enorme circulação de tuítes que utilizavam tal *hashtag* no Twitter, positiva e negativamente. Assim, com esse modelo pergunta-resposta, a conta papal tentava estimular um debate social entre as pessoas, mas que não encontrava totalmente a sua expressão como diálogo pessoal com o pontífice, visto que ele não estabelecia interações individuais com os usuários.

Com a criação dessa *hashtag*, a Igreja acionava uma funcionalidade técnica do Twitter, possibilitando um canal de conversação das pessoas com o papa. Essa conversação, contudo, era marcada por um "desnível"

---

[6] Palavra-chave ou marcador, precedido pelo sinal #, que, em formato de link, remete para outros tuítes contendo a mesma palavra-chave ou tópico no interior do sistema Twitter.

interacional: o usuário era convidado especificamente a *perguntar* algo sobre a fé ao papa, sendo este o detentor da sabedoria e da autoridade para responder. A pessoa era convidada pela Igreja a manifestar apenas a sua dúvida sobre a fé, embora, social e inventivamente, ela não se limitasse nem à temática (fé), nem à modalidade (perguntas) propostas.

Com grande repercussão midiática, a primeira postagem da conta *@Pontifex_pt* no Twitter ocorreu no dia 12 de dezembro de 2012. Seu primeiro tuíte já explicitava a modalidade comunicacional proposta. O texto dizia: "*Queridos amigos*, é com alegria que entro em contato convosco via Twitter. *Obrigado pela resposta generosa*. De coração *vos abençoo a todos*" (grifo nosso).

Dessa forma, o papa se alegrava por entrar em contato "via Twitter" com os seus "queridos amigos", sejam eles quem fossem, visto que qualquer pessoa – independentemente da filiação religiosa – podia "seguir" o papa mediante essa plataforma. O papa também acenava para a "resposta generosa" do seu leitorado, pois, no intervalo desses nove dias entre a entrada na plataforma e a sua primeira mensagem, a sociedade, de modo geral, via Twitter, já construía sentidos sobre o histórico gesto do papa de entrar em uma rede social digital com um perfil pessoal. E, inovando a prática religiosa na era digital, Bento XVI também enviava, na mesma mensagem, "de coração", a sua "bênção a todos" via Twitter.

No total, desde a sua entrada na plataforma até a sua última postagem, no dia 28 de fevereiro de 2013, Bento XVI enviou 37 tuítes na versão em português (com média de 0,47 tuíte por dia ou 3,08 tuítes por semana).[7] Em todos eles, a conta @Pontifex postava mensagens centradas majoritariamente em temáticas relacionadas à Igreja e à fé católica.[8]

Durante o pontificado de Bento XVI, a linguagem papal se limitou a textos puros, sem recorrer a outras funcionalidades da plataforma: a conta @Pontifex nunca respondeu a uma mensagem diretamente a outro usuário nem fez referência a outro seguidor; nunca enviou um "RT" (ou seja, um *ReTweet*, republicação de um tuíte alheio); nunca postou uma *hashtag*; nunca indicou algum link interno ou externo ao Twitter; e nunca postou um vídeo ou foto. Para a Igreja, portanto, o Twitter manifestava-

---

[7] Apenas a título de comparação, o Papa Francisco, no mesmo período de tempo, nos 78 dias iniciais como detentor da conta *@Pontifex_pt*, havia publicado 54 tuítes, com uma média de 0,69 tuíte por dia ou 4,95 tuítes por semana.

[8] Em seus tuítes em português, os três termos mais repetidos pelo Papa Bento XVI foram: "Deus" (16), "Jesus" (9), "Senhor" (7), o que aponta para uma linguagem claramente religiosa.

-se como mais um espaço para a divulgação do pensamento papal às "massas", como se se tratasse de qualquer outro meio de comunicação massivo, sem o reconhecimento das novas funcionalidades da plataforma e as novas linguagens e práticas sociais.

No dia 11 de fevereiro de 2013, em uma reunião corriqueira com os cardeais, Bento XVI anunciou surpreendentemente que renunciaria ao papado, lendo a declaração em latim. E o mundo ficou sabendo da notícia, de antemão, também via Twitter, porque uma jornalista italiana, Giovanna Chirri, da agência Ansa, acompanhava a transmissão da reunião ao vivo e entendia latim: foi ela que disparou o tuíte que provocaria um abalo em todas as redações do mundo, dizendo em italiano: "Bento XVI renuncia. Deixa o pontificado a partir do dia 28 de fevereiro".[9] Assim, além da enorme repercussão midiática e social, o Twitter se tornou palco de um debate social de nível mundial sobre o acontecimento. Marcadores nas mais diversas línguas (como #elpapadimite, #pope, #dimissioniPapa, #Joseph Ratzinger, #Habemus Papam, #Pontificado), relacionados à renúncia, logo subiram aos primeiros lugares da lista dos tópicos mais comentados pelos usuários do Twitter em todo o mundo, os chamados *Trending topics* ou *Assuntos do momento*.[10]

Depois do fim oficial do papado de Bento XVI, no dia 28 de fevereiro de 2013, iniciou-se o período chamado de *"sede vacante"*, quando a sede papal está vaga, vazia. Depois da saída do papa, coube à Santa Sé reconstruir simbolicamente na plataforma Twitter essa "ausência digital" do papa. Os tuítes de Bento XVI foram deletados de todas as contas @ *Pontifex* e repassados para um arquivo da página *News.va*.[11] Por sua vez, a Santa Sé modificou a interface da conta, alterando a foto do perfil (não mais uma foto de Bento XVI, mas o brasão da Sé vacante) e também o nome do perfil (não mais "Bento XVI", mas "Sede Vacante", ou seja, o termo latino que indica que a sede papal está vaga) (Fig. 4).

---

[9] O tuíte original está disponível aqui: <https://twitter.com/GiovannaChirri/statuses/300921810071982080>.

[10] Os "Assuntos do momento" são uma lista em tempo real das palavras ou frases mais publicadas no Twitter (como *hashtags* ou marcadores) em nível mundial ou de acordo com determinados países ou cidades selecionadas. Na opção "mundial", aparecem os assuntos mais tuitados no mundo inteiro naquele momento. Um nível mais específico é indicado pelo nome de diversos países. Ao selecionar "Brasil", por exemplo, é possível acompanhar os assuntos no país como um todo, ou ainda escolher uma cidade dentre 15 opções: Belo Horizonte, Belém, Brasília, Campinas, Curitiba, Fortaleza, Goiânia, Guarulhos, Manaus, Porto Alegre, Recife, Rio de Janeiro, Salvador, São Luís e São Paulo. Ao clicar em um assunto específico, é possível ver os resultados da busca de tuítes relacionados a ele. Também é possível buscar por palavras-chave na busca interna do Twitter.

[11] Disponível em: <http://www.news.va/pt/twitter_archive>.

Figura 4 – Detalhe da conta @Pontifex no dia da renúncia de Bento XVI
Fonte: Twitter.com, arquivo do autor.

Assim, uma configuração interna da Igreja (a morte/renúncia de um papa e o trono vazio que tornam a "Sé Vacante") era ressignificada no ambiente digital: a "sé digital" da Igreja (a conta @Pontifex) também passava a estar vaga. Embora a Igreja mantivesse ativas as contas *@Pontifex*, automaticamente o sistema do Twitter zerou a contagem dos tuítes (que haviam sido deletados) e passou a exibir a mensagem "@Pontifex ainda não tweetou".

Para Thaddeus Jones, coordenador do projeto *News.va* da Santa Sé e oficial de língua inglesa do PCCS, entrevistado para esta pesquisa, esse processo de "traduzir" digitalmente um fato inédito na história da Igreja como a renúncia de um papa foi complexo:

> A ideia era: [Bento XVI] não é mais o papa, então manter os tuítes lá [não fazia sentido]... Porque o @Pontifex representa o "ofício" [do papa], não só a pessoa, mas justamente o cargo. Então, visto que ele não é mais o papa... [A conta] não é "Benedictus". É "Pontifex", o pontífice (informação verbal, Vaticano, 3 jul. 2015, trad. nossa).

Mesmo após a renúncia papal, a circulação comunicacional do Twitter constantemente reatualizava a *imago* de Bento XVI mediante os rastros de seus tuítes ainda em fluxo na rede e mediante referências ao usuário *@Pontifex*. Nos dias em que ficou desativada, portanto, a conta permaneceu *"ativa(da)"* na circulação comunicacional, continuando a agregar seguidores e a congregar circuitos de produção de sentido a partir de seus rastros digitais reevocados nas interações sociodigitais pelas mais diversas pessoas. Embora já "papa emérito", retirado e aposentado, Bento XVI continuava sendo *@Pontifex*: não havia mais tuítes oficiais dessa conta, mas sim *a partir dessa conta e sobre ela*, em que os demais usuários reconstruíam os sentidos já "arquivados" pela Igreja e reforçavam os processos circulatórios na comunicação digital.

Em avalição do período de Bento XVI no Twitter, o arcebispo italiano Claudio Maria Celli, presidente do PCCS, entrevistado para esta pesquisa, afirmou:

> O caminho que fizemos, nós o fizemos à luz daquilo que dizia o Papa Bento: eu quero estar ali onde os homens e as mulheres de hoje estão. Esse é o grande desafio que o Papa Bento quis aceitar. E os primeiros tempos no Twitter não foram fáceis. Tivemos grandes reações negativas, vulgares, contra o Papa Bento. De várias partes, até nos sugeriam para fechar o canal do Twitter. E pensamos atentamente sobre isso e decidimos não fechá-lo. E hoje, para sermos precisos, tínhamos razão (informação verbal, Vaticano, 3 jul. 2015, trad. nossa).

A conta ficou com a configuração "vacante" durante os 13 dias de reuniões dos cardeais e o conclave que elegeria o Papa Francisco no dia 13 de março de 2013. Depois que a famosa "fumaça branca" havia saído da chaminé da Capela Sistina, anunciando a eleição do novo papa, e, após ser anunciado que se tratava de Jorge Mario Bergoglio, a conta foi novamente ressignificada. A foto de perfil agora incluía o brasão papal simples, com a coroa tríplice e as chaves do apóstolo Pedro. O nome do perfil passou a ser apenas "Pontifex", e foi publicado um novo tuíte: *"HA-BEMUS PAPAM FRANCISCUM"* [sic] [Temos Papa Francisco] (Fig. 5).

Figura 5 – Detalhe da conta @Pontifex no dia da eleição de Francisco
Fonte: Twitter.com, arquivo do autor.

Contudo, de fato, tratou-se de um "lapso" comunicacional na conta @Pontifex: se essa é a conta pessoal do Papa Francisco, quem era o sujeito da frase "temos papa"? O próprio papa? Visto que não se tratava de uma afirmação do próprio Francisco, ficava evidenciado para seus seguidores que havia outros sujeitos, como os administradores da conta, para a sua manutenção e outras processualidades não mediadas unicamente pelo papa em relação ao seu Twitter papal.

Novamente, logo após o anúncio da eleição de Francisco, tanto em nível mundial quanto brasileiro, os principais marcadores do Twitter indicavam o grande debate levantado pelo evento (*#HabemusPapam, #FumaçaBranca, #PrimerasPalabrasDelPapa, #NewPope, #PapadelaIglesiaCatolica*). Alguns apontavam para o nome do recém-eleito (como *#JorgeMarioBergoglio*), ou levantavam a hipótese do novo nome papal (*#JuanPabloIII*), enquanto outros remetiam ao seu país de origem (*#VivaArgentina, #PapaArgentino*). Outros, bem-humorados, indicavam a "derrota" brasileira no conclave (*#ChupaBrasil*) ou reiteravam a criatividade social em torno do evento, em que os interagentes se convidavam a substituir nomes de filmes com o tema do conclave e da eleição papal (*#ReplaceMoviesTitlesWithPope*).

O primeiro tuíte oficial de Francisco só seria enviado no dia 17 de março de 2013. Como conta Thaddeus Jones, "um domingo eu vim aqui [ao escritório do PCCS], antes do Ângelus, mudei o *account* para 'Papa Francisco', em todas as línguas. [...] com o logo já pronto, com um novo perfil já feito" (informação verbal, Vaticano, 3 jul. 2015, trad. nossa). Foi assim que o novo papa retomou o seu Twitter e enviou o seu primeiro tuíte.

Com Francisco, as contas @*Pontifex* chegaram à marca de mais de 33 milhões de seguidores nas nove versões idiomáticas da conta até meados de 2017 (a conta mais seguida era a versão em espanhol, com mais de 12,7 milhões de seguidores). Quatro anos depois do primeiro tuíte de Bento XVI, esse número equivale a mais de 10 vezes a quantidade de seguidores deixada de herança pelo papa emérito.[12]

---

[12] É interessante a ponderação que Dom Paul Tighe, então secretário do PCCS, fez em relação à questão quantitativa numérica em torno dos seguidores papais no Twitter: "Eu acho que não gostaríamos de exagerar o sucesso [das contas @Pontifex], ou seja, às vezes, as pessoas dizem: 'Oh, o papa tem mais de 21 milhões de seguidores [à época] no Twitter. Isso é impressionante!'. Mas posso citar cinco ou sete pessoas com *mais* seguidores, e você provavelmente nunca ouviu falar delas: Niall Horan, One Direction, vários *popstars* que muitos de nós nunca ouvimos falar, que significativamente têm mais seguidores. *Por isso, devemos manter uma perspectiva sobre o que estamos fazendo também* [*risos*]. E, eu acho também... se você olhar para o material

Hoje, o perfil do papa no Twitter também conta com um destaque no site oficial do Vaticano na internet (vatican.va). Logo na página inicial, o último tuíte papal é exposto em formato "carrossel", ou seja, o texto fica passando automaticamente no campo de destaque. No fim do texto, a assinatura "Papa Francisco", em link, remete ao perfil @Pontifex_pt (Fig. 6).

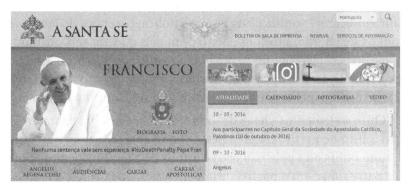

Figura 6 – Detalhe do site do Vaticano com destaque para o Twitter
Fonte: Vatican.va, com montagem do autor.

Depois desse resgate histórico da evolução da presença papal no Twitter, queremos nos focar agora especificamente nas interfaces, protocolos e reconexões, que permitem a circulação do "católico" hoje entre o Papa Francisco, seus seguidores no Twitter e a sociedade em geral.

6.2 Análise de interface

A presença do papa no Twitter envolve a ressignificação da própria interface da plataforma, que não apenas identifica a conta papal na plataforma, mas também é um agenciamento ativo e criativo das possibilidades comunicacionais oferecidas pelo Twitter, ao receber uma camada de sentido sociorreligioso. O perfil do Papa Francisco no Twitter é caracterizado por alguns elementos principais na sua interface, como

---

católico no YouTube, se alguém tem 25 mil visualizações, isso é enorme. *Mas você tem que perceber que, você sabe, 20 milhões também assistem a dois gatos brigarem...* Então, acho que a nossa presença é pequena, acho que estamos chegando lá, mas acho que *temos que voltar, para a minha própria esperança, ao Evangelho, à imagem da semente de mostarda, que é bem pequena, ou ao fermento, que é bem pequeno, mas pode mudar o ambiente*" (informação verbal, Vaticano, 5 jun. 2016, grifo nosso).

um lócus organizador das interações entre o pontífice e seus seguidores nessa plataforma.

O principal elemento da conta é justamente o seu nome de usuário, que caracteriza o "endereço" ao qual as pessoas devem se dirigir na internet para contatar o papa na plataforma. A escolha da Igreja recaiu no termo latino, que significa "construtor de pontes" e que, ao longo da história, passou a indicar o "pontífice" da Igreja Católica. Na época do lançamento da conta, Greg Burke, alto conselheiro de mídias do Vaticano, afirmou que "o nome do perfil [@Pontifex] é um bom *identificador*",[13] porque tem uma funcionalidade de identificar não apenas a pessoa do papa, mas também seu cargo e seu papel simbólico de acordo com a doutrina da Igreja.

Outros elementos-chave da interface básica de uma conta no Twitter são a foto de perfil (imagem pessoal que aparece sempre ao lado de cada tuíte publicado pelo usuário) e a foto de capa (imagem que ocupa toda a parte superior da página de uma determinada conta), que a pessoa pode editar de acordo com seus gostos, pois não vêm predeterminadas. No caso da Igreja, foi necessário construir simbolicamente imagens que significassem a presença do papa no Twitter, algo inédito na história. É interessante, portanto, perceber como esses elementos foram acionados e evoluíram ao longo do tempo nas contas @*Pontifex*, levando a Igreja Católica a caracterizar diversamente os perfis (Fig. 7).

Figura 7 – Evolução da interface da conta @Pontifex no Twitter
Fonte: Twitter.com, arquivo e montagem do autor.

---

[13] "Vaticano lança conta oficial no Twitter". *O Globo*, 3 dez. 2012. Disponível em: <http://goo.gl/yyQcZ>.

Nas primeiras fases, a foto de perfil trazia o rosto dos dois pontífices com a mão direita estendida, em sinal de bênção. Por sua vez, as fotos de capa exibiam a Basílica e a Praça de São Pedro, no Vaticano, sede da Igreja Católica, manifestando a institucionalidade da conta e o vínculo territorial com Roma. Todas mostram a praça cheia de pessoas, revelando a dimensão e a imponência da Igreja de pedra (a basílica) e da Igreja de carne (a multidão).

Atualmente, o perfil @*Pontifex_pt* tem a seguinte configuração (Fig. 8):

Figura 8 – Detalhes da interface do perfil @*Pontifex_pt* no Twitter
Fonte: Twitter.com.

A foto de perfil foi substituída pela imagem do busto do Papa Francisco, sorrindo. Já a foto de capa não exibe mais o Vaticano, e a multidão agora ganha rostos e contornos mais personalizados, enquanto o papa, sorridente, reaparece no centro da imagem com o braço novamente estendido, ao mesmo tempo em sinal de bênção, de saudação e de acolhida. Assim, desaparece a Igreja de pedra (a basílica) que se destacava nas fotos de capa anteriores, e agora a Igreja de carne – representada em clima de festa, com rostos sorridentes, braços estendidos, bandeiras coloridas e câmeras – ganha mais evidência, ressaltando a figura do papa como seu "centro", como seu ponto congregador.

Ao lado do nome da conta ("Papa Francisco"), percebe-se um pequeno selo azul em formato de círculo, com um sinal em V no seu centro. Ao posicionar o cursor sobre esse selo, aparece a informação "conta verificada". Segundo o Twitter, a verificação é utilizada para "determinar a autenticidade da identidade de indivíduos e marcas importantes no Twitter" ou de "contas de interesse público".[14] Para isso, de acordo com o Twitter, é preciso enviar um formulário de solicitação de verificação, isto é, diversos dados e informações para que a plataforma possa reconhecer determinada conta como "verificada". Foi o que a Santa Sé fez para que as contas @*Pontifex* fossem indicadas como "oficiais" aos seus seguidores.

No espaço chamado "bio" – para uma pequena biografia de até 160 caracteres –, a Igreja Católica preferiu escrever uma mensagem de acolhida aos usuários: "Bem-vindo ao Twitter oficial de Sua Santidade Papa Francisco". Não se trata de uma mensagem neutra e meramente informacional, pois ela cria um certo vínculo de contato com os leitores, que são acolhidos a um "ambiente papal" no qual podem entrar e interagir com o pontífice.

Todos esses processos de simbolização da presença do papa no Twitter remetem a um trabalho de ressignificação por parte da Igreja sobre as estruturações técnicas da interface e do protocolo da plataforma, que, embora limitando a ação, *fazem a Igreja fazer e refazer* essa presença, a partir de seus pressupostos de crença e prática católica em torno da figura papal. A *persona* papal, assim, passa por uma "corporificação *on-line*" (*on-line embodiment)* (Taylor, Falconer; Snowdon, 2014), em que "molduras" sociotécnicas possibilitam o reconhecimento de sua autenticidade por parte dos interagentes em rede.

A escolha das fotos de identificação, por exemplo, é um desafio para os responsáveis vaticanos, pois são elas que constroem imageticamente a presença do papa no Twitter, sendo os principais símbolos do "perfil" papal. Sobre isso, Thaddeus Jones explica:

> O perfil foi feito pela Maria Luisa [colaboradora espanhola do *News.va*], ela procurou a foto... Mas queremos escolher outra foto, porque esta é muito 'branco sobre branco'. Mas... é difícil escolher uma foto certa, com o sorriso, ou o *look* certo... Não é fácil. Mas devemos atualizar o perfil (informação verbal, Vaticano, 3 jul. 2015, trad. nossa).

Percebe-se, assim, a flexibilidade de "atualização" do perfil papal por parte da instituição, embora se reconheça as dificuldades de tal operação, tanto em termos técnicos ("esta é muito 'branco sobre branco'") quanto comunicacionais ("o *look* certo").

---

[14] Disponível em: <https://support.twitter.com/articles/289914>.

Para escrever um tuíte, o papa ou seus colaboradores precisam acessar a página de administração da conta *@Pontifex_pt* no Twitter. De modo geral, na página de perfil, na parte superior, o usuário tem à disposição um campo onde aparece a sua foto de perfil e um espaço no qual é possível digitar um texto, onde consta a pergunta: "O que está acontecendo?". A generalidade da pergunta do sistema remete a uma atualidade não apenas da vida pessoal do usuário, mas daquilo que ele considere mais importante dentre o que acontece a seu redor. Estabelece-se uma espécie de modalidade comunicacional específica, que envolve a possibilidade de o papa (e os demais usuários) *responder* à pergunta do sistema e, ao mesmo tempo, *enviar* essa resposta publicamente às demais pessoas presentes na plataforma. Como afirma a missão do Twitter, trata-se de "*criar e compartilhar* ideias e informações instantaneamente" (grifo nosso).[15]

Em relação a um tuíte papal, o usuário tem à disposição três possibilidades principais: "responder", "*retweetar*" e "curtir". Ao clicar em cada uma delas, o sistema possibilita que a pessoa faça coisas diferentes. Ao clicar em "responder", abre-se um campo inferior ao tuíte papal específico, que exibe o espaço onde o usuário pode escrever o texto da sua resposta ao pontífice. Segundo a plataforma, "a função de @resposta é destinada a *facilitar a comunicação entre usuários*" (grifo nosso),[16] o que explicita as mediações comunicacionais da própria interface do Twitter: agora, qualquer pessoa, católica ou não católica, tem à disposição uma modalidade "fácil" de comunicação com o sumo pontífice católico. Gera-se, assim, um processo de realimentação interno ao Twitter, ao qual o usuário é convidado pela plataforma a se somar e a contribuir com a sua própria "resposta". Contudo, o próprio sentido de "resposta" vai além, pois não envolve apenas o papa como interlocutor, de forma unidirecional, mas também envolve, em circulação, todos os demais usuários do Twitter, que poderão ter acesso a essa resposta.

Já ao clicar em "*retweetar*" um tuíte papal, a pessoa pode ou encaminhar aos demais seguidores a mensagem da forma como está, ou adicionar um comentário pessoal sobre o tuíte, que será enviado conjuntamente aos seus seguidores. Aqui se encontra também uma grande revolução nas modalidades de interação social e de construção

---

[15] Twitter. Empresa. San Francisco, 2015. Disponível em: <https://about.twitter.com/pt/company>.

[16] Twitter. *Regras e práticas recomendadas*. San Francisco, 2015. Disponível em: <https://goo.gl/1N0nCt>.

de sentido sobre o ensino da Igreja: com um clicar de botões, uma pessoa qualquer pode ressignificar publicamente o magistério católico (positiva ou negativamente). Uma pessoa, portanto, pode gerar potencialmente um debate social de grande escala sobre o catolicismo, não mais restrito ao seu círculo pessoal, mas ampliado exponencialmente às mais diversas conexões sociais em rede. A pessoa, desse modo, se insere em um fluxo de construção de sentido que vai além da mensagem papal, mas envolve também a produção dos demais usuários, aos quais o usuário não precisa seguir necessariamente para ter acesso a suas informações.

Clicando em "curtir",[17] por fim, o papa (ou os responsáveis pela página) será notificado de que determinado tuíte foi avaliado positivamente pela pessoa "curtidora". Essa informação também é contabilizada e exibida embaixo de cada tuíte, indicando numericamente a relevância social de determinada mensagem.

Analisamos aqui alguns pontos principais da plataforma Twitter e de sua apropriação por parte da Igreja, na pessoa do Papa Francisco. Outras especificidades interfaciais da conta *@Pontifex_pt* irão aparecer ao longo deste capítulo, em suas inter-relações com os protocolos e as reconexões. Aprofundaremos, agora, a análise para perceber os processos sociais e tecnológicos que se articulam em torno da conta *@Pontifex_pt*, como regras, padrões e comportamentos que organizam a comunicação no Twitter.

6.3 Análise de protocolo

A plataforma Twitter envolve uma série de protocolos próprios que garantem as conexões entre o pontífice e os demais usuários. Neles, organizam-se as conexões, pois são os protocolos que controlam as modalidades de ação dos interagentes, permitindo certas ações e impedindo outras, mediação na qual é possível ver um trabalho de negociação entre plataformas, símbolos e interagentes.

---

[17] Trata-se de uma funcionalidade apropriada da plataforma Facebook. Ela permite que o usuário expresse seu reconhecimento, apreço ou concordância em relação a um tuíte ou ao seu autor. Para isso, basta clicar no ícone de um "coração" embaixo de cada tuíte, como vimos na análise de interface. Essa atividade é automaticamente notificada ao autor do tuíte original e poderá ser visualizada por qualquer usuário do Twitter ao visitar o tuíte curtido. Cada tuíte, por sua vez, indica publicamente quantas pessoas "curtiram" o conteúdo.

6.3.1 Protocolos gerais da plataforma

No caso da conta @*Pontifex_pt*, para que o papa, primeiro, pudesse ter acesso ao Twitter, a Santa Sé precisou "inscrevê-lo" nessa plataforma. Para realizar tal inscrição, foi preciso preencher um cadastro interno ao sistema, que inclui dados como nome completo, e-mail (ou número do celular) e uma senha. E também foi preciso aceitar os *Termos de serviço* do Twitter.[18]

Trata-se de um verdadeiro contrato de prestação de serviços por parte da plataforma sociodigital em 12 pontos,[19] que rege e condiciona o acesso e os usos do Twitter. Segundo tais termos, "você só poderá utilizar os serviços [oferecidos pela plataforma] caso *celebre um contrato vinculante* com o Twitter" (grifo nosso).[20] Informa-se ainda que o acesso da pessoa aos serviços do Twitter "está condicionado à sua aceitação e cumprimento destes termos" e, por sua vez, ao acessar ou usar os serviços do Twitter, o usuário "concorda em sujeitar-se a estes termos".[21] Ficam estipuladas, assim, as condições indicadas pela empresa às quais o papa e as demais pessoas se submetem em sua presença na plataforma.[22]

No caso católico, uma autoridade como o papa, que "goza na Igreja de poder ordinário, supremo, pleno, imediato e universal", como indica o Código de Direito Canônico (n. 331), deve agora se sujeitar e se submeter, no Twitter, a outros "poderes" comunicacionais estipulados

---

[18] Twitter. *Termos de serviço do Twitter*. San Francisco, 2015. Disponível em: <https://twitter.com/tos>.

[19] Referentes a: 1) Termos básicos; 2) Privacidade; 3) Senhas; 4) Conteúdo nos serviços prestados pelo Twitter; 5) Direitos do usuário; 6) Licença do usuário para usar os serviços; 7) Direitos do Twitter; 8) Restrições de conteúdo e utilização dos Serviços; 9) Política de direitos autorais; 10) Cessação da vigência dos termos; 11) Exclusões e limitações de responsabilidade; e 12) Termos e condições gerais.

[20] Id.

[21] Id.

[22] Por exemplo, em relação à publicização dos conteúdos, os "termos" do Twitter deixam claro que "a maior parte do conteúdo que você enviar, postar ou exibir por meio dos serviços do Twitter *será, em regra geral, público e poderá ser visto por outros usuários* dos serviços e por meio de serviços e *websites* de terceiros" (grifos nossos). Por outro lado, todo o conteúdo presente no Twitter "é de *única responsabilidade da pessoa que o originou*. Nós [empresa Twitter] não podemos monitor [sic] nem controlar o conteúdo publicado através dos serviços, logo, não nos responsabilizaremos pelo mesmo". Por isso, a empresa afirma não aprovar, apoiar, declarar nem garantir "a integridade, a veracidade, a exatidão ou a confiabilidade de qualquer conteúdo ou comunicado publicado por meio dos serviços. Além disso, também não endossamos opiniões expressas por meio deles".

por tais protocolos. Como máxima autoridade da Igreja – sendo um fortíssimo *hub* (ou conector) de interações na grande rede –, ao entrar nessa rede sociodigital específica de *microblogging*, o papa se soma aos cálculos da plataforma como *um perfil a mais*. Mas, embora seja um perfil a mais, um banco de dados como o da conta @Pontifex (e seus derivados idiomáticos), com milhões e milhões de perfis reunidos e cadastrados como seguidores, oferece à empresa Twitter – e também à Igreja – enormes possibilidades em termos de acompanhamento e análise do *Zeitgeist* sobre o mundo em tempo real, de construção de relacionamentos com os fiéis, de mineração de dados, de publicidade etc., pois um único tuíte pontifício se insere simultaneamente nos mais diversos e múltiplos fluxos individuais e coletivos.

Contudo, tais termos, políticas e regras do Twitter são apenas uma parte daquilo que aqui chamamos de "protocolo": nem a mais importante, nem essencial, pois está relacionada com outras modalidades de organização da comunicação, como veremos. E a própria empresa reconhece isso, ao afirmar que seus serviços "estão *sempre evoluindo*, e [sua] forma e natureza [...] *podem mudar*, de tempos em tempos" (grifo nosso),[23] pois os protocolos, propriamente ditos, não existem *a priori* ou unidirecionalmente, mas se constituem em relações complexas entre os interagentes em rede.

Para a utilização da plataforma, o Twitter sugere que os usuários em geral sigam "algumas contas para criar um fluxo personalizado de informações em seu histórico de página inicial".[24] Seguir outro usuário significa se inscrever na sua conta para receber as atualizações do Twitter dessa pessoa. Assim, toda vez que essa pessoa publica uma nova mensagem, o usuário-seguidor recebe automaticamente os tuítes dela na sua página inicial do Twitter. No fundo, para o Twitter, "seguir" é até mesmo um ato de liberdade: "Se uma conta parecer interessante, *sinta--se livre* para segui-la!".[25] E também uma experiência quase mística: "A *verdadeira magia do Twitter* reside na *absorção* de informações em tempo real sobre o que mais importa para você".[26]

---

[23] Twitter. *Termos de serviço do Twitter*. San Francisco, 2015. Disponível em: <https://twitter.com/tos>.

[24] Twitter. *Inscrição no Twitter*. San Francisco, 2015. Disponível em: <https://goo.gl/vVtoDk>.

[25] Twitter. *Regras e práticas recomendadas*. San Francisco, 2015. Disponível em: <https://goo.gl/1N0nCt>.

[26] Twitter. *Começar a usar o Twitter*. San Francisco, 2015. Disponível em: <https://goo.gl/O59gVV>.

Contudo, as contas @*Pontifex*, mesmo tendo milhões de seguidores, seguem apenas outros oito usuários, que nada mais são do que as suas próprias *personas* linguísticas (Fig. 9).

Figura 9 – Detalhe dos perfis seguidos pela conta @*Pontifex_pt*
Fonte: Twitter.com.

O mais relevante para a Igreja, portanto, é que outros "absorvam" conteúdo do papa e que este seja seguido pelas pessoas, muito mais do que o papa as siga. O pontífice, assim, subverte tal protocolo do Twitter, gerando novas modalidades de interação junto a seus seguidores.

Por outro lado, os protocolos do Twitter não pressupõem apenas seguir outros usuários, mas também tuitar. Os protocolos para a publicação de um tuíte preveem diversas possibilidades de construção de sentido.[27] Todas elas envolvem uma relação comunicacional com os demais seguidores e usuários. O principal protocolo em torno da

---

[27] Dentre elas: 1) escrever uma mensagem com texto puro; 2) publicar links; 3) publicar marcadores (palavras-chave ou *hashtags*); 4) criar enquetes; 5) publicar multimídia (fotos ou vídeos); 6) adicionar localização pessoal (bairro, cidade, empresa etc.) a um tuíte; 7) mencionar outro(s) usuário(s).

produção de um tuíte é o já famoso limite de 140 caracteres (embora, atualmente, ressignificado com o recurso a links, fotos, vídeos etc.). A plataforma afirma que esse número é o "tamanho perfeito" para enviar mensagens de texto, porque, embora as mensagens de celular aceitem até 160 caracteres por mensagem, o Twitter separa 20 caracteres para os nomes dos usuários. "Os outros 140 são todos seus!", afirma a plataforma.[28] Assim, o Twitter "remidia" um meio anterior – as mensagens de texto de celular – em um novo contexto digital, inovando esse meio a partir de novos usos sociais.

Para uma instituição religiosa e autoridades eclesiásticas acostumadas, historicamente, a textos longos e densos, a necessidade de sintetizar a mensagem cristã-católica em 140 caracteres é uma verdadeira revolução comunicacional. É o que reflete Thaddeus Jones:

> Houve uma fase em que as pessoas diziam: "Mas se corre o risco de tornar banal, de simplificar a mensagem demais, com 140 caracteres...". Sabia-se que era impossível, às vezes, escrever algo rico de conteúdo em poucos caracteres assim. Mas é uma "isca" que pode criar um interesse, que cria atenção, que anima também um pensamento na cabeça das pessoas, que não estão necessariamente interessadas, que seguem. Pode haver uma frase que ajude a pensar de modo diferente, a refletir sobre algo ou a consolar alguém (informação verbal, Vaticano, 3 jul. 2015).

Isso demanda uma revisão dos modos de construção de sentido por parte da Igreja Católica e seus responsáveis, que precisam agora repensar e ressignificar o catolicismo dentro das características de concisão, instantaneidade e atratividade ("isca", "criar um interesse e atenção") que demarcam as ações comunicacionais já estabelecidas socialmente na plataforma. Tudo isso com o custo, às vezes bastante arriscado, de um "barateamento" da fé católica dentro dos padrões mercadológicos da sociedade de consumo, em que "o cliente-fiel tem sempre razão".

6.3.2 Protocolos acionados pela conta @Pontifex_pt

Na época de Bento XVI, todos os tuítes enviados eram compostos única e exclusivamente por textos puros. Nos períodos aqui analisados,

---

[28] Twitter. *Perguntas frequentes dos novos usuários*. San Francisco, 2015. Disponível em: <https://goo.gl/h8bhHb>.

Francisco manteve o mesmo padrão, postando tuítes simples, sem recorrer a outros protocolos da plataforma. Contudo, anteriormente, ao longo do histórico da conta @Pontifex_pt, o atual papa realizou usos inovadores do Twitter ao menos em quatro aspectos, em ordem cronológica: a indicação de um link externo; a menção a outro usuário; a publicação de uma foto; e o uso de *hashtags*. Para a efetivação de tais possibilidades, existe uma "sintaxe" própria do Twitter, à qual o papa deve obedecer protocolarmente para que as funcionalidades da plataforma cumpram o que está previsto pelo sistema.

O primeiro link publicado pela conta @Pontifex_pt foi o da página *News.va* em inglês no Facebook – ou seja, uma autorreferenciação[29] a outra presença oficial da Igreja na internet. A mensagem foi tuitada no dia 7 de setembro de 2013 (Fig. 10):

Figura 10 – *Link* externo citado pela conta @*Pontifex_pt*
Fonte: <https://twitter.com/Pontifex_pt/status/376298817215139840>.

Desse modo, reforçava-se um processo circulatório, em que o pontífice indicava a seus seguidores outro âmbito midiático do Vaticano no Facebook – embora remetesse seus leitores e leitoras de língua portuguesa para o link da página em sua versão em inglês (".en"). Isso também revela a inter-relação entre as plataformas sociodigitais, que não existem em polos separados, mas encontram formas de fomentar o processo cir-

---

[29] Aqui, apropriamo-nos do conceito de "autorreferência" de Luhmann (2005), ou seja, um processo pelo qual o observador, em sua observação, consegue diferenciar a si mesmo daquilo que ele observa. Neste caso, é o papa que não só "observa" o mundo "lá fora" em relação ao Twitter, construindo sentido sobre ele, mas também "observa" e constrói sentido sobre si mesmo ou sobre a própria Igreja, ação mediante a qual ele dá continuidade e realimenta as suas próprias ações comunicacionais na plataforma. Aprofundaremos essa ideia ao longo dos próximos casos.

culatório entre si.[30] O tuíte também remete a um marcador que convida à oração pela paz (#prayforpeace), reforçando outras processualidades sociorreligiosas, que detalharemos mais adiante.

A conta @Pontifex_pt também mencionou outro usuário pela primeira vez apenas em 2014, depois de quase dois anos de existência da conta e exatamente um ano depois da entrada de Francisco na plataforma. O primeiro usuário citado pela conta @Pontifex_pt foi o da Rede Scholas Occurrentes.[31] A citação ocorreu em um tuíte do dia 19 de março de 2014, em que o pontífice escreveu:

> Papa Francisco (@Pontifex_pt) – Uma saudação para a Rede Mundial de Escolas para o Encontro. Plantamos hoje a primeira oliveira virtual pela paz. @infoscholas [19 mar. 2014, às 13:02].[32]

O papa se referia a um projeto digital da rede, do qual ele participou em primeira pessoa, que convida as pessoas a plantarem uma "oliveira da paz no bosque virtual".[33] Buscava-se, assim, estabelecer um contato mediado pelo Twitter, com a menção a um usuário específico (@infoscholas), gerando um circuito comunicacional em que a Rede Mundial de Escolas é inserida pelo pontífice nas redes de relação existentes no Twitter com os seus seguidores pessoais.

O Papa Francisco também já postou algumas fotos no Twitter. A primeira delas foi enviada no dia 5 de setembro de 2014, em torno da questão dos refugiados e das populações que sofrem com as consequências da guerra.[34] A mensagem dizia: "Rezo diariamente por todos os que sofrem no Iraque. Rezai comigo". A foto mostra duas meninas de traços médio-orientais, caminhando descalças sobre pedregulhos debaixo de uma espécie de ponte ou viaduto. A imagem também traz

---

[30] Outra referência significativa a links externos ocorreu no dia 27 de julho de 2016, em que o pontífice, no clima da Jornada Mundial da Juventude de Cracóvia, convidou seus seguidores: "Vivamos juntos a JMJ de Cracóvia #Krakow2016 https://www.instagram.com/franciscus" (disponível em: <https://goo.gl/LgySMb>). O tuíte, portanto, autorrefere outra presença papal nas redes, isto é, a conta @Franciscus no Instagram, além de somar-se a um circuito comunicacional interno à plataforma, com o recurso à hashtag específica do evento, já utilizada pelos mais diversos usuários no Twitter.

[31] Trata-se de um projeto inspirado e promovido pelo Papa Francisco, desde quando era arcebispo de Buenos Aires, o qual conecta escolas e projetos para a promoção da educação, dos esportes e das artes em escolas de baixa renda do mundo inteiro.

[32] Disponível em: <https://twitter.com/Pontifex_pt/status/446315670871896064>.

[33] Disponível em: <http://www.educacionporlapaz.org>.

[34] Disponível em: <https://twitter.com/Pontifex_pt/status/507840592999489538>.

a marca d'água "CRS", no canto inferior direito, referente ao Catholic Relief Services, uma agência humanitária da Igreja Católica dos Estados Unidos. Desse modo, estabelece-se um processo de circulação de uma foto produzida em outro âmbito, para outros fins, da qual o papa se apropria para realimentar seus processos comunicacionais no Twitter. Por sua vez, tal imagem ganha novos circuitos de circulação, não mais geríveis pelo CRS, nem pelo papa, que se somam ao fluxo comunicacional do Twitter mediante a ação pontifícia de publicar tal imagem. O texto da mensagem também ressitua a imagem em um contexto religioso de oração ("rezai comigo"), envolvendo os seguidores midiaticamente em uma processualidade "extramidiática", como o ato de rezar, agora ressignificado digitalmente.

Outra foto publicada em 2016 foi muito significativa em sentido comunicacional. Ela foi postada no dia 8 de maio e traz a imagem de uma breve nota escrita à mão pelo pontífice, em uma folha com o brasão e a assinatura papais (Fig. 11).

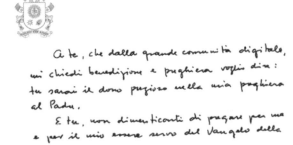

Figura 11 – Foto postada pela conta @*Pontifex_pt* no dia 08/05/2016
Fonte: <https://twitter.com/Pontifex_pt/status/729204234546073600>.

Chama a atenção que o texto está escrito em italiano, mas, mesmo assim, foi postado nas diversas contas idiomáticas @Pontifex, incluindo a conta em português. O tuíte, por outro lado, não traz nenhum outro texto explicativo, apenas a imagem. O texto traduzido diz: "A ti, que da grande comunidade digital me pede bênçãos e oração, quero dizer: tu serás o dom precioso na minha oração ao Pai. E tu, não te esqueças de rezar por mim e para que eu seja servo do Evangelho da Misericórdia. Franciscus". Assim, o papa reconhece seus seguidores como uma "grande comunidade", conceito de valor profundo no contexto religioso, além de inserir os mais diversos seguidores (religiosos ou não) em uma ambiência de oração e bênçãos, ressignificando, assim, a própria plataforma Twitter.

Por fim, um uso recorrente nas postagens do Papa Francisco é o de marcadores.[35] Na sintaxe do Twitter, o sinal # usado na frente de qualquer palavra ou frase indica uma palavra-chave em formato de link que remete para uma página de busca, em que são exibidos outros tuítes contendo a mesma palavra ou frase-chave. Ao longo do histórico da conta *@Pontifex_pt* no papado de Francisco, houve um uso bastante amplo de *hashtags*. Elas foram usadas pela primeira vez por ocasião da viagem do papa ao Rio de Janeiro, em julho de 2013, para a Jornada Mundial da Juventude (JMJ), o encontro com os jovens católicos do mundo inteiro. Os marcadores utilizados foram *#Rio2013* e *#JMJ*, em uma mensagem do dia 23 de julho de 2013.[36]

Mediante tais *hashtags*, o pontífice se soma protocolarmente à construção simbólica dos vários participantes do evento – e dos usuários do Twitter em geral – que relatavam publicamente via plataforma a sua experiência vivida na cidade do Rio de Janeiro.

---

[35] Na história da plataforma, as *hashtags* foram uma invenção social sobre os protocolos pensados pela empresa, demarcando palavras-chave associadas a algo específico (pessoa, evento, data, notícia). Em informações disponíveis em uma versão anterior da plataforma, o próprio Twitter informava que "*as pessoas usam* o símbolo # da *hashtag* antes de uma palavra-chave ou frase relevante (sem espaços) em seu tuíte para categorizar esses tuítes" (grifo nosso). Algumas *hashtags* específicas, criadas pelos próprios usuários, tornaram-se quase "tradição" no Twitter, como a famosa "#FF", que o próprio Twitter ressalta, explicando: "*Os usuários criaram essa abreviação* para 'Follow Friday' (Seguir Sexta-feira), uma *tradição semanal* em que usuários recomendam pessoas que outros deveriam seguir no Twitter. Você vai vê-la às sextas-feiras" (grifo nosso, disponível em: <https://support.twitter.com/articles/255508>). Embora a plataforma condicione determinados padrões de interação social, mediante seus protocolos iniciais, as invenções sociais fazem com que esses padrões evoluam, podendo dar origem, posteriormente, a modificações na própria arquitetura da plataforma. Exemplo disso é que, a partir de 2009, o Twitter passou a transformar as *hashtags* em links, possibilitando a sua busca no próprio Twitter ou no Google, criando comunidades de interesse em torno delas. Essa prática social foi acentuada em 2010 com a introdução pelo Twitter dos *Trending Topics* (ou "Assuntos do momento"). Os "Assuntos do momento", segundo o Twitter, "são determinados por um algoritmo e, por padrão, são personalizados com base em quem você segue e em sua localização" (cf. *Perguntas frequentes sobre assuntos no Twitter*. San Francisco, 2015. Disponível em: <https://goo.gl/01NHF3>), especificamente dentre os tópicos populares do momento. Segundo a plataforma, o uso dos "Assuntos do momento" permite aos usuários "participar de uma *conversa pública mundial*" (grifo nosso) (cf. *Regras e práticas recomendadas*. San Francisco, 2015. Disponível em: <https://goo.gl/1N0nCt>), o que explicita tais protocolos como mediações comunicacionais da plataforma.

[36] Disponível em: <https://twitter.com/Pontifex_pt/status/359619780010971136>.

6.3.3 Protocolos papais emergentes

A conta *@Pontifex_pt*, ao se apropriar do Twitter, também estipula seus próprios protocolos de interação com os seus seguidores específicos. Um primeiro indício disso são as duas fotos da conta – a do perfil e a de capa – que exibem um Papa Francisco sorridente e acolhedor. Essa postura de acolhida é reforçada pela sua "bio", onde se afirma: "*Bem-vindo* ao Twitter oficial de Sua Santidade Papa Francisco" (grifo nosso). Dessa forma, a acolhida (expressada nos sorrisos e no "bem-vindo") é, em certo sentido, protocolar às interações da conta. Essa acolhida está relacionada com uma espécie de *proximidade afetiva* protocolar na ação pontifícia no Twitter para com todos os seus seguidores, sejam quem forem. Nos tuítes da conta papal, isso se manifesta mediante o recurso à expressão "queridos" em relação a algum grupo específico de seguidores. O uso dessa expressão se repetiu em dois tuítes enviados pelo papa nos períodos aqui analisados, sempre referente aos "jovens".[37]

Desse modo, o discurso papal busca envolver os demais usuários (quer sejam seguidores ou não, quer sejam católicos ou não) em um mesmo ambiente interacional afetivo.[38] Não se trata de um discurso distante, mas de "benquerença", em que o leitor, independentemente de quem seja, considerando-se "jovem", pode-se sentir "querido" pelo papa. Chama a atenção, nesse caso, o tuíte abaixo, de 2013, em que essa afetividade e proximidade estão relacionadas às processualidades do próprio Twitter:

> Papa Francisco (*@Pontifex_pt*) – Queridos seguidores, soube que já sois mais de 10 milhões! Agradeço-vos do fundo do coração e peço que continueis a rezar por mim (27 out. 2013, às 06:15).[39]

Na mensagem, o papa agradece aos "queridos seguidores" pelo fato de terem superado, no total das contas *@Pontifex*, o marco de 10 milhões. Essa "meta" alcançada no interior da plataforma leva o papa

---

[37] As mensagens diziam: "*Queridos jovens*, pedi ao Senhor um coração livre para não ser escravos de todas as armadilhas do mundo" (8 out. 2015. Disponível em: <https://goo.gl/i5PrNI>); e "*Queridos jovens*, não tenhais medo de dar tudo. Cristo nunca desilude" (16 out. 2015. Disponível em: <https://goo.gl/FKMzgW>).

[38] No geral, a expressão "queridos", referido a algum público em particular, repete-se com frequência nos tuítes da conta *@Pontifex_pt* até o fim de 2015: "queridos jovens" (24 vezes); "queridos amigos" (3 vezes); "queridos pais" (2 vezes); "queridos doentes" (1 vez); "queridos seguidores" (1 vez).

[39] Disponível em: <https://twitter.com/Pontifex_pt/status/394376817336786944>.

a agradecer seus seguidores "do fundo do coração", o que reitera uma afetividade literalmente cordial. Por outro lado, via Twitter, o papa convoca seus leitores a rezarem por ele, reforçando a religiosidade protocolar ensejada pela conta.

Como explica Dom Paul Tighe, então secretário do PCCS,

> nós [a Igreja Católica] tradicionalmente temos enfatizado muito o conteúdo da nossa comunicação. E isso é muito importante. Mas a comunicação nunca teve a ver simplesmente com o conteúdo ou com a partilha de informações. *Ela sempre teve a ver também com o estabelecimento de relações.* E, nas novas mídias sociais, isso é mais enfatizado do que nunca, porque as pessoas vão pegar as informações daquelas pessoas que *elas conhecem e confiam.* Também, dependendo da qualidade da informação que é oferecida, *elas começam a ter uma relação de confiança com alguém, então a relação entre o conteúdo e o relacionamento fica ainda mais importante.* E eu acho que temos que pensar nisso como desafios para a Igreja [...] Então, em termos dos pilares, uma coisa que para mim é imensamente importante, quando olhamos para as mídias sociais...: *o conteúdo e o relacionamento.* E temos que estar continuamente conscientes de que as pessoas que não nos conhecem, que não sabem o que e quem somos, elas somente vão aceitar o nosso conteúdo se elas pensarem que nós estamos representando autenticamente aquele conteúdo (informação verbal, Vaticano, 5 jun. 2015, trad. nossa).

Outro protocolo específico da conta *@Pontifex_pt* se manifesta na indicação do link "*News.va*", nos dados da conta, logo abaixo da foto do perfil. Embora seja um campo já previsto pela plataforma, a indicação desse link específico das mídias vaticanas, e não de outro, aponta para um processo circulatório específico. A Santa Sé possui diversos sites, e a sua página oficial é www.vatican.va. Entretanto, os responsáveis pela conta remetem a pessoa ao site *News.va*, gerando um circuito específico de circulação, mediante a constituição de protocolos de *vinculação institucional* e de *oficialidade católica*, que se somam ao selo identificador da conta exibido pela própria interface do Twitter.

6.3.4 Protocolos acionados pelos interagentes da conta *@Pontifex_pt*

Por sua vez, em relação aos conteúdos postados pelo papa no Twitter, cada usuário pode realizar principalmente três ações práticas, como dizíamos, a saber, responder, retuitar e "curtir". Em média, nos períodos analisados, as mensagens papais foram retuitadas mais de 2 mil vezes e receberam mais de 2.600 curtidas.

No caso das respostas, como vimos na análise de interface, o usuário tem à sua disposição um campo em que o sistema o convida a "Responder a *@Pontifex_pt*". Cabe destacar aqui que certos casos do uso do protocolo de resposta, por parte dos seguidores do papa via Twitter, também fazem emergir outros protocolos interacionais, como no caso abaixo:

> Papa Francisco (*@Pontifex_pt*) – Pais, sabeis "perder tempo" com os vossos filhos? É uma das coisas mais importantes que podeis fazer cada dia [27 out. 2015, 08:27].

> Anderson (*@mun...*) – Papa, me segue que te sigo [27 out. 2015, às 09:39].[40]

A partir da mensagem papal, "Anderson" solicita que o papa o "siga" no Twitter, para que ele, usuário, também o siga. Nessa vinculação, o papa é visto pelas pessoas como outro "tuiteiro" qualquer, situado no mesmo nível social no interior da plataforma, em que "seguir" e "ser seguido" são ações recíprocas básicas para a manutenção dos vínculos comunicacionais. Emerge, assim, um protocolo social no interior da plataforma, em que as relações sociais intrassistêmicas são mediadas por novas regras e padrões de vínculo, que também passam a moldar o processo de circulação do "católico" em rede.

Já no caso dos retuítes das mensagens, uma pessoa pode encaminhar um tuíte do Papa Francisco aos seus seguidores, ampliando o alcance do tuíte papal à sua rede pessoal. Segundo a plataforma, esse recurso "ajuda você e outras pessoas a *compartilhar rapidamente* um Tweet com todos os seus seguidores" (grifo nosso),[41] o que ressalta outra processualidade circulatória da plataforma. As retuitagens são reconhecidas pela própria Igreja como ações fundamentais por parte dos usuários para maior circulação da presença papal no ambiente digital. Conforme o secretário do PCCS, Dom Tighe,

> quando o Vaticano, como tal, começou a se envolver com as mídias sociais – e o nosso projeto emblemático provavelmente é o @Pontifex, a presença do papa no Twitter –, isso teve a ver com duas coisas: uma foi importante em si mesma, porque foi a constatação de *possibilitar que a voz do papa ecoasse nas mídias sociais*. O papa tem um grande número de pessoas que optam por segui-lo e receber sua mensagem. E isso é importante. *Mas mais importante do que isso é*

---

[40] Disponível em: <https://twitter.com/mundodeandy/status/658971286748667904>.

[41] TWITTER. *Perguntas frequentes sobre Retweets (RTs)*. San Francisco, 2015. Disponível em: <https://goo.gl/cnQRDE>.

que elas podem, às vezes, retuitar, de modo que a voz, os sentimentos, as ideias do papa podem aterrissar em pessoas que talvez nunca os encontrariam. *E essa é uma realidade muito importante* (informação verbal, Vaticano, 5 jun. 2015, trad. e grifo nossos).

Reconhece-se o importante papel das pessoas na ação de "fazer ecoar" o que o papa diz em suas redes pessoais. Para além do que o papa diz e faz no Twitter, as pessoas, assim, são inseridas reflexivamente no processo circulatório do "católico" em rede, que, como veremos, vai muito além da ação de retuitar, envolvendo também diversos níveis de ressignificação de sentidos e reconstrução do próprio "católico".

Nesta seção, analisamos alguns protocolos principais da plataforma Twitter e outros protocolos próprios da Igreja nessa presença, além de protocolos emergentes na relação com os usuários. Passaremos, agora, a analisar os processos sociais e simbólicos que se articulam em torno da conta *@Pontifex_pt*, como ações de construção de sentido em torno do catolicismo.

6.4 Análise de reconexão

A conta *@Pontifex_pt* envolve uma constante construção de sentido do papa e, a partir dele, dos demais interagentes. São tais ações comunicacionais no Twitter que trabalham simbolicamente sobre o catolicismo, mediante os protocolos da plataforma e da conta *@Pontifex_pt*, mas também vão além deles, mediante uma ação de reconexão em rede. Ou seja, ações que ultrapassam o já dado em termos sociais, tecnológicos e simbólicos sobre o religioso, e nas quais se manifesta a experimentação social sobre o "católico" nos processos de circulação comunicacional.

6.4.1 Reconexões realizadas pela conta *@Pontifex_pt*

As contas *@Pontifex*, desde a sua origem, não nasceram *ex nihilo*, mas são, elas mesmas, ações constantes de reconexão. Para compreender isso, basta analisar os primeiros tuítes tanto de Bento XVI quanto de Francisco. Como vimos, o papa emérito, em sua primeira mensagem, se somava a um fluxo que vinha antes dele e alimentava o fluxo que seguiria depois dele. Expliquemos. O Twitter foi fundado em 2006, um ano depois do início do pontificado de Bento XVI. Mas o então papa só decidiu entrar na plataforma seis anos depois, inserindo-se em um fluxo comunicacional preexistente. Por outro lado, o seu agradecimento naquela primeira mensagem ("obrigado pela resposta generosa") apontava para as mensagens que as contas *@Pontifex* já haviam recebido nos nove dias entre a entrada do papa na plataforma e a sua primeira mensagem. Nesse período, a sociedade, de modo geral, via Twitter, já construía sentidos sobre o histórico gesto do papa de entrar em uma plataforma sociodigital com um perfil próprio.

Já no caso de Francisco, houve uma primeira reconexão de nível técnico, pois não foi criada uma nova conta no Twitter para o novo pontífice, mas foi mantida a mesma, com o mesmo nome de usuário, bastando apenas mudar o nome do perfil (de "Papa Bento XVI" para "Sede Vacante" para "Papa Francisco"). E o seu primeiro tuíte dizia:

> Papa Francisco (*@Pontifex_pt*) – Queridos amigos, de coração vos agradeço e peço para continuardes a rezar por mim. Papa Francisco [17 mar. 2013, às 08:17].[42]

Nele, o papa também se punha em contato com os seus "queridos amigos", sejam quem fossem, visto que, como dizíamos, qualquer pessoa – independentemente da filiação religiosa – pode "seguir" o papa nessa plataforma. O agradecimento papal "de coração" se referia, também neste caso, a toda a construção social de sentido ocorrida no Twitter no período entre a eleição de Francisco e a sua primeira postagem, em que as contas *@Pontifex* eram acionadas nos mais diversos tuítes na plataforma. A assinatura final de Francisco no texto do tuíte, por um lado, pode remeter a um desconhecimento da linguagem digital por parte do papa (visto que não é necessário "assinar" um tuíte, pois ele já traz consigo automaticamente a sua autoria), mas também, por outro, reforça um gesto de reconexão no ambiente digital de sua autoridade socioeclesial: no Twitter, quem fala é realmente o "Papa Francisco", e não outro em nome dele ou no seu lugar.

Mas como nasce um tuíte papal?

Segundo Dom Claudio Maria Celli,

> normalmente, o papa pode pedir para preparar um tuíte sobre um determinado acontecimento. Ou é a própria Secretaria de Estado [do Vaticano] que apresenta ao papa o texto de um tuíte. *O papa deve lê-lo e aprová-lo. Porque é um tuíte dele, não é da Secretaria de Estado*. Então, sobre isso, nós somos muito atentos. Todos

---

[42] Disponível em: <https://twitter.com/Pontifex_pt/status/313247631025508353>.

os tuítes que são enviados, o papa os assina, ele deve autorizar. Esse texto, mesmo que preparado por outro, é aprovado pelo papa. *O papa o assume.* Portanto, amanhã, oficialmente, esse texto não é o texto do monsenhor "X" ou "Y", *mas é o texto do papa* (informação verbal, Vaticano, 3 jul. 2015, trad. e grifos nossos).

Dom Paul Tighe, então secretário do PCCS, acrescenta mais detalhes a esse processo de construção dos tuítes e ao papel do papa em sua autoria:

> Na realidade, o papa está constantemente dando vários discursos. E alguns destes são claramente fixos: a audiência de cada semana, o Ângelus de cada semana. E, quando eles [os colaboradores e assessores papais, em geral da Secretaria de Estado do Vaticano] estão preparando esses discursos e intervenções, muitas vezes é possível sugerir um tuíte que resume o que ele poderá dizer no Ângelus, ou que está relacionado com um dia de festa em particular, ou com algum grande evento que está acontecendo no mundo. Então, alguém prepara um tuíte em potencial – acho que em italiano, para começar –, o papa olha e diz: "Sim, é isso o que eu quero dizer". [...] E algumas pessoas diriam: "Por que o papa não escreve os tuítes? É uma coisa mecânica". *O principal é que o tuíte vem dele, e foi visto por ele, e foi aprovado por ele, e vem do núcleo do seu ensinamento* (informação verbal, Vaticano, 5 jun. 2015, trad. e grifo nossos).

Em síntese, o texto de um tuíte papal pode vir do próprio papa ou da Secretaria de Estado vaticana, que é a instância responsável pela conta pontifícia no Twitter em nível de Santa Sé. Seus colaboradores, portanto, também podem sugerir as mensagens ao pontífice, que deve avaliá-las e aprová-las com a sua assinatura, para assim poderem vir a se tornar tuítes papais, propriamente ditos. Isso, obviamente, não significa que seja o próprio papa que literalmente *digita* a mensagem em um computador, celular ou tablete e clica em "enviar".[43]

O importante, contudo, é que o texto de um tuíte papal é enquadrado "oficialmente" pela instituição eclesiástica no chamado "magistério pontifício", isto é, o conjunto dos documentos oficiais emitidos pelo Santo Padre – como cartas, encíclicas, constituições, exortações apostólicas etc. Desse modo, os tuítes do papa passam por um processo de

---

[43] Ao contrário, sabe-se que o Papa Francisco não é muito afeito às tecnologias: ainda quando era arcebispo de Buenos Aires, ele nunca teve um computador pessoal ou celular, e muito menos agora como papa. Em entrevista recente, ele chegou a afirmar que não assiste à televisão desde 1990, como uma promessa feita a Nossa Senhora do Carmo, sem um motivo em particular, mas por considerar que "isso não é para mim" (entrevista ao jornal *La Voz del Pueblo*, 24 maio 2015. Disponível em: <http://goo.gl/nm1TsK>), e também disse que lê apenas um jornal diariamente (o italiano *La Repubblica*).

ressignificação em nível eclesial, sendo considerados pela própria Igreja como documento de alto nível, semelhante a outros documentos papais historicamente mais consolidados. Tal processo reforça a ressignificação da presença papal no Twitter e a sua reconstrução simbólica dentro de processualidades mais tradicionais da própria instituição eclesiástica.

Já em relação aos tuítes papais postados nos períodos aqui analisados, temos a presença de uma linguagem maciçamente simples, sem links, nem fotos ou vídeos, nem marcadores. Contudo, em diversas mensagens anteriores ou posteriores, os tuítes papais utilizaram marcadores diversos, participando, socialmente, de debates mundiais que ocorriam no Twitter, aos quais o papa somava a sua contribuição. Tais marcadores, em geral, não foram inventados pelo pontífice, mas o papa opera sobre eles uma ação de reconexão, para se somar a uma comunidade de interesse específica no Twitter em torno do evento, visto que os usuários em geral já vinham utilizando essas palavras-chave em suas interações públicas na plataforma. Desse modo, o papa soma a sua voz ao debate mundial ou a fatos sociais de nível mundial, o que também se expressa pelo uso de marcadores em inglês, idioma, que, em geral, domina o cenário discursivo da plataforma. Reconectam-se, assim, a Igreja e a sociedade mundial mediante as interações papais no Twitter.

No caso dos marcadores utilizados pelo Papa Francisco, percebemos também uma modalidade específica de reconexão realizada pela conta @Pontifex_pt. A Santa Sé, ao aceitar e se apropriar do Twitter para fins religiosos, estabelece uma relação com seus seguidores marcada por ações específicas voltadas ao âmbito do "sagrado". No caso das *hashtags*, temos um indício disso a partir da frequente recorrência da palavra *"pray"* (rezar). Dentre os marcadores utilizados pela conta, destacam-se aqueles relacionados com a oração (#*prayforpeace*, "reze pela paz"; #*weprayforpeace*, "nós rezamos pela paz", #*prayforsynod*, "reze pelo Sínodo"; #*PrayersForParis*, "orações por Paris"; #*praywithus*, "reze conosco"; #*free2pray*, "livres para rezar").

Nesse sentido, a religiosidade – especialmente em comunidade (*"nós* rezamos pela paz", "reze *conosco*") – adquire novas formas de expressão a partir das interações do pontífice via Twitter. A reconexão, neste caso, por parte do papa, alimenta o fluxo circulatório no Twitter, unindo, mediante um mesmo marcador, diversas pessoas que se somam a tal oração, que não se faz apenas em nível íntimo, mas se expressa comunicacionalmente via plataforma. Assim, um protocolo específico do Twitter, como os marcadores, é reinventado pela ação comunicacional do pontífice mediante reconexão, como modalidade específica de oração comunitária no ambiente digital.

Nos períodos aqui analisados, o Papa Francisco, discursivamente, via Twitter, também se reconectou a diversos interagentes, explícitos ou não. Destaca-se, em geral, um interagente coletivo no qual o papa se inclui. Tais tuítes trazem construções verbais marcadas por um sujeito "nós", explícito ou oculto, que sempre inclui o próprio pontífice, como no caso abaixo:

> Papa Francisco (*@Pontifex_pt*) – Aprendamos a viver a solidariedade. Sem a solidariedade, a nossa fé está morta [13 out. 2015, às 06:13].[44]

Desse modo, o papa se reconecta a seus usuários não apenas ao enviar o tuíte, mas principalmente porque se insere discursivamente naquilo que tuíta ("aprendamos", "nossa fé").[45] Trata-se de uma construção simbólica conectada a seus seguidores pela plataforma e também vinculada a eles em sua realidade de vida, compartilhada pelo papa.

Por outro lado, há tuítes dirigidos nominalmente pelo papa a um interagente específico ("jovens", "pais", "seguidores", "amigos", "doentes", "pessoas de boa vontade"), em que o discurso pontifício se focaliza em uma realidade específica. Assim, o tuíte ganha uma densidade maior para o interagente nomeado, pois convoca e explicita uma relação "direta" do pontífice com esse sujeito.

Por outro lado, Francisco se refere via Twitter, explicitamente, a um nível transcendente da existência, em uma ressignificação digital das modalidades de oração tradicionais, como abaixo:

> Papa Francisco (*@Pontifex_pt*) – Senhor, ajudai-nos a viver a virtude da magnanimidade, para amarmos sem limites [6 abr. 2015, às 06:11].[46]

A plataforma sociodigital, assim, é convertida em um ambiente de conexão não apenas do papa com seus seguidores e entre os diversos interagentes, mas também com o "Senhor". É a ele que o papa dirige o seu tuíte. E, mediante essa mensagem, a conta *@Pontifex_pt* também se faz porta-voz de um "nós" que faz a sua súplica a Deus ("ajudai-nos").

---

[44] Disponível em: <https://twitter.com/Pontifex_pt/status/653861000769212416>.

[45] Em média, entre os 600 tuítes postados por Francisco até o fim de 2015, esse sujeito "nós" representava mais de 46% do total de mensagens enviadas.

[46] Disponível em: <https://twitter.com/Pontifex_pt/status/585006795854221312>.

Tal ação, desse modo, faz emergir uma "comunidade orante", reunida em oração em torno do "Senhor", mas mediada pela conta do papa no Twitter, que "encarna" digitalmente essa mediação de vínculo transcendente.[47]

Por fim, desde o início da presença de Francisco no Twitter, o papa tuitou diversas mensagens referentes a ele mesmo e à sua vida e agenda pessoais.[48] Dentre todas, desponta o tuíte do dia 19 de março de 2016: "Inicio um novo caminho, no Instagram, para percorrer com vocês a estrada da misericórdia e da ternura de Deus".[49] Por meio de tal mensagem, o pontífice reconecta sua conta no Twitter com a sua nova presença no Instagram, remetendo seus seguidores a esse novo ambiente comunicacional, promovendo uma autorreferenciação que ultrapassa as fronteiras das plataformas específicas, cruzando-as complexamente.

Todos esses processos "reconectam" diversos interagentes na plataforma do Twitter e para além dela, envolvendo inclusive o âmbito do "sagrado". Os tuítes do papa, além disso, são também reconectados com outras plataformas, como veremos, ao serem compartilhados no Facebook, por exemplo, ou mesmo com outras mídias, como quando se convertem em notícias jornalísticas. Tudo isso realimenta o fluxo de circulação do tuítes, perpassando diversos circuitos intermidiáticos.

Em suas interações via Twitter, portanto, o pontífice *faz algo* com uma realidade existente, a partir do ponto de vista católico,

---

[47] E não foi a primeira vez que o Twitter papal se converteu em "altar" diante do "Senhor". Desde a sua entrada na plataforma até o fim de 2015, Francisco já se tinha dirigido digitalmente a outros "interagentes sagrados", principalmente "Maria" (10 vezes), em denominações diversas, como "Mãe de Deus", "Mãe das Dores", "nossa Mãe", "Nossa Senhora de Guadalupe", "Rainha do Céu", "Rainha da Paz"). Outras invocações papais ao sagrado católico via Twitter envolveram: "Deus" (4 vezes), "Jesus" (2 vezes), "Espírito Santo" (2 vezes), "São José Vaz" (1 vez), "São João Paulo II" (1 vez), "Apóstolos São Pedro e São Paulo" (1 vez).

[48] "Dentro de algumas horas chego ao Brasil..." (22 jul. 2013), "Obrigado por todas as manifestações de carinho no aniversário de pontificado..." (17 mar. 2014), "Hoje é o aniversário da minha ordenação sacerdotal..." (13 dez. 2014), "Neste dia em que começo a minha viagem ao Sri Lanka e às Filipinas, peço-vos que rezeis comigo pelos povos de ambos os países" (12 jan. 2015), "A minha visita à África seja sinal da estima da Igreja por todas as religiões e reforce os nossos laços de amizade" (26 nov. 2015), "Venho à República Centro-Africana como peregrino de paz..." (29 nov. 2015), "No México fitarei os olhos da Virgem Maria..." (12 fev. 2016), "Hoje é um dia de graça. O encontro com o Patriarca Kirill é um dom de Deus. Rezai por nós" (12 fev. 2016), "Senti-me acolhido, recebido pelo carinho, a esperança desta grande família mexicana..." (18 fev. 2016), "Obrigado ao México e a todos os mexicanos..." (18 fev. 2016), "Peço que acompanhem com a oração a minha viagem Apostólica à Armênia" (23 jun. 2016), "Estou feliz por ter visitado a Armênia..." (26 jun. 2016), "Neste mês, minhas audiências ficam suspensas, mas eu não deixo de rezar por vocês; e vocês, por favor, rezem por mim!" (7 jul. 2016).

[49] Disponível em: < https://twitter.com/pontifex_pt/status/711152746867589121>.

reconstruindo-a simbolicamente. E, a partir dessa ação, desencadeia ou fomenta ações alheias, ou seja, também *faz fazer*. E podemos inferir isso a partir das próprias construções simbólico-discursivas do papa, como no tuíte a seguir, que aponta para uma ação interpessoal:

> Papa Francisco (@*Pontifex_pt*) – Pais, sabeis "perder tempo" com os vossos filhos? É uma das coisas mais importantes que podeis fazer cada dia [27 out. 2015, às 08:27].[50]

Em seu texto, o pontífice explicita "uma das coisas mais importantes" – do ponto de vista papal – que a figura paterna pode fazer em sua relação familiar ("perder tempo" com os filhos). Trata-se de uma ressignificação de uma realidade intrafamiliar, como a relação pais e filhos, do ponto de vista da autoridade máxima do catolicismo. Assim, esse grupo interagente específico ("pais") é convocado, primeiro, pela pergunta, a refletir e a tomar consciência do seu conhecimento paterno ("sabeis?") e, segundo, a agir concretamente ("podeis fazer"), seguindo os ensinamentos papais.

Esse caso chama a atenção para outra camada de ação sobreposta, mediante o questionamento pontifício. Francisco coloca o interagente em diálogo com a mensagem pontifícia, convidando-o não apenas a refletir em seu íntimo a respeito da realidade, mas também, implicitamente, a responder ao papa via Twitter, ambiente onde a pergunta foi feita, estabelecendo um diálogo comum. Desse modo, a construção simbólica ganha ainda mais peso, pois o tuíte em forma de pergunta leva o leitor a se questionar – "perante" o papa – sobre a própria fé e sobre a própria vida. A ação comunicacional do papa provoca uma reação, por assim dizer, de seus interagentes, que são convocados a responder, a continuar explicitamente o diálogo.[51]

Como podemos ver, o papa, em suas ações comunicacionais específicas, se soma a um *fluxo de ações outras*, que o antecedem (como

---

[50] Disponível em: <https://twitter.com/Pontifex_pt/status/658953061210058757>.

[51] Ao longo do histórico de Francisco no Twitter, até o fim de 2015, foram postados 21 tuítes com perguntas (cerca de 3,5% do total de mensagens enviadas pelo pontífice). Destes, apenas três contêm uma resposta à pergunta (retórica) no próprio tuíte: "Como viver bem o matrimônio? Unidos ao Senhor, que sempre renova o amor e o torna mais forte do que toda e qualquer dificuldade" (3 mar. 2014); "Quem, dentre nós, pode presumir que não seja pecador? Ninguém. Peçamos perdão a Deus dos nossos pecados" (29 abr. 2014); "Que quer dizer evangelizar? Testemunhar com alegria e simplicidade o que somos e aquilo em que acreditamos" (5 maio 2014). Todos os outros questionamentos enviados em forma de tuíte ficam aguardando a resposta do leitor.

"pré-reconexões"). A realidade religiosa, social, familiar, implicitamente, age sobre o papa, chamando-o a ressignificá-la a partir do ponto de vista católico. Como víamos anteriormente, esse fluxo circulatório também se manifesta explicitamente, como nos casos do primeiro tuíte de Francisco, em que o papa evidencia no próprio Twitter que seus tuítes não nascem *ex nihilo*, mas emergem também a partir de processos comunicacionais outros, intra e extraplatafórmicos, que envolvem interagentes diversos.[52] Por sua vez, o papa alimenta tais ações e as ultrapassa, ressignificando a realidade em geral em mensagens de 140 caracteres, catalisando ações outras por parte de seus seguidores, mediante reconexão. Esse fluxo comunicacional, por conseguinte, antecede e ultrapassa a construção simbólica papal, que se converte, por sua vez, em um catalisador desse movimento, dentro de seu âmbito de ação específico.

Por outro lado, desencadeiam-se outras ações, inclusive para além da conta papal no Twitter, como afirma Dom Tighe:

> Nós podemos ver que, depois que o papa abriu a conta no Twitter, *muitos outros bispos e organizações da Igreja começaram a fazer algo similar*. Eu não estou dizendo que estamos fazendo isso brilhantemente, mas estamos aprendendo juntos como fazer isso. Então, no nível do Vaticano, digamos, nós fomos para o Twitter simplesmente porque *era uma forma fácil de entrar [get into] nas mídias sociais, porque o Twitter não demanda tanto quanto o Facebook em termos de preparação*. Nós também queríamos assegurar que a presença do papa fosse autêntica. Então, é possível e suficientemente fácil organizar que cada tuíte seja visto pelo papa antes de ser enviado, para que ele o aprove, de modo que nós possamos dizer: "Essa é a voz do papa". Se nós tivéssemos que trabalhar com o Facebook, seria muito mais difícil, pois você precisa de mais conteúdo, você precisa mudar mais frequentemente. Então, não foi que nós preferimos o Twitter ao Facebook. *Foi simplesmente porque logisticamente era mais fácil trabalhar com o Twitter*. A outra questão, eu acho, é que o Twitter é interativo, mas você precisa aceitar tudo o que vem de volta para você. *Você não pode moderar isso* (informação verbal, Vaticano, 5 jun. 2015, trad. e grifo nossos).

Como reconhece o religioso, os interagentes, por sua vez, também agem no próprio Twitter, com o papa e sobre aquilo que é postado por

---

[52] Esse é o caso de inúmeros outros tuítes de agradecimento, postados ao longo do histórico de Francisco na conta *@Pontifex_pt*, em que ficam evidenciados outros circuitos comunicacionais que catalisam a própria ação papal no Twitter, por exemplo: "Agradeço profundamente a todos aqueles que trabalharam para o sucesso da JMJ e abraço vocês todos, os participantes. #Rio2013 #JMJ" (28 jul. 2013), "Queria agradecer a todos aqueles que aderiram à vigília de oração e de jejum pela paz #prayforpeace" (10 set. 2013), "Obrigado por todas as manifestações de carinho no aniversário de pontificado. Por favor, continuai a rezar por mim" (17 mar. 2014).

E o Verbo se fez rede: religiosidades em reconstrução no ambiente digital

ele, gerando conteúdos por conta própria sobre o pontífice e "mudando" o pontífice em sua construção de sentido. A tentativa de superação da dificuldade administrativa de "moderação" por parte da instituição ao escolher o Twitter em vez do Facebook se depara, portanto, com uma complexidade crescente em torno da própria construção e circulação do "católico", catalisada pela ação social difusa e heterogênea.

6.4.2 Reconexões realizadas pelos interagentes a partir da conta *@Pontifex_pt*

As pessoas também fazem outras ações comunicacionais sobre a conta e os tuítes papais e para além deles. Encontramos aí determinados padrões de reconexão, que não são estanques, mas inter-relacionáveis, dada a sua complexidade local.

Os interagentes agem comunicacionalmente sobre a conta *@Pontifex_pt*, primeiramente, mediante as "curtidas". Trata-se de uma funcionalidade que vincula em contrafluxo (BRAGA, 2012a) o usuário-leitor com o usuário-postador: aquele informa a este não apenas que a mensagem foi recebida (em sentido técnico), mas também que foi *positivamente* recebida (em sentido simbólico), o que pode gerar ações comunicacionais outras por parte das demais pessoas, ao verem tal aprovação.

Outra possibilidade, nesse sentido, são os retuítes incorporados, em que o usuário não adiciona nenhum comentário próprio e reenvia a mensagem no seu formato original à sua própria rede pessoal. Mediante tais ações, os usuários fazem o sistema do Twitter inserir a mensagem papal em outros fluxos comunicacionais previamente não estipulados pela conta *@Pontifex_pt*: primeiro, na rede comunicacional da qual faz parte o usuário retuitador (que pode incluir usuários que não necessariamente seguem o papa no Twitter), mas, para além dele, potencialmente, para as demais redes desses outros usuários. Estes, mesmo sem seguirem a conta papal, poderão receber a mensagem e, por sua vez, retuitá-la para outras redes.

Por outro lado, há ações comunicacionais por parte dos seguidores da conta *@Pontifex_pt* que acrescentam uma construção simbólica própria por parte do usuário sobre o tuíte papal, complementando-o com outros conteúdos sobre a mesma temática, como no caso abaixo:

Papa Francisco (*@Pontifex_pt*) – Senhor, ajudai-nos a viver a virtude da magnanimidade, para amarmos sem limites [6 abr. 2015, às 02:11].

Arnaldo (@*par...*) – Que a alegria de viver a humildade do Cristo no lava-pés seja a verdadeira força de nossa caridade e de nosso amor ao próximo [6 abr. 2015, às 02:55].[53]

Mediante seu tuíte, o usuário "Arnaldo" aprofunda e complementa a reflexão papal sobre a magnanimidade, acrescentando outros elementos simbólicos do universo católico, como a "humildade do Cristo", o "lava-pés", o "amor ao próximo". "Arnaldo" permanece no mesmo contexto discursivo do pontífice, sem desviar, mediante a sua construção simbólica, a ação papal na plataforma, mas complementando-a junto a seus próprios seguidores.

Como vimos, uma pessoa também se pode colocar como mediadora entre a mensagem papal e outros usuários do Twitter, mencionando-os e, assim, fazendo o tuíte circular em outras redes dentro do Twitter. Gera-se, assim, um "subfluxo" interno aos demais fluxos comunicacionais da mensagem papal. Outras vezes, as referências feitas pelos usuários geram mediações em relação a pessoas que se encontram também fora da plataforma, citadas não segundo o protocolo intraplatafórmico (com o sinal @), mas "inseridas" no fluxo comunicacional em forma de texto simples, mediante reconexão. Nesses casos, as pessoas invocam até mediadores do universo sagrado do catolicismo (Deus, Jesus, Espírito Santo, Maria, santos), que são reconectados ao ambiente do Twitter, como nos casos abaixo:

> Papa Francisco (@*Pontifex_pt*) – Queridos jovens, pedi ao Senhor um coração livre para não ser escravos de todas as armadilhas do mundo [8 out. 2015, às 03:00].
>
> Vinícius (@*Vin...*) – Amém. Jesus, eu confio em vós! [8 out. 2015, às 04:26].[54]
>
> Joana (@*mes...*) – Senhor, liberta meu coração das coisas do mundo. E enche meu coração das coisas do alto. Amém [8 out. 2015, às 05:45].[55]

Em resposta a um tuíte papal, "Vinícius" refere-se diretamente a "Jesus", e "Joana" faz a sua oração ao "Senhor", com o "amém" final que reforça o caráter religioso performático da mensagem. Assim, o Twitter se converte em um ambiente sagrado, ressignificado pelo tuíte papal original e pelas ações comunicacionais dos interagentes.

---

[53] Disponível em: <https://twitter.com/parminondef/status/585018006905958400>.

[54] Disponível em: <https://twitter.com/ViniiciusPotter/status/652082744600719360>.

[55] Disponível em: <https://twitter.com/mesquita_joana/status/652102422056034641>.

Outras ações comunicacionais por parte dos seguidores da conta *@Pontifex_pt* envolvem a apropriação dos tuítes papais para, a partir deles, fazer outras ações comunicacionais não previstas pelo contexto comunicacional de tal tuíte. Não se trata de ir contra ou desconstruir aquilo que foi tuitado pelo papa, mas de vincular a mensagem papal a contextos comunicacionais que não têm relação direta com um tuíte papal em particular. Um desses casos é a construção de marcadores que articulam a pessoa do papa e seus tuítes com outros contextos sociocomunicacionais. Assim, os marcadores construídos pelas pessoas em geral inserem o pontífice em novas modalidades discursivas de construção simbólica por parte da sociedade.[56]

Por outro lado, há ações comunicacionais dos usuários que envolvem tensões críticas e questionamentos em relação ao papa, como solicitações de aprofundamento e esclarecimento no desenrolar da interação (sem se opor frontal e agressivamente ao que é proposto pelo pontífice). Uma primeira modalidade envolve o envio de perguntas diretas ao pontífice nas respostas a seus tuítes. O papa, como vimos, nunca responde diretamente aos usuários. Contudo, em suas construções simbólicas, os usuários engajam discursivamente o pontífice, como nos casos abaixo:

Papa Francisco (*@Pontifex_pt*) – A Confissão é o sacramento da ternura de Deus, a sua maneira de nos abraçar [31 mar. 2015, às 03:00].

Leandro (*@le...*) – E para quem é proibido pela Igreja de se confessar devido ao divórcio...qual alternativa? [31 mar. 2015, às 14:31].[57]

Papa Francisco (*@Pontifex_pt*) – O trabalho é importante, mas é-o também o repouso. Aprendamos a respeitar o tempo do repouso, sobretudo o repouso do domingo [10 out. 2015, às 05:00].

---

[56] Um exemplo extra aos casos aqui em análise – envolvendo outras temporalidades e usuários de língua inglesa – foi a criação – por parte do site *The Jesuit Post*, mantido por um grupo de religiosos jesuítas dos EUA – da *hashtag #Playlist4Pontifex* ("Lista musical para o pontífice"). Com a ajuda da rede mundial, os jesuítas do site solicitavam a colaboração das pessoas para montar uma lista de músicas em homenagem ao primeiro ano de pontificado de Francisco. No tuíte original, os administradores do site escreveram, no dia 21 de fevereiro de 2014: "*Quoting @Pontifex let's "make a mess" & we need ur help. #Playlist4Pontifex All genres, all ages send ur favs! http://tjpo.st/6p*" ("Citando o *@Pontifex*, vamos 'fazer bagunça' & precisamos da sua ajuda. #Playlist4Pontifex Todos os gêneros, todas as idades, enviem as suas favoritas"). No dia 12 de março, a lista final, com as sugestões de diversos interagentes, foi publicada no site, incluindo 45 músicas em homenagem ao pontífice. Disponível em: <https://goo.gl/AUfUol>.

[57] Disponível em: <https://twitter.com/le_MCosta/status/583018775253028865>.

Luis (@*luis*...) – Concordo com o descanso, mas Cristo guardava o sábado, Deus santificou o sábado, não entendo a guarda do domingo, pode me explicar? [10 out. 2015, às 21:39].[58]

Os usuários "Leandro" e "Luis", a partir dos tuítes papais, lhe respondem e, por sua vez, fazem perguntas ao pontífice, para que este possa explicar e aprofundar mais a sua mensagem. "Luis" afirma concordar com a parte do tuíte papal sobre a importância do repouso no domingo, mas pede esclarecimentos sobre o restante. O tuíte papal sobre o domingo também gerou um grande debate entre os usuários, em que muitos apontavam para o "erro" do pontífice em sua interpretação do texto bíblico (a partir do ponto de vista protestante), que, segundo eles, afirma a importância do repouso no sábado. Entre críticas e citações bíblicas por parte das pessoas que defendiam o sábado, e reafirmações e apoio ao papa por parte dos seguidores católicos na defesa do repouso no domingo, o tuíte papal se transformou em eixo de um amplo debate teológico-eclesial entre os interagentes. Em suma, os tuítes dos usuários retornam ao papa uma pergunta via Twitter e fazem circular críticas e tensionamentos, que, porém, não obtiveram tréplicas papais. No fluxo comunicacional, são indicações das tensões e distanciamentos em torno dos sentidos propostos e construídos socialmente sobre o catolicismo de forma pública.[59] Por outro lado, nessas respostas enviadas à conta @*Pontifex_pt*, as pessoas buscam estabelecer um diálogo "direto" com o pontífice, reconhecendo no Twitter a presença da própria pessoa papal, dirigindo-se a ele em primeira pessoa, em uma espécie de vínculo "desintermediado", sem atentar, muitas vezes, para os diversos níveis de interface e protocolo que intermediam tal interação.

Por fim, há casos de reconexão por parte de pessoas que se posicionam contra, se revoltam e manifestam sua objeção e oposição à mensagem pontifícia, mediante agressões ao papa ou ainda a outras

---

[58] Disponível em: <https://twitter.com/luiscajazeiro/status/653369325361963008>.

[59] Outro exemplo de tensão provocada pelos usuários, encontrado fora do recorte desta pesquisa, refere-se a outra modalidade de reconexão em relação à pessoa do papa. Trata-se da *hashtag* #*PopeSpeakOut* ("Papa, pronuncie-se"). O marcador foi criado pelo projeto *No More Triangle Nations*, mantido por três grupos católicos dos EUA, para que o Papa Francisco se manifestasse abertamente em defesa dos homossexuais em países que defendem a pena de morte ou a suspensão dos direitos civis com base na orientação sexual ou na identidade de gênero, como Nigéria, Rússia, Uganda, Índia e Jamaica. A campanha foi lançada em parceria com a revista *The Advocate*, principal publicação da comunidade LGBT dos EUA, e continua ativa, sendo articulada pelos interagentes com pronunciamentos ou eventos da agenda papal, como a viagem à África no fim de 2015.

instâncias eclesiais, por meio da conta papal. No caso abaixo, a agressão está relacionada ao próprio papa:

> Papa Francisco (@*Pontifex_pt*) – A Confissão é o sacramento da ternura de Deus, a sua maneira de nos abraçar [31 mar. 2015, às 03:00].
>
> Alberto (@*alb*...) – @arq... E alguém acredita nessa história de confissão? A Igreja continua desconectada da realidade. Papa, cai fora de Roma [2 abr. 2015, às 06:56].[60]

O usuário "Alberto", respondendo ao papa e retuitando a mensagem a outro usuário ("@arq..."), desacredita do conteúdo da mensagem papal e pede que o papa "caia fora de Roma". A agressão pública foi retuitada outras duas vezes por outros usuários. Nessas redes comunicacionais, a ação e a reflexão papal passam por uma construção de sentido totalmente desviante daquilo que pode ser esperado pela Igreja.

Um tuíte papal também pode desencadear ações de reconexão por subversão em relação a outros interagentes para além do papa, dentro e fora da plataforma. Em tais casos, as pessoas se apropriam dos tuítes papais para reconectá-los com outros interagentes, criticá-los e se opor a eles (mencionados internamente à plataforma com os seus nomes de usuário ou não). Gera-se, assim, um fluxo comunicacional a partir do tuíte do papa, para manifestar publicamente críticas a outros interagentes sociais, reconectando-se a públicos diversos a partir da oposição operada sobre a mensagem papal em relação a outros. Tudo isso aponta para as complexidades comunicacionais em torno da construção social e pública do catolicismo em rede, que iremos desdobrando ao longo dos próximos capítulos.

✳ ✳ ✳

Como vimos, a conta do Papa Francisco no Twitter é caracterizada pela sua interface, que organiza as interações na plataforma, entre o pontífice e seus seguidores, e entre os diversos interagentes. Já os protocolos que emergem nas redes comunicacionais regulam as conexões entre os interagentes e controlam as suas modalidades de ação. Por fim, a conta @*Pontifex_pt* envolve uma constante construção de sentido por parte do papa e, a partir dele, por parte dos demais interagentes. As redes

---

[60] Disponível em: <https://twitter.com/alberto1308cruz/status/583629143851565056>.

comunicacionais, portanto, não apenas possibilitam um adensamento ainda maior das redes eclesiais já estabelecidas, mas estabelecem novas redes, para além das "fronteiras" eclesiais.

No Twitter, o papa passa a estar ao alcance de um clique, sobre cujo perfil a sociedade pode derramar todos os sentidos culturais possíveis – e publicamente. Ao longo do tempo, entre um tuíte e outro, Bento XVI e Francisco se colocaram em meio ao cruzamento de sentidos sociais que varre o Twitter.[61] Isso pode não pressupor necessariamente uma perda de autoridade em nível eclesial, pois, para seus seguidores católicos, os pontífices conquistaram ainda mais credibilidade na rede ao congregar um crescente número de seguidores nas contas *@Pontifex*. Contudo, surgem questões sobre como, por exemplo, a circulação do "católico" no ambiente digital pode estar reafirmando ou não certos aspectos da tradição católica, ou como esse processo se relaciona com a crise das instituições religiosas hoje. Pois a *persona* do papa e o sentido do catolicismo agora passam a estar nas mãos – publicamente – de toda a sociedade em conexão, que os reconstrói em suas interações com e para além da conta *@Pontifex_pt*, positiva e negativamente.[62]

---

[61] Segundo estudo do Global Language Monitor, o termo "@Pontifex" foi o nome próprio mais citado na internet em língua inglesa e a quarta expressão mais citada por todos os usuários em 2013. Dados disponíveis em: <http://goo.gl/c8niK9>.

[62] Segundo pesquisa da revista italiana *Popoli*, realizada após o primeiro mês de presença de Bento XVI no Twitter, em 2012, foram contabilizados 26.426 tuítes positivos de resposta social (retuítes, citações papais, agradecimentos e bons votos) contra 22.542 tuítes negativos (sobre pedofilia na Igreja, injúrias diretas ao papa, e críticas ao poder e à riqueza do Vaticano). Dados disponíveis em: <http://goo.gl/bmlNOh>.

7

A voz *on-line* da Igreja:
o caso *Rádio Vaticano – Programa Brasileiro* no Facebook

Considerando-se a institucionalidade católica do ponto de vista central (isto é, a Santa Sé), a página *Rádio Vaticano – Programa Brasileiro (RVPB)*, no Facebook, desponta tanto em termos históricos, em termos da evolução da relação da Igreja com as diversas mídias, quanto em termos de autoanálise comunicacional da Igreja Católica e da importância da sua relação com as mídias digitais. Antes de analisar esses dois aspectos da relevância da página, é preciso explicitar alguns dados sobre a própria Rádio Vaticano e o seu Programa Brasileiro.

A Rádio Vaticano é a emissora radiofônica da Santa Sé, com sede na Cidade do Vaticano, definida como um "instrumento de comunicação e de evangelização a serviço do Ministério Petrino".[1] Foi projetada por Guglielmo Marconi e inaugurada pelo Papa Pio XI em 1931. A rádio assume como tarefas "proclamar [...] a mensagem cristã e unir o centro da catolicidade com os diversos países do mundo"; "difundir a voz e os ensinamentos do Romano Pontífice"; "fornecer as informações sobre as atividades da Santa Sé" e "sobre a vida e as atividades da Igreja Católica no mundo"; e "orientar os fiéis a avaliarem os problemas do momento à luz dos ensinamentos e do Magistério da Igreja".[2]

Em 1958, nasceu o Programa Brasileiro, reunindo diversos profissionais da comunicação para "levar ao povo brasileiro e aos ouvintes de língua portuguesa espalhados pelo mundo, a voz e os ensinamentos do Santo Padre, o Magistério da Igreja e as notícias da

---

[1] RÁDIO VATICANO. *Quem somos*. Cidade do Vaticano, 2015. Disponível em: <http://goo.gl/0kw3FJ>.

[2] Id.

Igreja no mundo".[3] Hoje, a Rádio Vaticano, em sua versão de língua portuguesa do Brasil, está presente oficialmente na internet em um site institucional.[4] Nele, são publicadas constantemente diversas notícias e informações sobre o catolicismo, além de áudios diversos da programação da rádio, vídeos produzidos em parceria com o Centro Televisivo Vaticano. Contudo, no interior do site, não existe a possibilidade de o usuário se manifestar, mediante comentários, por exemplo. Trata-se de um ambiente institucional oficial, em que apenas os conteúdos aprovados ficam à disposição do leitor. Mas, por outro lado, o Programa Brasileiro está presente em três plataformas sociodigitais: Facebook,[5] Twitter[6] e YouTube,[7] onde a interação com as pessoas se torna muito mais explícita e evidente.

Assim, chegamos à relevância da presença no Facebook em termos históricos e da própria autoanálise da Igreja-instituição. Em nossa entrevista com o então secretário do Pontifício Conselho para as Comunicações Sociais (PCCS), Dom Paul Tighe afirma que o Programa Brasileiro está promovendo "uma presença *realmente significativa* do Vaticano no Facebook":

> Se eu fosse dizer qual é, provavelmente, a iniciativa de mídia social de maior sucesso dentre as várias [da Santa Sé], seria a página do Facebook em português [da Rádio Vaticano], porque eles são muito rápidos, eles pegam o material e imediatamente colocam-no lá. E eles são muito... eles dedicam tempo para isso. E uma das coisas que é muito interessante é que a riqueza do material é, realmente... conteúdos diferentes para diferentes mídias sociais. E é uma aprendizagem constante (informação verbal, Vaticano, 5 jun. 2015, trad. nossa).

Por sua vez, Thaddeus Jones, coordenador do projeto *News.va* da Santa Sé e oficial de língua inglesa do PCCS, reconhece que o Programa Brasileiro "fez um ótimo trabalho, de verdade, usando o Facebook. *Foram os pioneiros*, a meu ver, das mídias vaticanas em nível de desenvolver o Facebook" (informação verbal, Vaticano, 3 jul. 2015, trad. e grifo nossos) no âmbito eclesial católico.

Esse pioneirismo remonta ao dia 6 de março de 2012, quando foi publicada a primeira postagem na página do Facebook, vários meses antes

---

[3] Id.

[4] Disponível em: <http://br.radiovaticana.va/>.

[5] Disponível em: <https://www.facebook.com/radiovaticanobrasil>.

[6] Disponível em: <http://www.twitter.com/news_va_pt>.

[7] Disponível em: <https://www.youtube.com/channel/UCGYSq4b4DXmtK4jyq6r-FYg>.

ainda do próprio lançamento das contas @*Pontifex*. Em entrevista para a construção desta pesquisa, Rafael Belincanta, jornalista responsável pela atualização das mídias sociais do Programa Brasileiro da Rádio Vaticano, nos afirmou que a primeira postagem ocorreu logo após o aniversário de 80 anos de fundação da rádio: "Fomos os pioneiros no Facebook [entre os órgãos da Santa Sé], quando os brasileiros estavam já chegando em massa no Facebook". Na época, segundo Belincanta, a equipe se perguntou: "Por que não fazemos uma página nossa no Facebook?".

> Aí, na hora, colocamos [a questão] aqui para todo mundo [da redação]. Todo mundo achou uma boa ideia. Propusemos para a direção de programas. A direção de programas meio que quis frear no início, mas autorizaram. Tinha toda uma preocupação com o conteúdo, o que iam falar, e, se as pessoas comentassem negativamente, como iríamos reagir aos comentários negativos... etc. Ou seja, no início, houve uma certa resistência da direção de programas, mas depois eles viram que a coisa andava bem. E aí novos programas começaram a abrir as suas páginas do Facebook [...] No início, nós nos preocupávamos mais com isto aqui [a presença na plataforma], porque nós éramos meio que referência para todo mundo. Nós levávamos lá para baixo [na direção]: "Ó, temos tantos acessos" (informação verbal, Vaticano, 9 jun. 2015).

Percebem-se, assim, a preocupação e as dificuldades internas à organização para lidar com um ambiente em que não há controle sobre a construção pública de sentidos, o que causava "uma certa resistência" dos superiores. Contudo, a própria construção da página torna-se elemento circulatório no interior do Vaticano, levando outros organismos a criarem a sua presença na plataforma, e também fora dele, com o aumento dos acessos por parte da sociedade em geral. Para Belincanta,

> pelo fato de nós termos sidos os pioneiros [no Facebook], nós fomos bem objetivos, fomos vendo o que ia acontecer. E tivemos um crescimento muito exponencial [que] motivou, justamente, os outros programas a abrirem também as páginas, e acho que viramos inspiração para muita gente (informação verbal, Vaticano, 9 jun. 2015).

Até meados de 2017, a página do Facebook somava mais de 558 mil "curtidas" e uma média de mais de 2 milhões de acessos globais por semana, ultrapassando o número de visualizações do site da rádio (informação pessoal, mensagem via Facebook, 6 jan. 2016). É a página do Facebook, de certa forma, que dá vida comunicacional ao site institucional, gerando um fluxo de circulação muito mais relevante para os seus conteúdos.

Aqui, analisaremos essa presença institucional católica no Facebook mediante o exame das inter-relações que constituem o seu dispositivo, em termos de interfaces, protocolos e reconexões (reiterando que, no fluxo comunicacional, esses três âmbitos encontram-se fortemente inter-relacionados), a partir das postagens realizadas pela página e seus leitores durante os dois períodos indicados em nossa metodologia, somando um total de 306 *posts*. Nestes, também analisaremos as ações comunicacionais dos leitores em geral e das suas interações com a página, principalmente mediante seus comentários e compartilhamentos.

7.1 Análise de interface

A página *RVPB*[8] no Facebook segue o padrão de interface das chamadas "páginas" presentes nessa plataforma desde novembro de 2007.[9] Para se fazer presente nessa plataforma, a Rádio Vaticano precisa se ressignificar dentro do contexto desse novo ambiente, a partir de uma determinada interface: a imagem de capa na parte superior, o nome da página, a foto de perfil, a categoria específica em que se insere, as configurações internas específicas dessa página dentre as possibilidades de interação da plataforma (publicação de textos, vídeos, fotos, áudios), delimitações fornecidas pelo Facebook, cada uma com suas regularidades específicas, cujo acionamento por parte da Igreja permite que ela seja reconhecida pelos leitores como uma presença católica oficial nesse ambiente.

Desde meados de 2014 até 2015, a interface da página *RVPB* apresentava a seguinte configuração principal (Fig. 12):

Figura 12 – Detalhe da interface da página *RVPB* até 2015
Fonte: <https://www.facebook.com/radiovaticanobrasil/>, com edição do autor.

---

[8] Por padronização textual, sempre que nos referirmos à página *Rádio Vaticano – Programa Brasileiro* no Facebook, utilizaremos a expressão "página *RVPB*".

[9] Trata-se de "perfis públicos que artistas, figuras públicas, empresas, marcas, organizações [como a Igreja] e ONGs usam para criar uma presença no Facebook e se conectar à comunidade do Facebook" (disponível em: <http://br.newsroom.fb.com/products/>).

A partir de 2016, o próprio Facebook reformulou a interface de suas páginas internas, e a página *RVPB* também alterou a sua configuração própria (Fig. 13).

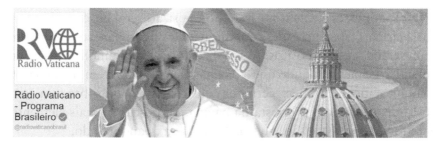

Figura 13 – Detalhe da interface da página *RVPB* em 2016
Fonte: <https://www.facebook.com/radiovaticanobrasil/>, com edição do autor.

Nas duas imagens, apesar de suas grandes diferenças, estabelece-se uma construção em torno de um dos principais elementos do catolicismo mundial, ou seja, a figura do próprio papa com o braço estendido em gesto de bênção e saudação, com a bandeira do Brasil e a cúpula da Basílica de São Pedro ao fundo. Para os interagentes, demarca-se, assim, claramente, um ambiente comunicacional voltado à Igreja Católica. Por sua vez, o gesto do papa, ao mesmo tempo de bênção e de saudação, com um leve sorriso no rosto, configura uma espécie de "boas-vindas" ao leitor, por meio da construção de um contato "personalizado", afetivo, sagrado entre a pessoa que visita a página, o papa e o catolicismo, mediados pela página *RVPB*.

O recurso à montagem das fotos (sintetizando elementos visuais como a figura do papa, a bandeira brasileira e a cúpula vaticana), por sua vez, remete a uma linguagem que traz elementos de coconstrução simbólica por parte da página: o "papa" que se faz presente neste ambiente, especificamente, traz marcas próprias, tem nuances características de uma apropriação criativa por parte dos responsáveis pela página. Isso fica mais evidente com o recurso à bandeira do Brasil ao fundo, que delineia outra especificidade da página, o seu vínculo com a cultura brasileira. Não se trata de uma abordagem sobre o catolicismo a partir de um ponto de vista genérico, mas sim brasileiro, com as marcas culturais e as matrizes comunicacionais dessa especificidade sócio-histórica. Junto com a bandeira, desponta a cúpula da basílica vaticana, que indica a ligação da página *RVPB* com a sede central da Igreja Católica. Mas as três coisas se "misturam": a brasilidade exibida por meio da bandeira (muito maior e mais abrangente na composição das imagens) é que "dá o tom" aos dois símbolos vaticanos (papa e cúpula), que revelam uma certa "dependência" ao símbolo brasileiro. O Brasil torna-se eixo de leitura e interpretação do catolicismo.

Todos esses elementos e a sua composição geral buscam já indicar ao usuário as especificidades comunicacionais da página, como imagem--síntese dos seus propósitos. Assim, fazem circular simbolicamente, em um único elemento, aquilo que a página quer ser e fazer em sua proposta comunicacional. Também permitem que o usuário aja sobre essa composição, aceitando a proposta da página, ou buscando mais elementos para tomar a sua decisão, ou simplesmente a abandonando.

A página *RVPB* se inscreve na categoria "Igreja/instituição religiosa", oferecida pelo Facebook, dentre várias outras. Isso permite que a pessoa identifique mais claramente a "identidade" da página, para que a comunicação entre ambos possa se dar com mais clareza de propósitos. Ao lado do nome da página (*Rádio Vaticano – Programa Brasileiro*), aparece um pequeno selo azul, que identifica que essa página é "verificada", ou seja, o Facebook confirma que essa é uma página autêntica dessa "instituição religiosa" em específico, gerenciada por representantes autorizados da organização. Isso permite que os usuários tenham acesso, justamente, a um "selo de garantia" e recebam a confirmação, por parte da própria plataforma, de que os conteúdos expostos nessa página são de autoria reconhecida do Programa Brasileiro da Rádio Vaticano e, por outro lado, tenham a certeza de que, como "voz oficial dos papas", a página da rádio traz essa oficialidade católica em seus processos de comunicação.

Depois de analisar alguns elementos principais da interface da página do *RVPB*, cabe agora aprofundar o exame dos protocolos que possibilitam as interações nesse ambiente da plataforma Facebook.

7.2 Análise de protocolo

Como vimos, as interfaces da página *RVPB* no Facebook oferecem limites e possibilidades aos usuários em suas ações comunicacionais: existem, portanto, regras protocolares, que subjazem a tais condições, delimitadas tanto pelo Facebook quanto pela página, em sua apropriação, quanto pelos interagentes em suas interações, de modo a organizar as conexões.

Por parte do Facebook, toda página criada na plataforma deve aceitar e concordar explicitamente com os *Termos de páginas do Facebook*.[10] Segundo a plataforma, uma página, em suas postagens e interações, não pode estabelecer protocolos próprios que entrem em conflito com os *Princípios do Facebook*,[11] com a *Declaração de direitos e responsabilidades*[12] e com a *Política de uso de dados*[13] da plataforma. Trata-se, portanto, de documentos de "regência" sobre as interações, com o qual a página *RVPB* e os usuários *devem concordar* para poderem usar a plataforma e interagir.

7.2.1 Protocolos acionados pela página *RVPB* e seus interagentes

Nas postagens observadas nos períodos aqui indicados, a página *RVPB* fez um uso bastante amplo dos protocolos interacionais do Facebook, por exemplo, postando textos (em geral "puros", mas também com recurso a *hashtags* e *emoticons*); inserindo links endógenos à página *RVPB* (principalmente do seu site e da sua conta no YouTube); inserindo links exógenos (como os do site da Santa Sé e do Centro Televisivo Vaticano); inserindo fotos e vídeos individuais; usando *hashtag*;[14] criando álbuns de fotos (em geral, centrados nos eventos papais); inserindo links para arquivos, especialmente em formato de áudio (mp3) ou de texto (PDF) (em geral, de programas da própria rádio ou livretos com os ritos litúrgicos das celebrações papais); e compartilhando postagens de outras páginas do Facebook (como as das demais páginas da Rádio Vaticano em outros idiomas).

Em seus *posts*, os administradores também incluem expressões imperativas no seu discurso para fomentar o contato e o vínculo com seus leitores, como: "clique para ler e ouvir"; "saiba mais, clicando"; "ouça e leia na íntegra, clicando"; "ouça a entrevista"; "reveja" etc., que atuam como protocolos de interação voltados aos usuários. Assim, via

---

[10] Disponível em: <https://www.facebook.com/page_guidelines.php>.

[11] Disponível em: <https://goo.gl/XitdmP>.

[12] Disponível em: <https://www.facebook.com/legal/terms>.

[13] Disponível em: <https://www.facebook.com/privacy/explanation>.

[14] Ao clicar em uma *hashtag*, a pessoa vê os principais resultados da busca que usam essa palavra-chave em toda a plataforma. Isso ajuda as pessoas a encontrarem publicações sobre assuntos em que têm interesse. Trata-se de uma funcionalidade originalmente desenvolvida no Twitter e apropriada pelo Facebook em 2013.

plataforma, os administradores da página agem sobre os interagentes (convidando-os a ler, ouvir, clicar...) em termos de construção simbólica. Isso ganha ainda mais peso com a expressão "amigos", que inicia grande parte das postagens, visando estabelecer um vínculo maior de proximidade com os interagentes.

Portanto, para postar suas publicações, a página *RVPB*, além de seguir os protocolos do Facebook, tem seus protocolos próprios, que norteiam e organizam a sua presença na plataforma e a sua interação com as pessoas. O protocolo que mais se destaca, desde a sua interface, é a sua *institucionalidade católica*: se a Rádio Vaticano é "a voz do Papa e da Igreja em diálogo com o mundo", a página do Facebook busca ser um eco digital dessa voz.[15]

Outro protocolo que demarca os processos comunicacionais no âmbito da página do Facebook é a sua *vinculação organizacional* com a Rádio Vaticano. A interface também explicita isso ao exibir o selo de verificação confirmando a autenticidade da página e o logotipo da rádio como foto de perfil. A opção "Fale conosco" também remete ao site da rádio, assim como diversas publicações feitas pela página do Facebook nos períodos observados. Desse modo, a ação comunicacional da página vincula-se estreitamente com o fluxo de ação comunicacional ampla da Rádio Vaticano em sua versão brasileira.

Ao longo das postagens observadas nos períodos aqui selecionados, observamos também outros protocolos emergentes a partir da relação com os interagentes. Um deles é a *proximidade afetiva* construída nas mensagens. Diversas publicações da página começam com expressões como "Bom-dia, amigos!", "Amigos...". Gera-se uma relação de proximidade com os usuários, onde quer que estejam, reforçada por expressões de afeto para com eles, em sua diversidade heterogênea. Ao mesmo tempo, desencadeia-se uma reciprocidade afetiva por parte dos interagentes, que retribuem à equipe da rádio os seus votos de "bom-dia" no campo de comentário das publicações. Um "subprotocolo", nesse sentido, é a sinalização, na primeira postagem de cada dia, de como está o clima no Vaticano ("hoje o tempo está nublado", "tempo bom" etc.), o que gera uma certa sensação de compartilhamento de um mesmo ambiente de relação.

---

[15] E a "voz digitalizada" do papa, em suas mensagens no Twitter ou em seus áudios e vídeos carregados nas páginas vaticanas no YouTube, também entra no fluxo circulatório da página do Facebook, ressignificada a partir de uma construção simbólica própria do Programa Brasileiro, como veremos.

Em relação aos comentários dos interagentes, os gestores podem excluir comentários publicados pelos usuários na página, de acordo com critérios próprios. E também podem banir uma pessoa ou uma página que publicou um comentário considerado impróprio ou denunciá-lo ao Facebook, para avaliação pelos seus responsáveis. O administrador também pode bloquear a exibição de algumas palavras nos comentários públicos na página, como o uso de linguagem ofensiva. Esse bloqueio pode ser automático, a partir de critérios próprios do Facebook, ou manual, com a criação de uma lista com as palavras que se deseja bloquear. Rafael Belincanta explica:

> Pergunta – E como vocês lidam com essa coisa dos comentários em geral?
>
> Rafael Belincanta – Tem uma política, um filtro ali, das palavras de baixo calão, que é o filtro mais alto que tem. Então, nós colocamos uma lista de palavras de baixo calão, e é bloqueado na hora.
>
> Pergunta – ... que funciona pela própria plataforma do Facebook?
>
> Rafael Belincanta – Sim, tem a funcionalidade de filtros, então você coloca algumas palavras-chave ali – palavrão mesmo –, e aí o comentário não é publicado. Coloca as siglas dos palavrões também... *[risos]*, porque o pessoal sempre acha um jeito. E, quando nós publicamos uma coisa, e alguém não gosta, nós deixamos [o comentário da pessoa]... Imagina! Está louco! (informação verbal, Vaticano, 9 jun. 2015).

Em abril de 2015, a página publicou uma postagem sobre Dom Helder Camara (1909-1999), arcebispo emérito de Olinda e Recife, um dos fundadores da CNBB e grande defensor dos direitos humanos durante a ditadura militar no Brasil. O texto trazia um link do site da rádio convertido em cartão informativo, contendo uma foto de Dom Helder e o título da notícia: "Dom Helder: expectativa pelo início do processo de beatificação",[16] informando que o Vaticano havia recebido a documentação necessária para que o arcebispo pudesse ser declarado "bem-aventurado". No campo de comentários dessa postagem, segundo Belincanta, "o pessoal estava muito agressivo" (informação verbal, Vaticano, 9 jun. 2015), a tal ponto que os gestores da página *RVPB* se viram forçados a explicitar alguns protocolos de interação. Eles fizeram em nova postagem, que dizia o seguinte:

> Rádio Vaticano – Programa Brasileiro – Esta *fan-page* é um lugar de encontro virtual *cujas premissas básicas são o respeito e o diálogo*. Por isso, *não admitimos*

---

[16] Disponível em: <https://www.facebook.com/radiovaticanobrasil/posts/749330091841707>.

ofensas de qualquer gênero ou qualquer tipo de incitação à intolerância. Portanto, comentários com palavras de baixo calão *são automaticamente apagados* (grifo nosso) [9 abr. 2015, às 10:31].[17]

Ficavam, assim, esclarecidas as "premissas básicas" da ação comunicacional da página, as proibições aos interagentes ("ofensas de qualquer gênero ou qualquer tipo de incitação à intolerância") e possíveis sanções (apagamento de comentários). Diversos comentários reforçaram tal postura, com frases como: "Parabéns pela atitude", "tem que fazer isto mesmo", "certíssimo", "essa é uma atitude muito coerente".

Por outro lado, emergiam também as tensões e negociações necessárias, expressadas nos próprios comentários dos leitores em tal postagem: "Aquele que usa esta página para extravasar as próprias frustrações está desrespeitando a todos e até à própria Igreja"; "não pensei que alguém fosse capaz de fazer algo tão baixo"; "não devemos ser omisso [sic] e fingir que aceitamos tudo de todos"; "é questão básica de educação saber se relacionar. Vivemos uma tensão entre tolerar e aceitar". Desse modo, os interagentes aprofundavam o debate sobre a postagem, acrescentando suas construções simbólicas e ressignificando os sentidos em circulação. Por outro lado, desdobravam os protocolos interacionais já existentes na página, dando-lhes novos sentidos, mediante o seu acionamento.

Por parte dos interagentes, a sua relação com a página, para o recebimento das atualizações no seu perfil pessoal, começa pelo gesto de "curtir" a página. Quando uma pessoa "curte" uma página, ela começa a ver as atualizações dessa página no seu *feed* de notícias.

Em relação às postagens específicas da página *RVPB*, as principais ações práticas comunicacionais possibilitadas pelos protocolos do Facebook são basicamente três:

Curtir: opinião positiva – como reconhecimento, apreço, concordância – em relação a um conteúdo ou ao seu autor;[18]

---

[17] Disponível em: <https://www.facebook.com/radiovaticanobrasil/posts/754046944703355>.

[18] Já quando alguém "curte" ou comenta uma publicação específica em uma página, essa atividade é automaticamente compartilhada com seus amigos, podendo ou não ser visualizada por eles nos seus *feeds* de notícias, de acordo, respectivamente, com as suas configurações pessoais. Em 2016, o Facebook também inovou a opção "curtir", expandindo-a para as chamadas "reações". Os usuários podem expressar o seu engajamento com os conteúdos postados com outros cinco *emojis*, chamados de "Amei", "Haha", "Uau", "Triste" e "Grr". Os cinco *emojis*, respectivamente, representam reações e sentimentos como amor, riso, surpresa, tristeza e aborrecimento diante de algum conteúdo ou postagem. Com informações do Facebook, disponíveis em: <http://migre.me/t8I2Y>. Como a mudança ocorreu depois dos períodos de

1. Comentar: em cada postagem no Facebook, as pessoas podem deixar um comentário, mencionando também outros usuários,[19] que serão notificados de tal menção. É possível responder a comentários específicos em uma mesma postagem, gerando uma sequência de subcomentários;

2. Compartilhar: as pessoas também podem compartilhar (na sua própria linha do tempo, na linha do tempo de um amigo, em uma página ou grupo, em mensagem privada) uma postagem específica que considerem relevante, mantendo a atribuição original do conteúdo e da autoria da página.

Os interagentes também se apropriam dos protocolos do Facebook e da página do Programa Brasileiro para construir sentido nesse ambiente, por meio das mais diversas possibilidades oferecidas pela plataforma.[20] Assim, fazem com que uma postagem da página *RVPB* circule entre outros públicos, como amigos ou grupos, por exemplo, compartilhando o conteúdo diretamente no perfil de outras pessoas, grupos ou páginas. Mediante tais protocolos, o fluxo circulatório ganha novas dimensões e alcance, pois determinadas postagens poderão ser, por sua vez, "curtidas", comentadas e compartilhadas nos perfis, grupos ou páginas onde forem compartilhados, gerando circuitos interacionais entre diversos usuários, vinculando a página a inúmeros outros contextos de comunicação, fora do seu controle.

Depois de analisar alguns dos principais protocolos da página *RVPB* no Facebook e protocolos emergentes em sua interação com os usuários, passamos a focar as reconexões que se estabelecem nas redes comunicacionais em torno da página, para compreender as ações de circulação do "católico" nessa plataforma e para além dela.

---

coleta de material para esta pesquisa, tais inovações na plataforma não estão contempladas nesta pesquisa, já que, na época, os casos não previam tais possibilidades.

[19] Trata-se de um recurso da plataforma do Facebook que permite criar um link em um comentário, postagem ou foto que remete para o perfil de outra pessoa presente na plataforma.

[20] Tais como: postar comentários com texto "puro"; postar comentários com recurso a links, *hashtags* e *emoticons*, além de texto; postar comentários com fotos anexadas; postar comentários com "marcação" de pessoas; responder a um comentário alheio com um comentário público; compartilhar postagens (no próprio perfil, em grupos ou em outras páginas) mantendo na íntegra a sua originalidade; compartilhar postagens (no próprio perfil, em grupos ou em outras páginas), acrescentando comentários próprios com texto "puro"; compartilhar postagens acrescentando comentários próprios com recurso a links, *hashtags* e *emoticons*, além de texto; compartilhar postagens acrescentando comentários com "marcação" de pessoas.

7.3 Análise de reconexão

A página *RVPB* no Facebook nos permite entrever que o sentido se constrói nas relações entre os interagentes e as mediações tecnológicas e simbólicas, ou seja, mediante aquilo que chamamos de reconexões. Nesse processo, a construção de sentido dos interagentes tem uma origem subjetiva que se constrói como ações intersubjetivas, possibilitadas e organizadas por um sistema de conexões sociais e simbólicas sobre as tecnicidades do Facebook e para além dele.

7.3.1 Reconexões realizadas pela página *RVPB*

A página explicita, primeiramente, uma "pré-reconexão" institucional, pois ela não nasce "desconectada", mas sim contextualizada a partir da ação comunicacional mais ampla da própria emissora de rádio vaticana e da sua atuação no ambiente digital. A própria página evidencia isso com referências ao site da rádio, inseridas pelos gestores em determinados campos de sua interface (como no campo "Sobre"). Há, portanto, um processo de reconexão que conecta a emissora de rádio, a sua presença na internet em site, a sua atuação no Facebook, os fiéis católicos e a sociedade em geral. Nessa presença na plataforma, nos períodos aqui observados, a página recorreu a diversas modalidades comunicacionais de construção simbólica, tais como postagens com links para o site da rádio (61,4% do total); postagens com conteúdo (textos, fotos ou vídeos) publicado na própria plataforma do Facebook, sem conexões externas (22,5%); postagens com links para a conta da rádio no YouTube (14,4%); postagens com links para outros sites em geral (1%); compartilhamento de postagem de outras páginas no Facebook (0,7%) etc. A página, em geral, estabelece suas conexões na plataforma principalmente mediante postagens que remetem para fora dela (para o site da Rádio Vaticano, YouTube, outros sites e outras páginas no Facebook), em um processo de circulação não apenas de conteúdos, mas também do próprio interagente, que é convocado a visitar esses outros ambientes para ter acesso às informações.

Em geral, as postagens da página nos períodos observados mantêm um caráter jornalístico-informativo, envolvendo, em sua grande maioria, notícias sobre o Papa Francisco, seus discursos, tuítes, gestos e agenda diária.[21] Também têm destaque atividades, eventos e celebra-

---

[21] Apenas a título de ilustração, 162 postagens analisadas se referiam explicitamente ao papa (seus discursos, atividades, eventos, homenagens etc.), somando 53% do total de *posts* analisados.

ções da Igreja Católica e o catolicismo como um todo – no Vaticano, no Brasil e no mundo –, desde uma nota diária sobre a meteorologia vaticana, até notícias e entrevistas com o alto clero vaticano, mundial e brasileiro. Somado com as informações sobre o papa, o catolicismo institucional constitui o foco da imensa maioria das postagens nos períodos analisados.

Além disso, sempre aos sábados, a página publica ainda o link para o editorial do Programa Brasileiro, assinado pelo seu diretor, o jornalista Silvonei José, e publicado no seu site. Também são bastante comuns outras modalidades de autorreferência à própria rádio. Assim, a rádio se conecta com os interagentes para explicitar suas próprias ações comunicacionais, revelando alguns meandros de sua prática e envolvendo a pessoa nas tramas de seu aparato midiático, não apenas digital. Tais modalidades comunicacionais, portanto, emergentes no caso da página *RVPB*, apontam para uma frequente autorreferenciação, em que a conexão com os usuários envolve o autorreconhecimento da rádio, que constrói sentido sobre si mesma, como estímulo para a interação, o que acaba incrementando o seu próprio fluxo comunicacional.

Outras postagens envolvem uma espécie de "reconexão religiosa", como, por exemplo, diversas postagens sobre as homilias papais (as falas reflexivas dentro de uma celebração litúrgica). Aos domingos, especialmente no período de outubro de 2015, a página também passou a publicar links para "reflexões dominicais", assinadas por um padre e disponibilizadas no site da rádio, com conteúdos especificamente religiosos, relacionados com a leitura evangélica da missa dominical correspondente. Trata-se de gestos comunicacionais que proporcionam ao interagente conteúdos para a sua prática de fé no ambiente digital, voltando-se ao "sagrado" católico.

Por parte da página *RVPB*, as reconexões também se manifestam em modalidades de circulação intermidiática no Facebook, por exemplo, com as postagens referentes aos tuítes enviados pelo papa na sua conta *@Pontifex_pt*. A página se apropria do conteúdo postado pelo pontífice e o ressignifica sempre com alguma foto do papa ou imagem relacionada com a temática abordada por ele, além de um texto próprio de introdução e convite à leitura dirigido aos interagentes. Em nenhum dos casos de postagem dos tuítes papais, a página indica a conta *@Pontifex_pt* ou o link do tuíte específico. A circulação se dá intraplataformicamente, deslocando o conteúdo do contexto do Twitter e apropriando-o para o contexto do Facebook.

Rafael Belincanta dá mais detalhes desse processo:

Hoje até nós estávamos falando: "Pô, o papa não tuíta faz cinco dias". Pá! Saiu um tuíte. Aí nós já colocamos. Então o que eu fiz? *Fiz meio que um esquema ali, coloquei uma foto dele, no contexto do que ele dizia.* Temos um problema: os tuítes vêm traduzidos em português de Portugal. E aí nós sempre nos perguntamos: "Vem cá, dá para entender isto ou não dá?". Às vezes, se eles colocam lá uma palavra que na nossa coloquialidade [brasileira] não tem, *nós tiramos mesmo*. Então hoje [o tuíte papal diz]: "No sacramento da Eucaristia, encontramos Deus que se dá a si mesmo". *Aí nos trocamos o "dá" por "doa". Nós não temos esse compromisso de seguir o negócio que eles fazem lá. Nós adaptamos* (informação verbal, Vaticano, 9 jun. 2015, grifo nosso).

Assim, os 140 caracteres textuais do pontífice no Twitter se desdobram em construções simbólicas mais complexas no Facebook, articuladas com imagens e discursos próprios dos administradores da página, que "trocam" o que acham necessário, adaptando a construção de sentido papal, "sem compromisso". Em todos os casos de tuítes transformados em postagem na página *RVPB* aqui analisados, a rádio também acrescenta, na mesma imagem, a assinatura do papa ou até mesmo o brasão papal, conferindo autenticidade e autoridade à mensagem do pontífice agora deslocada para o fluxo comunicacional do Facebook (Fig. 14).

Figura 14 – Postagem da página da *RVPB* com tuíte papal
Fonte: <https://goo.gl/7gt7um>.

Nessa postagem do dia 31 de março de 2015, a página reconstrói o tuíte papal sobre o sacramento católico da confissão, gerando uma imagem-síntese que exibe uma foto do próprio papa ajoelhado ao confessionário, além do brasão papal e da assinatura de Francisco. Em outros casos, são usadas imagens diversas, como pinturas. Em um desses casos, sobre um tuíte do papa que falava sobre o repouso, a página *RVPB* usou a pintura *Belo repouso*, de Van Gogh, sem creditá-lo.[22] Nos comentários, a usuária "Juliana S." comenta: "Que bonitinho o *post*!". Assim, valorizava-se mais a própria reconstrução da página *RVPB* sobre o tuíte papal do que a mensagem pontifícia. Nessas reconexões sociossimbólicas da página, vão se reconstruindo os sentidos das mensagens papais, que adquirem novas significações e novos fluxos de circulação.

Em relação à postagem dos tuítes papais no Facebook, Rafael Belincanta oferece mais detalhes. Ao explicar como nascem os *posts* em geral da página *RVPB*, ele afirma:

> Uma das coisas que *são mais compartilhadas pelos nossos amigos* são os tuítes do papa, aos quais sempre procuramos associar uma imagem. É uma coisa que tem muito apelo. Então, se você coloca uma imagem que está no contexto daquilo que diz o papa, *isso gera muito mais compartilhamentos e comentários. A coisa se espalha mais.* Mesmo que você esteja comunicando no Facebook uma coisa que o papa publicou no Twitter. Então, a pessoa vê no nosso Facebook o que o papa publicou no Twitter e, de repente, *vai iniciar a seguir o papa na conta oficial* no @Pontifex_pt lá no Twitter. As postagens do papa no Twitter têm muito apelo, muito compartilhamento (informação verbal, Vaticano, 9 jun. 2015, grifo nosso).

Belincanta inicia sua resposta remetendo a outro processo comunicacional para além do que é feito pela própria página, a saber, o compartilhamento por parte dos interagentes. Portanto, a própria ação circulatória da página "depende" de uma pré-reconexão com seus leitores, que, por primeiro, *fazem a página fazer* o gesto comunicacional de postar conteúdos. Por sua vez, tal gesto desencadeia outras ações possíveis, no interior da plataforma, como os comentários, mas também fora dela, como o seguimento do papa no Twitter. Tais articulações entre interagentes, construções simbólicas e plataformas apontam para as complexidades do processo de circulação.

---

[22] Disponível em: <https://goo.gl/w5m4Jl>.

7.3.2 Reconexões realizadas pelos interagentes a partir da página *RVPB*

Os processos comunicacionais da página do Facebook também são realimentados constantemente: a emissora radiofônica gera notícias, que geram postagens, que geram comentários, que podem gerar novas postagens. É o que Belincanta nos explica:

> Nós damos também um *feedback* para os nossos leitores, para os nossos amigos do Facebook todos os domingos, mostrando, justamente, quais foram os *posts* que tiveram maior interação. Então, nós publicamos no nosso site, na seção "Ouvintes", no nosso "Espaço Interativo".[23] *Nós mostramos o que rolou, quem falou, os mais comentados e como fazer para curtir* etc. (informação verbal, 9 jun. 2015, grifo nosso).

As ações de reconexão por parte dos usuários não dizem respeito apenas à programação da rádio como emissora, mas também ao ambiente digital em que a rádio se faz presente. Ou seja, para a rádio, as postagens geram "interação" na própria plataforma, que, por sua vez, realimenta um processo comunicacional interno à emissora. Assim, pode-se perceber as reconexões como ações comunicacionais da página que geram outras ações por parte das pessoas, que agora analisaremos. Por sua vez, segundo Rafael Belincanta, há ainda casos em que a participação dos leitores na página – como, por exemplo, as "muitas mensagens" que chegam pelo *inbox* no Facebook – também ajuda a realimentar outros processos comunicacionais mais amplos da própria rádio: uma das pautas da programação da rádio, por exemplo, nasceu

> de uma mensagem ali [no Facebook], em que eles [os membros de uma determinada pastoral] diziam que viriam para cá [em Roma], e acabaram vindo aqui [na sede da Rádio Vaticano], e virou matéria. Então, *existe mesmo esse canal aberto que acaba influenciando na questão do conteúdo [da emissora] também* (informação verbal, Vaticano, 9 jun. 2015, grifo nosso).

Por outro lado, mediante as ações de "curtir", comentar e compartilhar postagens, os interagentes da página *RVPB* no Facebook operam diversas modalidades de reconexão. "Curtir" uma postagem, por exemplo, envolve uma manifestação pública de reconhecimento, apreço ou concordância em relação a uma postagem da página (ao tema, ao

---

[23] Disponível em: <http://br.radiovaticana.va/news/especiais/ouvintes>.

fato ocorrido, aos sujeitos envolvidos etc.) ou à própria página, por ter publicado tal informação. "Curtir" também envolve um possível fluxo circulatório do conteúdo "curtido" que se desencadeia entre os "amigos" de tal usuário, que poderão ser informados de que "Fulano curtiu uma publicação" da página *RVPB*. Em muitos casos, "curtir" também pode ser uma ação sociopolítica do interagente no contexto comunicacional do Facebook, mediante a qual ele manifesta um posicionamento aberto de defesa ou apoio em relação a fatos, sujeitos ou temáticas que, em determinados âmbitos sociais e eclesiais, podem ser polêmicos, tensionadores ou contraditórios.

Como o Facebook oferece um limite maior de caracteres em comentários e compartilhamentos (até 60 mil,[24] e não apenas 140, como no Twitter), os interagentes podem se expressar com mais liberdade de construção simbólica em seus textos. Contudo, é muito corriqueiro na página *RVPB* o uso de comentários apenas com a palavra "amém", para enfatizar determinada ação da página. Sobre isso, comenta Rafael Belincanta: "Os nossos *feedbacks* são 'amém' [*risos*], 'graças a Deus'... Você vê mesmo que o povo viu aquilo, curtiu, mas não teve tempo de colocar nada, colocou um 'amém' para não sair em branco. Tá valendo! Tá valendo!" (informação verbal, Vaticano, 9 jun. 2015). Os administradores da página reconhecem tal ação como parte do processo comunicacional, que tem o seu "valor" como indicativo de que a ação de postar desdobrou outras ações por parte dos interagentes ("o povo viu aquilo, curtiu [...] colocou um 'amém'").

Além disso, a plataforma também facilita o acompanhamento dos debates e das complementações mútuas dos comentários e "subcomentários" dos diversos usuários. Em geral, as pessoas se mencionam, primeiramente, de modo intraplatafórmico, ou seja, referenciando outros usuários, cujo nome é convertido em link para o perfil de tal pessoa na plataforma. Assim, esses vínculos via menção reforçam a circulação de conteúdos e de ações comunicacionais no interior da plataforma, pois os interagentes são convocados pelos usuários, ao mencioná-los, e pela plataforma, ao notificá-los a agir sobre tal menção ou postagem. Por outro lado, as pessoas em geral que visualizarem tais comentários poderão, por sua vez, visitar o perfil de cada usuário mencionado, o que gera fluxos diversos de circulação de conteúdos e ações comunicacionais no interior da plataforma. Também é possível perceber que, nesse espaço,

---

[24] Dado disponível em: <http://goo.gl/eo3TcA>.

as pessoas debatem sobre a Igreja em geral. Tal conversa se dá em um ambiente público, podendo condicionar a construção de sentido de outros usuários, ou mesmo desdobrar novos comentários por parte deles. Assim, a plataforma se converte em um complexo lócus de interação sobre o catolicismo mediado pela rádio, em que construtos simbólico-discursivos sobre o "católico" vão emergindo.

Em outros casos, a menção entre pessoas se dá extraplataformicamente, não como link interno ao Facebook, mas como texto "puro", na construção discursiva dos interagentes. Nos casos das repostagens dos tuítes papais por parte da página *RVPB*, os usuários "convocam" o próprio Papa Francisco à conversa nos comentários no Facebook, como abaixo:

> Rosinha – Sua bênção, Papa Francisco! Senhor, misericórdia, justiça e fé! Senhor [13 out. 2015, às 08:42].
>
> Socorro – Vossa bênção, Papa Francisco, em vossas orações ore por nós, famílias brasileiras. Obrigada! [13 out. 2015, às 08:54].
>
> Cida – Sua bênção, Papa Francisco. Estou muito feliz de poder conversar com o senhor. Obrigado, Deus, por esta oportunidade. Peço a sua bênção [13 out. 2015, às 10:24].[25]

A postagem original da página *RVPB*, do dia 13 de outubro de 2015, se referia a um tuíte do Papa Francisco enviado naquele dia sobre a importância da solidariedade. Nos comentários, os diversos interagentes manifestam a sua aprovação ao que foi postado, dirigindo-se não à página, nem aos demais comentadores, mas ao próprio papa, com o qual a usuária "Cida" se diz "muito feliz de poder *conversar*", e ao qual a usuária "Socorro" pede bênçãos e orações: a construção simbólica da página e o contexto existencial da interagente fazem com que se crie essa ambiência sociorreligiosa de proximidade, de intimidade dialogal no Facebook. Por outro lado, o contato experienciado por esses usuários também envolve o âmbito do "sagrado": "Deus", o "Senhor". Assim, o campo de comentários torna-se um ambiente ritual da fé católica, em que a reconexão não se dá apenas intraplataformicamente, mas também implica uma espacialidade em fluxo, envolvendo também outras dimensões da existência.

---

[25] Disponível em: <https://goo.gl/7UbwBB>.

Também nesse sentido, a postagem do dia 31 de março de 2015 remetia ao link de uma notícia postada no site da rádio, intitulada "Intenções de oração do Papa para abril de 2015",[26] cujo texto informa aos leitores que tais intenções "foram divulgadas, nesta terça-feira (31/03)": em suma, uma matéria de caráter jornalístico. O campo de comentários no Facebook, por sua vez, devido às menções por parte dos usuários, passa a se constituir em um "formulário" de pedidos de oração, como nestes casos:

> Sonia – Pela minha família e amigos e do mundo inteiro!!! [31 mar. 2015, às 16:48].

> Veraldina – Pela minha saúde física, mental espiritual e financeira, pela minha casa própria, amém! [31 mar. 2015, às 18:01].

> Magna – Por mim, por minha família, por todos os motoristas e uma intenção particular! [31 mar. 2015, às 23:59].

Desse modo, tais reconexões são complexificadas por uma adaptação em que as usuárias, inventivamente, dão novos sentidos e geram novas ações a partir da postagem original, voltada para outros fins. No fluxo comunicacional da postagem, todas se somam às intenções do papa, como afirma o título da notícia, inserindo-se em um mesmo ambiente de oração criado comunicacionalmente junto ao pontífice e aos demais interagentes.

Em outros casos, as pessoas também podem corrigir publicamente, mediante comentário, as postagens da própria página ou de outros usuários, dada a autonomização dos processos de construção de sentido no interior da plataforma. No dia 3 de abril de 2015, um comentário de uma pessoa corrigiu uma informação equivocada por parte da rádio. A postagem original remetia ao link do site da rádio para uma notícia intitulada "Brasileiros levarão a cruz na via-sacra do Coliseu", em referência à tradicional celebração realizada na Sexta-Feira Santa. O diálogo, no campo de comentários, foi o seguinte:

> Rafael – Rádio Vaticano, no caso apenas uma pequena correção no texto [da notícia do site]: hoje, Sexta-Feira Santa, não será celebrada "Missa da Paixão" e, sim, a "Ação litúrgica da Paixão do Senhor" [3 abr. 2015, 11:52].

> Rádio Vaticano – Programa Brasileiro – Obrigado, Rafael S. [nome lincado] [4 abr. 2015, 05:43].[27]

---

26 Disponível em: <https://www.facebook.com/radiovaticanobrasil/posts/749551711819545>.

27 Disponível em: <https://goo.gl/vIymVa>.

O usuário "Rafael" oferece à radio uma "pequena correção" que se encontra "no texto", isto é, no corpo da notícia disponível no site da emissora. Assim, percebe-se que a ação comunicacional da página no Facebook desencadeia diversas outras ações por parte das pessoas (clicar no link e visitar o site, ler a notícia, detectar o erro, voltar ao Facebook, enviar o comentário com a correção). Por sua vez, o agradecimento da página confirma a existência do erro e a sua correção (o termo equivocado não consta mais nem na postagem do Facebook nem na notícia no site da rádio) e indica ainda a circularidade de seus processos comunicacionais, que não são ações *sobre* ou apenas *para* os usuários, mas também e principalmente *com* eles, como processo interacional. Nessa ação, invertem-se os papéis, em que "Rafael" assume o polo de "produção" (a indicação do erro na notícia), e a rádio se coloca no polo de "recepção" (o agradecimento pela correção). Trata-se ainda de um caso de correção em torno da própria teologia litúrgica do catolicismo (não "missa", mas sim "ação litúrgica"), em que são pessoas comuns que explicitam suas competências teológicas e realizam um trabalho de "revisão e edição" dos conteúdos oferecidos por uma "autoridade eclesiástica" como a página *RVPB*, na economia comunicacional do Facebook.

Por outro lado, tal autonomização dos usuários pode chegar a casos bastante complexos, como uma postagem do dia 19 de outubro de 2015 que gerou grande repercussão negativa para a página. O texto abordava o caso de uma religiosa consagrada católica brasileira que, em um encontro no Vaticano, se destacava por ser a única que não trajava o hábito de freira.[28] Na entrevista lincada na postagem, ela defende que, sem o hábito, "fica mais fácil na hora da aproximação dos jovens na realidade concreta onde estão".[29] No campo de comentários, diversos leitores elogiavam a religiosa e a matéria ("Que legal. Boa reportagem"; "Sou religioso e concordo com a irmã"; "Parabéns à Rádio Vaticano por esta entrevista tão esclarecedora, parabéns à irmã, um exemplo de trabalho pastoral em meio às Comunidades Eclesiais de Base". Contudo, diversos outros interagentes expunham sua contrariedade diante da postagem ("Discordo totalmente! Então, como explicar os jovens, homens, mulheres e criancas que acorrem ao papa? Ele usa batina! A veste oficial não afasta!!!"; "Ridícula argumentação. O hábito nunca afasta o religioso do povo, pelo contrário, aproxima!"). Outros comentários, entretanto,

---

[28] Disponível em: <https://www.facebook.com/radiovaticanobrasil/posts/846638692110846>.

[29] Disponível em: <http://goo.gl/RPCvJ0>.

iam além, questionando a catolicidade da própria página *RVPB*, como nos diálogos abaixo em comentários e respostas:

Instituto "X" – Não acredito que isto seja em uma página católica [19 out. 2015, às 14:51].

José – É lamentável! [19 out. 2015, às 16:04].

Caroliny – Esse tipo de argumento é cada vez mais comum! Que lástima [19 out. 2015, às 18:41].

Pe. Cláudio – Eu não acredito que a Rádio Vaticano publicou isto [19 out. 2015, às 14:29].

Lindoaldo – Também não! [19 out. 2015, às 15:56].

José – Nem eu, padre! [19 out. 2015, às 16:00].

Elias – Até tu, Rádio Vaticano? [19 out. 2015, às 21:49].

A "incredulidade" de algumas pessoas era enfatizada por outras, mediante "curtidas" e respostas aos comentários, pondo em questão não apenas a ação comunicacional, mas a própria oficialidade católica da página, devido ao questionamento da importância do hábito. A partir disso, outras pessoas passaram a se opor à postagem, gerando ações subversivas, exigindo uma "re-ação" por parte da página, como a remoção da própria postagem:

João – Que coisa ridícula essa página [19 out. 2015, às 13:24].

Paulo – SOU TOTALMENTE CONTRA E ACREDITO MESMO QUE A RÁDIO VATICANO DEVE EXCLUIR ESTE *POST* RIDÍCULO [19 out. 2015, às 17:38].

Mário – Retirem essa postagem, em nome da Igreja! [20 out. 2015, às 00:22].

Em nenhum momento a página *RVPB* se pronunciou ou removeu a postagem do ar. Chama a atenção, porém, que usuários comuns se outorgam o direito público de criticar uma ação comunicacional de um órgão vaticano, situando-se acima dessa hierarquia, falando "em nome da Igreja". Explicita-se, assim, uma tomada de poder em torno de dizeres católicos, possibilitada pela autonomização emergente nos processos comunicacionais no ambiente digital: a pessoa se sente comunicacionalmente capacitada a confrontar o órgão vaticano, assumindo uma postura contrária a ele, assumindo ainda um envolvimento simbólico público para enfrentar a instituição.

Contudo, como vimos, as ações de suspensão e subversão por parte dos usuários podem ter um limite, de acordo com a gestão dos administradores da página. Em relação ao tratamento dado aos comentários, Rafael Belincanta oferece mais detalhes sobre como a página administra as reconexões mais "extremas":

> Pergunta – E, no geral, quando vêm questões mais polêmicas, ou da doutrina, ou de política, vocês deixam?

> Rafael Belincanta – Nós deixamos. Eles mesmos... Cria-se um diálogo entre os nossos curtidores, e a coisa vai... né? [...] *Nós deixamos eles se digladiarem. Não adianta se meter. Mas assim: baixou o nível? Na hora apaga.* Quando eu vejo alguém que baixou o nível, é na hora, sem nem pensar. No início eu até pensava um pouco mais: "Ah, tento conversar...". Não adianta. É melhor bloquear de uma vez, porque não leva a nada. Não é que você está censurando: você está simplesmente tirando alguém que não está dentro do espírito. Não queremos dar voz para quem não quer promover um diálogo franco, aberto e respeitoso. Isso nós deixamos muito claro (informação verbal, Vaticano, 9 jun. 2015, grifo nosso).

Um caso ressaltado pelo próprio Belincanta em que a página deixou as pessoas se "digladiarem" foi o da postagem sobre Dom Helder Camara, analisada na seção anterior. O campo de comentários dessa postagem se converteu em um verdadeiro "campo de batalha" eclesial, em que os interagentes passaram a assumir posturas partidárias pró e contra o arcebispo. Por um lado, diversas pessoas louvavam as qualidades do arcebispo e a sua santidade, além de elogiarem o reconhecimento vaticano em relação a um "sacerdote inteligentíssimo, carismático, homem de fé", "um bispo brasileiro conceituado no Brasil e no exterior", que poderá ser "o nosso santo nordestino". Por outro lado, a principal acusação contrária era de comunismo, mediante comentários como: "Um comunista será elevado aos altares?", "Que coisa! Aonde chegamos! Um comunista nos altares?", "O Bispo Vermelho! Comunista!".

Estabelecia-se, assim, um espaço público de debate – de apoio e de agressão – entre os interagentes em torno de um gesto vaticano informado por um meio de comunicação vaticano. Outros comentários faziam uma espécie de autoanálise do processo comunicacional que percebiam ter sido desencadeado pela postagem, o que, por sua vez, gerava respostas duras e agressivas de outros usuários, transformando o debate em uma questão pessoal:

> Luiz – Se as pessoas se respeitassem mais, como o mundo seria melhor. Fico admirado com cristãos semeando divisão. *Seria melhor evitar postagens.* "Nem todo aquele que diz Senhor, Senhor, entrará no Reino dos Céus" [31 mar. 2015, às 13:18].

Pedro – Principalmente aqueles que sobem no púlpito para pregar teologia da libertação [31 mar. 2015, às 00:35].

Bruno – *É um horror ver pessoas que se dizem católicas dizendo atrocidades como alguns que estão escrevendo imbecilidades aqui.* [...] E Teologia da Libertação? Sinceramente, vocês que escrevem essas bobageiras com certeza nem sabem o que é isso, escutam o galo cantar não sei onde e falam idiotices, sei não, viu? Isso não é ser Igreja, isso é querer ser cismático, por que vale lembrar um velho brocardo latino: "Roma locuta est, Causa finita est!" Então, como *medida de obediência ao magistério: CALEM A BOCA!!!* [31 mar. 2015, às 16:32].

Diego – Magistério? Que magistério? *Vai estudar, gurizinho* [31 mar. 2015, às 18:08].

Bruno – *Tá certo, grande senhor sabedor de tudo.* Apenas digo que a faculdade de dizer quem merece a honra dos altares e ensinar a verdade que isso encerra compete à Roma, *não a reles mortais ignorantes como você...* [31 mar. 2015, às 18:18].

Pedro – Pregar teologia da libertação é ensinar a verdade? O cara pega a Bíblia e a traveste em materialismo a serviço do marxismo, que foi condenado por diversos papas, e você acha mesmo que esse homem merece algo? [31 mar. 2015, às 00:33].

Despontam, assim, em meio a xingamentos pessoais, questões do catolicismo que vão sendo explicitadas e negociadas – em forte tensão – entre as pessoas, como a obediência ao magistério, a centralidade de Roma, o conhecimento e o desconhecimento teológico etc., que, muitas vezes, ficam em aberto, sem encontrar uma conclusão para o debate, mas apenas levantando problemáticas diversas. Por outro lado, alguns usuários se subvertem contra o próprio processo comunicacional, dizendo-se "horrorizados" diante do que leem nos comentários, ou defendendo que "seria melhor evitar postagens" por parte de outros usuários que "semeiam divisão", ou ainda buscando silenciar os demais ("calem a boca"). No campo de comentários da postagem, já não constam as mensagens mais agressivas com o recurso a palavras de "baixo calão", como dizia Belincanta, por terem sido deletadas pelos administradores ou pelo próprio filtro do sistema.

Outro caso foi o da postagem do dia 7 de outubro de 2015, em que a página apenas informava que "Francisco saudou um grupo de pastoras e bispas anglicanas da Inglaterra e dos EUA que participou da Audiência geral desta quarta-feira", com uma foto que retratava o encontro do papa com algumas bispas, caracterizadas pelos seus paramentos cor de vinho e azul. O comentário de um usuário à postagem acabou desencadeando um agressivo debate com outro interagente:

Mateus – Eu sonho que a nossa Igreja um dia ordene mulheres. Conheço muitas irmãs e lideranças que seriam ótimas confessoras e celebrantes. Deus nos ajude! [7 out. 2015, às 15:54].

Lucas – Impossível, além de ser anti-bíblico, o Santo Papa João Paulo II já escreveu a carta *Ordenatio Sacerdotalles* que fechou de vez essa possibilidade... Graças a Deus! Temos que seguir a Bíblia! [7 out. 2015, às 18:37].

Mateus – A Bíblia não fala exatamente nada sobre isso. Jesus somente não chamou mulheres, assim como não casou. Isso não quer dizer que não se pode ordenar mulheres, nem os ordenados casarem. É regra, costume humano que pode e deve ser mudado conforme os tempos [7 out. 2015, às 19:13].

Mateus – O que não está expressamente proibido pode ser permitido diante da razão. Ou então não poderíamos ter cabelos compridos, ou usar calças [7 out. 2015, às 19:15].

Mateus – Jesus nunca usou calças, essa era a tradição. Poderíamos nós usarmos calças?!?! [7 out. 2015 às 19:16].

Lucas – Pqp, com esse teu exemplo eu não comento mais aqui... Realmente... [8 out. 2015, às 06:54].

Lucas – Imagina uma papisa crl, como assim? Pedro era mulher? Acorda, iludido [8 out. 2015, às 06:54].

Lucas – Ainda bem que não pode mais, pois UM SANTO, Papa João Paulo II, já escreveu a carta *Ordenatio Sacerdotallis* que tira qualquer chance dessa abominação! [8 out. 2015, às 06:55].

Mateus – Qual o problema de uma papisa?! Estou imaginando, não vejo nenhum problema [8 out. 2015, às 06:56].

Lucas – Católicos igual a você são os ignorantes que não leem a Bíblia, fáceis de serem manipulados por protestantes... Se duvidar, ainda deves querer a legalização do casamento *gay*... Pqp [8 out. 2015, às 06:56].

Mateus – Parece que os protestantes leem mais a bíblia do que nós, católicos. Eu leio a Bíblia e não encontro em lugar algum proibição de Nosso Senhor sobre esse assunto [8 out. 2015, às 06:58].[30]

O diálogo (que, coincidentemente, envolve protagonistas com nomes de evangelistas), aos poucos, durante dois dias, vai assumindo tons agressivos por parte de "Lucas", envolvendo palavrões (que escaparam dos filtros da página *RVPB* por terem sido escritos como

---

[30] Disponível em: <https://goo.gl/Pue9qd>.

siglas: "pqp", "crl") e agressões diretas (como "iludido", "ignorantes", "manipulados por protestantes"). Diversos outros usuários não apenas acompanhavam o debate, mas também manifestavam a sua concordância ou discordância com os argumentos de cada um, assinaladas pelas "curtidas" ("Mateus" somou 8 "curtidas" no total de comentários, enquanto "Lucas", apenas 3).

Explicitam-se, assim, algumas tensões em torno de questões-chave do catolicismo, que levam as pessoas a assumirem posturas violentas para defender seus argumentos, tanto pelo teor da discussão quanto pelo seu caráter público, em que o risco pessoal é "sair derrotado". Enquanto isso, outros usuários se posicionam pacificamente, na tentativa de operar uma mediação entre os demais, como a usuária "Adriana", que, no caso deste último debate, escreveu: "Calma, gente... essa imagem CHOCA... mas vivamos o ECUMENISMO: não significa abandonar nossas crenças, apenas respeitar o próximo [*emoticon* de coração] #amai-vos" (sic).

Desse modo, publicamente, mediante reconexões de diversas modalidades, os usuários – leigos – colocam em debate e em circulação uma questão central para o catolicismo, como os limites e possibilidades do clero católico. Vai nascendo uma prática teopolítica dos usuários comuns, que adquirem um espaço público para expor sua voz e sua teologia próprias, embora condicionados pela interface e pelos protocolos do Facebook e da página vaticana. Há um valor adicionado que produz sentidos emergentes, agora explicitados e explícitos, que fundam um campo teológico diferente e novas práticas de sentido sobre o catolicismo na sociedade contemporânea.

* * *

A análise do caso *RVPB* nos permite compreender um pouco mais profundamente como se organiza a circulação do "católico" nas redes comunicacionais que se constituem através da sua página no Facebook. Vimos que suas interfaces estabelecem construções tecnossimbólicas em torno do catolicismo, favorecendo a emergência de um ambiente comunicacional voltado à Igreja Católica.

Interligados a tais interfaces, analisamos também os protocolos do Facebook e os protocolos próprios da página, que norteiam e organizam a interação com os usuários, que, por sua vez, tensionam tais protocolos, fazendo emergir outros, de acordo com seus propósitos específicos. Dentre estes, destacamos, principalmente, a institucionalidade católica da página, que é reconhecida pelos interagentes e lhe dá uma autoridade e um peso comunicacional maiores nos processos em rede, assim como a sua vinculação organizacional com a Rádio Vaticano, que gera uma remodelação do campo de ação da emissora, agora ressignificado para o ambiente digital.

Por fim, analisamos as complexidades das reconexões entre os interagentes em ação no observável da página no Facebook. Ou seja, a própria ação circulatória da página "depende" de uma pré-reconexão com seus leitores, pois são estes que estão no horizonte dos administradores da página ao pensarem seus *posts*. Os usuários, por sua vez, fazem a página agir comunicacionalmente, seja lendo as postagens, seja "curtindo", comentando ou compartilhando os conteúdos, mas sempre operando construções simbólicas em torno do "católico".

Assim, mediante debates em rede, em suas tensões e desdobramentos, o catolicismo vai sendo negociado com os interagentes. A rádio, por sua vez, não tem a palavra final nas conversas públicas, nem interfere nas questões teológicas que levanta, apenas regrando tais debates públicos em relação à linguagem utilizada pelos usuários. Evidencia-se a lógica colaborativa das redes, em que os diversos interagentes trabalham (co-
-*laboram*) sobre os sentidos, e à página cabe apenas um papel de "gestora" dos processos, que a envolvem e a ultrapassam.

8
O rosto jovem da Igreja em bits e pixels:
o caso Jovens Conectados no Facebook

No Brasil, um dos principais projetos da Igreja Católica desenvolvidos especialmente para o ambiente digital se chama *Jovens Conectados*, lançado em dezembro de 2010, como órgão de comunicação oficial da Comissão Episcopal Pastoral para a Juventude (CEPJ), da Conferência Nacional dos Bispos do Brasil (CNBB). A história do desenvolvimento desse projeto e seus objetivos atuais permitem perceber, respectivamente, a inter-relação entre os desafios da missão da Igreja Católica na sociedade brasileira contemporânea, a autonomização dos jovens católicos (a "socioinstitucionalidade") e os limites e possibilidades levantados pelo processo da midiatização digital. Especifiquemos.

Seu *Regimento Interno* explicita alguns pontos principais nesse sentido. Em 2009, foi proposta uma equipe de comunicação do então "Setor Juventude" da CNBB, hoje CEPJ, com o objetivo de "implantar e consolidar uma política de comunicação do setor como referência para o *envio e recebimento de informações* das ações juvenis no Brasil" (Jovens, 2014, p. 3, grifo nosso). Percebe-se, desde o início, a relevância do caráter comunicacional do projeto (embora marcado por uma compreensão restrita desse processo, como "envio e recebimento").

No primeiro semestre de 2010, alguns jovens começaram a estudar documentos da CNBB sobre a "evangelização da juventude", para buscar compreender como favorecer o diálogo entre o então "Setor Juventude" e os jovens das diferentes expressões eclesiais do Brasil. A intenção, segundo Felipe Rodrigues, atual coordenador-geral do projeto *Jovens Conectados*, entrevistado para esta pesquisa, era encontrar a "melhor forma de a Igreja dialogar com os jovens e de os jovens dialogarem com a Igreja" (informação verbal, Skype, 20 dez. 2015).

E o Verbo se fez rede: religiosidades em reconstrução no ambiente digital

A partir desse processo, chegou-se a uma proposta de comunicação, com a ideia de construir um site na internet na tentativa de criar "uma nova linguagem da Igreja no Brasil para falar com as novas gerações" (Jovens, 2014, p. 4). Para solucionar algumas dúvidas que iam aparecendo – como o conteúdo que deveria haver no site e a sua identidade –, foi aplicado um questionário que foi respondido em um *hotsite* por mais de 3 mil jovens de diferentes partes do Brasil.

A partir desse questionário, surgiu a identidade *Jovens Conectados*, e foi formulada a proposta do site, lançado em dezembro de 2010. Por trás do nome, explicitava-se a busca de articulação e vinculação intra e extraeclesial, como afirma o *Plano de comunicação* do projeto:

> O "conectados" do nome não apenas diz respeito à presença no ambiente digital, característica da juventude de hoje, mas tem também o sentido de expressão de "comunhão" de diferentes realidades juvenis. O canal tem a missão de conectar essas expressões eclesiais entre si, com o episcopado (Igreja institucional), com aqueles jovens que não participam ativamente da vida da Igreja e, por fim, com a realidade que os cerca. Nesse sentido, *Jovens Conectados* não são somente os que trabalham no projeto, mas todos os jovens que fazem parte do processo de evangelização da juventude, sejam como agentes ou destinatários (Jovens, 2015, p. 4).

Assim, reitera-se a relevância da conexão digital hoje, embora se busque outro nível de relação ("comunhão") entre os jovens e destes com a Igreja institucional e com a realidade. Com relação à comunicação, contudo, a ação ainda é vista em termos de "agentes" e "destinatários", processo no qual o projeto seria um "canal" de conexão. Como veremos, tal concepção é desconstruída pelas próprias interações que ocorrem, neste caso, na página no Facebook.

Com a ideia da página eletrônica, então, surgiu, também, a "Equipe Jovem de Comunicação" da CNBB, responsável pelo projeto. Todo esse processo se deu no "clima" eclesial juvenil em torno da Jornada Mundial da Juventude, em 2011, em Madri, Espanha, que contaria com a participação de uma delegação de brasileiros que, segundo Felipe Rodrigues, buscaria "também dar mais visibilidade para esse projeto" na Igreja em nível mundial (informação verbal, 20 dez. 2015). Ele complementa:

> Esse nome [do projeto] surgiu em um *brainstorm*. "Bom, que nome a gente coloca?" De repente, alguém falou: "Jovens Conectados". E tem toda uma explicação por conta da conexão, da juventude, tudo que está descrito no Documento 85 da CNBB [intitulado *Evangelização da juventude: desafios e perspectivas pasto-*

rais], no próprio Documento 103 também [intitulado *Pastoral Juvenil no Brasil: identidade e horizontes*]. Aí esse nome que surgiu, ficou, pegou. E a Comissão, naturalmente – como o Setor da Juventude foi o embrião da Comissão –, se apropriou disso. *Então, o Jovens Conectados é um caso distinto, porque ele nasce de dentro da Igreja e depois é incorporado, se é que nós podemos dizer assim.* [...] Então, hoje, dentro da CNBB, quando se fala: "Bom, precisamos conversar com a juventude", então [são envolvidos] a Comissão para a Juventude e naturalmente o site, o "portal" e todas as redes sociais [do *Jovens Conectados*] (informação verbal, Skype, 20 dez. 2015, grifo nosso).

Portanto, o nascimento do projeto envolve, ao mesmo tempo, um processo "ascendente", que emerge a partir do protagonismo dos jovens católicos e da sua autonomização comunicacional, e, por outro lado, de um processo "descendente", em que a instituição "incorpora" o projeto em sua institucionalidade oficial, vinculando-o ao órgão central da Igreja Católica no Brasil. Como afirma seu *Regimento interno*, tal "Equipe Jovem de Comunicação" está "subordinada diretamente aos bispos integrantes da CEPJ e aos seus assessores nacionais" (Jovens, 2014, p. 5). E a CEPJ é o âmbito oficial da CNBB voltado à evangelização da juventude, "respeitando o protagonismo juvenil".[1]

O projeto, portanto, nasce, se desenvolve e se estabelece com um caráter comunicacional e institucional católico, como explica Felipe Rodrigues:

> Desde sempre, a ideia era levar a opinião dos jovens para dentro da Igreja. Era aquela comunicação de dois passos, né? Levar para a Igreja, para dentro da CNBB, para o meio dos bispos, agendar os bispos com o que os jovens pensam e também levar a opinião da Igreja ou as doutrinas e verdades, enfim, aproximar mais os bispos da juventude. Então, ele tem essa dimensão, digamos, multidirecional dos jovens para a Igreja e da Igreja para os jovens. [Esse processo] é devagar, se formos pensar em passos a serem seguidos, porque precisamos ter o cuidado

---

[1] Jovens Conectados. *Quem somos*. Brasília, 2016. Disponível em: <http://goo.gl/LSfyf5>. No *Regimento interno* do projeto, um ponto relevante diz respeito à composição da equipe, que "deverá levar em consideração, tanto quanto possível, a *diversidade de expressões* que atuam com a juventude na Igreja", buscando garantir também "a representatividade e capilaridade regionais" (Jovens, 2015, p. 5, grifo nosso). Nesse sentido, os critérios de participação para os membros da equipe são ao menos quatro: 1) exercer atividades nas áreas de comunicação ou tecnologia da informação em caráter profissional ou voluntário há pelo menos um ano; 2) ter vida eclesial ativa por meio das expressões eclesiais como pastorais, movimentos, novas comunidades, congregações, organismos; 3) ter idade entre 18 anos completos e 29 anos; 4) ser voluntário. Tal participação na equipe deverá ser de no máximo dois anos, com a possibilidade de renovação por mais um ano.

de respeitar a instituição [...] nós estamos tratando aqui da CNBB, que, em última instância, quando estamos nas redes sociais, o que a CNBB diz, os jovens interpretam como sendo o que Igreja diz. Então, tem toda essa responsabilidade (informação verbal, Skype, 20 dez. 2015).

Ao longo do tempo, além do site, o *Jovens Conectados* foi estendendo sua presença para as principais plataformas sociodigitais, sempre marcado pela ideia de que os jovens católicos das mais diversas expressões eclesiais (pastorais, movimentos, congregações, novas comunidades e organismos) pudessem divulgar as suas atividades, "criando assim – como afirma o seu site – uma grande *rede de colaboração*, por onde as notícias e informações podem chegar a diversas outras realidades".[2] Desse modo, as redes eclesiais já existentes encontravam no ambiente digital outras formas de colaboração, com um novo alcance ("chegar a diversas outras realidades"), possibilitado pelos processos sociodigitais. Segundo Felipe Rodrigues, a presença nas plataformas sociodigitais

> surgiu a partir da necessidade que vimos de que *só o site não era suficiente para conversar com os jovens*. Ou seja, precisávamos de outros canais, que fossem mais dinâmicos e que tivessem esse caráter de redes sociais – *exatamente dinâmicos, instantâneos e que permitem uma proximidade maior. Hoje com os nossos internautas, enfim, com os usuários das nossas redes, nós temos uma aproximação muito maior do que se tivéssemos só o site* (informação verbal, Skype, 20 dez. 2015, grifo nosso).

Entre todas as suas presenças nas diversas plataformas, a página *Jovens Conectados* no Facebook[3] desponta como a mais relevante em termos comunicacionais, não apenas em comparação com as demais presenças do projeto, somando mais de 470 mil "curtidores" até meados de 2017, mas principalmente pelos processos envolvidos, que serão aqui analisados. A presença na plataforma também se soma à ação do site do projeto, em que, por exemplo, há nada menos do que três referências à página no Facebook. Fundada em janeiro de 2012, a página no Facebook é uma das primeiras presenças católicas brasileiras oficiais nessa plataforma, criada alguns meses antes ainda da criação da página *RVPB*.

Como nos demais casos já examinados, dividiremos nossa análise em termos de interfaces, protocolos e reconexões, processos interdepen-

---

[2] Jovens Conectados. *Quem somos*. Brasília, 2016. Disponível em: <http://goo.gl/LSfyf5>.

[3] Disponível em: <https://www.facebook.com/jovensconectados>.

dentes daquilo que observamos como dispositivo. A análise envolverá as postagens realizadas pela página durante os dois períodos indicados em nossa metodologia, assim como as ações comunicacionais de seus seguidores, especialmente nos comentários e compartilhamentos de tais publicações.

8.1 Análise de interface

A presença do projeto *Jovens Conectados* no Facebook apresenta a mesma estruturação interfacial das "páginas" nessa plataforma. Diversos elementos são padronizados pela plataforma, dos quais não repetiremos as análises. Contudo, aqui especificaremos alguns pontos principais da presença da página *Jovens Conectados* no Facebook, que ativa de forma diferenciada os elementos disponibilizados pela plataforma, construindo possibilidades de interação específicas com seus "curtidores".

A página *Jovens Conectados* no Facebook apresenta como principal identificador a sua foto de perfil. Seu logotipo é composto por uma cruz estilizada, formada por sete blocos coloridos, cortada pela metade na vertical. Identifica-se, assim, o principal símbolo cristão: a cruz, marcada pela diversidade de cores, como representação da diversidade juvenil na própria composição do projeto. Ao lado da cruz, o nome do projeto e a sua vinculação institucional com a Igreja no Brasil ("Comissão para a Juventude CNBB") (Fig. 15).

Figura 15 – Logotipos do *Jovens Conectados* usados como foto de perfil no Facebook
Fonte: <https://www.facebook.com/jovensconectados/>, com montagem do autor.

Na parte superior, a linha tracejada horizontal em cinco cores faz a composição do quadrado da foto e novamente remete à relação entre diversidade e unidade juvenil católica. Ao longo do tempo de existência da página, o logotipo foi sendo aplicado sobre diversos fundos coloridos e sobre outras imagens, para compor a identificação da página. Na interação com o usuário, a página se identifica, nesse sentido, como uma composição da heterogeneidade de expressões juvenis, mas reunida em um mesmo catolicismo. Assim, o interagente pode se sentir acolhido nessa diversidade, pois a intenção é incluir as diferenças juvenis existentes no catolicismo, sem privilegiar – ao menos em tese – uma delas. Como afirma Felipe Rodrigues,

> nós temos uma determinada identidade visual nas nossas postagens. De forma que você olha e fala: "Bom, suspeito muito que isto tenha vindo dos *Jovens Conectados*, quando não tem a marca, né? E nós sempre temos lá o logo dos *Jovens Conectados* ou algo que remeta [a isso]. E essa identidade visual foi um desafio para nós criarmos (informação verbal, Skype, 20 dez. 2015).

Tal identidade explicitada direciona o público a optar ou a abandonar a proposta da página de acordo com os seus interesses, e a institucionalidade católica (a "marca") demarca outro âmbito de interação específico em relação as pessoas em geral. O mesmo acontece com a categoria escolhida pela página – "Instituição religiosa – Igreja Católica". Enquanto a página *RVPB*, analisada anteriormente, optava por uma categoria mais genérica apenas como "Igreja/instituição religiosa", a página *Jovens Conectados* vincula a sua presença diretamente com o catolicismo. Assim, fica explicitado aos interagentes o ponto de vista religioso a partir do qual a página atua comunicacionalmente.

Outro identificador da página é a sua foto de capa. Ao longo dos períodos aqui analisados, a página a atualizou ao menos cinco vezes (três vezes ao longo da Semana Santa e outras duas ao longo do período de realização do Sínodo dos bispos). Com tal renovação, a página atualizava também sua identificação e sua composição e proposta comunicacionais junto aos leitores. Em geral, a imagem de capa servia para contextualizar os leitores em alguma data específica do calendário católico (seja em termos litúrgicos, como as principais datas da Semana Santa e o dia de Nossa Senhora Aparecida, seja em termos de eventos, como o lançamento da presença do projeto na plataforma sociodigital Viber e o Dia Nacional da Juventude). Analisemos.

A página começou a Semana Santa com a seguinte imagem de capa, carregada na plataforma no dia 20 de março de 2015 (Fig. 16):

Figura 16 – Imagem de capa carregada no dia 20 de março de 2015 pela página Jovens Conectados
Fonte: <https://goo.gl/XcXLRl>.

A imagem servia para chamar os leitores a conhecer a presença do projeto nos "grupos abertos" da plataforma Viber. A imagem da tela do celular exibe a conta do projeto no aplicativo Viber. Também aparece um código com a chamada: "Fotografe com o Viber para seguir", ou seja, uma funcionalidade do próprio aplicativo que permite passar a seguir a conta do *Jovens Conectados* naquela plataforma. Caso o usuário clicasse na imagem de capa do Facebook, o sistema abria a foto no formato de postagem, indicando a seguinte legenda inserida pelos responsáveis da página: "*Jovens Conectados* lança grupo aberto no Viber – Experiência inédita de #comunicação na #Igreja no Brasil! Acesse: [link para o aplicativo] [link para o site do projeto]". Nessa remidiação entre fotografia, aplicativo de celular, site e Facebook, o projeto fortalece a sua autorreferencialidade, reiterando a sua identidade e explicitando seus processos comunicacionais próprios. O projeto também reforça a sua comunicacionalidade, agindo sobre o usuário e convocando-o à ação ("fotografe" para "seguir", "acesse"). A "conexão" juvenil, assim, passa por diversas mediações sociotécnicas, como o aplicativo, a plataforma e o site, e também sociossimbólicas, mediante interações diversas entre os interagentes envolvidos e a construção simbólico-discursiva em torno da inovação e do ineditismo de suas propostas comunicacionais.

Já no dia 30 de março de 2015, Segunda-feira Santa, a página carregou outra imagem de capa, ressaltando o período litúrgico vivido pela Igreja Católica (Fig. 17).

Figura 17 – Imagem de capa carregada no dia 30 de março de 2015 pela página Jovens Conectados
Fonte: <https://goo.gl/UO6FHd>.

Para marcar o tempo específico que a Igreja e, portanto, os jovens católicos viviam naquele momento, a página construiu uma imagem identificadora com alguns símbolos estilizados que remetiam ao texto evangélico da Paixão de Jesus: os ramos de palmas nas mãos da multidão na entrada de Jesus em Jerusalém, antes de sua prisão; o pão e o vinho da Última Ceia; a coroa de espinhos e os pregos da crucificação; a inscrição "Semana Santa". Assim, o leitor era "situado" temporalmente, via página, em um novo período, e a página, por sua vez, assumia uma nova temporalidade, marcada pela ritualística católica: o fluxo comunicacional do Facebook, na especificidade da página *Jovens Conectados*, passava a estar marcado por outro ritmo, desta vez religioso e litúrgico, e pelo "mistério central" do catolicismo. As postagens eram emolduradas por essa composição simbólica, que inseria o leitor e a interação da página com ele nesse âmbito comunicacional-religioso, construindo uma nova ambiência no interior da plataforma. Os gestos comunicacionais da página e de seus interagentes passavam a estar embebidos em uma certa sacralidade própria do Tempo Pascal cristão. No canto inferior direito da imagem, a página também demarca a sua presença com o logotipo do projeto e o da CNBB: trata-se da Semana Santa compartilhada por todo o Cristianismo, mas lida e reconstruída a partir de um viés específico, vinculado a uma certa institucionalidade católica. A proposta da página é identificar a experiência da Semana Santa mediante uma ação comunicacional que traz a marca do *Jovens Conectados* e dos bispos católicos: é a Semana Santa relida por essas demarcações.

Durante o período do Sínodo dos bispos, a página também alterou duas vezes a sua imagem de capa. A primeira delas, carregada no dia 2 de outubro de 2015, identifica e convoca os leitores a se inserirem em outra temporalidade: a da celebração da festa de Nossa Senhora Aparecida, padroeira do Brasil para o catolicismo (Fig. 18).

Figura 18 – Imagem de capa carregada no dia 2 de outubro de 2015 pela página *Jovens Conectados*
Fonte: <https://goo.gl/TfFt1i>.

A imagem de capa explicita uma convocação aos leitores para acompanharem a "Novena a Nossa Senhora Aparecida", entre os dias 3 a 12 de outubro "às 18h nas redes sociais dos *Jovens Conectados*". Ao lado direito, exibe-se a imagem da santa de perfil, e, ao lado esquerdo, três logotipos: do Santuário Nacional Nossa Senhora Aparecida, da CNBB, e da Pastoral Juvenil, com o link para o projeto *Jovens Conectados*. Trata-se, portanto, de uma construção simbólica que traz, mais uma vez, os elementos da institucionalidade católica e da autorreferencialidade do projeto, que convida seus leitores, como em uma publicidade, a participarem de um rito católico específico, mas ressignificado comunicacionalmente: sua celebração se dará "nas redes sociais". Assim, o usuário é situado em uma nova temporalidade religiosa (da festa de Nossa Senhora Aparecida), que demarcará as ações comunicacionais da página. E, por sua vez, tais ações comunicacionais envolvem uma ritualidade ("novena"), uma temporalidade ("de 3 a 12 de outubro, às 18h"), uma espacialidade ("nas redes sociais") e uma comunidade ("dos *Jovens Conectados*"), que trazem elementos da tradição católica, mas também os ressignificam para o contexto de seus interagentes e dos processos de comunicação contemporâneos, que passam a embeber as práticas religiosas.

A imagem também traz consigo uma legenda na postagem original, com diversos elementos protocolares e que apontam para ações de reconexão (que, como dizíamos, não são elementos estanques e separados, mas processuais, inter-relacionados e interdependentes). A legenda: "Em honra a padroeira do Brasil te convidamos a rezar conosco a NOVENA em honra a Mãe de Deus", seguindo uma determinada regularidade: "Diariamente de 3 a 12 de outubro às 18h, hora do Ângelus, vamos estar juntos em oração. #Marque seus amigos e familiares nos comentários e #compartilhe nas redes sociais. Senhora Aparecida, milagrosa Padroeira; roga por nós!". Em sua construção simbólica, a legenda estabelece alguns protocolos de interação por parte dos usuários ("marque", "compartilhe") e reconecta-se com os diversos usuários, "amigos e familiares" e até mesmo com a "Senhora Aparecida". Assim, a plataforma se converte em um lócus de interação sociorreligiosa, envolvendo inclusive o âmbito do "sagrado" católico. O campo de comentários confirma a eficácia dessa construção, como afirma a usuária "Mirta": "ainda dá tempo...rezem, rezem, rezem [sic]". Desse modo, a interface construída pela página traz consigo todas essas complexidades interacionais que permeiam a processualidade comunicacional entre o projeto e seus interagentes ao longo desse tempo.

No dia 11 de outubro de 2015, por fim, a página atualizou novamente a sua imagem de capa, trazendo a seguinte configuração (Fig. 19):

Figura 19 – Imagem de capa carregada no dia 11 de outubro de 2015 pela página *Jovens Conectados*
Fonte: <https://goo.gl/fQeVA0>.

"DNJ" é uma referência ao Dia Nacional da Juventude, uma festividade anual promovida pela Igreja Católica e realizada pela primeira vez em 1985, durante o Ano Internacional da Juventude. A composição imagética traz uma foto de uma multidão de jovens reunidos em torno de um altar, em cujo centro se encontra exposta a hóstia consagrada (presença viva de Jesus, segundo o catolicismo). Pela inscrição no centro da imagem, fica-se sabendo que se trata de um evento realizado pela *Juventude Arquidiocesana de Niterói*, no Rio de Janeiro. O projeto, portanto, se apropria da foto, "emoldura" os seus elementos, inserindo em sua simbologia algo realizado por outros interagentes: nessa apropriação, reconstrói-se também o sentido do evento e do rito específico.

A legenda da foto na postagem original propõe ainda outras ações comunicacionais por parte dos interagentes, afirmando: "Tem uma foto bem legal? Ela pode estampar a capa do Facebook dos *Jovens Conectados*! Saiba mais sobre o #DNJ2015 [link]".[4] Assim, a página convoca as pessoas a enviarem suas fotos, para "estampar a capa" da página. Envolve-as na construção da própria identidade da página, trazendo as contribuições dos interagentes para configurar um dos principais elementos comunicacionais de uma página no Facebook, como a imagem de capa. Nos comentários à foto, os usuários manifestam a sua adesão à proposta. A página *Juventude Arquidiocese de Niterói* no Facebook, que gerou a nova foto de capa, por exemplo, escreve: "Obrigado! [*emoticon* coração] Unidos!". Desse modo, percebemos como a interface desempenha um papel-chave na construção das interações, não apenas como "moldura" externa dos processos, mas como desdobramento das ações comunicacionais de todos os interagentes envolvidos. Nela e com ela, página e usuários configuram suas próprias identidades e contextos de interação.

Em suma, as imagens de capa permitem perceber que a página nunca está dada de antemão, mas é constantemente ressignificada e recontextualizada de acordo com os interesses da página em sua relação com os interagentes. Mediante a substituição das imagens, em um processo bastante simplificado pela plataforma (basta carregar uma imagem, que é automaticamente ajustada para preencher o espaço horizontal como foto de capa), emerge uma maleabilidade da identidade comunicacional da página e, assim, do próprio projeto em suas interações: as diversas "identidades" que se vão revezando contribuem, por sua vez, para caracterizar não apenas a página, mas também o próprio projeto: o *Jovens Conectados* passa a ser também aquilo que se constrói, como sentido simbólico, nas interações no Facebook.

Dessa forma, a interface do Facebook permite que inúmeros elementos simbólicos, interagentes e ações comunicacionais circulem e se articulem. Outros elementos de interface mais específicos irão aparecer

---

4   Disponível em: <https://goo.gl/fQeVA0>.

também ao longo deste capítulo. A página *Jovens Conectados*, por sua vez, para organizar tais fluxos e modelar um padrão de comunicação com seus interagentes, estabelece certos protocolos, negociados com os usuários, que veremos agora.

8.2 Análise de protocolo

A página *Jovens Conectados* no Facebook faz parte de um projeto de comunicação maior, que envolve também outras ações comunicacionais. Portanto, a página se insere em um *Regimento interno* e em um *Plano de comunicação* do projeto como um todo, que orientam as práticas comunicacionais no site e nas plataformas sociodigitais. Antes de entrar nas especificidades da página, é necessário analisar brevemente o marco geral em que ela se enquadra.

8.2.1 Protocolos próprios do projeto *Jovens Conectados*

No *Regimento interno* do *Jovens Conectados*, especificam-se "a missão, a organização e as regras gerais" (Jovens, 2015, p. 3) da chamada "Equipe Jovem de Comunicação", sob a responsabilidade da CEPJ da CNBB. A equipe assume como missão principal "servir como *canal* para que as várias *expressões e organismos eclesiais* acompanhados pela CEPJ se conheçam, se articulem, se comuniquem e se unam, a fim de melhor *realizarem a ação evangelizadora* junto aos jovens" (Jovens, 2015, p. 3, grifo nosso). Desse modo, explicita-se a sua autocompreensão como "canal" de ligação intraeclesial no âmbito juvenil, voltada à "ação evangelizadora", ou seja, inserindo-se na missão maior que a própria Igreja realiza. A equipe também assume como missão "buscar motivar o *protagonismo juvenil* na Igreja e favorecer maior *aproximação* entre os jovens e suas expressões eclesiais e o episcopado brasileiro" (Jovens, 2015, p. 3, grifo nosso). Tal protagonismo se vincula àquilo que analisávamos como a autonomização possibilitada pelo processo de midiatização contemporâneo, em que as pessoas se sentem capacitadas a promover modalidades de comunicação com a sociedade em uma busca de autonomia em relação às ações das corporações midiáticas, ou, neste caso, da própria Igreja, adquirindo voz própria em seus processos comunicacionais. Por outro lado, a vinculação pretendida também traz um caráter eclesial forte, ao tentar aproximar os jovens em sua diversidade e os bispos.

O *Regimento* também ressalta a necessidade de uma vinculação interna entre as diversas subequipes do projeto e a Igreja de modo geral, especialmente seus órgãos oficiais. Em diversos pontos do regimento, essa vinculação intraeclesial é reiterada, por exemplo, quando se aponta para a importância de "trabalhar em permanente contato com as iniciativas da Comissão Episcopal Pastoral para a Comunicação e com a assessoria de imprensa da CNBB" (p. 5) ou para a necessidade de "manter relação constante com o site oficial da CNBB, com a Pastoral de Comunicação (Pascom) e com a Equipe de Comunicação da Pastoral Juvenil no Cone Sul" (p. 7).

É por isso também que a sua linha editorial afirma que "todos os textos, fotos, vídeos e áudios publicados [...] devem ser, acima de tudo, *fiéis à doutrina da Igreja Católica*" (Jovens, 2014, p. 13, grifo nosso). Felipe Rodrigues reitera: "Nós somos *declarada e editorialmente um site católico*, de uma Comissão da CNBB, que representa, afinal, a Igreja Católica. De certa forma, *diz pela Igreja Católica*, e é isso que muitos jovens veem" (informação verbal, Skype, 20 dez. 2015, grifo nosso). Essa fidelidade e identidade "declarada e editorialmente" católicas se encarnam como verdadeiro protocolo nas ações comunicacionais da página.

8.2.2 Protocolos acionados pela página *Jovens Conectados* e seus interagentes

Especificamente no Facebook, a página *Jovens Conectados* assume protocolos próprios. Ela informa que é "a *fanpage* oficial do site www.jovensconectados.org.br e da Comissão Episcopal Pastoral para Juventude, da CNBB".[5] Nessa sua "identidade digital", a página se reconhece como *fanpage* ("página de fãs"),[6] que remete a uma relação de "admiração" com o projeto. Também são reiteradas a *oficialidade* e *institucionalidade católicas* da página, mediante a explicitação de sua relação com a CEPJ e a CNBB.

A partir dessas marcas, percebemos que a página busca estreitar vínculos específicos com os interagentes e também interagir com grupos específicos, ao se enquadrar na categoria "Instituição religiosa – Igreja

---

[5] Disponível em: <https://www.facebook.com/jovensconectados/info/?tab=page_info>.

[6] Essa nomenclatura era mais utilizada nos primeiros anos da plataforma, para identificar uma página específica dentro do Facebook direcionada para empresas, organizações, marcas ou produtos que desejassem interagir com os seus clientes no Facebook. A plataforma hoje utiliza apenas a denominação "página".

Católica", conforme as possibilidades oferecidas pela plataforma. Desse modo, emergem os parâmetros que configuram as interações e as ações comunicacionais que se dão no interior da página. Felipe Rodrigues explica essa institucional católica: "Nós trabalhamos *em nome da CNBB*, ou *estamos dentro hierarquicamente, ou burocraticamente*, e estamos *inseridos dentro de uma organização* [a Igreja Católica]" (informação verbal, Skype, 20 dez. 2015, grifo nosso). Já Layla Kamila, coordenadora da equipe de redes sociais do *Jovens Conectados* desde 2014, reforça esse protocolo geral da página, ao afirmar que a sua atuação envolve

> conhecer a realidade do jovem, onde esse jovem está inserido para podermos nos aproximar dele através da *comunicação própria desse jovem*. Depois, *trazer também um olhar de fé* – eu acho que assim podemos chamar –, a partir da Palavra de Deus, do Magistério da Igreja, para as realidades diárias e cotidianas daqueles jovens, para também nos aproximarmos do nosso concreto, com um olhar de fé sobre aquilo que é concreto na vida do jovem, e *trabalhar as linhas de ação da Comissão da Juventude da CNBB*, formação, espiritualidade, também estar de olho nas tendências. Porque, como o Felipe disse, *nós não somos somente um canal. Nós somos um canal oficial da Comissão*, mas também nós temos um papel de evangelizar os jovens (informação verbal, Skype, 20 dez. 2015, grifo nosso).

Busca-se, portanto, promover, protocolarmente, uma "comunicação jovem" com vinculação institucional "oficial", reiterando-se, ao mesmo tempo, uma normalidade católica juvenil a partir das realidades cotidianas da juventude em relação ao mundo.

Conforme analisado anteriormente, existem diversos protocolos interacionais fornecidos pela plataforma Facebook. Nas postagens observadas nos períodos aqui indicados, a página *Jovens Conectados* recorre a diversos deles em sua relação com os interagentes.[7] Como nos explica Layla Kamila,

> nós temos o trivial, que é: o Evangelho diário, que tem um *engajamento excelente*, a mensagem do Papa Francisco, o que tiver de mais forte que o papa falou

---

[7] Como o uso de *hashtags* praticamente em todas as postagens; a publicação de links endógenos ao projeto (como os do site do projeto, da sua conta nas plataformas YouTube e Issuu); a publicação de links exógenos ao projeto (com vinculação religiosa, como o site da CNBB, e de outros sem vinculação religiosa); a publicação de fotos e vídeos individuais na própria plataforma; a criação de álbuns de fotos (em geral, sobre eventos eclesiais juvenis); o compartilhamento de postagens de outras páginas do Facebook (como as da Pastoral da Juventude Nacional, de artistas católicos etc.); a criação de "eventos" na plataforma Facebook etc.

naquele tempo, e o corriqueiro das notícias que é publicado no site. Quando não tem notícia recente publicada, nós sempre resgatamos as notícias que têm a ver com o momento. [...] a nossa atualização é diária em todas as redes. Sempre conversando com o público, de acordo com aquele público específico (informação verbal, Skype, 20 dez. 2015, grifo nosso).

Ressalta-se, assim, uma busca de presença constante e diária nas redes, "sempre" em diálogo com os interagentes, nas suas especificidades. Por outro lado, nas postagens do *Jovens Conectados* em geral, focadas em conteúdos religiosos como o Evangelho, destacam-se também *protocolos e ritualidades religiosos* estabelecidos pela página na sua relação com os interagentes, e destes em relação à página, aos demais interagentes ou mesmo ao "sagrado" católico. Tais protocolos só podem ser instituídos, por sua vez, devido à ativação de funcionalidades protocolares do Facebook. As postagens do "Evangelho do Dia" – o primeiro *post* de cada dia –, por exemplo, incluem uma imagem com o texto evangélico transcrito e um comentário-legenda inserido pela página, que já é protocolar em sentido religioso, como no caso do dia 30 de março de 2015. Como comentário da página junto com a postagem da imagem, os administradores escreveram:

> Jovens Conectados – Proclamação do #Evangelho de Jesus Cristo + segundo João.
>
> Faça a *Lectio* Divina (leitura orante da Sagrada Escritura), através do Lectionautas Brasil http://www.lectionautas.com.br/
>
> #Compartilhe com seus amigos nas redes sociais: #Facebook #Twitter #tumblr #Instagram #Viber
>
> ✓✓ Você pode também baixar e enviar pelo #WhatsApp! [30 mar. 2015, às 07:30]´.[8]

Retoma-se aí um protocolo específico da liturgia católica, que é a frase "Proclamação do Evangelho de Jesus Cristo segundo... [nome do evangelista]". Tal frase é pronunciada pelo sacerdote ou diácono no momento de ler o texto evangélico no decorrer da celebração, durante a qual ele traça o sinal da cruz com o polegar direito sobre a Bíblia ou o livro em que é feita a leitura (assinalada com o símbolo + no comentário da página). Assim, ressignifica-se uma peculiaridade da liturgia católica para o ambiente digital, tornando-a protocolo de interação, que se soma a outros passos protocolares, como "fazer a leitura orante"

---

[8] Disponível em: <https://goo.gl/oEnfvr>.

em um site, "compartilhar" o texto com os amigos, "baixar e enviar" o Evangelho nas plataformas sociodigitais. Desse modo, mesclando protocolos tecnossimbólicos (como o uso de *hashtags*, de links e do sinal ✓) com protocolos sociointeracionais (ações comunicacionais em sites e plataformas) e elementos da liturgia católica tradicional, emergem novas modalidades protocolares de interação em rede.

Por sua vez, os interagentes, no campo de comentários, seguem e desdobram tais protocolos segundo a liturgia católica, por meio da resposta pronunciada em voz alta pelos fiéis depois do anúncio da proclamação do Evangelho durante o rito, como vemos na Fig. 20:

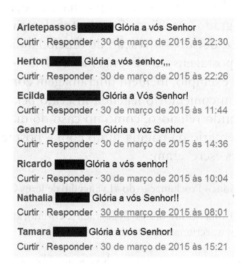

Figura 20 – Protocolo de interação religiosa na página *Jovens Conectados*
Fonte: <https://goo.gl/oEnfvr>.

Dessa forma, os usuários reconhecem na postagem o "protocolo litúrgico" e respondem conforme a regra interacional do âmbito eclesial, agora reconstruída nas interações em rede. Essa mesma postagem recebeu mais de 50 comentários, em sua quase totalidade seguindo o mesmo padrão de respostas, em que o usuário se insere no diálogo para manifestar a sua resposta litúrgico-protocolar à mensagem da página. Na economia interacional da página, tal manifestação discursiva é necessária para a "efetivação" na vida de fé do fiel do rito proposto pela página. Tal reconstrução do "católico" manifesta não apenas a circulação simbólica, mas também litúrgica, social e técnica, em favor de novas discursividades sobre o catolicismo no ambiente digital. Assim, uma especificidade comunicativa da liturgia católica é ressignificada para o ambiente *on-line*, com novos desdobramentos, já que a "proclamação" do Evangelho não é feita por um ministro ordenado, como determinam os documentos litúrgicos da Igreja, mas, simbolicamente, por "jovens católicos", reunidos no projeto. Por outro lado, tal proclamação se dá fora de um rito litúrgico propriamente dito, celebrado em uma igreja, mas no ambiente digital, em uma plataforma que é "sacralizada" mediante tais interações.

Outras vezes, a página institui outros protocolos próprios, articulando elementos tradicionais da fé católica com os registros de interação do ambiente digital. Um caso significativo, nesse sentido, foi a "Novena a Nossa Senhora Aparecida", rito que consiste em fazer orações ou outras práticas religiosas durante nove dias consecutivos. A página instituiu essa novena no dia 3 de outubro de 2015, sendo "celebrada" na plataforma até o dia 12, festa de Nossa Senhora Aparecida. No primeiro dia, a página postou uma imagem com a "Oração inicial" e a prece específica desse dia, retomada na descrição postada junto com a imagem, além de outros protocolos específicos:

Jovens Conectados – #NovenaMãeAparecida

– Faça a oração inicial, acesse: http://bit.ly/novenaNSAparecida

– Prece: Primeiro Dia (após a oração inicial)

Eis-me aqui aos vossos santíssimos pés, ó Virgem Imaculada! Convosco me alegro sumamente, porque desde a eternidade fostes eleita Mãe do Verbo eterno e preservada da culpa original. Eu bendigo e dou graças à Santíssima Trindade, que vos enriqueceu com este privilégio em vossa Conceição, e humildemente vos suplicamos para que nossa #juventude trilhe o caminho do bem, de santidade que agrada a Deus.

• Diariamente de 3 a 12 de outubro às 18h (horário de Brasília), Ângelus, vamos estar juntos em oração. #Marque seus amigos e familiares nos comentários e #compartilhe nas redes sociais.

#Rota300 #Aparecida300Anos #NossaSenhoraAparecida [3 out. 2015, às 18:00].[9]

Novamente recorrendo a *hashtags* diversas, gerando fluxos comunicacionais em rede específicos, a página convida o usuário a "fazer a oração inicial", que já se encontra na imagem postada, mas também

---

[9] Disponível em: <https://goo.gl/J4dyT5>.

"acessando" o link referenciado (que remete à conta do projeto no site Issuu, onde é disponibilizado um livreto digital com a novena). Depois da prece, a postagem lembra ao interagente o protocolo da novena a partir desse primeiro dia (datas e horários), além de convocá-lo a "marcar" outros usuários e a "compartilhar" o conteúdo nas redes. Tais protocolos regem a interação religiosa, que se organiza e se constitui a partir deles. Dessa forma, a tradicional novena é ressignificada a partir das funcionalidades digitais e da plataforma, especificamente, ganhando novos desdobramentos a partir das "curtidas", comentários e compartilhamentos feitos pelos interagentes, que serão mais detalhados na próxima seção.

Desse modo, estabelecem-se na plataforma novas modalidades de oração e intercessão religiosas, graças a protocolos específicos possibilitados pelo próprio Facebook, apropriados pela página a partir do contexto litúrgico católico e reapropriados pelos interagentes. Estes, por sua vez, fazem suas próprias ações religioso-comunicacionais, primeiramente mediante as funcionalidades próprias da plataforma ("curtir", comentar e compartilhar), mas também para além delas, acompanhando o protocolo da página em outros ambientes *on-line*.

Em outros casos, a página estipula alguns protocolos que poderíamos chamar de tecnointeracionais, ou seja, que regulam as interações com os usuários: se estes quiserem agir no interior da página, deverão seguir o "passo a passo" configurado pelos seus administradores. Uma série de *posts*, por exemplo, convidava as pessoas a compartilharem fotos das celebrações do Dia Nacional da Juventude (DNJ) nas diversas regiões do país no campo de comentários da página. No dia 25 de outubro de 2015,[10] a página deixa explícito o caráter regulatório de um protocolo tecnointeracional específico: "*Regrinha básica*: Poste a #Foto ▼ + nome da sua #Diocese, simples! Use a *hashtag* #DNJ2015". Isso aponta para a necessidade, por parte da página, de estipular uma regra básica e necessária para a efetivação da interação dentro dos moldes previstos: é *necessário* postar a foto no campo de comentários (assinalado pela seta para baixo), junto com o nome da diocese, usando ainda a *hashtag* específica – o que, talvez, não ocorreu do modo esperado pela página nos dias anteriores, levando-a a explicitar tal regulação. É apenas mediante a "obediência" do usuário em relação a tais critérios que o resultado

---

[10] Disponível em: <https://goo.gl/0jpU2C>.

esperado pela página será alcançado, ou seja, criar um circuito específico de circulação, mediante a *hashtag*.

Por fim, um caso extra aos períodos analisados é o da postagem do dia 12 de janeiro de 2016, em que a página alcançou o número de 400 mil "curtidas".[11] Junto com uma imagem com a frase "400 mil jovens conectados em Cristo!", a página agradeceu aos interagentes que assumem "o desafio de evangelizar por meio deste #Areópago digit@l!". E também lançou outro desafio: "Chegar a 1 MILHÃO de *Jovens Conectados* em Cristo!". Para isso, estipulou um novo protocolo para que tal objetivo fosse alcançado: "#Compartilhe *diariamente*, convide *mais e mais amigos* para somar a esse grande time de evangelizadores!". Dessa forma, a página busca fazer com que os interagentes empreendam outras ações, mediante tais regularidades (compartilhamentos "diários", convites a "mais e mais amigos"), para realimentar seus processos comunicacionais internos.

Além disso, os diversos interagentes também podem agir comunicacionalmente na página *Jovens Conectados* e para além dela, conforme possibilitado pelos protocolos do Facebook. Mediante tais ações comunicacionais, as postagens podem ser ressignificadas a partir de novas camadas de sentido articuladas pelas pessoas, em novos circuitos, com base nas suas redes pessoais, como veremos agora.

8.3 Análise de reconexão

Na página *Jovens Conectados* no Facebook, percebemos que os interagentes em geral constroem sentidos em torno do "sagrado" católico, mediante textos, imagens, vídeos. Nessa experimentação pública, entrevê-se uma prática religiosa específica das sociedades em midiatização. Ao conectar os interagentes, o Facebook fornece a eles a possibilidade de construírem redes comunicacionais em que se dão as suas interações sobre o fenômeno religioso, mediante reconexões.

O próprio projeto *Jovens Conectados* também nasce a partir de um processo de "pré-reconexões" indicado por Felipe Rodrigues:

> Quando nós começamos com o site, algumas expressões [da juventude católica brasileira] simplesmente não se conversavam. Uma não dialogava com a outra

---

[11] Disponível em: <https://goo.gl/yTfC14>.

sobre ações que eram basicamente iguais. E nós falávamos: "Bom, mas por que isso?". Porque eles não se viam como parte de um mesmo processo de evangelização, e eu acho que isso nós conseguimos fazer. Sabe, eu acho que isso é um objetivo concreto, um resultado concreto muito satisfatório, que nós já encerraríamos todo o trabalho falando: "Chegamos ao nosso primeiro objetivo, ao nosso objetivo maior", que é esse (informação verbal, Skype, 20 dez. 2015).

Dessa forma, a página no Facebook se soma a essas "pré-reconexões" (como a busca por maior "diálogo" entre as expressões juvenis católicas brasileiras), alimentando-as mediante reconexões propriamente ditas, que envolvem também os demais interagentes.

8.3.1 Reconexões realizadas pela página *Jovens Conectados*

Em geral, a página *Jovens Conectados* divulga conteúdos diversos, como textos, imagens e vídeos referentes à Igreja Católica brasileira em geral, com foco nas atividades e eventos juvenis, quase sempre remetendo ao site *Jovens Conectados*. Como víamos, desde o seu surgimento, a página manifesta diversas modalidades de reconexão, por exemplo, reconstruindo na plataforma Facebook ações prévias de um projeto de comunicação que nasceu das bases juvenis da Igreja, sendo, posteriormente, incorporado pela instituição. De práticas sociais de comunicação, passando pelo site, a página no Facebook reconecta tal panorama de ações comunicacionais em novas modalidades.

Nos dois períodos de observação, a construção simbólica das ações comunicacionais da página se manifestou principalmente por meio de postagens com conteúdo próprio (textos, fotos ou vídeos) publicado na própria plataforma do Facebook, sem conexões externas (54,2% do total). Depois, com postagens com links para o site *Jovens Conectados* (41,2%); postagens com links exógenos ao site do projeto (2,3%); compartilhamento de postagem de outras páginas no Facebook (0,9%); postagens com links para a conta do projeto no YouTube (0,9%); criação e divulgação de evento na própria plataforma (0,5%).

Desse modo, a página constitui no Facebook principalmente um espaço próprio de comunicação, sem referências externas, construindo suas relações com os interagentes a partir das funcionalidades da própria plataforma. Isso não significa que sejam práticas comunicacionais "engessadas" pelo sistema do Facebook: ao contrário, o acionamento da plataforma por parte do *Jovens Conectados* manifesta a compreensão de suas lógicas, o que possibilita a produção de conteúdo específico para tal ambiente digital. Em geral, as postagens com o maior número de rastros de interação por parte dos usuários (seja mediante "curtidas", comentários ou compartilhamentos) são as que envolvem conteúdo postado na própria plataforma, sem outras conexões externas.

Em geral, a grande maioria das postagens da página do *Jovens Conectados* nos períodos observados envolve o universo católico. Em primeiro lugar, despontam as publicações de informações, notícias e artigos sobre as diversas expressões juvenis católicas brasileiras. Depois, encontram-se postagens sobre a Igreja em geral, no Brasil e na Santa Sé, principalmente sobre a figura do Papa Francisco, seus gestos, suas mensagens e seus tuítes.

O foco da página no Facebook, a sua "linha", segundo os próprios administradores entrevistados, é a "evangelização da juventude", mediante "um olhar de fé sobre aquilo que é concreto na vida do jovem [...] formação, espiritualidade", como afirma Layla Kamila (informação verbal, Skype, 20 dez. 2015). Para Felipe Rodrigues, "o nosso objetivo é evangelizar" (informação verbal, Skype, 20 dez. 2015). E são as postagens voltadas especificamente ao âmbito religioso que também encontram maior circulação comunicacional entre os interagentes. Não se trata apenas de postagens informacionais e jornalísticas sobre o catolicismo, mas de postagens *experienciais e praxiológicas*, ou seja, *posts* que visam levar o usuário a estabelecer um vínculo *on-line* com o "sagrado" católico, mediante conteúdos diversos (textos, fotos ou vídeos). Voltados à experiência e a práticas religiosas católicas, tais *posts* ressignificam para o ambiente digital, mediante diversas modalidades de reconexão, elementos do catolicismo. Emerge, assim, uma religiosidade própria das interações em rede nessa plataforma.

Uma tipologia de postagem que contribui para a emergência dessa religiosidade *on-line* é o Evangelho diário. Nos dois períodos analisados, em todos os dias, a primeira postagem da página foi sempre o "Evangelho do Dia". Trata-se da publicação do texto evangélico referente ao dia específico, segundo a liturgia católica tradicional. Ao longo das observações, foi possível constatar uma transformação da sua composição simbólica (Fig. 21).

Figura 21 – Modificações no "Evangelho do Dia" na página do *Jovens Conectados*
Fonte: Página do *Jovens Conectados* no Facebook.

Em todas as versões, o texto evangélico é apresentado sob o título "Evangelho do dia", contendo o dia litúrgico ("Domingo de Ramos", "30ª Semana Comum" etc.), a data do calendário e, quando é o caso, o santo do dia, como na primeira imagem. O texto, por sua vez, é antecedido pela mesma frase que é usada nas liturgias católicas: "Evangelho de Jesus Cristo segundo... [nome do evangelista]", finalizado pela proclamação do ministro ordenado (padre ou diácono) após a leitura: "Palavra da Salvação". Reconstrói-se, assim, a liturgia católica para o ambiente digital, na tentativa de explicitar também na internet alguns elementos simbólicos do rito católico. Abaixo, faz-se a referência ao endereço do site do projeto (escrito na cor litúrgica), indicando que tal reconstrução traz essa marca, esse "estilo" próprio, que se soma à linha tracejada colorida que se sobrepõe à imagem.

Já a outra versão foi iniciada no dia 1º de abril de 2015, tendo sofrido pequenas reformulações ao longo do tempo. Além dos conteúdos litúrgicos que constavam na versão anterior (datas festivas da Igreja, texto evangélico, frases litúrgicas), acresce-se agora, ao lado direito do cabeçalho, uma imagem estilizada de uma estola, um paramento litúrgico que consiste em uma tira de pano que os ministros ordenados vestem sobre o pescoço e o peito. É esse elemento que agora identifica a cor litúrgica (roxo ou verde, como nos casos citados). Resgata-se, assim, um elemento clerical para construir simbolicamente a sacralidade da imagem na interação com as pessoas. O rodapé da imagem também remete às presenças digitais do projeto (em plataformas sociodigitais e no seu site), com o convite em forma de hashtag: "#Evangelize #Compartilhe", mesclando-se uma ação de âmbito religioso e uma ação de âmbito comunicacional, no cruzamento entre a Igreja e as redes. Ao lado direito, outros dois logotipos dão ainda mais oficialidade à imagem: o da CNBB e do site Lectionautas, indicando a autenticidade do conteúdo, seu reconhecimento por outras instituições e, ao mesmo tempo, as vinculações que o projeto possui em âmbito católico.

Outro caso característico da espiritualidade e religiosidade fomentadas pela página é o da sequência de imagens postadas ao longo da Semana Santa, como síntese imagética dos principais símbolos que identificam a liturgia dessas celebrações cristãs (Fig. 22):

Figura 22 – Imagens postadas pela página *Jovens Conectados* durante a Semana Santa 2015
Fonte: Página do *Jovens Conectados* no Facebook, com montagem do autor.

Temos, assim, uma reconexão simbólica de diversos elementos do universo católico (os ramos, a água, a coroa de espinhos, a cruz, a vela), ressignificados para o ambiente digital. Cada imagem traz consigo o nome da festa correspondente e duas referências ao projeto: ao lado direito, um logotipo com a conta do projeto no Instagram (@jconectados) e, embaixo, o endereço do site. Em sua plasticidade sintética, as imagens visam explicitar, condensadamente, o "mistério" a ser celebrado naquele dia. As descrições postadas junto com as imagens fazem referência aos ritos que serão celebrados nas igrejas católicas, explicando ao leitor o seu significado e inserindo-o na mística de cada uma das celebrações. A página também recorre a marcadores específicos, visando a se inserir em – ou instituir – uma interação temática comum a outros usuários em torno do catolicismo, como #SemanaSanta, #Páscoa, #Eucaristia, #sacerdócio, #PapaFrancisco. Por outro lado, o logotipo, ao referir a conta da página em outra plataforma sociodigital, exibe marcas circulatórias que agem sobre o interagente como convite para "seguir" o projeto também nesse outro ambiente midiático, pondo-o para circular entre as suas diversas presenças digitais. A circulação se complexifica mediante não apenas as interações intraplataformicas, mas também interplataformicas, em que a *persona Jovens Conectados* se presentifica e interage – sob protocolos e interfaces diversos – com as pessoas.

Outro caso de reconstrução simbólica da religiosidade católica ocorreu em outubro de 2015, em que a página recriou uma modalidade de oração tradicional do catolicismo, a "novena", para o ambiente digital. A primeira postagem foi feita no dia 3 de outubro (Fig. 23):

Figura 23 – Imagem da "Novena a Nossa Senhora Aparecida" da página *Jovens Conectados*
Fonte: <https://goo.gl/seSIaa>.

A imagem é dividida em duas partes principais. Ao lado esquerdo, aparecem o nome da novena, a "Oração inicial" e a referência, na forma de logotipo, a três instituições católicas que, dessa forma, se somam e apoiam a iniciativa: o Santuário de Aparecida, a CNBB e a Pastoral

Juvenil da CNBB. Tais referências conferem credibilidade e autenticidade católica ao conteúdo, em busca do reconhecimento de sua relevância junto aos usuários. Já a imagem de fundo era substituída, a cada dia, por outras fotos, sempre exibindo a imagem de Nossa Senhora Aparecida em alguma celebração católica, construindo, simbolicamente, um ambiente sagrado comum às demais pessoas retratadas. Ao lado direito, a oração específica do dia correspondente, com a referência ao site do projeto. Na descrição da imagem, a página explica o funcionamento de tal ritualidade: "Diariamente de 3 a 12 de outubro às 18h (horário de Brasília), Ângelus, estaremos juntos em oração. #Marque seus amigos e familiares nos comentários e #compartilhe nas redes sociais. #Rota300 #Aparecida300Anos #NossaSenhoraAparecida".[12]

Constitui-se, assim, em uma "liturgia" própria, que envolve ações rituais religiosas (oração) e comunicacionais (marcar pessoas, compartilhar nas redes sociais), em uma temporalidade específica, acentuada por uma espacialidade difusa ("estaremos juntos"). No campo de comentários, a própria página complementa a sua postagem, em um autocomentário:

> Jovens Conectados – Vamos rezar pelas intenções do coração de cada um de vocês! [3 out. 2015, às 14:32].
>
> Gino – Amém, interceda por mim, estou precisando mais do que nunca [3 out. 2015, às 14:34].
>
> Jovens Conectados – Gino R. [nome marcado] conte conosco! [3 out. 2015, às 14:39].[13]

"Gino" responde, reconhecendo a sacralidade que aí se constitui ("amém"), solicitando a intercessão da página, que confirma a sua presença e proximidade em relação ao interagente. A página – mediante *reconexão por menção*, mencionando o nome do usuário em questão – reforça a prática religiosa envolvida na postagem, reiterando que seus administradores irão rezar pela intenção do usuário. Outras pessoas também usam o campo de comentários para esse fim, dirigindo-se não apenas à página, mas diretamente a Nossa Senhora, fazendo o seu pedido: "Mãe Aparecida, rogai por nós",[14] "Nossa Senhora Aparecida

---

[12] Disponível em: <https://goo.gl/1IivrS>.

[13] Disponível em: <https://goo.gl/kVAVQ7>.

[14] Disponível em: <https://goo.gl/olYfi8>.

Abençoa eproteja minha familia epor meu esposo etodus meus amigos amém" [sic],[15] "Mãe aparecida, obrigado pelas bênção e graças recebidas Amém.!!!" [sic].[16] A grande maioria dos demais comentários performatiza a interação religiosa dos usuários, que escrevem apenas a palavra "amém".

Chama a atenção que o "amém" se converte em uma das principais construções simbólicas no contexto interacional da página, como reconexão dos sentidos católicos em circulação. Um caso relevante ocorreu no dia 26 de outubro de 2015, em que a página publicou, como de costume, o "Evangelho do dia". Um dos usuários, no campo de comentários, faz um desabafo público sobre uma "doença incurável" da qual ele se sente afetado (Fig. 24).

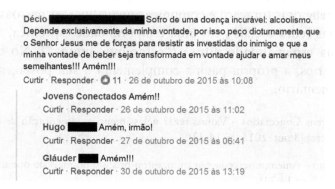

Figura 24 – "Amém" como resposta
Fonte: <https://goo.gl/lqpoiQ>.

Diante dessa manifestação, a própria página se soma ao testemunho e ao pedido do usuário, escrevendo apenas "amém", como outros dois usuários que se somam às intenções de "Décio" com o seu "amém". Em suma, o "amém" se torna, assim, uma "resposta ideal", uma palavra-síntese em cuja ação comunicacional se revela a complexidade simbólica em torno do "católico".

A página também envolve o usuário em um ambiente sagrado digitalmente constituído. Um caso foi o vídeo postado no dia 23 de outubro de 2015, no período de preparação ao Enem.[17] A descrição do vídeo

---

[15] Disponível em: <https://goo.gl/2MLCV5>.
[16] Disponível em: <https://goo.gl/GcJE0i>.
[17] Disponível em: <https://www.facebook.com/jovensconectados/videos/769407179836046/>.

dizia: "Confira a bênção especial para você que irá prestar o #Enem, do presidente da Comissão Episcopal Pastoral para a Juventude da CNBB, Dom Vilsom Basso", com a *hashtag* #ConectadoNoENEM. No vídeo, o bispo aparece em primeiro plano, com a imagem de um vitral e de duas mãos que seguram uma vela acesa ao fundo. Nos 17 segundos de duração do vídeo, o bispo diz: "A você, jovem, que vai fazer o Enem, eu te desejo boa sorte. Prepare-se, estude. Eu garanto a você a minha oração, a minha prece, a minha bênção: em nome do Pai, do Filho e do Espírito Santo. Amém". Fazendo o gesto do sinal da cruz e dizendo as palavras da bênção segundo o rito católico, o interagente é envolvido em um ambiente de sacralidade, compartilhando, simbolicamente, o ambiente físico em que o bispo se encontra, que se assemelha a uma capela, com o vitral ao fundo e a imagem das mãos que seguram a vela acesa, todos símbolos que remetem a uma certa religiosidade. A bênção é dirigida a um "você, jovem" genérico, a quem o bispo "garante" sua ação religiosa.

No campo de comentários, por sua vez, diversas pessoas escrevem o seu "amém" – mediante reconexão por enfatização – ou marcam outros interagentes para que assistam ao vídeo – reconexão por menção. E também se dá o seguinte diálogo, do qual a página participa:

Flávia – Que fofinho, Dom Vilson *---* [23 out. 2015, às 20:34].

Jovens Conectados – Demais, né [*emoticon* coração] [24 out. 2015, às 00:05].

Flávia – Gosto muito dele, ele é bispo da minha antiga diocese... quanta saudade... [24 out. 2015, às 00:24].[18]

Em seu diálogo, usuário e página trazem à tona uma forte proximidade afetiva com o bispo ("fofinho", "saudade", *emoticom* coração), gerando, portanto, outros desdobramentos à postagem, para além de seu caráter religioso. Sinaliza-se, assim, para as ações comunicacionais que se desencadeiam mediante a postagem, que levam as pessoas a se manifestarem e entrarem em diálogo com a página, realimentando seus processos internos à plataforma de construção de sentido.

Outra modalidade mediante a qual a página reconstrói o Facebook como ambiente sagrado é o recurso à *hashtag* "#FaçaSuaPrece", que apareceu em diversas postagens nos períodos analisados. Em geral, trata-se de um *post* contendo uma imagem e uma descrição com trechos bíblicos

---

[18] Disponível em: <https://goo.gl/pvz1EW>.

e frases de inspiração católica, voltadas à motivação e ao incentivo aos interagentes. No dia 16 de outubro de 2015,[19] junto com a *hashtag*, a página escreveu: "Não desanimeis, porque não estais sozinhos". Uma usuária se apropriou dessa postagem e, no campo de comentários, fez o seguinte depoimento pessoal (Fig. 25):

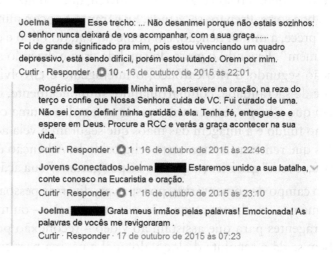

Figura 25 – Reconexão por adaptação na página *Jovens Conectados*
Fonte: <https://goo.gl/Xv73iJ>.

"Joelma" retoma a frase da postagem, afirmando que foi "de grande significado para mim", devido a uma situação pessoal. Seu comentário explicita a sua construção de sentido sobre a postagem, apropriando-se da frase a partir do seu contexto de vida. Assim, opera uma adaptação do *post*, usando o comentário para expor uma situação pessoal e solicitar as orações dos demais interagentes. Outros usuários, incluindo a própria página, buscam consolar "Joelma", que agradece a todos, dizendo-se "revigorada" a partir de tal interação. Desse modo, a plataforma é convertida, pela página e pelas interações comunicacionais, em uma "capela-confessionário" pública, em que os interagentes podem revelar o seu íntimo e confiar na oração das demais pessoas.

Em outros casos, o usuário é convocado não apenas a "receber" bênçãos, mas também a agir religiosamente no ambiente digital e fora dele. Isso ocorreu com uma ritualidade construída pela página na cam-

---

[19] Disponível em: <https://goo.gl/NmMwIa>.

panha chamada "Adote um bispo". A postagem foi feita no dia 19 de outubro de 2015, com o seguinte texto:

> Jovens Conectados – #Sínodo2015 Adentramos na última semana da 14ª Assembleia Ordinária do Sínodo dos Bispos sobre a Família. Ao final da Assembleia e com a decisão do Papa Francisco, poderá ser publicado um "documento sinodal". O texto final apresentará o resultado dos trabalhos, não sendo um documento definitivo (CNBB com informações da Rádio Vaticano).
>
> – Confira o convite do assessor Nacional da Comissão para a Juventude – CNBB, Padre Antônio Ramos (Pe. Toninho) e adote um bispo participante do Sínodo 2015, e ore por ele e por todo clero.[20]

Situa-se o leitor na temporalidade católica do Sínodo e convida-se a que se assista ao vídeo com o padre assessor, carregado na própria plataforma Facebook. O vídeo traz o sacerdote em primeiro plano, com uma imagem ao fundo retratando uma Bíblia e um terço. Em sua fala, o padre afirma: "A gente convida você a adotar um bispo e a rezar por ele neste tempo inteiro de Sínodo, para que o Espírito Santo de Deus possa agir neles, para que a fala, a participação deles seja pela ação do Espírito Santo".[21] Na economia de interação da página, um convite feito por um clérigo adquire um peso muito maior entre os usuários, ainda mais sendo o "assessor nacional da Comissão para a Juventude – CNBB", como indica o crédito no vídeo. Dessa forma, busca-se um envolvimento do interagente ("adotar um bispo e a rezar por ele"), mediante diversas funcionalidades da plataforma, como postagem de texto simples, *hashtags*, links e vídeo.

Somado a isso, em outras postagens bastante frequentes, o *Jovens Conectados* promove, ainda, uma autorreferenciação, como no dia 31 de outubro de 2015, em que a página convidou as pessoas a enviarem "o que está acontecendo em sua Arqui(Diocese) ou expressão jovem, durante a Semana Santa". Desse modo, os administradores da página poderiam "produzir uma matéria superlegal", da qual "você não pode ficar de fora".[22] Por meio de tal autorreferenciação, a página, primeiro, abre o seu processo comunicacional de construção das notícias à colaboração do usuário, alimentando a página no Facebook; e, segundo, ao envolver o interagente, busca uma nova alimentação futura de seus pro-

---

[20] Disponível em: <https://goo.gl/iyN0NF>.

[21] Disponível em: <https://www.facebook.com/jovensconectados/videos/767936519983112>.

[22] Disponível em: <https://goo.gl/iYn9tV>.

cessos, mediante a produção da matéria. Dessa forma, a página constrói sentido sobre as suas próprias ações, conectando-se com os interagentes mediante a página, reforçando seus próprios processos internos (como a atualização de sua presença no Facebook ou do seu site) e externos (como a interação com o público católico) ao ambiente digital, contando com o trabalho de construção de sentido por parte das pessoas.

Em outros casos, tal autorreferenciação remete às outras presenças midiáticas do *Jovens Conectados*, como o seu site ou a sua conta no You-Tube, fazendo o usuário se deslocar entre ambientes digitais, chamado a operar ações diferentes em cada um deles, mantendo, contudo, grande parte da interação pública na própria plataforma – como "curtidas", comentários e compartilhamentos. Tal remidiação também se explicita nos casos em que as postagens no Facebook remetem o usuário a outros ambientes midiáticos fora da plataforma, como revistas e livretos digitais, jogos *on-line* etc.[23] Desse modo, a página "dialoga" com diversas mídias, reconectando vários circuitos midiáticos e os usuários, fazendo-os transitar por diversos circuitos comunicacionais. Esses fluxos circulatórios buscam também promover diversas ações por parte das pessoas, indicadas por verbos imperativos como: "Acesse", "baixe", "veja", e as diversas referências digitais necessárias, como links, para os deslocamentos dos interagentes, valendo-se dessa linguagem imperativa para envolver os usuários nas interações propostas.

8.3.2 Reconexões realizadas pelos interagentes a partir da página *Jovens Conectados*

Como vimos nos casos anteriores, explicita-se na própria página aquilo que os interagentes fazem com o que lhes é oferecido, mediante "curtidas", comentários e compartilhamentos. Analisemos alguns casos

---

[23] Como nas seguintes postagens: dia 2 de abril, com imagem da capa da edição especial "O rosto da Igreja do Brasil" da revista *Jovens Conectados*, com convite aos usuários: "Acesse e baixe de graça: [link]" (disponível em: <https://goo.gl/slQ8gm>); dia 6 de abril, com uma "dica" referente ao jogo "Run to WYD" (Corra para a JMJ), em preparação para a Jornada Mundial da Juventude de Cracóvia – 2016, que mostra os principais pontos turísticos de Cracóvia, com o convite: "Veja: [link]" (disponível em: <https://goo.gl/NiDZgQ>); dia 7 de outubro, sobre a coletânea de livretos de subsídio da campanha "Rota300", com detalhes para a aquisição das versões impressas e o link para o *download* gratuito (disponível em: <https://goo.gl/scz1hf>); dia 26 de outubro, outra "dica" da página "para a galera jovem que curte a boa música católica", indicando os detalhes para o lançamento do novo CD de um cantor católico em São Paulo, afirmando ainda: "Vai ser inesquecível! Quem já garantiu a ida?!" (disponível em: <https://goo.gl/GZigWG>).

específicos de interação dos "curtidores" da página *Jovens Conectados* que apontam mais claramente para a circulação do "católico".

Uma modalidade de reconexão específica que emerge nos comentários é a postagem de conteúdos por parte dos usuários, para realimentar processos comunicacionais da página. Na postagem do dia 30 de março de 2015,[24] por exemplo, a página publicou um link para o seu site, onde constava uma notícia sobre o Setor Juventude, da Diocese de Camaçari (BA), que realizou uma ação de evangelização nos semáforos da cidade. A matéria no site traz apenas uma foto do evento. No campo de comentários no Facebook, a página "Setor Juventude Camaçari" posta o link do vídeo que registra o evento, carregado na sua conta no YouTube. Assim, a postagem inicial ganha essa "camada" a mais de informação – que faltava no próprio site do projeto –, graças à contribuição do interagente, mediante uma reconexão por remidiação, interligando Facebook, site e YouTube. Mediante tais reconexões, com conteúdos que emergem por um processo comunicacional ascendente, os interagentes realimentam os processos da própria página, que se apropria das contribuições dos usuários, desencadeando novos fluxos.

Em outros casos, as postagens do *Jovens Conectados* são apropriadas para outros fins não previstos por ele. Isso ocorreu no dia 31 de março de 2015,[25] em que a página postou uma imagem referente a um tuíte papal postado naquele dia, que dizia: "A Confissão é o sacramento da ternura de Deus, a sua maneira de nos abraçar". A postagem foi compartilhada mais de 90 vezes. Diversos interagentes se apropriaram da postagem para ressignificá-la a partir de seu próprio contexto comunicacional, como, por exemplo, divulgando momentos de confissão presenciais em locais e horários específicos, como o usuário "Emilton A", que compartilhou a postagem, acrescentando: "Hoje – Confissão Comunitária para os Homens – Santuário Nossa Senhora do Perpétuo Socorro, às 20:00 Divulgue, compartilhe e participe". Temos, assim, uma apropriação da postagem inicial (que já era uma apropriação do tuíte papal), vinculada ao mesmo tema "confissão", mas ressignificada a partir dos desejos e interesses desses usuários, que compartilham junto aos seus seguidores uma informação complexificada, mesclando o tuíte pontifício, a postagem da página *Jovens Conectados* e as informações respectivas de cada usuário.

---

[24] Disponível em: <https://www.facebook.com/jovensconectados/posts/677565752353523>.

[25] Disponível em: <https://goo.gl/4XvS92>.

Em outros casos, as pessoas deixam seus comentários questionando aspectos referentes às postagens da página. Desse modo, as pessoas agem comunicacionalmente em relação à página ou a outros interagentes, posicionando-se até mesmo contra algo ou alguém e manifestando publicamente a sua objeção e oposição. No dia 30 de março de 2015, a página postou uma de suas poucas mensagens de temática sociopolítica, envolvendo uma ação de dez entidades civis para denunciar o retrocesso na legislação brasileira com a possível votação da admissibilidade da PEC 171/93, que reduz a maioridade penal para 16 anos de idade. Esse evento contou com a presença da CNBB, dentre outras instituições.

O usuário "Bruno", em sua construção de sentido sobre a postagem, afirmou em comentário: "O comunismo dentro da Igreja está excomungado. Teólogos da Libertação. Convertam-se. Aos jovens: A CNBB está te enganando, procurem a verdadeira fé católica".[26] Seu comentário vinculava uma questão sociopolítica apoiada pela CNBB com o comunismo, subvertendo o sentido proposto pela página. Para ele, ao contrário, a "verdadeira fé católica" não seria essa, pois os próprios bispos estariam enganando os jovens. O interagente, portanto, se coloca acima dos próprios bispos, como "autoridade" autonomizada pelas competências sociodigitais, que lhe permitem, publicamente, denunciar a CNBB como enganadora e anunciar o "verdadeiro" catolicismo. Dessa forma, desdobram-se as possibilidades simbólicas da postagem, que não será lida (ou interpretada) da mesma forma, caso alguém leia primeiro (ou depois) o comentário do leitor, que gerou novos desdobramentos de sentido à leitura das demais pessoas, por meio de resistências explícitas à autoridade e à institucionalidade da própria CNBB e dos seus bispos membros.

Percebe-se, assim, como as interações vão se constituindo tentativamente, mediante questionamentos e respostas que realimentam os processos comunicacionais da própria página. No dia 26 de outubro de 2015, por exemplo, uma postagem da página[27] revelou as tensões existentes na realidade juvenil católica. A página havia compartilhado uma postagem de outra página no Facebook – da Pastoral da Juventude Nacional.[28] Devido a essa postagem, as ações dos interagentes no campo

---

[26] Disponível em: <https://goo.gl/38ndT6>.

[27] Disponível em: <https://www.facebook.com/jovensconectados/posts/770409656402465>.

[28] A Pastoral da Juventude (PJ) é uma expressão juvenil católica ligada à CNBB, que traz em sua história a herança da Ação Católica dos anos 1960, assim como da Teologia da Libertação e da Pedagogia do Oprimido (disponível em: <http://goo.gl/X2sChf>).

de comentários passaram a explicitar as divergências internas ao catolicismo juvenil, entre críticas e defesas, como por exemplo:

> Anderson – Vish, PJ saindo aqui da página... engraçado, a logomarca da PJ é igual a do PT... (sic) [27 out. 2015, às 15:31].

> Marcio C. – PJ? Descurtindo página. Marxismo não entra na minha página [26 out. 2015, às 16:57].

> Bruno – 2 [26 out. 2015, às 20:03].

> Pastoral da Juventude S... – Somos muito felizes por sermos PJ!!! [26 out. 2015, às 16:59].

> Hirgo – PASTORAL DA JUVENTUDE NACIONAL, sempre! [26 out. 2015, às 19:16].

Os dois primeiros usuários, "Anderson" e "Marcio", manifestam publicamente o seu desagrado em relação à postagem do *Jovens Conectados* e a sua ojeriza à PJ, vinculando-a ao Partido dos Trabalhadores e ao marxismo, mas sem acrescentarem qualquer fundamentação discursiva. "Bruno", por sua vez, responde ao comentário de "Marcio", digitando apenas o número 2, ou seja, indicando que ele também se soma ao que foi escrito pelo usuário anterior. E também se sinaliza para um gesto comunicacional subversivo em relação à página, ou seja, o ato de "sair", de "descurtir", de rompimento do vínculo e de adesão aos protocolos comunicacionais da página, pois, de acordo com tais pessoas, determinados conteúdos "não entram" em suas páginas, envolvendo seleções e "filtros" pessoais dentre os conteúdos que aí circulam. Outros usuários, por sua vez, publicam comentários em sentido inverso, defendendo a "bandeira" da PJ. Desse modo, a postagem inicial – em que a PJ era apenas contextual – é ressignificada pelos usuários, que, sem qualquer debate propriamente conteudístico, passam a se posicionar favorável ou desfavoravelmente a uma expressão juvenil institucionalmente católica.

Já no dia 6 de outubro de 2015,[29] em uma das poucas postagens da página referentes ao Sínodo dos bispos, o texto da página trazia trechos da homilia do Papa Francisco na missa celebrada naquele domingo na Basílica de São Pedro. O discurso papal se referia à "união de amor entre o homem e a mulher", união "indissolúvel", cujo objetivo "não é apenas viver juntos para sempre, mas amar-se para sempre". Uma imagem acom-

---

[29] Disponível em: <https://goo.gl/HUzUkB>.

panhava a postagem, mostrando o papa abençoando um casal de noivos. O campo de comentários foi convertido em um ambiente para a declaração de amor entre diversos interagentes, como no caso de "Vanessa", uma das primeiras a deixar seu comentário, que escreveu: "Te amarei para todo sempre Alex",[30] marcando intraplataformicamente o seu companheiro.

Contudo, algumas pessoas deslocaram o sentido da postagem inicial e também essa modalidade interacional emergente no campo de comentários, operando uma ressignificação do *post*. A usuária "Luiza" escreveu: "Sou divorciada e feliz",[31] desconstruindo, dessa forma, publicamente, tudo aquilo que página e interagentes vinham fazendo em termos de construção de sentido sobre a homilia papal. Seu amor conjugal não foi "para sempre", mas, mesmo assim, ela afirmava ser feliz. Seu comentário, no contexto interacional criado em torno da postagem, envolvia, portanto, o reconhecimento público de um quase "pecado" no ambiente católico (o divórcio), que se manifestava em sentido contrário e subversivo às declarações de "amor para sempre" emergentes entre os demais usuários. Seu comentário, portanto, explicita um poder-dizer emergente, que revela competências sociossimbólicas em torno do catolicismo que surgem com a autonomização da midiatização digital, ultrapassando até o temor de possíveis recriminações por parte dos responsáveis pela página, da Igreja ou dos demais católicos.

Em relação aos comentários, por parte da página, Felipe Rodrigues comenta:

> Nós temos um padrão de respostas, [...] que geralmente nós não polemizamos. E as respostas que são mais polêmicas, nós não deixamos abertas para todos. *Nós levamos para outro âmbito*, mandamos uma mensagem privada ou até mesmo por telefone, por e-mail, mas nós respondemos. Nunca deixamos de responder. Necessariamente respondemos, mas nem sempre isso é visto por todos, porque aí não se dá margem para outros comentários parecidos, que reforçam muitas vezes uma tese que é errada, ou que está incorreta, ou que está eivada de algum vício, ou que simplesmente é preconceituosa. [...] Mas essas respostas mais polêmicas, muitas vezes, dizem respeito à própria CNBB, e muitos acusam a CNBB de ter um viés político afinado com o lado "X". E aí nós tentamos esclarecer, só que, às vezes, isso deve ser enxergado de forma aberta, mas não no comentário. Talvez em uma outra postagem, e *nós levamos isso para outro âmbito, para um âmbito privado*. Até porque, depois, a responsabilidade de postagem desse conteúdo é de quem postar. *Seria uma quebra de confiança* (informação verbal, Skype, 20 dez. 2015, grifo nosso).

---

[30] Disponível em: <https://goo.gl/aufRzh>.

[31] Disponível em: <https://goo.gl/FRGuWi>.

O processo circulatório da página, portanto, envolve reconexões de "outros âmbitos", em que a página reconstrói seu vínculo, seu "contato" com os interagentes. O dilema entre o "aberto" e o "privado" revela uma preocupação interacional em relação à instituição à qual eles representam e também à própria "confiança" que os usuários depositam na página.

Essa interação com a página, embora desviante por parte dos interagentes, desencadeia outros processos no interior do próprio projeto, como forma de realimentação comunicacional. Segundo Felipe Rodrigues,

> se partirmos do fato de que queremos dialogar com a juventude, *nós precisamos ouvir a opinião deles*, precisamos ouvir a opinião não só daqueles que gostam, mas também daqueles que discordam. E nós pensamos: "Bom, esse comentário é relevante, realmente podemos levar em conta? Ele pode *incrementar os nossos processos, melhorar a nossa comunicação?*". Sim, pode. Então, nós tentamos responder a isso de alguma forma, melhorando os processos ou dando um vigor para a comunicação, e isso também até pessoalmente. [...] E nós temos uma responsabilidade sobre os ombros muito grande. Nós já temos um público muito grande, o que nos dá ainda mais responsabilidade e, de certa forma, quando nós vemos esses comentários, nós nos sentimos mais, não sei... *mais estimulados a continuar*, né? Uma dimensão pessoal aí também (informação verbal, Skype, 20 dez. 2015, grifo nosso).

O contato com os interagentes, por conseguinte, reafirma os propósitos da página, como "estímulo", e também pode desencadear "melhorias" nas ações comunicacionais do projeto. Trata-se de uma "necessidade" de interação que vai reconstruindo práticas internas, de acordo com as emergências comunicacionais que ocorrem em tais processos.

* * *

Assim, apropriando-se da plataforma Facebook, a página do *Jovens Conectados* remodela as ações comunicacionais do projeto para as processualidades desse ambiente, contando com a participação dos interagentes em sua própria constituição.[32] A socioinstitucionalidade católica brasileira, desse modo, se presentifica na plataforma Face-

---

[32] Por e-mail (18 jan. 2016), Felipe Rodrigues esclarece que a finalidade da página não é apenas "gerar mais engajamento, por meio da interação com os usuários", pois o próprio engajamento "é o resultado do trabalho na página, que tem como fim a evangelização e a inserção de conteúdo religioso na vida das pessoas. Logicamente, e principalmente nas redes sociais, os conteúdos são um eterno devir, eterna afirmação de um conteúdo que conversa com as individualidades presentes no ambiente, sem abrir mão dos princípios fundamentais".

book traduzindo, dentro dos limites e possibilidades desse dispositivo emergente, a "identidade" da instituição e das expressões juvenis católicas no Brasil, em novas formas de vínculo sociodigital, construído comunicacionalmente.

9
As "periferias existenciais" da Igreja em rede:
caso *Diversidade Católica* no Facebook

Para além dos aspectos institucionais do catolicismo, a midiatização digital também envolve um processo de autonomização comunicacional. No caso da religião, isso leva a novas configurações religiosas, em que sujeitos comuns tomam a palavra social e publicamente, ressignificando os sentidos religiosos em geral. Isto é, a internet, pela sua facilidade de acesso e de uso, e pela expansão do alcance e da abrangência das interações sociais, dá o poder da "palavra pública" àqueles que não tinham acesso aos aparatos midiáticos e eclesiásticos tradicionais.

Embora não tenha a institucionalidade midiática nem eclesiástica em sua retaguarda, essa palavra socioindividual se torna ubíqua. Isso porque, em nível comunicacional, o ferramentário disponível hoje para a sociedade em geral em termos de construção de sentidos – midiáticos ou religiosos – é muito acessível e muito próximo (senão igual) ao dos profissionais e especialistas. Graças à maior acessibilidade aos meios digitais, à publicização de informações e à democratização do polo de produção simbólica, pessoas comuns adquirem e desenvolvem saberes-fazeres reticularmente, para além do papel desempenhado pelos especialistas e instituições tradicionais.

Diante da facilidade de uso dos aparatos de comunicação digitais e de suas potencialidades no tecido social, portanto, manifesta-se um "processo de *democratização das competências* que está no coração da atividade amadora" (Flichy, 2010, p.79, trad. nossa), em que especialistas e não especialistas cooperam em uma construção comum dos diversos saberes-fazeres, incluindo religiosos. Há, assim, uma nova forma de *participação* sociocomunicacional, marcada pelo empoderamento e pelo compartilhamento, um processo em que "mais poder midiático jaz nas mãos dos cidadãos [...], mesmo que os meios de massa [ainda] detenham uma voz privilegiada no fluxo de informação" (Jenkins; Ford; Green, 2013, p. 163, trad. nossa).

Nas plataformas sociodigitais, como Twitter e Facebook, constata--se a existência de inúmeros casos de ambientes criados por pessoas comuns, referentes a temáticas católicas, ou seja, presenças não oficiais, não institucionais, alternativas sobre o "católico". Há incontáveis contas e páginas criadas na plataforma (sempre públicas, ao contrário dos grupos, que podem ser privados) por pessoas e grupos em que se articulam redes comunicacionais sobre o catolicismo.[1] Nelas, a partir do seu ponto de vista sobre o universo católico, tais sujeitos se apropriam de elementos midiático-religiosos para reconstruir e ressignificar publicamente o sentido do catolicismo. A midiatização digital da religião, portanto, traz à tona justamente as ações "microbianas" desses agentes, que não são historicamente novos, mas emergem social e eclesialmente graças à internet.

Dada a atual conjuntura sociocultural e, principalmente, eclesial, destacam-se os casos em que tais páginas públicas, como a que aqui será analisada, explicitam publicamente os embates no interior do catolicismo, como em torno de um dos temas mais controversos do catolicismo contemporâneo, como a questão *gay*[2] e a identidade de gênero. Segundo Pondé (2011, p. 75), a homoafetividade é não apenas uma das "maiores transformações sociais das últimas décadas do século XX", mas também, em âmbito eclesial, "um dos temas mais duros para

---

[1] Uma busca na própria plataforma por termos como "católico" ou "católica" no Facebook traz como resposta páginas que demarcam sua presença, já desde o próprio nome, em torno, por exemplo, de textos, documentos e debates em torno da fé e da doutrina da Igreja Católica, como as páginas *Bíblia Católica On-line* e *Catecismo da Igreja Católica*; ambientes de reafirmação identitária católica, como as páginas *Católicos defensores da fé*, *Sou católico e sou feliz*, *Beleza da Igreja Católica*, *O homem católico*, *Mulheres católicas que rezam*; aspectos da vivência e da prática religiosas católicas, como as páginas *Católicos não adoram imagens*, *Católico orante*, *Música católica*, *Catequese católica*; relacionamentos pessoais entre católicos, como as páginas *Solteiros católicos* e *Namoro católico*; humor em torno de temas católicos, como as páginas *Memes católicos* e *Chaves católico*; empresas e serviços comerciais católicos, como as páginas *Cruzeiro católico* e *Católicos empreendedores* (sic). Cabe ressaltar que as páginas acima indicadas contam, em todos os casos, com mais de 10 mil "curtidores", chegando até a mais de um milhão. Trata-se, portanto, de ambientes de grande circulação comunicacional, em torno das mais variadas temáticas e aspectos do catolicismo brasileiro.

[2] Neste livro, utilizamos o termo "gay" como representativo das várias formas de expressão da sexualidade humana, seguindo o mesmo padrão de estilo adotado pelo próprio grupo *Diversidade Católica*.

o catolicismo no início deste século". É nesse contexto que se enquadra o grupo *Diversidade Católica*.

9.1 *Diversidade Católica*, um "sinal dos tempos" para o catolicismo brasileiro

No contexto católico, vem emergindo com força, no mundo inteiro, um novo "sujeito eclesial" que demanda o seu espaço e reconhecimento na Igreja: a pessoa homossexual.[3] No contexto eclesial brasileiro, tal realidade também se torna cada vez mais forte, embora entre tensões e desconfianças. Uma das principais revistas de reflexão teológico-pastoral católica no Brasil, *Vida Pastoral*, levantou a questão da homoafetividade e a fé cristã na sua edição de dezembro de 2014, provocando grande debate. O seu editorial, escrito pelo Pe. Jakson Alencar, revelou os cuidados discursivos quando se trata de conjugar catolicismo e homoafetividade:

> É comum, em ambientes religiosos, ouvirmos dizer que sobre alguns temas de ética da sexualidade *é preferível silenciar, para evitar polêmicas*. Por isso, publicar uma edição de *Vida Pastoral* sobre a temática da fé cristã ante a homoafetividade *foi motivo de bastante reflexão prévia*. O objetivo da edição *não é polemizar*, mas oferecer subsídios para melhor compreensão da questão e favorecer o atendimento de necessidades pastorais (Alencar, 2014, p. 1, grifo nosso).

---

[3] Isso ganhou ainda mais força com a eleição de Francisco, que, logo no início de seu pontificado, em uma entrevista coletiva no voo de retorno do Brasil à Itália em 2013, pronunciou a famosa frase: "Se uma pessoa *é gay* e procura o Senhor e tem boa vontade, quem sou eu para a julgar?" (cf. <http://goo.gl/O65hEH>) – a primeira vez na história em que a palavra "gay" foi pronunciada por um pontífice. Isso levou a revista *Advocate*, a principal publicação da comunidade LGBT dos Estados Unidos, por exemplo, a escolher justamente o Papa Francisco como a "pessoa do ano", estampando o seu rosto na capa da sua edição de dezembro de 2013. Segundo a própria revista, com a eleição de Francisco, "uma mudança significativa e sem precedentes ocorreu este ano com relação a como as pessoas LGBTs são consideradas por uma das maiores comunidades de fé do mundo" (cf. <http://goo.gl/BbASWF>, trad. nossa). Um possível sinal dessa mudança veio da própria cúpula da Igreja, no duplo Sínodo dos bispos de 2014 e 2015, assembleia de caráter consultivo dos representantes da alta hierarquia da Igreja Católica do mundo inteiro, na presença do Papa Francisco. O Sínodo foi convocado pelo papa para abordar especificamente o tema da família. Concluídos os debates das duas sessões, o relatório final – aprovado com maioria absoluta – afirmava que "cada pessoa, independentemente da sua tendência sexual, deve ser respeitada na sua dignidade e acolhida com respeito, com o cuidado de evitar 'qualquer atitude de injusta discriminação'" (Sínodo, 2015, n. 76). Por isso, pede-se que seja reservada uma atenção específica ao acompanhamento das famílias em que vivem pessoas homossexuais.

Portanto, o problema é reconhecido, mas "é preferível silenciar". Falar a respeito é "polemizar" – e esse é um grande risco perante a instituição. Na mesma edição, o teólogo jesuíta Luís Corrêa Lima vai além da mera constatação e afirma:

> *Importante sinal dos tempos atuais* é a visibilização da população homossexual. [...] Os *gays* fazem parte da sociedade e, ao se visibilizarem, almejam cidadania plena, com os mesmos direitos e deveres dos demais. [...] Há muitos *gays* na Igreja. [...] *Não há dúvida de que essa realidade faz parte das periferias existenciais apontadas pelo papa* (Lima, 2014, p. 29-30, grifo nosso).

Ficam evidentes, nessa reflexão, os limites, as necessidades e as possibilidades de se trabalhar essa questão no âmbito católico. Trata-se de um "importante sinal dos tempos atuais", isto é, uma realidade sociocultural emergente que provoca e convoca a Igreja a ver tal fato a partir de uma perspectiva transcendente, dentro de sua missão como comunidade eclesial cristã. Esse "sinal" precisa ser "visibilizado" na cultura, em suma, *comunicado* – com tudo o que isso implica.

Ao mesmo tempo que se explicita a sua relevância no debate católico atual como "sinal dos tempos", a reflexão em torno da questão homossexual ainda é um verdadeiro tabu para grande parte do catolicismo. Mas hoje, "na realidade social e cultural contemporânea, a 'minoria' homossexual já não vive no 'gueto' cultural a que fora relegada (com o aval da Igreja)" (Valle, 2014, p. 12). Ao contrário, ela se apresenta como "legítima representante de uma luta libertária que tem como objetivo defender direitos proclamados elementares em sociedades democráticas" (ibid.). É nesse contexto de afirmação e busca de reconhecimento por parte das pessoas *gays* católicas que se insere a ação comunicacional do grupo *Diversidade Católica*.

O *Diversidade Católica* nasceu entre 2006 e 2007, no Rio de Janeiro. A apresentação disponível em seu site o define como "um grupo de leigos católicos que compreende ser possível viver duas identidades aparentemente antagônicas: ser católico e ser *gay*, numa ampla acepção deste termo, incluindo toda diversidade sexual (LGBT)".[4] Apesar de trabalhar em uma interface delicada e complexa no interior do catolicismo, o grupo reitera a sua fidelidade à Igreja tanto em seu site ("Nossa postura é de comunhão com a Igreja")[5] quanto em sua página do Facebook

---

[4] Disponível em: <http://www.diversidadecatolica.com.br/quem_somos.php>.

[5] Id.

("Somos membros inalienáveis da Igreja Católica Apostólica Romana").[6] Trata-se, portanto, de um caso de autonomização e publicização de um sujeito socioeclesial específico (o *gay* assumidamente católico"), que manifesta suas competências comunicacionais.

Em entrevista para esta pesquisa, Cristiana Serra, psicóloga e membro do grupo desde 2008, oferece mais detalhes sobre a origem do grupo:

> *O Diversidade nasceu na internet.* Em 2006, um grupo de pessoas, algumas *gays*, outras não [...], todas muito ligadas ao catolicismo, começaram a conversar sobre como conciliar essas duas identidades [*gay* e católica]. E decidiram organizar um material e assim foi criado um site. Depois de quase um ano de trabalho, de organização, discussão e reflexão, foi criado o site DiversidadeCatolica.com. br. *E é engraçado porque, a partir do site [...] começou a surgir a demanda, porque as pessoas começaram a buscar na internet, a parar no site, a entrar em contato* – porque tinha lá um formulário de contato, um e-mail. *E as pessoas começaram a pedir ajuda, tirar dúvidas e pedir orientação. Então, a demanda por encontros presenciais surgiu a partir do surgimento do site [...]* [Os primeiros membros eram] um grupo de seis ou sete pessoas, que foram se conhecendo. Essa discussão [sobre *gays* católicos] foi surgindo. Então, foi surgindo uma pequena "redezinha" ali, que criou o site. Em parte, a partir do site, em parte, a partir de conhecidos daqueles sete [membros] originais, começou a surgir uma demanda e começaram a haver reuniões presenciais uma vez por mês (informação pessoal, São Leopoldo, 16 out. 2015, grifo nosso).

Desse modo, a conciliação das duas identidades, católica e *gay*, por parte do grupo, é permeada pelas possibilidades da cultura sociodigital, mediante a criação de um site,[7] que favoreceu uma "demanda" em termos de ajuda, dúvidas, orientação, encontros. A "redezinha" *off-line* gerou a rede *on-line*, com maior alcance. Aquilo que subsistia de modo latente no interior da Igreja Católica encontrou um "ponto de escape" comunicacional, uma "fresta no armário" eclesial, graças a uma ação simbólica no ambiente digital.

Trata-se, portanto, de uma "minoria periférica" emergente no contexto eclesial contemporâneo. Mas sua "minoridade" vai além da inferioridade quantitativa de seus membros (seja em termos digitais, com seus pouco mais de 5 mil "curtidas" na página do Facebook em meados de 2017, por exemplo, seja em termos socioeclesiais, em comparação com uma "maioria" católica) e envolve ainda o fato de lutar para ter

---

[6] Disponível em: <https://www.facebook.com/diversidadecatolica/info/?tab=page_info>.

[7] Disponível em: <http://www.diversidadecatolica.com.br>.

uma voz ativa no contexto eclesial, de se "fazer ouvir" por parte da Igreja Católica como um todo, pois as pessoas *gays*, no âmbito católico, ainda não têm acesso à "fala plena" nas principais instâncias da vida da Igreja Católica. As pessoas homossexuais, no contexto católico, podem ser vistas como minoria, pois se constituem como "um lugar onde se animam os fluxos de transformação de uma identidade [católica] ou de uma relação de poder [eclesial]", promovendo "uma tomada de posição grupal no interior de uma dinâmica conflitual" (Sodré, 2005, p. 12) em torno das questões de gênero.

Por outro lado, pelo fato de propor um discurso dissidente, segundo certas leituras sociais, ou mesmo herético, segundo certas leituras católicas, o grupo se situa tanto na fronteira eclesial quanto na fronteira social. Como afirma Lima (2014), as pessoas homossexuais apontam para aquilo que o próprio Papa Francisco chama de "periferias existenciais". E, para o pontífice,

> quando eu falo de periferia, eu falo de limites. Normalmente, nós nos movemos em espaços que, de alguma maneira, controlamos. Este é o centro. Mas, na medida em que vamos saindo do centro, vamos descobrindo mais coisas. E, quando olhamos para o centro a partir dessas coisas novas que descobrimos, a partir dessas novas posições, a partir dessa periferia, vemos que a realidade é diferente. Uma coisa é ver a realidade a partir do centro, e outra coisa é vê-la a partir do último lugar em que você chegou. [...] *Vê-se melhor a realidade a partir da periferia do que a partir do centro* (Francisco, 2015c, s/p, trad. e grifo nossos).

No âmbito eclesial, as pessoas homossexuais, como é o caso do *Diversidade Católica*, não estão no "centro", pois, na cultura católica em geral, elas ainda são vistas, apesar de todo o avanço da reflexão eclesial, como "pecadoras", "anômalas", "patogolicamente desviantes" (cf. Valle, 2014), distantes de um suposto ideal cristão. Dentro desse contexto, as "periferias existenciais" propriamente ditas são, sobretudo, "pessoas em situações de vida especial [...] que correm o risco de ser marginalizadas, permanecendo fora das faixas de luz dos refletores. [...] realidades humanas realmente marginalizadas, desprezadas" (Francisco, 2013, s/p).

Como periferia, o *Diversidade Católica* se insere no conjunto de "sistemas culturais que se caracterizam por estar menos regulados (menos descritos) por parte dos 'núcleos' dominantes desses sistemas", como a instituição eclesiástica (Ibrus, 2015, p. 236, trad. nossa). Por isso, o grupo atua de forma relativamente autônoma dentro da Igreja, como vanguarda ou subcultura católica, com certa independência das estruturações de poder eclesiais. Mas sua minoridade periférica é definida "de acordo com situações históricas e modelos culturais" (Moscovici, 2011, p. 356), e as ações sociocomunicacionais do grupo visam justamente a transformar, *in loco*, tal contexto, tanto social quanto eclesialmente.

Por isso, a presença do *Diversidade Católica* em redes comunicacionais aponta para processos de transformação do catolicismo no caldo cultural contemporâneo e demanda, para sua observação, um desvio e um deslocamento do olhar, para perceber a circulação do "católico" e a própria construção do catolicismo também a partir de ações comunicacionais alternativas, periféricas, minoritárias, e não apenas do ponto de vista central da instituição sobre a questão homossexual. Ou seja, no âmbito da midiatização digital do catolicismo, a página *Diversidade Católica* é um "dispositivo simbólico, com uma intencionalidade ético-política dentro da luta contra-hegemônica" (Sodré, 2005, p. 12) dentro do universo católico.

Ao completar um ano, no dia 14 de julho de 2008, o grupo postou em seu site uma nota comemorativa, na qual reafirmava o seu "trabalho pioneiro, intenso e prazeroso em favor da inclusão *gay* na Igreja", mediante o "apostolado de *mostrar* o jugo leve e o fardo suave de Cristo, e assim dar alívio, alento e esperança a tantos corações" (grifo nosso).[8] Comentando a coincidência de data com a comemoração da Revolução Francesa, a nota afirma que, assim como o acontecimento francês foi "um *grito* a favor da liberdade, da igualdade e da fraternidade" (grifo nosso), o grupo também busca repetir esse gesto no âmbito eclesial. Trata-se de um autorreconhecimento de sua ação comunicacional minoritária e periférica, na busca de "mostrar" e "gritar" uma realidade que permanece escondida, silenciada.

Ao longo da história do grupo, com o desenvolvimento do site e a necessidade de mais interação com as pessoas interessadas, surgiu também um blog,[9] que possibilitou um contato mais próximo dos usuários. O blog, por sua vez, materializou, segundo Cristiana Serra, o "desejo de expansão" por parte do grupo.

> Quando começamos a fazer o blog, começou a haver alguma busca não tanto das reuniões – acho que pelo blog ninguém chegou nas reuniões –, mas de *muita gente tirando dúvidas, perguntando*. E o que nós vimos com o blog e depois com o Facebook foi que *a nossa capacidade de comunicação se expandiu para*

---

[8] Disponível em: <http://www.diversidadecatolica.com.br/diversidade_1ano.php>.

[9] Disponível em: <http://diversidadecatolica.blogspot.com.br>.

lugares onde vai demorar muito para se ter um grupo: gente do Norte, do Nordeste, do Centro-Oeste, de periferias, do interior, de lugares pequenos, de comunidades muito pequenas ou remotas. *Vimos que o que estávamos falando, o que estávamos dizendo, o que estávamos propondo começou a chegar longe, muito longe* (informação verbal, São Leopoldo, 16 out. 2015, grifo nosso).

Essa abrangência e alcance comunicacional do grupo, segundo Cristiana, ganhou uma catalisação e uma exponenciação com a criação da página no Facebook:

> O Facebook com certeza se tornou um enorme canal de contato. *Muito grande, muito grande. São muitas mensagens por dia.* Houve um momento, quando eu ainda estava administrando, que eram mensagens muito sofridas, muita gente pedindo socorro. *Muita gente, muita gente chegou ao grupo pelo Facebook.* [...] As pessoas chegam ali e entram em contato. De fato, eu me arriscaria a dizer que *o Facebook hoje é o nosso principal canal de comunicação disparado* (informação verbal, São Leopoldo, 16 out. 2015, grifo nosso).

Temos, assim, uma rede tríplice que perpassa as redes comunicacionais em que o *Diversidade Católica* se faz presente: a homoafetividade, o catolicismo e a cultura digital. Por sua vez, os próprios usuários vão reconhecendo a competência e a experiência dos administradores dessa página no Facebook como "especialistas" (ou até mesmo como "autoridades") na sua proposta, não apenas ao visitá-la, mas também ao "curti-la" e, principalmente, ao entrar em diálogo com seus responsáveis nos comentários de cada postagem.

Dado o aspecto autonomizado da página *Diversidade Católica*, também percebemos uma grande instabilidade na periodicidade das postagens, muito menos frequentes com o passar do tempo, em comparação com alguns anos atrás. Contudo, o caso não perde importância, pois, como reconhece Cristiana Serra, embora menos ativa publicamente, a página é constantemente ativada nas interações: "As pessoas rodam aquele material ali [disponível na página no Facebook] e mandam mensagem, e isso gera um acúmulo de material. O *inbox* [da página] está o tempo todo rodando, o tempo todo" (informação verbal, São Leopoldo, 16 out. 2015). Desse modo, embora não seja atualizada frequentemente, a página continua "atual" no fluxo comunicacional e é frequentemente "reatualizada" por parte da ação simbólica dos interagentes.

Como recorte temporal para a análise, tomamos ainda um caso dentro do caso, ou seja, o período de divulgação, realização e avaliação do 1º Encontro Nacional de Católicos LGBT, ocorrido no Rio de Janeiro no dia 26 de julho de 2014.[10] O encontro foi organizado pelo grupo Diversidade Católica, junto com diversos grupos irmãos de vários Estados do Brasil, para ser um momento de partilha e de troca de experiências entre católicos LGBTs brasileiros sobre "quem são, como vivem sua identidade religiosa, como sentem a comunidade da qual fazem parte e como se dá sua atuação através dos vários grupos leigos organizados".[11] Segundo Cristiana Serra,

> muita gente chegou no encontro [nacional] pela internet, *pela página do evento no Facebook*. Como plataforma, é impressionante o nível de interação. E aí a coisa da interatividade no melhor sentido possível, dessas formações, dessas interações e formações sociais espontâneas, que acontecem, é uma coisa rizomática, nessa plataforma. Como fenômeno, é muito interessante, muito rico e ganha um corpo. *O Encontro Nacional, sem o Facebook [...], não teria acontecido* (informação verbal, São Leopoldo, 16 out. 2015, grifo nosso).

Como resultado do Encontro Nacional de 2014, além disso, foi articulada a *Rede Nacional de Grupos Católicos LGBT*, composta pelos grupos católicos LGBTs presentes no encontro, provenientes de diversas cidades de todo o país. Já na sua articulação, a rede assumiu como "sede" uma página oficial no Facebook.[12] Dessa forma, dada a importância do encontro, a sua articulação em rede e a tensão social e eclesial que provocou,[13] trata-se de um caso relevante para a análise daquilo que chamamos de circulação do "católico".[14] Pois o processo comunicacional

---

[10] Tratava-se, na realidade, de um desdobramento de outros dois eventos realizados em 2013, levantando o debate e reunindo católicos *gays* de todo o Brasil e do exterior. O primeiro foi realizado na cidade do Rio de Janeiro, em julho de 2013, intitulado "O Jovem Homossexual na Igreja: 1º Encontro de Relatos e Experiências". O evento era apresentado como "uma tarde de encontro e partilha, a fim de atender ao chamado da Jornada Mundial da Juventude 2013, abrindo espaço para histórias de jovens homossexuais dentro da Igreja", de caráter ecumênico. Em outubro do mesmo ano, foi realizado o 2º Encontro de Relatos e Experiências, também na cidade do Rio de Janeiro, dedicado ao tema "Gays" e suas famílias, tendo como pano de fundo o Sínodo dos bispos sobre o tema das famílias, realizado em Roma no mesmo período. Essa tarde de encontro e partilha abordava "os novos formatos familiares e a relação dos gays com suas famílias, abrindo espaço para a troca de experiências entre pais e mães de gays e gays que são pais, mães, tios... e como conciliam sua identidade LGBT com sua fé cristã".

[11] Disponível em: <https://goo.gl/gLB3Nf>.

[12] Disponível em: <https://www.facebook.com/redenacionalcatolicoslgbt>.

[13] O evento repercutiu midiaticamente, por exemplo, nos jornais *O Estado de S.Paulo* (<http://goo.gl/eZq4jW>), *O Globo* (<http://goo.gl/dJUInM>) e *O Povo* (<http://goo.gl/CxpaFe>), dentre outros.

[14] Para isso, especificamente, analisamos as postagens entre os dias 7 de julho de 2014, quando foi feito o primeiro convite para o evento, até o dia 4 de agosto de 2014, quando foi postada a última repercussão do encontro na página. Tais postagens foram coletadas tanto na página

E o Verbo se fez rede: religiosidades em reconstrução no ambiente digital

que aí se desencadeou envolveu diversas inter-relações em rede: primeiro, uma rede *off-line* articulada presencialmente no Rio de Janeiro, que se desdobrou para a internet como um blog e, depois, articulando ainda outros grupos espalhados pelo Brasil, deu origem à "institucionalização" de uma nova rede nacional de católicos gays, congregada agora digitalmente, em uma rede comunicacional on-line via Facebook.

Como nos demais casos, nossa análise será dividida entre as interfaces, os protocolos e as reconexões que se configuram na página, constituindo um dispositivo próprio que possibilita e organiza as interações, reiterando desde já que, observados como dispositivo, tais processos sócio-tecno-simbólicos estão inter-relacionados nas redes comunicacionais que aí se estabelecem.

9.2 Análise de interface

A página *Diversidade Católica* no Facebook apresenta uma configuração-padrão semelhante à das demais páginas nessa plataforma. Diversos desses elementos já foram analisados nos casos anteriores, por isso, aqui, nos deteremos nas principais especificidades dessa página.

Uma das características da página é o seu próprio nome. A articulação entre homoafetividade e catolicismo, por si só, é bastante polêmica para grande parte do senso comum católico. Por isso, pensar um nome que explicite essa conexão é bastante interessante, do ponto de vista comunicacional, porque revela os embates em torno da construção de uma identidade que, ao se pensar e ao se apresentar publicamente, é permeada por processos de comunicação. Cristiana Serra, embora esclareça que não participou da fundação do grupo, explica que outros nomes sugeridos foram "GLS Católico" ou "GLS Cristão", mas, no fim, chegaram ao nome atual por considerá-lo mais abrangente e menos incisivo.

> Eu sei que houve muito debate e que houve uma preocupação naquele momento muito grande de não colocar no nome "LGBT", "gay", "homossexuais", justamente, já desde aquele começo, [por causa de] *uma preocupação em manter o*

Diversidade Católica no Facebook (de autoria exclusiva dos administradores, disponível em <https://www.facebook.com/diversidadecatolica>) quanto na subpágina específica do evento (em que usuários comuns também podiam publicar postagens, além de comentários. Disponível em: <https://www.facebook.com/events/733498820049932/>). Além desse período, foi tomada uma postagem avulsa: a do dia 14 de julho de 2015, quando o grupo comemorou seus oito anos de existência, pela relevância da data e pelo debate nascido daí.

diálogo, não entrar no confronto, de não reforçar o lado, o aspecto de conflito e de já começar a trabalhar, desde o começo, o aspecto da convergência, o aspecto do diálogo, o aspecto do encontro e das possibilidades de isso acontecer. [...] É interessante, porque o nome é "Diversidade Católica", mas, lá no site, desde o começo, tem um *slogan*, um subtítulo: "Pela inclusão LGBT na Igreja". E estamos até mudando esse *slogan*. Agora trabalhamos "Pela cidadania LGBT na Igreja", o que é uma ligeira mudança de foco, porque começamos a nos dar conta de que, com "Pela inclusão LGBT na Igreja", parece que nós precisamos de uma autorização para existir. *E, a rigor, materialmente, não precisamos de autorização para existir: nós existimos.* Quer gostem ou não, nós existimos. Existem pessoas *gays* que são católicas, e existem pessoas católicas que são *gays*. Com todos os seus conflitos, com todas as suas dificuldades ou não. *Existir, nós existimos. Estar dentro, já estamos.* [...] Então, eu acho que a escolha desse nome [...] passa pela fundação, pela concentração, já no nome e na logomarca, *dessa atitude – tanto dentro como fora – de fazer esse canal de diálogo. De se colocar nessa posição de intermediação, inclusive, também, de ser um nó, um ponto nodal, de poder se comunicar tanto com os* gays *que estão fora, quanto com os religiosos que estão dentro* (informação verbal, São Leopoldo, 16 out. 2015, grifo nosso).

O próprio nome, portanto, como elemento da interface da página busca promover questões como o diálogo, a convergência, o reconhecimento de uma "diversidade" que existe no catolicismo. Trata-se da explicitação pública de algo que já existe, como reitera Cristiana Serra, no ambiente católico, que é ressignificado como diverso. Por outro lado, não se trata de um pedido de permissão de existência (como poderia sugerir a palavra "inclusão"), pois, "existir, nós existimos". A proposta do grupo e da página vai além, em busca de reconhecimento e de cidadania plena dos *gays* na Igreja. Por isso, o grupo busca promover uma "intermediação" entre os *gays* e os religiosos, entre um "fora" e um "dentro" no contexto católico. A página, por sua vez, se insere nessa articulação mediante suas ações comunicacionais, que são perpassadas por esse horizonte.

Outra especificidade interfacial da página é, justamente, a sua categoria "Comunidade", que se enquadra na macrocategoria "Causa ou comunidade", dentre as seis grandes categorias oferecidas pelo Facebook para a criação de uma página.[15] Desse modo, a inscrição da página nessa categoria remete a uma ideia de "coletivo" sociocomunicacional católico *gay*. Tal reconhecimento se soma à sua autodefinição, no campo "Sobre", onde se afirma: "Somos um *grupo* leigo que procura conciliar

---

[15] São elas: "Negócios locais ou local"; "Empresa, organização ou instituição"; "Marca ou produto"; "Artista, banda ou figura pública"; "Entretenimento"; e "Causa ou comunidade".

a fé cristã católica e a diversidade sexual, *promovendo o diálogo* e a reflexão, a oração e a partilha, compreendendo que a salvação de Cristo e sua mensagem *são para todos, sem distinção*".[16]

No Facebook, portanto, as práticas do grupo exponenciam a construção coletiva e pública, de saberes-fazeres tradicionalmente reservados aos clérigos ou religiosos (reflexão, oração, partilha) sobre o catolicismo. Ressalta-se, assim, uma perspectiva comunicacional ampla, até mesmo protocolar no contexto das interações, ao se afirmar como um grupo de diálogo "para todos". A própria opção de construir uma página pública, e não um grupo fechado no Facebook (em que os membros deveriam ser aceitos pelos administradores), indica a busca por maior abrangência e o afastamento de qualquer "guetização" em torno de seus membros e dessa interface socioeclesial, por si só, bastante tensionadora.

As fotos de perfil e de capa, por sua vez, identificam a página na economia simbólica da plataforma Facebook. A principal foto de perfil, que retorna frequentemente, é o logotipo do próprio grupo, uma cruz em curvas entrelaçadas nas cores do arco-íris. Trata-se do recorte de uma imagem maior, que aparece em sua foto de capa, em que o adjetivo "católica" aparece em destaque, reforçando a filiação do grupo a essa tradição religiosa específica (Fig. 26).

Figura 26 – Foto de capa da página *Diversidade Católica*
Fonte: <https://goo.gl/cMei7J>.

Mesclam-se, assim, três símbolos principais, a cruz, o arco-íris e as curvas entrelaçadas: a cruz remetendo ao Cristianismo em geral e à identidade cristã do grupo; as cores do arco-íris lembrando o movimento LGBT e a defesa da diversidade sexual; já as curvas entrelaçadas, estilizando a cruz, dão movimento ao logotipo, permitindo uma leitura

---

[16] Disponível em: <https://www.facebook.com/diversidadecatolica/info?tab=page_info>.

do próprio Cristianismo e da sexualidade como processos contínuos e entrelaçados, que não podem ser detidos ou enrijecidos em determinada postura ou sentido fixo.

Nesse ambiente comunicacional assim demarcado, constituem-se modalidades sociais de estabilização de identidades religiosas complexas (católicos *gays*). Por outro lado, manifesta-se um domínio do ferramentário visual para a produção de tais imagens: percebe-se que suas competências gráficas são altamente profissionais, mediante a criação de um logotipo próprio e do manejo das possibilidades oferecidas pela plataforma.

Para além do período analisado, a foto de capa da página alternava imagens fortemente vinculadas à tradição católica (Sagrado Coração de Jesus,[17] Santíssima Trindade,[18] Pentecostes[19]), ou a datas e eventos ligados ao movimento LGBT (por exemplo, a questão da homofobia durante as Olimpíadas na Rússia:[20] ou o dia 17 de maio, data mundial de combate à homofobia, lesbofobia e transfobia[21]). Contudo, ressaltamos aqui uma imagem que foi usada tanto como foto de perfil quanto como foto de capa, que busca justamente articular a identidade católica com a identidade homoafetiva dos aderentes ao grupo (Fig. 27).

Figura 27 – Imagem de Nossa Senhora com o Menino Jesus sobre a bandeira *gay*
Fonte: <https://goo.gl/HC1oCq>.

---

[17] Disponível em: <https://goo.gl/I9e5ol>.
[18] Disponível em: <https://goo.gl/7EIfjw>.
[19] Disponível em: <https://goo.gl/vVErKU>.
[20] Disponível em: <https://goo.gl/zR9v3i>.
[21] Disponível em: <https://goo.gl/NWuCFs>.

Trata-se de uma imagem que retrata um importante elemento do catolicismo – a figura de Maria com o Menino Jesus no colo –, porém, com uma ressignificação simbólica a partir do ponto de vista próprio do grupo e da página, ao ser sobreposta à bandeira colorida do movimento *gay*. Na descrição da foto, a página informa que se trata de uma imagem do site Vestiário, com link para um texto editorial intitulado *Carta aos jovens gays da minha Igreja*, de autoria de Murilo Araújo, no qual o autor conta:

> Hoje me senti orgulhoso de mim. Bastante. Viajei para uma cidade próxima à minha, para participar de um encontro celebrado anualmente pela pastoral de que participo em nossa Igreja, *e fui carregando na bolsa uma bandeira do arco--íris e um pouco de ousadia. Meu objetivo era fazer uma "intervenção": exibir comigo a bandeira durante as atividades, tentando provocar alguma reflexão sobre a nossa existência, sobre a nossa identidade de gays e cristãos, que as pessoas costumam ver como ambígua.*

> Não foi uma tentativa de alfinetar ou desrespeitar o espaço, como alguém pode vir acusar. Estar lá, com a minha bandeira, não agredia a fé de ninguém. Fiz o que fiz por ver que ainda temos muitos silêncios a serem quebrados. A maior violência que nos atinge é uma invisibilidade que toma proporções muito significativas em uma instituição que só fala do sexo quando é para proibi-lo. [...]

> *Romper esse silêncio* sempre foi uma questão importante pra mim, e por isso quis carregar a minha bandeira para o lugar onde estava indo viver a minha fé. [...]

> Com essa carta, não quero só estender a você também a minha bandeira colorida, como sinal de que estamos juntos; não quero apenas dizer que, se você quiser, tem todo o direito de ser *gay* e ser Igreja, independente do que diga qualquer padre, bispo ou cristão babaca que eventualmente esteja lendo isso aqui também (grifo nosso).[22]

O relato explicita a invisibilidade e o silêncio a que são submetidas as pessoas *gays* dentro de certos ambientes católicos, que demandaram, por parte do autor, uma "intervenção" com "um pouco de ousadia", mediante o uso público da bandeira *gay* em um ambiente católico. Ao postar a foto e assumi-la como foto de capa, a página também busca, de certa forma, "estender" aos seus seguidores a bandeira colorida "como sinal de que estamos juntos" e de que qualquer pessoa "tem todo o direito de ser *gay* e ser Igreja".

Além dos elementos-padrão da interface da página, chama a atenção a seção "Curtidas desta página". Em sua grande maioria, trata-se

---

[22] Disponível em: <http://vestiario.org/2013/11/04/carta-aos-jovens-gays-da-minha-igreja/>.

de páginas no Facebook que trabalham justamente na interface com a homoafetividade, principalmente com questões religiosas, inclusive de outras Igrejas, como as páginas *Pastoral Anglicana da Diversidade do Paraná, Coral Gay de Curitiba, Cartazes & Tirinhas LGBT, Coordenadoria Especial da Diversidade Sexual/CEDS-RIO, Grupo de Ação Pastoral da Diversidade SP*, dentre outras. Também estão ali listados os diversos grupos *Diversidade Católica* espalhados pelo Brasil. Esse espaço, assim, converte-se em um ambiente de vinculação político-religiosa com esses grupos, fortalecendo suas ações comunicacionais mutuamente, ao criarem tais laços no Facebook. Isso também constitui uma ação comunicacional com um forte peso no âmbito eclesial, pois explicita uma questão "silenciada" e "invisibilizada", como dizia Murilo Araújo, mas, ao mesmo tempo, revela as redes de poder-dizer religioso em torno da homoafetividade que se vão constituindo em redes comunicacionais.

9.2.1 A subpágina do 1º Encontro Nacional de Católicos LGBT

Nos períodos analisados, a página *Diversidade Católica* criou um "evento" no Facebook com informações específicas sobre o 1º Encontro Nacional de Católicos LGBT. Segundo o protocolo do Facebook, um evento é "um recurso que permite organizar reuniões, responder a convites e manter-se a par do que os seus amigos estão fazendo".[23] Trata-se de uma "subpágina" vinculada à página Diversidade Católica, mas que, por sua vez, no fluxo comunicacional da plataforma, adquire certa autonomia, como ambiente on-line em que administradores e interagentes podem agir comunicacionalmente.

Um diferencial de uma página de evento é que, nela, não apenas os administradores, mas também os usuários comuns são convidados a fazer suas postagens referentes ao encontro, que depois se tornam públicas na linha do tempo da página do evento. Para a plataforma, portanto, um evento não é de "propriedade" de seus organizadores, mas também é construído pelos seus participantes, que podem, na página do evento, deixar as suas considerações públicas. É uma funcionalidade que, se disponibilizada pelos administradores da página, reforça as reconexões por parte das pessoas na construção de sentido em rede, situando-as como produtoras também.

---

[23] Disponível em: <https://goo.gl/Av1GKE>.

Em uma página de evento, constam os principais dados referentes a ele, como o seu nome, a sua data e uma foto ilustrativa. A página *Diversidade Católica*, neste caso, optou por utilizar uma imagem reconfigurada a partir do cartaz do evento (Fig. 28).

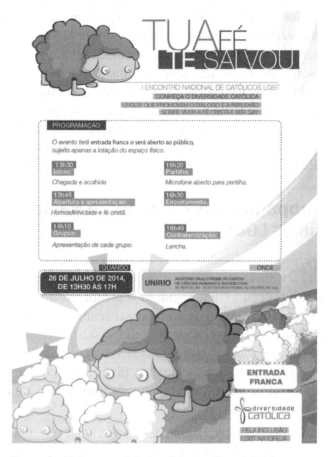

Figura 28 – Cartaz do 1º Encontro Nacional de Católicos LGBT
Fonte: <https://goo.gl/X6clFp>.

No cartaz, evidencia-se a ovelha, que possui simbologia de grande força seja no catolicismo, seja na cultura em geral. No catolicismo, o símbolo da ovelha remete ao Antigo Testamento, quando se faziam os sacrifícios a Deus, como "oferta agradável". Jesus, no Novo Testamento, também se identifica como "bom pastor" e "porta das ovelhas" (Jo 10,7-18). Já no senso comum, em sentido oposto, há o símbolo da "ovelha negra", expressão utilizada para identificar negativamente uma pessoa que é diferente das outras, que está fora dos padrões "normais" estipulados pela sociedade. Mas aqui a ovelha é retratada nas cores rosa-*pink* e lilás, tradicionalmente consideradas colorações femininas, que, justamente por isso, são assumidas pelos movimentos feminista e LGBT como crítica social ao padrão de gênero. As ovelhas rosa-*pink* e lilás estão no meio de um rebanho: o destino é desconhecido, mas uma leitura possível envolve a ideia de Jesus como bom pastor, que guia tal rebanho. Por outro lado, são ovelhas "diferentes" das demais, mas que nem por isso estão afastadas ou são removidas do rebanho. Assim, vinculam-se esses diversos significados do símbolo da ovelha (como a pessoa que segue a Jesus; como uma pessoa "diferente"; como crítica social).

Destaca-se ainda o título do encontro ("Tua fé te salvou"), que remete a uma frase do Evangelho, dita por Jesus a uma mulher curada de uma hemorragia (Marcos 5,25-34; Lucas 8,43-48), que serve como lema do encontro. Além dos dados específicos como data e local, chama a atenção a presença do logotipo no canto inferior direito, como autorreferenciação ao grupo, que organiza o evento. Enfatiza-se, assim, a relevância identitária da proposta: o 1º Encontro de Católicos LGBTs parte de uma certa autonomização de sujeitos que compõem esse grupo, em específico. Daí a importância de manifestar a vinculação do coletivo, que ganha contornos sociais mais fortes a partir de tal visibilização.

Também nesses casos despontam as competências gráfico-visuais do grupo, que favoreceram a produção de tais materiais. Há um visível conhecimento das linguagens envolvidas em tais construções imagéticas e simbólicas, marcadas ainda por uma não vinculação e não identificação institucionais com a mídia corporativa ou com a Igreja, o que lhes permite tal autonomia e liberdade de ressignificação de práticas e símbolos.

Tendo analisado aqui as principais interfaces com as quais os usuários interagem nas suas ações comunicacionais com a página *Diversidade Católica*, passamos agora a aprofundar o estudo sobre os protocolos correlacionados com tais interfaces. São eles que indicam tanto à página quanto aos interagentes as regras de interação estipuladas pelo Facebook ou as normas específicas que emergem nas interações locais.

9.3 Análise de protocolo

Na página *Diversidade Católica* podemos encontrar algumas regras e padrões de usos que permitem que as interações e conexões se efetivem.

E o Verbo se fez rede: religiosidades em reconstrução no ambiente digital

Nas redes comunicacionais que surgem a partir da página, é possível observar que os sentidos construídos pelos administradores e pelos usuários fluem de uma forma ordenada, mediante a ativação de protocolos, que permitem e orientam a comunicação entre os interagentes.

9.3.1 Protocolos emergentes na página *Diversidade Católica*

A página organiza suas interações e as construções de sentido possíveis em seu interior a partir de sua própria autodefinição, que delimita os objetivos do grupo *Diversidade Católica* e, por conseguinte, o horizonte comunicacional que o perpassa. No campo "Sobre", no Facebook, a página afirma que o *Diversidade Católica* é "um grupo leigo que procura conciliar a fé cristã católica e a diversidade sexual, promovendo o diálogo e a reflexão, a oração e a partilha, compreendendo que a salvação de Cristo e sua mensagem são para todos, sem distinção". Desde o início, fica evidente a perspectiva comum envolvida na proposta ("grupo") e a sua *"laicidade" midiático-religiosa*, interagentes não revestidos pela oficialidade religiosa nem pela institucionalidade midiático-corporativa, mas que atuam publicamente sobre os campos religioso e midiático.

Por sua vez, ressalta-se a perspectiva da conciliação entre catolicismo e diversidade sexual, em que o grupo expressa a sua *reivindicação político-eclesial* protocolar em torno da questão de gênero: suas postagens são pautadas por tal perspectiva de ação. Também se reiteram expressões como "diálogo", "partilha", "para todos, sem distinção". As ações comunicacionais do grupo são perpassadas por esse horizonte amplo e diverso, em que a religião não se converte em um assunto apenas para iniciados, mas também para "leigos", "para todos, sem distinção", mediante um protocolo de *abrangência interacional*.

No campo de descrição longa na página no Facebook, o *Diversidade Católica* também informa um pequeno histórico da "vocação" do grupo, assim como sua "missão", sua "visão" e seus "valores", que são perpassados por aspectos comunicacionais. Sua missão afirma: "*Promover e difundir* a Boa-Nova de Jesus Cristo, que é a *participação* no Reino de Deus, *partilhando* a experiência do amor de Deus junto a *todos os fiéis* que, em virtude de sua identidade e/ou orientação sexual, frequentemente são *excluídos* da comunidade eclesial" (grifo nosso).[24]

---

[24] Disponível em: <https://www.facebook.com/diversidadecatolica/info/?tab=page_info>.

Além da articulação explícita entre elementos do catolicismo e a identidade sexual, o grupo assume uma missão fortemente comunicacional, no sentido de "promover, difundir, partilhar" algo que, para o grupo, é de extrema relevância ("Boa-Nova de Jesus Cristo", "experiência do amor de Deus"). Isso se vincula a uma necessidade de "participação" de "todos os fiéis" *versus* uma frequente "exclusão" da comunidade eclesial percebida pelo grupo. A ação comunicacional, assim, assume um propósito de construção de vínculos, de comunidade, de inclusão, que reforma e reforça os protocolos de reivindicação teopolítica e abrangência interacional antes observados.

Já a "visão" do grupo reitera os aspectos comunicacionais do *Diversidade Católica*, afirmando que ele busca ser "um *canal permanente de comunicação* entre grupos *gays* e grupos católicos" (grifo nosso).[25] Para isso, o grupo assume uma série de valores que reforçam a articulação entre catolicismo e homoafetividade. O texto é escrito sempre na primeira pessoa do plural, reforçando o sentido da coletividade. Além de aspectos mais específicos à ação religiosa do grupo e da página, destaca-se o ponto 3 ("Fraternidade. Somos uma comunidade cujos membros se ajudam mutuamente"), em que o grupo e, em consequência, a página se assumem como "comunidade". É um aspecto relevante, dadas as mediações comunicacionais que perpassam tal valor, seja presencialmente, seja na internet. O ponto 4 ("Tolerância. Estamos abertos ao diálogo com outros pontos de vista"), por sua vez, explicita a abertura ao "diálogo com outros pontos de vista". Comunicacionalmente, trata-se de um protocolo importante, que, depois, como veremos, se concretiza em modalidades de reconexão bastante significativas, especialmente no âmbito católico, marcado por "verdades" e "heresias" autoevidentes, segundo alguns, em sua doutrina, às quais o grupo busca oferecer contrapontos a partir do ponto de vista da homoafetividade. Já o ponto 5 ("Fidelidade. Somos membros inalienáveis da Igreja Católica Apostólica Romana") explicita que os participantes do grupo são "membros inalienáveis da Igreja Católica Apostólica Romana", deixando clara a sua vinculação com o catolicismo em sua especificidade romana, reiterando a sua "inalienável" participação nela, para além de qualquer opinião por parte de outros católicos ou mesmo da própria instituição. Trata-se de uma identidade, portanto, que não pode ser tomada nem retirada de seus membros por parte de ninguém. Em suas postagens, justamente, destaca-se essa sua *identificação católica*.

---

[25] Id.

E o Verbo se fez rede: religiosidades em reconstrução no ambiente digital

Junto com a sua descrição longa, a página também informa outras formas de contato com o grupo (como os endereços de e-mail, site, blog e Twitter). No campo "Sobre", a página volta a informar seu site. Desse modo, a página insere em seu fluxo outros circuitos comunicacionais do grupo, como forma de ampliar a interação com os usuários. Segundo Cristiana Serra,

> Foram feitos contatos muito interessantes a partir dessas plataformas. Um dos líderes do *Diversidade Católica* hoje, [...] que é uma figura superimportante, descobriu o *Diversidade Católica* [pela internet] [...] *Então, é curioso isso, porque hoje uma das pessoas de mais destaque, de mais liderança de dentro do grupo, é alguém que chegou pela internet.* É alguém que fez a pesquisa de mestrado a partir do contato que teve na internet, *e eu fiquei amiga dele pelo Twitter*, administrando o perfil do *Diversidade* no Twitter. Aliás, *eu fiz alguns grandes amigos administrando o Diversidade no Twitter* (informação verbal, São Leopoldo, 16 out. 2015, grifo nosso).

Percebemos, assim, a intercomunicação entre os diversos ambientes *on-line* e também presencial, em que a "chegada" ao grupo e as amizades nele construídas ocorrem, muitas vezes, pela mediação midiática instituída pelo coletivo.

9.3.2 Protocolos acionados pela página *Diversidade Católica* e seus interagentes

Além da criação do evento, nas postagens observadas nos períodos aqui indicados, a página *Diversidade Católica* recorreu a diversos protocolos interacionais fornecidos pela plataforma Facebook em sua relação com os interagentes.[26] Trata-se de modalidades diversas que visam diversificar a abordagem simbólica junto aos interagentes, apropriando-se das várias possibilidades protocolares da plataforma. Em suas postagens, a página também explicita protocolos, além dos já observados, de ação interacional emergentes em relação aos usuários, mediante verbos na forma imperativa (como "leia", "clique", "curta",

---

[26] Como postagens com texto simples; postagens com recurso a *emoticons*; publicação de links endógenos ao grupo (principalmente os do seu blog); publicação de links exógenos ao projeto; publicação de fotos individuais na própria plataforma; criação de um álbum de fotos sobre o Encontro Nacional; compartilhamento de postagens de outros usuários do Facebook; compartilhamento de postagens de outras páginas no Facebook; autocompartilhamento de postagens próprias (como o próprio evento, que foi compartilhado várias vezes, como lembrete aos usuários) etc.

"compartilhe"), que visam estabelecer modalidades de interação específicas junto aos interagentes no interior da plataforma, para além dos protocolos já configurados pelo Facebook.

A vinculação católica do grupo também se explicita em protocolos de *ritualidade religiosa*, como nos casos em que a página divulga, por exemplo, testemunhos de católicos *gays*. Também são diversas as referências a prelados católicos que se manifestam em defesa das pessoas homossexuais, assim como de trechos de documentos papais, relidos a partir do ponto de vista dos membros do grupo.

As postagens são marcadas ainda por uma construção simbólica que busca gerar uma *proximidade afetiva* com os leitores. Em diversos casos, a página se dirige aos leitores como "queridos amigos", e inúmeras postagens recorrem a *emoticons* que iconizam sentimentos positivos, para gerar uma certa afetação e vinculação emotiva por parte dos usuários.

Outra modalidade protocolar emerge na negociação da página com os interagentes referente a ações técnicas no ambiente digital. Isso surge no diálogo com diversas pessoas que solicitam a transmissão *on-line* do Encontro Nacional, pois não poderiam estar presentes no Rio de Janeiro. Em um dos casos, o usuário "Edilmar" revela que "adoraria estar no Rio neste dia, mas estarei em oração daqui de Salvador. Espero que consigam transmitir pela internet".[27] A página responde que há "motivos suficientes" para a transmissão, mas sem informar se ela ocorrerá ou, em caso positivo, como ela se dará. Mediante tais solicitações, explicita-se a construção de um protocolo técnico, talvez impensado pelos administradores, que passa a ser demandado pelos próprios usuários. Depois dessas solicitações, no dia 25 de julho de 2014, o *Diversidade Católica* fez uma postagem na página do evento informando que haveria transmissão *on-line* e indicando uma série de protocolos técnicos para que a visualização por parte dos usuários fosse possível.[28] Essa postagem, depois, foi compartilhada na própria página *Diversidade Católica*, com a descrição: "Para quem estiver interessado em assistir à transmissão *on-line* do nosso 1º Encontro Nacional de Católicos LGBT amanhã, seguem as instruções" (grifo nosso),[29] reiterando o caráter protocolar das ações indicadas. No campo de comentários, os usuários manifestam as suas opiniões positivas em torno da ação tomada pela página:

---

[27] Disponível em: <https://goo.gl/iQuefa>.

[28] Disponível em: <https://goo.gl/fY6pn4>.

[29] Disponível em: <https://goo.gl/Nr0Ckj>.

Ariel – Poxa, que legal, eu queria muito ir, mas não poderei por causa do trabalho, mas agora não vou lamentar tanto pois vou poder assistir... bjs e obrigada [25 jul. 2014, às 09:05].

Maicon – Tbm irei assistir *on-line*. Mais aliviado. Que Deus abençoe a todos, estarei orando a Deus para o sucesso do evento. Contem com minhas orações [25 jul. 2014, às 09:38].

Eric – Excelente provisão para nós que não poderemos ir. Obrigado, meu Deus! [25 jul. 2014, às 10:26].

Ana – Que maravilha! Assistirei *on-line*, com certeza! Que Deus abençoe esse encontro e que o Espírito Santo o conduza! Abraços! [25 jul. 2014, às 10:34].

André – Acompanhei o evento todo *on-line*. Parabéns pela organização e lucidez nas apresentações. Há esperança para uma inclusão consciente e verdadeira [26 jul. 2014, às 19:26].

A partir da solicitação inicial de algumas pessoas, mediante negociações e a indicação de alguns protocolos posteriores, a transmissão *on-line* ocorreu e levou outros usuários a agradecerem por tal possibilidade. A "assistência" *on-line*, assim, se converte para muitos em uma possibilidade de efetiva participação no evento. Mesmo sem ter estado presencialmente na atividade, o usuário "André", por exemplo, elogia a organização do evento e a "lucidez nas apresentações". Entrelaçam-se as redes presenciais possibilitadas pelo evento com as redes comunicacionais que se estabelecem na plataforma Facebook.

Por lidarem com uma temática delicada no âmbito católico, como a homoafetividade, é comum a presença de diversos comentários agressivos ao tema e até mesmo às pessoas envolvidas. Em relação aos comentários publicados na página, uma postagem feita no dia 4 de agosto de 2014[30] nos ajuda a esclarecer como os administradores lidam protocolarmente com o que os usuários escrevem sobre as postagens. O usuário "Flávio" postou um longo comentário, que iniciava dizendo: "Não iria nem me ater ao comentário aqui feito, mas não estaria sendo justo nem para comigo nem para com @s demais irmãos(ãs)que, quando falam sobre a homossexualidade, não falam de achismos, pontos de vista ou teorias, mas de si mesmos [...]" (sic). Não fica claro o contexto do comentário, mas há toda uma ponderação sobre a relação entre castidade e celibato e "ao que a Bíblia diz sobre a 'homossexualidade' (um

---

[30] Disponível em: <https://www.facebook.com/diversidadecatolica/posts/271299139740561>.

termo novo, diga-se de passagem)". Em uma parte do seu comentário, "Flávio" dirige-se a "Jéssica" (cujo comentário, contudo, não está mais disponível), e lhe pede, ironicamente, que lhe ajude a esclarecer algumas afirmações do Antigo Testamento que, hoje, não fariam mais sentido, levantando questionamentos à usuária com diversas frases escritas em caixa alta.

Em outro comentário, a página *Diversidade Católica* respondeu:

> Diversidade Católica – Oi, Flávio [nome lincado], tudo bem? Te agradecemos muito por ter se colocado nesta discussão e pela riqueza dos seus argumentos [...] Com relação ao comentário da Jéssica, *tivemos de apagá-lo por estar divulgando um* link *para uma página veiculadora de um discurso nocivo para a saúde mental, emocional e espiritual dos LGBT.* Por fim, só te pedimos uma coisa, querido irmão: aqui na nossa página, *procuramos evitar usar caixa alta* (trechos todos em letras maiúsculas). *É uma política nossa*, para não dar a impressão de que as pessoas estão gritando, ok? A gente procura sempre manter, pelo menos da nossa parte, *o tom respeitoso das discussões.* Esperamos que você compreenda. De resto, estamos à sua total disposição. Conte sempre com a gente! Um forte abraço! [*emoticon* sorriso] [4 ago. 2014 às 20:43] (grifo nosso).[31]

A página, assim, construindo discursivamente a sua proximidade afetiva com o usuário, explicita o seu protocolo ("uma política nossa") em relação aos comentários, que inclui uma indicação ("tom respeitoso das discussões"), um evitamento (uso de caixa alta) e uma sanção (apagamento) que pune a veiculação de discursos "nocivos" aos LGBTs. Trata-se de regras para organizar as interações entre as pessoas. Depois, "Flávio" volta a comentar, agradecendo pela resposta. Mas escreve um "esclarecimento", ao afirmar desconhecer "totalmente a política do grupo" com relação ao texto em caixa alta: "Talvez tenha sido por nunca ter visto, ao menos explicitamente, nem no blog, nem no site, ou na página do Facebook". E encerra afirmando: "[...] respeitando a política do grupo, pelo qual tenho total estima, respeito e admiração, asseguro-os de não mais cometer este possível erro". A página, então, lhe responde novamente:

> Diversidade Católica – Obrigado, *querido.* Na verdade, até entendemos a sua intenção, mas *procuramos sempre chamar a atenção para esse ponto sempre que acontece*, porque nem sempre as pessoas têm a sensibilidade para perceber a diferença. *Com relação à política da página, vc tem razão, não a temos publicada.*

---

[31] Disponível em: <https://goo.gl/1wPHWt>.

É um ponto para nossa reflexão. Mais uma vez, te agradecemos! Grande abraço, Flávio! [10 ago. 2014, às 14:04] (grifo nosso).[32]

A página reconhece que sua política não é pública, razão pela qual se dá a necessidade de "sempre chamar a atenção" para algo que "sempre acontece". Esse "ponto para a nossa reflexão" foi aprofundado por Cristiana Serra, analisando a evolução de tais protocolos:

> [...] *demoramos um pouco para colocar moderação nos comentários do blog,* por exemplo. Nós "superachávamos" que: "Não, vamos deixar tudo aberto para não nos acusarem de que estamos tirando os comentários agressivos. Nós vamos manter o canal de diálogo aberto". Chegou uma hora que nós falamos: "Não, *temos que ter um critério para esse diálogo,* porque não é com tudo que você dialoga", mas isso foi um processo para amadurecer essa decisão, esses critérios. [...] *Teve toda uma negociação para chegarmos a esses critérios de como é que faz isso. Na página do Facebook, também acontece isso.* [...] O *Diversidade Católica* tem que ter uma coisa mais... pelo menos, é o que vem sendo feito... *tem uma atitude um pouquiiii-nho mais moderada,* até porque temos uma maneira de atuar – ao contrário, por exemplo, dos americanos – *muito no sentido de buscar linhas de convergência.* [...] *Buscar outra maneira de colocar, porque, ainda mais na polarização, na lógica da guerra, que está instalada – porque o que está instalado aí é uma lógica de guerra –, não vamos longe.* [...] Eu acho que tem um lugar para a militância agressiva. Mas não pode ser só isso, *porque a militância agressiva não consegue entrar em diálogo* (informação verbal, São Leopoldo, 16 out. 2015, grifo nosso).

Embora não publicizados, existem, portanto, protocolos reconhecidos pelos administradores da página para se relacionar com os demais interagentes, o que demandou "toda uma negociação". Ressalta-se a busca por "linhas de convergência" e "diálogo", na tentativa de sopesar a "lógica de guerra" e a "militância agressiva". Como veremos, o grupo consegue, mediante suas construções simbólico-discursivas, amenizar a tensão pública gerada pelas ações comunicacionais na interface entre catolicismo e homoafetividade, ressignificando os debates.

Nesta seção, analisamos alguns protocolos principais da página *Diversidade Católica* no Facebook e outros protocolos emergentes a partir da sua interação com os diversos interagentes. Na próxima seção, vamos nos focar nas reconexões que se estabelecem em redes comunicacionais em torno da página, para poder compreender as ações de circulação do "católico".

---

[32] Disponível em: <https://goo.gl/Mh0lzL>.

9.4 Análise de reconexão

Nos diversos níveis de interação na página *Diversidade Católica* no Facebook, percebemos que não apenas os administradores, mas também os usuários operam ações que vão além do já dado em termos sociais, tecnológicos e simbólicos sobre o "católico", em processos de circulação comunicacional. Conectam-se, assim, conteúdos simbólicos, tecnologias, usuários, contextos socioculturais e midiáticos em redes comunicacionais.

Como dizíamos, a própria página nasce como decorrência de processos comunicacionais que, por sua vez, ao passarem a existir no ambiente digital, levam a outros processos de interação presenciais. Ou seja, um grupo de pessoas – *gays* e não *gays*, clérigos e não clérigos –, todas ligadas ao catolicismo, começaram a buscar formas para conciliar essas duas identidades. Foi mediante essas "pré-reconexões" que surgiu o site do grupo que, no decorrer do tempo, levou ao surgimento da página no Facebook. A partir disso, segundo Cristiana Serra, "a nossa capacidade de comunicação se expandiu para lugares onde vai demorar muito para se ter um grupo [...]. Vimos que o que estávamos falando [...] começou a chegar longe, muito longe" (informação verbal, São Leopoldo, 16 out. 2015). Ou seja, emergiram novas possibilidades de reconexão interacional.

Nos períodos aqui observados, a página recorreu a diversas modalidades comunicacionais de construção simbólica: como postagens com conteúdo (textos, fotos e álbuns) publicado na própria plataforma Facebook, sem conexões externas (43,3% do total); postagens com links para o blog do grupo (23,3%); postagens com links para outros sites em geral (16,7%); compartilhamento de postagens próprias (8,3%); compartilhamento de postagem de outras páginas no Facebook (6,7%); criação e divulgação de evento na plataforma (1,7%)

Trata-se, em sua maioria, de construções simbólicas relativamente autônomas por parte do grupo, com conteúdo próprio. O usuário, na grande maioria dos casos, não necessita sair da plataforma para ter acesso aos conteúdos, que são postados no próprio Facebook. Como as postagens observadas se situam nos períodos antes, durante e depois do evento, grande parte dos *posts* dizem respeito ao Encontro Nacional, fazendo referência ao próprio blog do *Diversidade Católica* e à página do evento criada na plataforma.

9.4.1 Reconexões em postagens gerais da página *Diversidade Católica*

Em geral, a página busca em suas postagens construir a vinculação entre o catolicismo e a homoafetividade. Isso se dá mediante textos de reflexão do Magistério da Igreja (referentes a declarações do papa ou de bispos) e depoimentos e testemunhos de católicos *gays* que relatam os conflitos, as tensões e as esperanças em torno dessa temática.

No dia 10 de julho de 2014, por exemplo, a página fez a seguinte postagem (Fig. 29):

Figura 29 – Postagem de documento papal na página *Diversidade Católica*
Fonte: <https://goo.gl/q8veLg>.

O *post* indica que se trata de um trecho de um documento do Papa Francisco e convida os leitores e leitoras à reflexão. A imagem postada traz ao ambiente digital uma foto do texto impresso do documento, marcado com caneta amarela. A vinculação entre o catolicismo e a homoafetividade – não explicitada discursivamente pela página, mas possível de ser inferida – encontra-se na afirmação do papa em relação à "dignidade para todos", possível quando Deus "conseguir reinar entre nós": esse "todos", portanto, incluiria também os católicos *gays*. Trata-se de uma adaptação do texto papal realizada pela página, em que o grupo, ao se apropriar do texto pontifício, opera sobre ele – ou, mais do que isso, *leva o interagente a operar*, por inferência –

outras ações comunicacionais não previstas pelo contexto original do documento pontifício.

Como nos explicou Cristiana Serra, a ação comunicacional do grupo também surgiu a partir de outros sites, como o do Instituto Humanitas Unisinos (IHU), nos quais ela se informava sobre "essa multiplicidade de discursos dentro do universo católico, cristão" (informação verbal, São Leopoldo, 16 out. 2015). A partir disso, afirma, "comecei a querer trazer essa reflexão mais ampla para poder fazer essa conexão com a questão LBGT dentro da Igreja Católica Romana". A ideia, em suma, segundo Cristiana, era buscar "uma reflexão sobre uma catolicidade mais autônoma, menos heterônoma, buscando um pluralismo, não só falar da questão *gay*, mas uma reflexão católica mais ampla [...] buscar discursos contra-hegemônicos, uma moral não tão conservadora". O objetivo, dessa forma, é possibilitar o acesso, por parte das pessoas, a discursos católicos sobre a homoafetividade não encontrados publicamente ou invisibilizados.

O caso de maior repercussão, nesse sentido, nos períodos observados, foi o da postagem do dia 14 de julho de 2015, referente aos oito anos de existência do *Diversidade Católica*.[33] A postagem, com mais de 150 curtidas e 40 compartilhamentos, trazia a seguinte imagem comemorativa (Fig. 30):

Figura 30 – Imagem comemorativa pelos oito anos do *Diversidade Católica*
Fonte: <https://goo.gl/bT9l29>.

---

[33] Disponível em: <https://goo.gl/bT9l29>.

A imagem resgata a figura da "ovelha lilás", celebrando os oitos anos de luta "pela cidadania LGBT na Igreja e na sociedade", por parte do grupo. Dessa forma, os administradores da página realizavam uma apropriação específica da plataforma Facebook, ao convertê-la em ambiente de ressignificação de sentidos teológico-eclesiais, mediante processualidades comunicacionais como elemento da prática religiosa, reconectando a religião católica e a questão *gay*.

No texto da postagem, a vinculação catolicismo-homoafetividade também é construída simbólico-discursivamente desta forma:

> Hoje, para nós, é dia de comemoração e de agradecimento! Há exatos 8 anos, o *Diversidade Católica* lançava o seu site, dando o primeiro passo de um *rico e bonito apostolado*. Neste dia, *queremos agradecer a Deus* pelos anos de caminhada, pela *doação bonita* dos nossos membros e parceiros, e principalmente por *aqueles e aquelas a quem a nossa mensagem tem alcançado e transformado*. Rezamos para que o nosso trabalho continue firme na *construção do Reino*, e que continue dando frutos! *Rogamos pela intercessão de São Camilo de Léllis*, fundador da Ordem dos Ministros dos Enfermos, que tem seu dia celebrado hoje. Assim como ele tanto contribuiu para curar as feridas dos corpos, *que nós também possamos seguir curando feridas em corpos e almas machucados pela LGBTfobia*. Vida longa ao *Diversidade Católica*! (grifo nosso).[34]

O texto é marcado por expressões de proximidade afetiva em relação ao seu "apostolado", ou seja, um reconhecimento da sua própria missão no marco da missão eclesial, o que envolve também um aspecto comunicacional de fazer com que "mensagem" do grupo "alcance e transforme" mais pessoas. O discurso também é perpassado por uma linguagem teológica ("construção do Reino", "rogamos pela intercessão"), relacionando o trabalho do grupo com o do santo citado, no sentido de "curar feridas em corpos e almas machucados pela LGBTfobia". Trata-se de um discurso fortemente teopolítico-eclesial, na defesa do trabalho realizado pelo grupo ("vida longa!"), para que "continue dando frutos".

Nos comentários, entre as diversas manifestações de apoio e parabenização, algumas se destacam por articular a atuação comunicacional do grupo:

> Caíque – Obrigado por este trabalho, *Diversidade católica*! Essencialmente aos membros que construíram o site, que foi canal de graça e salvação para mim, quando pensei em desistir de tudo. Que Deus os abençoe sempre nesta missão de

---

[34] Disponível em: <https://goo.gl/bT9l29>.

As "periferias existenciais" da Igreja em rede: caso Diversidade Católica no Facebook

evangelizar sem preconceitos, em busca de novos céus e novas terras aos diletos de Deus [*emoticon* sorriso] [14 jul. 2015, às 19:14].

Diversidade Católica – Caíque, querido... sua mensagem muito nos encanta e emociona, e somos muito gratos a Deus por conseguir tocar pessoas com histórias como a sua [...] [14 jul. 2015, às 23:54] (grifo nosso).[35]

Percebe-se, em tais comentários, como os processos comunicacionais do grupo são reconhecidos pelos usuários como ambientes religiosos de experiência do "sagrado" católico, reconstruídos na perspectiva de uma "evangelização sem preconceitos", como afirma "Caíque". Explicita-se, assim, que a circulação do "católico", mediante as ações comunicacionais do grupo, revela aos usuários mediações sociorreligiosas inovadoras em comparação com outros espaços eclesiais. Constrói-se socialmente um universo simbólico sobre o catolicismo, a partir do qual se ressignifica a identidade católica *gay* como "institucionalização de um eu autorreflexivo, que entende a si mesmo mediante objetivações sociais" (Knoblauch, 2014, p. 12).

Por outro lado, a contribuição dos interagentes também pode levar a página a problematizar suas próprias ações comunicacionais. Esse é o caso da postagem do dia 12 de julho de 2011, em que foi publicada uma imagem de tela capturada de uma postagem feita no perfil de outro usuário. Este, por sua vez, havia fotografado e postado a capa do jornal O *Globo* daquele dia, com um comentário crítico sobre a manchete ("OMS indica droga anti-Aids *até* para *gay* não infectado"). Com tal "postagem da postagem", a página reforça a sua crítica midiática. Já no campo de comentários, os demais interagentes realimentam esse processo:

Murilo – Essas informações foram compartilhadas pela mídia de forma *irresponsavelmente errônea*. Um porta-voz da OMS corrigiu a informação: [*link*] [12 jul. 2014, às 20:09] (grifo nosso).[36]

Vinícius – Embora estejamos na era da informação, alguns profissionais que trabalham com a divulgação de notícias *ainda estão a talhar pedras*.... posso dizer isso *a posteriori*. Todavia, não podemos nos abater diante dessas demonstrações de ignorância. *Sejamos mais inteligentes e mostremos que o caráter não depende da condição sexual de ninguém.* Paz e bem a vocês, irmãos e irmãs! [13 jul. 2014, às 09:19] (grifo nosso).[37]

---

[35] Disponível em: <https://goo.gl/syIMws>.

[36] Disponível em: <https://goo.gl/rVuL4S>.

[37] Disponível em: <https://goo.gl/kZNXem>.

Dessa forma, mediante seus comentários, nesse circuito comunicacional específico, os usuários demonstram o erro nas informações, criticam a grande imprensa e defendem a "inteligência" por parte dos leitores, que também possuem o poder de "mostrar" que o "caráter não depende de condição sexual", como afirma "Vinícius". Cristiana Serra também relata outros momentos em que tal crítica midiática foi necessária:

> [...] teve um dia que o [então papa] Bento XVI fez um pronunciamento qualquer, e a [agência] Reuters divulgou uma nota sobre o pronunciamento dele, e foi uma coisa muito impressionante, porque o que a Reuters disse que ele disse, ele não tinha dito! [...] e jornais do mundo inteiro, jornais americanos, aqui no Brasil, pegaram a nota da Reuters – porque não existe mais vaticanista no mundo, só na Itália – e jogaram, saíram reproduzindo manchete para todo lado, que dizia que o papa tinha dito não sei o que dos *gays*. *E nós soltamos uma nota, em nome da equipe, dizendo: "Olha só, gente, o papa já disse muita coisa, mas desta vez ele não disse isso. Desta vez ele falou isto. Não tem a ver com a gente"* (informação verbal, São Leopoldo, 16 out. 2015, grifo nosso).

A página, assim, pelas ações comunicacionais nela realizadas por diversos interagentes, também adquire um status de ambiente de "leitura crítica" da grande mídia, colocando esta em suspensão e reafirmando, por sua vez, o papel midiático da própria página junto ao seu público específico e a sua autenticidade no âmbito católico, com um "poder-dizer" capaz de desmentir uma grande agência de notícias internacional.

Em outros casos, a relação catolicismo-homoafetividade é mais explicitamente abordada, como na publicação do dia 2 de agosto de 2014,[38] em que a página divulgou um *link* para um artigo do Frei Betto em seu blog. Nele, o autor questionava a proibição da Igreja em relação ao casamento entre pessoas do mesmo sexo. O campo de comentários se converteu em um ambiente de tensão entre interagentes e página:

> Felipe – Opa, venho aqui respeitosamente discordar de alguns pontos expostos. O que a Igreja ensina é isso: [*link*] [2 ago. 2014, às 18:50].

> Diversidade Católica – Caro Felipe [nome lincado], agradecemos seu contato e temos a certeza de que você veio compartilhar conosco o seu ponto de vista na melhor das boas intenções. Porém, estamos aqui para dar testemunho de que é possível, sim, conciliar a plena vivência da fé católica com as identidades LGBT.

---

[38] Disponível em: <https://www.facebook.com/diversidadecatolica/posts/270726516464490>.

Caso você se interesse por conhecer nosso ponto de vista e experiência e queira se engajar em um diálogo construtivo, um bom lugar para começar é lendo as perguntas frequentes do nosso site, aqui: [*link*] [3 ago. 2014, às 14:52]. [39]

A discordância "respeitosa" do usuário "Felipe" envolve a indicação de um vídeo lincado no YouTube, intitulado "A terceira via", que já foi removido do ar devido à reivindicação de direitos autorais por parte da produtora do filme. A resposta do *Diversidade Católica*, por sua vez, retoma os níveis de proximidade afetiva vistos anteriormente ("caro", "agradecemos"), mas também reconstrói o que o usuário comenta, reafirmando que "é possível, sim, conciliar a plena vivência da fé católica com as identidades LGBT", e disso os membros do grupo são testemunhas. Por outro lado, lembram ao usuário que é possível "se engajar em um diálogo construtivo" sobre tais questões a partir da leitura de um conteúdo no site do grupo, indicando o seu *link*. Desse modo, os níveis de reconexão vão se complexificando, envolvendo usuário e grupo, página, YouTube e site, gerando fluxos diversos de circulação do "católico", que não são de responsabilidade direta da Igreja nem do grupo, mas emergem a partir das interações com as pessoas, que reconstroem publicamente tais sentidos.

Na mesma postagem, o usuário "Caio" é mais enfático na sua contrariedade à postagem. Ele afirma: "Sinto muito se são *gays*. Ser *gay* é errado bíblica e biologicamente". A página publica a mesma resposta dada ao comentário anterior, mas "Caio" retoma:

Caio – Quando entrar de férias daqui a 2 semanas, ou seja, segunda, dia 18/08, eu vou analisar o que vocês pensam à luz do Magistério e da Patrística [4 ago. 2014, às 18:50].

Diversidade Católica – Ok, Caio. De novo, agradecemos seu interesse. Estamos sempre abertos ao diálogo construtivo e te convidamos a de fato nos ver e ouvir como pessoas, para além de estereótipos e categorias abstratas de pensamento. Um forte abraço! [4 ago. 2014, às 20:55]. [40]

Os comentários, dessa forma, embora tragam questionamentos e tensões ao debate, sempre encontram uma resposta direta e afetiva por parte da página, que, discursivamente, vai encontrando formas de lidar com a contrariedade e o conflito. Por sua vez, outras pessoas "curtiram"

---

[39] Disponível em: <https://goo.gl/mYNYbW>.

[40] Disponível em: <https://goo.gl/xKEQhR>.

a resposta da página, dando-lhe mais valor simbólico na economia de sentido das interações.

Ainda em relação ao 1º Encontro Nacional de Católicos LGBT, um de seus principais frutos foi a publicação do Manifesto de Grupos Católicos LGBT do Brasil. O documento aponta "os princípios que norteiam nossa ação e nossa contribuição para que a cidadania LGBT contagie a Igreja". A página, nas postagens referentes ao manifesto, afirmava ainda: "Convidamos tod@s a ler, refletir, compartilhar, divulgar e debater por aí" (grifo nosso). Trata-se de uma reconexão interacional que visava fazer o usuário realizar outras ações comunicacionais, como "compartilhar, divulgar e debater", para alimentar a circulação do documento.

Tal reconexão fica evidenciada no campo de comentários da postagem do dia 31 de julho de 2014,[41] também referente ao manifesto, em que o usuário "Carlos", por exemplo, escreveu: "*Vou compartilhar*, me emocionei lendo" (sic; grifo nosso). Já o usuário "Ariel" afirmou: "acho que estamos voltando para a Igreja! Ou melhor, isso é *prova de que nunca a abandonamos... ela sempre esteve em nossos corações* [emoticon coração]" (sic; grifo nosso). Assim, as ações comunicacionais da página e dos interagentes se reconectam nos fluxos circulatórios na plataforma e reconstroem sentidos em torno do "católico", como o reconhecimento de que a identidade sexual não é um empecilho para a fé católica, pois a Igreja "sempre esteve em nossos corações".

O manifesto também se insere em outros circuitos mediante o compartilhamento das postagens referentes ao tema por parte dos usuários. O *post* do dia 28 de julho de 2014,[42] por exemplo, foi compartilhado por quase 40 pessoas. "Fabiane", ao compartilhar a postagem em suas redes, escreveu: "DEMOCRACIA NA IGREJA CATÓLICA – EVOLU-ÇÃO!" (sic). E "Paulo" reforçou a ação, dizendo: "ESSE GRUPO DE CORAJOSOS ESTÃO FAZENDO HISTÓRIA E TEM MEU TOTAL APOIO!" (sic). Desse modo, a postagem inicial foi sendo colocada em circulação mediante várias modalidades de reconexão, alimentando o fluxo circulatório na plataforma em torno do manifesto, que, por sua vez, foi sendo reconstruído simbolicamente em cada novo contexto de sentido em que era inserido.

---

[41] Disponível em: <https://goo.gl/sXEH8j>.

[42] Disponível em: <https://goo.gl/FO6kO4>.

Também há diversos outros casos em que os interagentes compartilham os conteúdos da página junto a suas redes comunicacionais, ampliando o alcance das postagens do *Diversidade Católica* para outros circuitos de sentido, alimentando as reconexões e dando novos desdobramentos aos *posts*, fazendo-os circular em novos circuitos. O usuário "Carlos", por exemplo, compartilhou uma postagem da página do dia 9 de julho de 2014,[43] a respeito do Encontro Nacional, acrescentando: "Sou feliz por ser católico inclusivo, e a Igreja mãe abrindo os braços para acolher seus filhos que estão voltando". E outro "Carlos" compartilhou outra postagem sobre o Encontro Nacional,[44] afirmando: "Sou #Gay sou #Católico tenho fé!" (sic). Assim, ao reconectar tais postagens com outras redes comunicacionais, tais usuários também ressignificam seus sentidos, acrescentando suas considerações pessoais em torno da identidade católica *gay*, levando seus seguidores, por sua vez, a tomarem conhecimento de tais conteúdos perpassados por tais mediações. Por outro lado, cabe ressaltar que tais reconhecimentos identitários públicos, como o que faz o segundo "Carlos" ("sou *gay* católico"), demandam uma grande audácia comunicacional por parte do usuário, no âmbito católico, pela repercussão que isso pode gerar junto a determinados segmentos do catolicismo.

Já na subpágina do evento do 1º Encontro Nacional de Católicos LGBT, os usuários também podiam publicar suas próprias postagens, que ficavam disponíveis para todos os demais interagentes na linha do tempo da própria página, para serem "curtidas", comentadas e compartilhadas pelos demais. Em geral, as pessoas se apropriavam de tal espaço para compartilhar conteúdos relacionados, para confirmar presença no evento, ou então para compartilhar sua experiência no evento e seu agradecimento pessoal. O usuário "Yan", por exemplo, depois do encontro, fez uma postagem pública na subpágina do evento, parabenizando os organizadores: "Consegui ver tudo via internet! Belíssimos e emocionantes testemunhos!".[45] Assim, explicita-se o nível de participação do usuário, que, via internet, se sente presente no evento, considerando-o "excelente" e "um sucesso", além de compartilhar a sua emoção em relação aos testemunhos. No campo de comentários,

---

[43] Disponível em: <https://www.facebook.com/diversidadecatolica/posts/263838160486659>.

[44] Disponível em: <https://www.facebook.com/diversidadecatolica/posts/267730713430737>.

[45] Disponível em: <https://www.facebook.com/events/733498820049932/permalink/744097325656748/>.

a página Diversidade Católica compartilhou a sua "felicidade" ao ler a mensagem do usuário, em uma inversão de papéis entre "usuário--postador" e "página-comentarista".

Em alguns casos, tais ações comunicacionais dos interagentes colocam em xeque o que é afirmado pela página, ressignificando seus conteúdos junto a outros usuários. As tensões entre página e interagentes podem até encontrar, assim, extremos de agressividade, embora a página detenha o poder de deletar e silenciar tais manifestações. Isso ocorreu na postagem de convite ao Encontro Nacional, no dia 7 de julho de 2014.[46] No campo de comentários, a usuária "Thamires" levantou o debate: "Vcs sabem que a Igreja acolhe cada um de vocês e os ama e ao mesmo tempo oferece um caminho de santidade fora do pecado, né? *A prática homossexual é pecado. Não existe católico LGBT. Católico respeita e ama o irmão, mas não aceita o pecado!*" (sic; grifo nosso), comentário que foi aprovado por outros usuários via "curtidas". Diante de tais afirmações sobre a relação catolicismo-homoafetividade, a página gerou o seguinte diálogo entre os interagentes:

Diversidade Católica – Cara, Thamires [nome lincado], agradecemos seu contato e *temos a certeza* de que você veio compartilhar conosco o seu ponto de vista *na melhor das boas intenções*. Porém, estamos aqui para dar testemunho de que *é possível, sim*, conciliar a plena vivência da fé católica com as identidades LGBT. *Caso você se interesse por conhecer nosso ponto de vista e experiência e queira se engajar em um diálogo construtivo*, um bom lugar para começar é lendo as perguntas frequentes do nosso site, aqui: [*link*] [3 ago. 2014, às 14:42].

Hugo – Vocês sabem o que é verticalidade do catolicismo? *Não existe "ponto de vista" na Igreja Católica. Existe a interpretação da Bíblia ensinada por Roma e seguida por nós.* Mas, de qualquer forma, seria interessante saber o "ponto de vista" de Levítico 18:22, Levítico 20:13 e Carta de São Paulo aos Romanos 1:18-32 [3 ago. 2014, às 15:06].

Diversidade Católica – Hugo [nome lincado], você sabe que Levítico 19,27 proíbe os homens de ter o cabelo curto e a barba aparada como você, né? *Você parece mal informado a respeito da doutrina da Igreja Católica, meu irmão.* Te convidamos a ler o Catecismo e outros documentos da Igreja, como o decreto *Unitatis Redintegratio* e a Constituição Pastoral *Gaudium et Spes. Paz e bem!* [*emoticon* sorriso] [3 ago. 2014, às 15:13].

Diversidade Católica – Com relação à doutrina da Igreja a respeito da exegese bíblica, Hugo [nome lincado], recomendamos uma visita às nossas perguntas

---

[46] Disponível em: <https://goo.gl/kUdPVI>.

frequentes, no *link* que indicamos à Thamires [nome lincado], ali em cima, ok? Abs! [3 ago. 2014, às 15:17].[47]

Percebe-se todo o esforço comunicacional assumido pela página diante dos questionamentos e até das agressões morais feitas pelos interagentes. A página reitera o seu ponto de vista, no sentido da "conciliação" entre a "plena vivência da fé católica com as identidades LGBT". Por sua vez, com os vários usuários, ela sempre amplia o circuito comunicacional, remetendo ao site do grupo, que pode contribuir na reflexão. Contudo, o usuário "Hugo" não pretende "compartilhar o ponto de vista" do *Diversidade Católica*, pois, para ele, não existe "ponto de vista" na Igreja Católica: existe o que Roma ensina e deve ser "seguido" pelos católicos. A página, reiterando a proximidade afetiva ("meu irmão"), indica que o usuário está "mal informado" e o convida a aprofundar a reflexão a partir dos próprios documentos eclesiais e, novamente, no site do grupo. Em suma, a página busca desconstruir, simbólico-discursivamente, as diversas tensões em torno da questão, não evitando o conflito, mas o assumindo e confiando "na melhor das boas intenções" do interagente, na tentativa de construção de um diálogo que, para o *Diversidade Católica*, não é novo, a tal ponto de haver uma seção de "Perguntas *frequentes*" em seu site,[48] justamente em torno de tais críticas e agressões.

Cristiana Serra, nesse sentido, faz a seguinte reflexão:

> Muitas vezes você repara que é tão importante para a pessoa dizer que o *gay* católico não tem o direito de ser *gay* ou de ser católico, que você vê que o mundo dele é estruturado, que o mundo dele se organiza em cima de uma determinada imagem de Deus, ou de uma determinada imagem de Igreja, ou de determinados valores [...] [A atitude predominante da página *Diversidade Católica* tem sido] *de enfatizar o diálogo, mesmo com quem não quer dialogar com a gente, essa atitude de diálogo, de tentar não entrar nesse clima de guerra e de incompatibilidade.* [...] Para quem está ali lidando, abrindo, fechando e recebendo a notificação – agora, entrando no Facebook que tem lá aquele "numerozinho" vermelho, não sei quantas mensagens... –, entrar ali e ler aquilo, *tem uma administração emocional para lidar com aquilo*, de todos os lados. *Nossa, como eu já chorei sentada na frente do computador por todo tipo de motivos, tanto por mensagens agressivas quanto por mensagens desesperadas, por mensagens de gratidão. Nossa, é forte, é forte* (informação verbal, São Leopoldo, 16 out. 2015, grifo nosso).

---

[47] Disponível em: <https://goo.gl/oIIsu5>.

[48] Disponível em: <http://diversidadecatolica.com.br/perguntas_frequentes.php>.

Trata-se, portanto, de uma posição realmente de "fronteira" no espectro católico, mas também social, ao buscar tal conciliação entre o catolicismo e a homoafetividade, questão que gera tamanha tensão e conflito até mesmo pessoal. O comunicacional, assim, acaba afetando e sendo afetado pelos limites teológico-eclesiais, mas também socioculturais em torno da complexidade do assunto, o que repercute também na vida em geral dos interagentes envolvidos. Dessa forma, a página adquire um valor público no sentido de construção social de sentidos e valores inovadores para o âmbito católico, voltado a pessoas que sofrem exclusão perante a comunidade eclesial.

Nesse debate público sobre o "católico" entre os diversos agentes em rede, os responsáveis pela página assumem um papel de "especialistas religiosos" na economia de sentido desse ambiente. A "mediação" entre o "canonicamente certo" e o "canonicamente errado", de certa forma, passa por esses novos *gatekeepers*. Os usuários críticos acima, mas também os demais interagentes que acompanham o debate com suas "curtidas" nos comentários, reconhecem a página e seus administradores como possíveis especialistas dotados (ou desprovidos) de experiência, legitimidade e competência específicas nas suas propostas (daí a necessidade da crítica). O fato de o usuário entrar em diálogo com determinada página explicita e ratifica a legitimidade dela no ecossistema comunicacional específico: o usuário escreve à página porque reconhece nela (ou visa criticar nela a falta de) uma competência particular na temática em questão e porque vê em sua plataforma a explicitação de um formato interacional específico; por outro lado, a resposta da página ao usuário ratifica e reforça essa valorização simbólica junto às demais pessoas. Essa interação sociodigital é marcada pela contribuição entre os participantes, ou seja, pela "realização de atividades coletivas orientadas ao tratamento da informação e a produção de conhecimento [religioso] pelos participantes continuamente conectados e mutuamente acessíveis" (Licoppe et al., 2010, p. 249, trad. nossa).

Em suma, a plataforma Facebook, apropriada e ressignificada pelo grupo, torna-se um espaço público alternativo para que os interagentes – especialmente as minorias e os sem-voz eclesiais – também possam tomar uma "palavra pública" sobre o catolicismo – reconhecido como "diverso" –, oferecendo um eixo sócio-tecno-simbólico de resistência às delimitações doutrinais da instituição religiosa ou do senso comum, no fluxo da circulação midiática.

Buscamos, até aqui, descrever alguns indícios que apontam para elementos caracterizadores do nosso problema de pesquisa na busca de compreender como se organizam os processos midiáticos de circulação do "católico" em redes comunicacionais, que emergem em plataformas sociodigitais como Facebook e Twitter. Cabe agora aprofundá-los, examinando-os a partir de um novo acionamento dos eixos de articulação e tensionamento teóricos, fazendo algumas inferências interpretativas na transversalidade dos casos aqui analisados.

Parte III

Depois de analisar e examinar os casos, redescreveremos, neste capítulo, as nossas descrições, acionando novamente os eixos de articulação e tensionamento teóricos, buscando interpretar como se organizam os processos midiáticos de circulação do "católico" em redes comunicacionais que surgem em plataformas sociodigitais como Twitter e Facebook. Para isso, na tentativa de alcançar a profundidade dessa realidade, desdobraremos nossas proposições compreensivas iniciais, fazendo algumas inferências transversais sobre lógicas e dinâmicas midiáticas percebidas nas análises de interface, protocolo e reconexão dos diversos casos.

Desse modo, buscaremos desenvolver as especificidades daquelas proposições, retomando a reflexão teórico-metodológica e a análise descritiva dos observáveis, na tentativa de interpretar criticamente os processos envolvidos na midiatização digital da religião. Faremos isso a partir de três ângulos diferenciados de inferências: no âmbito das religiões no processo de midiatização digital, examinaremos a emergência das redes comunicacionais (capítulo 10); no âmbito da circulação midiática em rede, consideraremos a emergência daquilo que chamamos de dispositivo conexial (capítulo 11); e no âmbito da reconstrução do "católico", refletiremos sobre a emergência do leigo-amador e das heresias comunicacionais (capítulo 12). Trata-se de fenômenos complexos e inter-relacionados, e o esforço textual será de mostrar tal composição multiforme, para além das subdivisões destes capítulos.

10
Religiosidades em midiatização digital:
a emergência das redes comunicacionais

Os quatro casos analisados – em suas instâncias de suprainstitucionalidade, institucionalidade vaticana, socioinstitucionalidade brasileira e minoria periférica católicas – revelam que a Igreja, em suas diversas expressões, e os interagentes em geral vão dando forma a um ambiente de publicização e visibilização das diversas construções de sentido sobre o catolicismo, em uma pluralidade sociocultural expressiva que, de outro modo, poderia permanecer oculta. Em plataformas sociodigitais como Twitter ou Facebook, surgem contas e páginas institucionais, tanto em nível vaticano quanto brasileiro, e, ao mesmo tempo, pessoas e grupos católicos não institucionais realimentam essas ações, em suas presenças públicas em tais plataformas. Esse processo não é neutro nem automático: para a sua ocorrência, a Igreja em geral precisa repensar e atualizar seus processos comunicacionais internos e externos para o ambiente digital, no processo de midiatização digital da religião.

No caso da circulação do "católico" aqui em análise, percebemos que as ações comunicacionais emergentes nas plataformas sociodigitais produzem novas modalidades de construção de "crenças" (Certeau, 2012) sobre o catolicismo – a partir ou para além daquilo que é ofertado pelas mídias corporativas e também pela própria instituição eclesiástica. Trata-se de "outro" processo midiático, não mais gerenciado pelas empresas midiáticas nem pelos órgãos de comunicação eclesiásticos, e também de "outro" processo religioso, não mais controlado pelas instituições e autoridades religiosas. Gera-se um "parassistema" de processos midiáticos, organizados a partir de "outro" ponto da sociedade, que pode, assim, criticar, rever, contestar, debater o catolicismo sem a mediação nem a intermediação institucional religiosa ou midiática.

Nas plataformas sociodigitais analisadas, diversos meios se relacionam entre si (como páginas, grupos, postagens, tuítes etc. em seus usos comunicacionais), gerando "meios de meios", que, neste caso, se articulam em torno do catolicismo para a construção de sentido, a interação pessoal e a organização sociorreligiosa. Nesse contexto, "as mídias não são apenas meios, mas um amplo ambiente [...] espécie de 'sistema' regulador que, através de suas próprias auto-operações, realizam o funcionamento de um novo tipo de trabalho do registro do simbólico" (Fausto Neto, 2008, p. 128).

Nos casos analisados, percebemos que cada plataforma, conta ou página se organiza midiaticamente como um sistema de relações entre meios de comunicação diversos articulados em torno de símbolos, crenças e práticas católicas. Surge, assim, um sistema comunicacional formado pelas inter-relações entre tecnologias digitais específicas, ações comunicacionais e processos culturais mais amplos vinculados ao catolicismo. Sendo uma rede de interconexões entre meios voltada à construção de sentido, as mídias não podem mais ser fragmentadas em conceitos estanques como "produtor", "mensagem", "conteúdo", "veículo", "receptor" (cf. Gomes, 2008).

Se entendemos as mídias como redes, é preciso pensá-las também em rede, passando de uma análise dos "sujeitos", "objetos", "usos", "efeitos", "impactos" comunicacionais, para a observação das interações e relações comunicacionais em um dado contexto, em que não há um "centro" fixo ou um "polo" desencadeador dos processos midiáticos, mas sim *relações de relações*. Portanto, a ação midiática não é detida por um único agente (seja ele o "produtor", como a Igreja era tradicionalmente vista, ou a tecnologia), mas toda a rede comunicacional (a *mídia*, como aqui a entendemos) é que age e interage. Dada a complexidade dos fenômenos, as mídias não são algo dado de antemão, ou empiricamente circunscrito, mas é o observador que pode delimitar suas fronteiras a partir das inter-relações observadas, exercício que é sempre uma abstração diante de um real que o ultrapassa. Nos casos analisados, o dispositivo midiático emerge a partir da inter-relação entre plataformas sociodigitais, ações comunicacionais e práticas religiosas em um dado contexto, em fluxo circulatório.

Se tomarmos aqui o caso do Facebook, vemos que essa plataforma pode ser observada como uma mídia em si mesma, constituída por diversos meios (perfis pessoais, grupos, comunidades, páginas, fotos, vídeos), aqui delimitados pelo contexto cultural católico em que tal plataforma é acionada por pessoas, grupos e instituições. Por outro lado, o Facebook também pode ser visto como parte de uma rede midiática mais ampla, como a internet, em que se estabelecem redes mais complexas de circulação comunicacional que permeiam a sociedade, envolvendo, também o Twitter, por exemplo. Nesse caso, o Facebook interage com outras plataformas midiáticas (como o Twitter), além de outros sistemas sociais e culturais presentes nesse ambiente, como o macrossistema religioso (envolvendo outras tradições cristãs e outras religiões), o campo político, econômico etc. Além disso, cada página católica no Facebook pode ser observada como uma mídia em si mesma, contendo em seu interior diversos interagentes em comunicação, conectados com diversos "meios" e por meio deles, como postagens, comentários, fotos, vídeos etc., dando vida a um ambiente midiático próprio.

Observadas como redes, as mídias também não têm uma fronteira específica, um "início" ou um "fim". Primeiro, porque a "cisão" que caracteriza uma mídia é operada pelo observador; e, segundo, porque as diversas mídias mantêm relações contínuas, internas e externas, que as constituem como redes. É um "estar entre, estando dentro" (Cauquelin apud Musso, 2007, p. 224, trad. nossa). Elas envolvem relações e afetações internas e externas entre meios, com outras mídias e com o ambiente social – interplatafórmicas ou intermidiáticas –, de modo que cada meio, ao interagir com os demais, gera afetações no ambiente midiático, e este, por sua vez, em suas transformações evolutivas, gera afetações sobre cada meio específico.

Entendendo as mídias como uma rede de relações entre meios de comunicação em um dado contexto de práticas socioculturais, buscamos relacionar conceitualmente as interações entre tecnologias, usos comunicacionais e processos culturais mais amplos (sociais, tecnológicos, simbólicos, religiosos etc.). Assim, vemos que os processos midiáticos observados na internet envolvem inter-relações entre meios e mídias, no sentido comunicacional aqui proposto, que são parte necessária e significativa da abrangência da midiatização. A partir dessas estruturações complexas, emerge aquilo que chamamos de redes comunicacionais.

10.1 As redes comunicacionais

As plataformas sociodigitais, como Facebook e Twitter, para além de suas tecnicidades específicas, não são meros sistemas de distribuição, mas sim sistemas comunicacionais *distribuídos* (Kerckhove, 1998). Sua especificidade não se encontra em um nó ou em uma conexão social ou técnica apriorística, mas sim na *emergência* de inúmeras configurações de conexão comunicacional. Esse "movimento" comunicacional se constitui a partir de lógicas de inter-relação entre interagentes, que dão origem a circuitos que dinamizam o fluxo circulatório. Nessas interconexões sociodigitais, geram-se matrizes de comunicabilidade, às quais damos o nome de redes comunicacionais (Fig. 31).

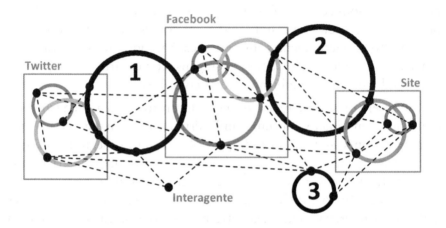

Figura 31 – Diagrama das redes comunicacionais
Fonte: Elaborado pelo autor.

Como vimos nos casos analisados, por um lado, temos as plataformas sociodigitais, como o Facebook e o Twitter, ou os sites próprios (Vatican.va, News.va, Rádio Vaticano, Jovens Conectados, Diversidade Católica etc.) – indicados na figura acima pelos retângulos. As plataformas, portanto, podem ser mais claramente delimitáveis como ambientes de interação demarcados pelas suas interfaces e protocolos específicos. Elas até podem "dialogar" (como indicam os círculos pretos entre os retângulos), mas não são intercambiáveis: o Facebook permite (e impede) ações comunicacionais de forma diferente do Twitter (tuitar é diferente de postar; retuitar é diferente de compartilhar etc.). O que a conta @Pontifex_pt faz no Twitter – para além dos conteúdos em jogo – é diferente do que a página RVPB faz no Facebook, não apenas porque são "sujeitos" comunicacionais diferentes, mas principalmente porque a estruturação delimitada e possibilitada pelas plataformas também colabora nessa caracterização. Um mesmo tuíte papal, com um mesmo "conteúdo" claramente identificável, circula de modos diferentes em plataformas diferentes, sendo gerado por ações comunicacionais diferentes e, por sua vez, gerando outras ações comunicacionais diferentes.

Cada plataforma sociodigital, como Twitter e Facebook, envolve diversos circuitos específicos de interação (representados na Fig. 31 pelos círculos cinzas): no Twitter, contas, tuítes, retuítes, respostas, "curtidas", marcadores etc.; no Facebook, páginas, subpáginas, grupos, postagens, "curtidas", comentários, compartilhamentos, *hashtags* etc. Como circuitos-círculos, são processos em constante movimento interacional, em que as divergências caóticas de sentido se conectam e interagem de uma forma perceptivelmente organizada.

Nas análises dos casos, encontramos diversos tipos de circuitos:

- intraplatafórmicos;
- interplatafórmicos;
- extraplatafórmicos intermidiáticos; e
- extraplatafórmicos transmidiáticos.

Desdobremos tais nomenclaturas. Se tomarmos, novamente, o caso de um tuíte papal, ele irá desencadear ações comunicacionais específicas no Twitter por parte de outros interagentes em sua especificidade como tuíte: "curtidas", respostas ou retuítes. Se tal conteúdo for retuitado por outro usuário, essa retuitagem, por sua vez, gera um novo circuito no interior da plataforma, desdobrando outras ações possíveis no próprio Twitter. Chamamos tais circuitos de *intraplatafórmicos*, por existirem no interior de uma mesma plataforma (círculos cinzas internos aos retângulos, cf. Fig. 31).

Se, além disso, o conteúdo de um tuíte papal for postado no Facebook (como no caso dos tuítes papais postados pelas páginas *RVPB* e *Jovens Conectados*), tal postagem constituirá um *circuito interplatafórmico* emergente (círculo n. 1 na Fig. 31), já que tal conteúdo do Twitter foi postado em outra plataforma. A postagem no Facebook, por sua vez, envolverá subcircuitos intraplatafórmicos no campo de comentários (com as possibilidades de respostas diretas a comentários específicos). O mesmo irá ocorrer se tal postagem for compartilhada com outro usuário ou com um grupo no interior do próprio Facebook, gerando um circuito específico no perfil do usuário ou grupo que receber o compartilhamento.

Por outro lado, a conta papal, como víamos, remetia o usuário à página *News.va*. Já as páginas no Facebook aqui analisadas também remetiam os interagentes para seus sites próprios, além de postarem conteúdos publicados em outros sites específicos, gerando, portanto, *circuitos extraplataf6rmicos intermidiaticos* (círculo n. 2 na Fig. 31). Temos, assim, a configuração de ambientes interacionais que vão além das plataformas sociodigitais, dialogando e se entrecruzando com outras mídias, como um site, por exemplo. Nessa relação, ambos mantêm características próprias, para além de suas especificidades técnicas, e o circuito se constitui, precisamente, a partir de ações comunicacionais inter-relacionadas.

Por fim, como víamos nas análises, existem casos em que os processos midiáticos desdobram processos para além das mídias, ou seja, ações comunicacionais não midiáticas que nascem no ambiente midiático. Esse é o caso dos encontros presenciais do grupo *Diversidade Católica*: estes começaram a ser realizados a partir dos vínculos sociais construídos a partir do seu site e, depois, se fortaleceram pelos contatos no Facebook. E o próprio 1º Encontro Nacional de Católicos LGBT, em seu aspecto de reunião presencial de pessoas, é fruto de um processo midiático em rede, que possibilitou e catalisou tal confluência para além do próprio site, blog ou Facebook. Chamamos tais circuitos de extraplataf6rmicos transmidiáticos (círculo n. 3 da Fig. 31), por articularem ambientes que vão além de uma mídia propriamente dita e circunscrita pelo observador, como, neste caso, a internet. Isso não significa o abandono ou o evitamento de outros processos midiáticos "posteriores". O importante é destacar que são casos que manifestam mais claramente o "trans", o "para além" de fenômenos que não são apenas "produto" midiático, mas processos produtores de novas articulações comunicacionais em midiatização: desponta aí, com mais realce, a emergência de uma "nova ambiência" sociocomunicacional midiatizada, que representa "uma viragem fundamental no modo de ser e atuar" (Gomes, 2010, p. 162), neste caso, de pessoas e comunidades religiosas.

Em suma, circuitos intraplataf6rmicos, interplataf6rmicos, extraplataf6rmicos intermidiáticos e extraplataf6rmicos transmidiáticos, em suas complexas relações, variáveis e instáveis, emergem, por sua vez, como "circuitos retroativos" (Morin, 2008). Ou seja, nascem do encontro de no mínimo "dois fluxos antagônicos que, interagindo um sobre o outro, se entrecombinam em um circuito que retroage enquanto todo sobre cada momento e cada elemento do processo" (ibid., p. 228). Como indica a figura, cada circuito é dinamizado por no mínimo dois "pontos" pretos, indicando os interagentes em relação naquele ambiente específico, que dão movimento comunicacional ao próprio circuito. Tais interagentes são plurais e heterogêneos, identificáveis contextualmente a partir das interações, podendo ser as páginas como um todo, indivíduos específicos, grupos no interior das plataformas, uma postagem específica como "produto" comunicacional que "interage" com outros, ou mesmo uma especificidade técnica que condiciona a própria interação etc. Sua "posição" na Fig. 31 também é momentânea e passageira, pois, em um segundo momento, tal interagente já estará em outra posição, dado o movimento constante do fluxo circulatório. Esses circuitos começam antes de qualquer "ponto" identificável e também continuam depois, e constituem um dos processos-chave da organização do processo circulatório em rede.

O circuito é "generativo em permanência" (Morin, 2008, p. 230), conectando e associando de forma organizada aquilo que, de outra forma, permaneceria desconectado, divergente, dispersivo, desintegrado. Tal organização, por sua vez, gera novas "desorganizações" mediante a variabilidade e a instabilidade dos circuitos – novos compartilhamentos, retuítes, comentários etc. – o que demanda uma reorganização dos circuitos, e assim por diante. Uma plataforma sociodigital, portanto, emerge como um "multiprocesso retroativo" (Morin, 2008), em constante movimento de fechamento, abertura e interação entre os diversos circuitos que a constituem. É pelo fato de o circuito ser aberto que ele não é um círculo vicioso; e é por ele ser fechado que ele é um circuito (ibid.).

Por sua vez, os diversos interagentes (indicados pelos pontos pretos na figura) se interconectam com os demais interagentes, inseridos em circuitos e plataformas específicos, que, mediante tal interconexão, se abrem a outros circuitos e plataformas: a linha tracejada indica que tais conexões e a própria "posição" do interagente é mutável e instável, dependendo de contextos locais muito específicos de interação, cujo movimento é constante. A realidade histórica da interação singular e específica em prática explicita, dessa forma, uma "flexibilidade potencialmente adaptativa das ações em comum" (Braga, 2013, p. 165). Na Fig. 31, também não há setas indicando direcionalidade, porque as ações são mútuas e retroativas, pondo em conexão, por sua vez, circuitos diferentes em plataformas diferentes. Retomando Castells (2000, p. 393), podemos afirmar que é justamente a partir da capacidade de selecionar seus "circuitos multidirecionais de comunicação" que se constitui a interacionalidade dos interagentes em rede. São tais ações que formam os circuitos específicos e alimentam o "movimento" em fluxo da circulação. "A rede-fluxo faz circular definindo a nossa posição como passagem nas redes ou como conexão à rede" (Musso, 2003, p. 228, trad. nossa).

Tomando o caso de um tuíte papal, percebemos, em um nível mais elementar, que o seu conteúdo perpassa vários ambientes midiáticos, chegando aos mais diversos interagentes. Por sua vez, esse movimento depende de inúmeras ações comunicacionais por parte desses diversos interagentes, como tuítes, retuítes, postagens, "curtidas", comentários, compartilhamentos, que não estão dados de antemão nem são automáticos, mas demandam "submovimentos" próprios que dinamizam o movimento propriamente dito em torno do tuíte. Este, por sua vez, mesmo que envolva um conteúdo específico, cristalizado em palavras e imagens determinadas, também está sempre em movimento – mediante as ações de outras pessoas, em suas reconstruções (como o acréscimo do brasão e da assinatura papais e de alguma imagem ilustrativa, no caso da página *RVPB*) ou em suas ressignificações mais sutis (como em um simples retuíte, que desloca aquele conteúdo para ambientes de significação específicos). Esse fluxo circulatório específico em torno de um tuíte, em tais deslocamentos, se entrecruza com outros fluxos circulatórios, como outros tuítes, postagens, comentários etc., que, em suas divergências e convergências, dão forma e realimentam o macroprocesso da circulação comunicacional.

Trata-se, em suma, de um fenômeno de conexão de conexões, de redes de redes, não importa qual seja o ponto de acesso. Surge um ecossistema de conexões, em que cada microssistema interage com os demais, afetando e sendo afetado, dando forma a um macrossistema conectivo. Essas estruturações são compostas pela interconexão, inter-relação e interação entre diversos interagentes. Assim como nenhum dos interagentes é fundamental para a manutenção da rede, eles também só "existem" em rede enquanto se comunicam. As redes, em geral, "são estruturas abertas capazes de expandir de forma ilimitada, integrando novos nós desde que consigam comunicar-se dentro da rede, ou seja, desde que compartilhem os mesmos *códigos de comunicação*" (Castells, 2000, p. 498, grifo nosso). E a própria constituição daquilo que observamos como rede "é operada pelo *ato da comunicação*" (ibid., 2013, p. 11, grifo nosso).

Nas plataformas sociodigitais, portanto, observamos a emergência de redes específicas, *propriamente comunicacionais*, isto é, *matrizes de interconexão e comunicabilidade presentes em plataformas sociodigitais*. Tais redes são formadas pelos processos comunicacionais transversais de inter-relação no ambiente digital entre plataformas, circuitos e interagentes diversos, cujos desdobramentos dependem da própria complexidade da rede que vai se constituindo. São elas que organizam as ações comunicacionais sobre o catolicismo nas plataformas sociodigitais como Facebook e Twitter. Ao conectarem plataformas, circuitos e interagentes, essas matrizes dinamizam o fluxo circulatório do "católico". Este, como macroprocesso, gera – sendo, ao mesmo tempo, produto e produtor das – as redes comunicacionais, que, de sua parte, geram os circuitos entre as plataformas sociodigitais.

O que está em jogo, por conseguinte, é "um processo, a consequência do fluxo de ação comunicativa" (Hepp, 2012, p. 90, trad. nossa) entre os diversos interagentes, que se inter-retroalimentam, dinamizando os processos midiáticos envolvidos. Nesse sentido, as redes comunicacionais surgem a partir de ações que demandam um esforço comunicacional ativo e constante por parte dos interagentes – que vai além das estruturas sociais e dos automatismos tecnológicos – para a sua construção e manutenção, que fazem emergir uma ambiência midiatizada. Ou seja, não se trata apenas de redes "digitais", pois, ao envolverem também complexas ações sociossimbólicas de construção e desconstrução das relações entre os interagentes, não podem ser entendidas apenas a partir do ponto de vista tecnológico; nem se trata meramente de redes "sociais", porque, ao abrangerem também complexas ações tecnossimbólicas na mediação operada pelas plataformas e pelos aparatos tecnológicos, não podem ser compreendidas somente a partir do ponto de vista sociológico. [1]

O Facebook ou o Twitter, por exemplo, como plataformas sociodigitais, não são uma rede comunicacional, mas estão perpassados por elas. Por outro lado, as redes não nascem prontas: elas demandam ações específicas – justamente comunicacionais – por parte dos diversos interagentes, que as constituem em suas interações. Para captá-las, é preciso que o observador tenha um olhar também "em rede", "em movimento" – justamente comunicacional –, e não fixado apenas em configurações técnicas das plataformas ou em categorias e contextos sociais locais dos interagentes.

Não é a plataforma sociodigital – como Facebook e Twitter – que constitui a rede comunicacional, mas, ao contrário, é esta que dinamiza e "dá vida" à plataforma, como seu fato explicativo, articulando circuitos diversos. As especificidades tecnodigitais das plataformas buscam delimitar e condicionar tais redes. Contudo, estas, por serem constituídas

---

[1] As próprias redes sociais, propriamente ditas, também "são antes de mais nada redes de comunicação que envolvem a linguagem simbólica, os limites culturais, as relações de poder e assim por diante" (Capra, 2005, p. 94, grifo nosso).

pelas interações comunicacionais entre diversos interagentes, vão sempre além de tais especificidades, reconstituindo-as e reinventando-as a partir de contextos interacionais locais.

A possibilidade de tuitar só existe enquanto é acionada comunicacionalmente e, ao ser acionada, está sempre sendo reinventada socialmente. Tuitar no dia de hoje possui especificidades que revelam a sua transformação evolutiva em comparação com o gesto de tuitar em 2006, quando a plataforma surgiu, mesmo que a sua característica básica (compartilhamento de postagens de 140 caracteres entre usuários cadastrados na plataforma) continue a mesma. A existência de um "papa tuiteiro" só ganha sentido na rede de relações em que interage, a partir dos sentidos que põe em circulação e a partir do modo em que se insere no fluxo circulatório. Mesmo que o tuitar papal seja demarcado por uma especificidade social (mensagens enviadas pelo pontífice da Igreja Católica), existe um nível de observação que vai além do seu capital social e dos laços sociais por ele estabelecidos no ambiente digital. A conta @*Pontifex_pt* faz coisas diferentes das que o Papa Francisco faz, mesmo que o "sujeito social" seja o mesmo (a pessoa de Jorge Mario Bergoglio). E a diferença não está apenas na mediação tecnológica em jogo ou na identidade social em questão. Ao contrário, o sujeito social que se revela em meio aos limites e possibilidades da conta @Pontifex_pt no Twitter *deve* condizer com o sujeito social que se revela em meio aos limites e possibilidades da Praça de São Pedro. Senão, o risco seria, no mínimo, o da perda de sua credibilidade e autenticidade entre os fiéis. O que diferencia esses dois sujeitos "Francisco" são as suas ações comunicacionais: o comunicar papal no Twitter envolve especificidades que o comunicar papal na praça não possibilita ou limita.

O "digital" e o "social" da rede, portanto, emergem a partir das interações e interconexões comunicacionais nela existentes. Perceber os processos midiáticos a partir da ideia de redes comunicacionais é poder compreender precisamente a "organização estruturada de meios materiais, tecnológicos, simbólicos e relacionais, naturais e artificiais, que tipificam, a partir de suas características próprias, os comportamentos e as condutas sociais, cognitivas, afetivas dos sujeitos" (Peraya, 2002, p. 29, grifo nosso).

A natureza mediadora das redes, contudo, apresenta paradoxalmente a "estabilidade organizativa das árvores e a efemeridade caótica da fumaça" (Duarte apud Santaella, 2010, p. 270), revelando "uma ordem repetitiva perfeitamente simétrica [...] e uma variedade infinitamente complexa e imprevisível nos seus detalhes" (Atlan apud Musso, 2007, p. 202, trad. nossa). A "essência" de uma rede comunicacional é justamente "ser 'inter', ser o que conecta"; sua substância é "a mediação, a passagem" (Musso, 2007, p. 202, trad. nossa). E, ao interconectarem interagentes, que mediam circuitos, perpassando plataformas, as redes comunicacionais catalisam a circulação.

11
A circulação
midiática em rede:
a emergência do dispositivo conexial

Mediante conexões difusas e heterogêneas entre múltiplos interagentes, o sentido do "católico" se constrói comunicacionalmente por meio de diversas interações sociais. Nas presenças católicas em rede, podemos perceber que, para além da "produção" eclesiástica histórica e tradicionalmente concebida (como os órgãos institucionais e suas autoridades), entra em jogo também uma instância que não se restringe ao papel de "receptora", mas cria espaços próprios de produção pública de sentido sobre o "católico", para além (ou aquém) dos interesses da Igreja. Em suma, não apenas quem "recebe" a informação como "ponto final", mas também quem *trabalha sobre e para além* do que é recebido.

Para Dom Claudio Maria Celli, presidente do então Pontifício Conselho para as Comunicações Sociais (PCCS), justamente as novas modalidades comunicacionais em rede levantam uma problemática para a Igreja:

> Hoje, os visitantes do Facebook das nossas páginas [da Santa Sé] fazem comentários. Aí se pode ter a ideia daquilo que há e daquilo que não há, como as pessoas reagem. [...] é inegável que hoje as pessoas gostam de fazer comentários, escrever coisas. É uma coisa que é do homem de hoje. É bom ou mau? Eu digo sempre: "Bom!", mesmo que às vezes haja limites. [...] O problema é saber se eu consigo enfrentar um diálogo com essas pessoas [...]. São *situações que exigem uma tensão muito delicada.* Para mim, é o grande desafio da Igreja de hoje, a linguagem, que é típica desses meios e que obriga a ter uma consciência de como tudo isso se move. [...] Eu acredito que esse é um desafio que ainda não assumimos plenamente. *Os nossos programas, o nosso diálogo com as pessoas são muito pobres.* Nós, Santa Sé, temos um limite: não conseguimos ter – sim, a página do Facebook traz uma acolhida de comentários das pessoas –, mas, normalmente, não temos uma capacidade de absorção e de diálogo, de interdiálogo com as pessoas. Porque são tão altos os números que não somos capazes de ter um pessoal para tudo isso. [...] O

mundo reage. Mas, para mim, o importante é que o mundo possa dialogar. E isso para mim é fundamental (informação verbal, 3 jul. 2015, grifo nosso).

Reconhece-se, portanto, que as pessoas "reagem", isto é, não são ações "neutras" ou "lineares", e que as postagens e os comentários são úteis para a Igreja para se "ter a ideia daquilo que há e daquilo que não há". Mas o grande desafio assumido pela Igreja é de como transformar esse "funcionamento" e essas "reações" em diálogo, o que gera "uma tensão muito delicada". Há um problema prático, quantitativo, de pessoal capaz de "absorção e de diálogo, de interdiálogo com as pessoas", dada a dimensão global do alcance comunicacional vaticano. Assume-se, entretanto, a importância de que "o mundo possa dialogar". O que vemos em rede, contudo, não é apenas uma "possibilidade", mas sim uma *realidade efetiva e já existente* de pessoas habilitadas midiaticamente a "fazer comentários, escrever coisas" sobre a Igreja e o catolicismo, que aqui analisamos a partir da ideia de circulação.

No caso @*Pontifex_pt*, um tuíte papal não "cai do céu". A ação comunicacional do pontífice no Twitter, com toda a sua carga semântica e simbólica no contexto católico (reconhecido oficialmente como "Magistério pontifício"), tem sua origem, muitas vezes, em ações prévias de outros interagentes, a cujo fluxo o pontífice se soma comunicacionalmente. Exemplo disso são os "votos natalícios" indicados pelo papa neste caso de janeiro de 2014:

> Papa Francisco (@*Pontifex_pt*) – Queridos amigos, quero agradecer-vos os calorosos votos natalícios que me enviastes. Que o Deus Menino vos abençoe a todos! [5 jan. 2014, às 09:17].[1]

Via Twitter, Francisco agradece seus seguidores pelos votos enviados. O tuíte não deixa claro se se trata de votos enviados apenas via Twitter ou também mediante outras modalidades mais tradicionais (como cartões-postais), mas é possível entrever aqui o reconhecimento papal de um processo de circulação prévio, que o leva a enviar tal mensagem. Esta, portanto, não nasce por si só, mas sim em relação a uma ação comunicacional anterior por parte de seus "queridos amigos".

Outro caso semelhante ocorreu no dia 17 de fevereiro de 2016, em que o papa tuitou: "Pedistes-me uma palavra de esperança... A que tenho para vos dar, chama-se Jesus Cristo".[2] Trata-se de um tuíte que

---

[1] Disponível em: <https://twitter.com/Pontifex_pt/status/419789675268550658>.

[2] Disponível em: <https://twitter.com/pontifex_pt/status/699745144933777409>.

nasce, portanto, a partir de uma ação alheia por parte dos seus seguidores ("pedistes-me..."). A partir dessa ação, o papa sente-se impelido, também, a agir comunicacionalmente.

Outros tuítes, vinculados à experiência pessoal ou religiosa dos demais interagentes, nascem a partir de um tuíte papal e, por sua vez, desencadeiam uma série de ações de outros interagentes, que se desdobram na plataforma Twitter e para além dela (como, por exemplo, nas diversas repostagens de tuítes papais nas páginas católicas no Facebook aqui analisadas). Nesse novo ambiente, os tuítes geram novas ações comunicacionais por parte de outros interagentes, segundo outros protocolos, mediante outras interfaces, que organizam socialmente a comunicação de formas também diferentes.

Há também outro nível de desafio eclesial, justamente quando o mundo "reage e dialoga", como diria Dom Celli. Nessa atividade, contudo, as pessoas não apenas "re-produzem" o que foi produzido pela instituição ou por outros interagentes sobre o "católico", mas também *produzem por si mesmas, midiaticamente,* sentidos relativos ao "católico". E a instituição e outros interagentes, por sua vez, passam a "re-produzi-los", e assim por diante. Como vimos nos casos em análise, desde a suprainstitucionalidade católica até suas minorias periféricas, os diversos interagentes *falam sobre* e *fazem algo com* o "católico", para além da oferta religiosa institucional-eclesiástica ou midiático-industrial disponível na internet.

Nas palavras de Dom Tighe, "temos que nos dar conta de que não há verdadeiros especialistas na área das mídias sociais, principalmente porque não é a empresa [ou a Igreja] que decide o que vai funcionar: *são os usuários"* (informação verbal, 5 jun. 2015, grifo nosso). Em plataformas sociodigitais como Twitter e Facebook, os interagentes, em sua interação e interdependência, geram circuitos e fluxos de construção social de sentido sobre o catolicismo. Aí se manifesta um processo circulatório, pois a construção de sentido sobre o "católico" no ambiente digital, em seus rastros institucionais ou sociais em geral, é o eixo de produção para rastros outros, produzidos por outras pessoas a partir dos rastros primeiros. Assim, um determinado discurso-símbolo sobre o catolicismo em circulação na sociedade produz uma "multiplicidade de efeitos", pois convive com uma multiplicidade de outros discursos-símbolos (Fausto Neto, 2007).

Cada um dos interagentes pode provocar desvios nos sentidos religiosos postos em circulação pelos demais internautas conectados, buscando promover (ou demover) determinada prática religiosa e afirmar (ou negar) certa identidade religiosa, em um processo contínuo de experimentação. Se nesses ambientes a fronteira entre "interagir" e "examinar a interação" se reduz (Braga, 2012b), isso também diz respeito à fronteira entre a interação mediante práticas religiosas midiáticas e a reconstrução de tais práticas. No caldo da midiatização, mediante redes comunicacionais, vemos que a sociedade vai desenvolvendo circuitos emergentes de reconhecimento, observação e reconstrução do "católico", em termos analíticos, críticos, redirecionadores e também praxiológicos.

A circulação emerge, assim, como uma das principais processualidades comunicacionais em sociedades em midiatização, dinamizada por processos midiáticos. As construções sociais de sentido são sempre produzidas e recebidas dentro de um ambiente extremamente complexo, marcado pela indeterminação, envolvendo uma diferença (entre polo produtor e polo receptor) que gera uma diferença (o efeito esperado pelo polo produtor sobre o polo receptor e a reação do polo receptor ao polo produtor não se atualizam de forma previsível). O que se instaura entre um polo produtor e um polo receptor de sentidos, portanto, não é uma zona neutra.

A comunicação, nesse contexto, pode ser vista como uma dinâmica de construção de sentido em constante "movimento" de circulação. Não se trata de um mero ato automático de "transmissão de informações", nem apenas de uma atribuição de sentidos por parte de uma "produção" sobre conteúdos enviados a uma "recepção", assim como o "católico" não é apenas resultado da relação unidirecional Igreja → sociedade. Ao contrário, o sentido é produzido em meio a "situações de complexas indeterminações constituídas por inevitáveis intervalos e descompassos", em "um jogo no qual a questão dos sentidos se engendra em meio às disputas de estratégias e de operações de enunciação" (Fausto Neto, 2008b, p.54) envolvendo interagentes diversos. A equalização de sentidos é impossível entre os polos produtor e receptor, pois os sentidos são incontroláveis, são desordem, geram ruído. Sendo um processo circulatório, *comunicação é a ação que, mediante convergência de interação, desencadeia divergência de sentido*, dada a pluralidade de interagentes, discursos, símbolos, meios, lógicas, dinâmicas, contextos.

A circulação é aquilo que *relaciona* os interagentes comunicantes, instituindo os próprios polos produtores e receptores (*sempre momentâneos*). Não se trata de instâncias fixas e imutáveis de "produção" e "recepção", pois é quase impossível definir um único agente produtor ou um único agente receptor. Mesmo que historicamente o pontífice romano possa ter sido "o produtor-mor" da catolicidade, hoje, em rede, ele não apenas "produz", mas também realiza ações de recepção em relação aos demais agentes em rede, que, por sua vez, o levam a agir comunicacionalmente. Assim também em relação à Rádio Vaticano, midiaticamente chamada de "emissora", mas que, nos processos midiáticos em redes comunicacionais, se coloca em situação de receptora, articulando-se aos demais interagentes, como o *Jovens Conectados* e as mais diversas pessoas. Os membros do *Jovens Conectados*, por sua vez, transitam principalmente entre a "produção" aos jovens católicos e a "recepção" em relação aos bispos, mas também invertendo tais papéis de acordo com as relações conjunturais. Leigos-amadores, como o grupo *Diversidade Católica*, tradicionalmente "silenciados" na recepção obediente dos preceitos católicos, passam a "produzir" midiaticamente a sua experiência católica. Por isso, a circulação só pode ser entendida na complementariedade entre produção e recepção, e os polos produtor e receptor não podem ser definidos aprioristicamente.

De certa forma, dada a sua interação, os polos produtor e receptor são *comutáveis* (Fig. 32). Um mesmo interagente pode ser observado como produtor (interagente X) ou como receptor (interagente Y), de acordo com seu contexto singular de interação, e tal polo pode se modificar em outro contexto interacional. Mas um interagente singular nunca pode ser *produtor e receptor ao mesmo tempo* nem *apenas produtor ou receptor isolada e independentemente*: cada interagente em produção ou em recepção é complementarmente distinto e dualmente inter-relacionado com outro interagente (cf. Aquino, 2013).

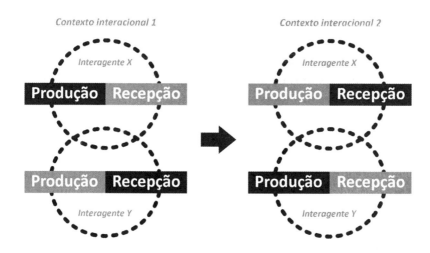

Figura 32 – Polos de produção e recepção em interagentes em circulação
Fonte: Elaborado pelo autor.

Nesse sentido, produção e recepção só existem *reciprocamente*, constituindo-se *mutuamente* mediante a dinâmica da circulação, agindo, contudo, *diversamente*. Como polos comutáveis, tanto um interagente em produção quanto um interagente em recepção – ou o mesmo interagente em situações distintas de produção e recepção – *trabalham sobre o que está em circulação*, fazendo circular aquilo sobre o qual trabalham e *pondo a si mesmos em circulação*. As interações comunicacionais entre instâncias de produção e de recepção não são resultado apenas de uma atividade intencional e causal de um agente central, mas sim processualidades complexas, em que nenhum dos polos detém o controle das dinâmicas comunicacionais. Nessa interação, ações, sentidos, interagentes, contextos se organizam e se transformam: *interação, organização* e *transformação*, por conseguinte, são processos dialógicos, "simbióticos" e inter-relacionados naquilo que chamamos de circulação.

Os polos produtores e receptores só existiriam, se constituiriam, se mobilizariam, se vinculariam e se reconheceriam reciprocamente como resultado de um "aparelho circulatório" (Fausto Neto, 2010), e não podem ser definíveis aprioristicamente, mas apenas conjunturalmente, dentro de contextos específicos de interação. É esse aparelho que constitui tais lugares de construção e reconhecimento de sentido. Na circulação, "todos estão a serviço de um fluxo informacional [...] são indivíduos produtores e receptores, que estão a serviço da máquina de circulação" (Ferreira; Daibert, 2012, p. 91, trad. nossa). Os papéis fixos, as estruturas estáveis e os objetos isolados identificados previamente nas ações comunicacionais dão lugar aos fluxos transversais e aos circuitos interligados da circulação das sociedades em midiatização.

Em vez de ver o movimento comunicacional circulatório como "'entre' dois lugares fixados de antemão", como "produtor" e "receptor" ou produto e reconhecimento, podemos considerar as situações de produção e recepção como "'entre dois movimentos'" que constituem o fluxo da circulação (Amar, 2011, p. 44, trad. nossa). Movimentos que se manifestam como *recursão, reorganização* e *regeneração*, em que os sentidos "finais" tornam-se catalisadores de novas ações para a geração e organização de (novos) sentidos "iniciais" ou "primeiros", possibilitando a própria regeneração e a reorganização dos circuitos (cf. Morin, 2008). No caso das redes comunicacionais, o processo se complexifica ainda mais, já que lidamos com "redes-fluxos": "A rede nos guia na passagem e nos transforma em 'passantes', desde sempre imersos no fluxo (de informações, de imagens, de sons, de dados...). O movimento é contínuo" (Musso, 2007, p. 228, trad. nossa).

A circulação, dessa forma, não é o que acontece apenas "entre dois polos" (produtor e receptor), mas sim *o processo articulador de lógicas e dinâmicas de reconstrução comunicacional inerentes a agentes em interação* (sejam eles sentidos, discursos, símbolos, contextos, instituições, coletivos, pessoas, tecnologias etc.). Quer em produção, quer em recepção, os interagentes das redes comunicacionais – neste caso, a Igreja, grupos, pessoas, o "católico" etc. – constituem-se e encontram-se mobilizados por uma "ordem que os transcende", que permite a comunicação e que "se oferece como lugar de produção, funcionamento e regulação de sentidos" (Fausto Neto, 2010, p. 8). A circulação gera a forma organizacional das interações, que, por sua vez, geram a circulação. É ela que organiza a dispersão de sentidos, a diferença nos níveis interacionais, as defasagens tecnológicas materiais, regenerando a desordem e o caos nos processos comunicacionais.

As conexões sociodigitais e a circulação do "católico", desse modo, não ocorrem automaticamente pelo mero fato de existirem *softwares* ou algoritmos pensados pelos programadores do Facebook e do Twitter, nem existem "em si mesmas" como *hardwares* autoevidentes, mas são *construídas e mantidas constantemente* pela ação comunicacional da Igreja e dos diversos interagentes, marcadas por limites e possibilidades que moldam e condicionam as redes comunicacionais.

Seja no Facebook, seja no Twitter, tais interações só são possíveis porque articulam, por sua vez, lógicas e dinâmicas sociais, tecnológicas e simbólicas, identificadas aqui como interfaces, protocolos e reconexões, que atuam, respectivamente, como regulações, regras e regularidades (Cingolani, 2015) das redes comunicacionais.

11.1 Processos tecnossimbólicos: a interface

Nas redes aqui analisadas, percebemos que Igreja, pessoas e grupos se apropriam de determinadas plataformas que lhes permitem constituir conexões com a sociedade em torno do "católico". Facebook e Twitter oferecem à sociedade uma determinada forma de conexão, que não é neutra nem automática, mas solicita a intervenção social para a sua constituição: as páginas aqui analisadas só são "católicas", porque assim se constituem na apropriação técnica e tecnológica de tais plataformas. Por outro lado, cada página manifesta determinada especificidade do

E o Verbo se fez rede: religiosidades em reconstrução no ambiente digital

catolicismo ao acionar as potencialidades técnicas das plataformas, em seus limites, e reconstrói o "católico" dentro desse marco, a partir de suas decisões e escolhas.

As interfaces, portanto, são o *"lugar" organizador* das interações em plataformas sociodigitais. Elas são acessíveis por meio de artefatos maquínicos (computador, tablete, celular, tela, teclado, mouse) e elementos simbólicos presentes na linguagem digital (menus, ambientes, *links*). Com elas, é possível agir e interagir no ambiente digital, constituindo uma superfície de contato entre tecnologias e usuários, ou entre usuários em redes comunicacionais, que possibilitam a circulação. As interfaces, portanto, emergem a partir de uma relação complexa entre *processos tecnossimbólicos*, que, inter-retroativamente, relacionam lógicas e dinâmicas tecnológicas e simbólicas.

Em tais processos, identificamos a manifestação de quatro interfacialidades distintas:

- interfacialidade padrão;
- interfacialidade ativada;
- interfacialidade apropriada; e
- interfacialidade coapropriada.

A presença católica nas plataformas sociodigitais analisadas envolve, primeiramente, o reconhecimento por parte da Igreja e dos diversos interagentes de uma interface oferecida pela plataforma e de suas lógicas comunicacionais. Facebook e Twitter oferecem determinadas estruturações para interagir (fotos de perfil, nomes de usuário, campos de autodescrição, possibilidades e impossibilidades para a produção de conteúdo etc.) que atuam como regulações à interação, cujo funcionamento deve ser aceito pelos interagentes. Trata-se de elementos-padrão que caracterizam tais plataformas e dos quais os interagentes não podem abrir mão, pois são necessários para a efetivação das interações, como possuir um nome de usuário, carregar uma foto de perfil, inserir-se em determinada categoria (no caso das páginas), realizar determinados gestos comunicacionais para que uma postagem seja publicada etc. É isso que diferencia plataformas como o Twitter do Facebook, conferindo-lhes suas especificidades: embora compartilhem funcionalidades e até as hidridizem (como as *hashtags* surgidas no Twitter ou o "curtir" nascido no Facebook), trata-se de ambientes diferenciados. Constitui-se, assim, uma *interfacialidade padrão* de cada ambiente digital específico. Tais interfaces podem se tornar naturalizadas, "transparentes", durante os seus usos, devido à sua maior ou menor funcionalidade ou usabilidade. É preciso atentar que "a interface [...] age como um código que carrega mensagens culturais" (Manovich, 2001, p.64, trad. nossa). A interface não apenas "transmite" sentidos, mas ela mesma é constituída por sentidos, como processo tecnossimbólico, pois o sentido das ações que os interagentes realizam em comum depende desse lócus em que se situa o desenrolar de suas ações.

Por outro lado, as interfaces *fazem a Igreja fazer e refazer* a sua presença nesses ambientes, a partir de seus pressupostos católicos. As interfaces próprias de cada plataforma – por serem necessárias para as interações – demandam que a Igreja as aceite, ativando-as. Os casos aqui analisados revelam a busca de novas modalidades interacionais da Igreja como um todo na sociedade contemporânea, em que a Igreja e grupos católicos acionam interfaces previamente reguladas para práticas sociorreligiosas específicas, dando-lhes novos significados. Isso se dá a partir das fotos específicas de seus perfis que caracterizam que esses espaços são presenças católicas em tais plataformas; ou das imagens principais exibidas nessas plataformas – que muitas vezes são atualizadas frequentemente –, com referências à figura do papa ou a celebrações da Igreja; ou do campo de descrição das páginas, em que se reconstrói discursivamente o sentido de tal presença católica nessas plataformas; ou ainda de suas inscrições em categorias determinadas vinculadas ao campo religioso e previamente estipuladas pela plataforma, como no caso do Facebook. Contudo, embora envolva as mesmas estruturas de quaisquer outras contas "seculares" presentes nessas plataformas, cada um desses elementos é reconstruído, mediante processos tecnossimbólicos, de forma a manifestar, justamente, a "marca" católica nesse ambiente, tendo em vista um interagente específico.

Isto é, as páginas católicas ressignificam as interfaces platafórmicas próprias do Facebook ou do Twitter com a construção de uma "camada" de sentido sociorreligioso específica sobre elas, mediante uma ativação criativa de suas propriedades, buscando explicitar a catolicidade de tais ambientes para serem reconhecidas como tais. Trata-se, portanto, de uma *interfacialidade ativada*, que identifica as páginas na pluralidade comunicacional – inclusive católica – de cada plataforma.

Em outras palavras, Facebook e Twitter foram originalmente desenvolvidos a partir de tecnicidades específicas voltadas à interação e à construção social de sentido: tais tecnicidades explicitam um caráter político no ambiente digital. Mas as páginas oficiais da Igreja ativam essas plataformas a partir de suas próprias "políticas" – agora simbólico--religiosas –, criando ambientes em que tais plataformas são ressignificadas a partir das crenças e práticas católicas, para que correspondam aos interesses e necessidades de tal contexto religioso. A ativação, por parte da Igreja Católica, das interfaces-padrão das plataformas molda e delimita a forma como os interagentes podem interagir.

Tais interfaces, ativadas pelas páginas católicas, em diversos casos analisados, passam ainda por outro nível de ativação: não apenas identificam cada proposta comunicacional intraplataformicamente ("conta papal", "página de uma rádio católica", "página de um grupo católico" etc.), mas, de forma criativa e autonomizada, também são apropriadas para outros fins, além da mera "identificação" de cada proposta. Assim, como vimos, a página *Jovens Conectados* remetia seus "curtidores", em suas fotos de capa, a outros ambientes midiáticos fora da plataforma – como a divulgação da criação de sua conta na plataforma Viber – ou a outros ambientes comunicacionais – como os encontros do Dia Nacional da Juventude. E a página *Diversidade Católica*, com sua foto de capa, convidava seus seguidores a participarem do 1º Encontro Nacional de Católicos LGBT. Um elemento importante das interfaces dessas páginas, como as fotos de capa, portanto, acionava um processo de circulação para além das próprias páginas e até mesmo das próprias plataformas, mediante o surgimento de uma interfacialidade apropriada: isto é, interfaces construídas pelas plataformas que, mediante uma apropriação específica por parte das páginas, levavam os usuários a realizarem outras ações comunicacionais em outros ambientes.

Porém, a ativação e o acionamento das interfaces ocorrem apenas a partir do "clique" do usuário: é ele quem a *faz funcionar*, é ele quem a *atualiza* a partir das possibilidades virtuais programadas pelas plataformas ou pela Igreja. Nesse sentido, as interfaces ativadas e apropriadas pelos administradores das páginas atuam como um "genótipo" que é expandido a um "fenótipo" pelos usos e apropriações dos inúmeros interagentes conectados (cf. Manovich, 2001). Sem o interagente, a interface só existe virtualmente: são as "escolhas" de cada usuário diante das funcionalidades das páginas católicas nas plataformas sociodigitais que desdobram complexamente tais modalidades de interação. As páginas católicas são como são porque interagem interfacialmente com seus interagentes, que reconhecem a sua relevância comunicacional. Cada presença católica explicita modalidades interacionais próprias (a "comunicacionalidade" da página *RVPB* é diferente da "comunicacionalidade" da página *Jovens Conectados, por exemplo*), caracterizadas não apenas pelas ações comunicacionais de seus administradores, mas também de seus interagentes, mediante usos específicos das interfaces. São os usuários, em última instância, que "inspiram" uma determinada interface, que é construída tecnossimbolicamente pelas páginas, para evitar o não reconhecimento ou o próprio rompimento da interação. Isso se explicita, por exemplo, quando a página *Jovens Conectados* convida seus usuários a enviarem fotos, apropriando-se delas, depois, para seus próprios fins, como a utilização delas como foto de capa, para realimentar seus próprios processos comunicacionais.

Mesmo que as possibilidades de interação sejam (de)limitadas pelas plataformas ou pelas especificidades das páginas católicas, o usuário ainda pode ultrapassá-las e buscar outras oportunidades, seja abusando do sistema – não correspondendo às suas propostas – ou então o abandonando. Desse modo, há um desequilíbrio e uma dialética entre como o sistema é pensado e projetado, e como ele é usado na prática pelos usuários. Pois nenhuma plataforma ou página funciona ou é utilizada conforme o programador previu. Isto é, o sistema comunicacional "cria" o seu próprio usuário, assim como o usuário também ajuda a "criar" o seu próprio sistema. Trata-se, portanto, de uma *interfacialidade coapropriada*.

A superfície técnica das interfaces, em suma, é primeiramente programada e padronizada pelas próprias plataformas, e as interações que aí se estabelecem com as pessoas se dão a partir das limitações e potencialidades possibilitadas por essa superfície (interfacialidade padrão). Mas, depois, tais funcionalidades são complexificadas por novas superfícies simbólicas construídas pela Igreja Católica e voltadas a usos religiosos específicos (interfacialidades ativada e apropriada), que são ressignificados nas interações com os usuários (interfacialidade coapropriada). Aí se manifesta o processo tecnossimbólico antes referido, que é inter-retroativo. A interface é, ao mesmo tempo, uma área de circunscrição, por parte dos programadores, e uma área de escolha, por parte dos usuários, que une e separa concomitantemente tecnicidades e simbolicidades, plataformas e interagentes, Igreja e sociedade, que se põem em negociação e em tensão. O que caracteriza as interfaces é um programa regulador das interações por elas estabelecidas e reconstruídas pelos diversos interagentes. As interfaces operam mediante uma *lógica de delimitação* das redes, pois não eliminam as "fronteiras" entre os interagentes, mas promovem, ao contrário, "uma contínua *diferenciação das partes e dos limites*" (Bruno, 2001, p. 199, grifo nosso) que os distinguem.

Assim, a interface constitui um lócus organizador das interações e conexões em redes comunicacionais. Seus elementos e sua composição geral buscam indicar ao usuário as especificidades comunicacionais de determinado contexto de interação, delimitando-o. O usuário, por sua vez, pode agir comunicacionalmente a partir e por causa da interface, estabelecendo a interação mediante suas regulações. No ambiente digital, dada sua multiplexidade, os diversos interagentes só podem constituir suas conexões "interfaciados", mediados por interfaces. Portanto, as interfaces são a síntese comunicacional das regulações em torno das interações e conexões sociodigitais. Como *redes de mediação*, as interfaces são o *modo regulado* de agir em redes comunicacionais.

A regulação desses processos, justamente para que não ocorra nem a desestabilização nem o enrijecimento da plataforma – mediante usos desregulados por parte dos usuários ou o bloqueio desses usos por parte da plataforma –, ocorre por meio de *protocolos*.

11.2 Processos sociotécnicos: o protocolo

Como vimos nos casos analisados, não é apenas a interface que delimita e dinamiza as práticas católicas nas plataformas sociodigitais. Há também a emergência de uma série de condições de interação social, constituídas entre os próprios usuários, para além dos limites e possibilidades oferecidos pelas plataformas. Existe uma série de *regras*, flexíveis e mutáveis, que garantem as conexões sociodigitais e as interações comunicacionais entre os vários interagentes.

Tais regras – entendidas como protocolos – emergem nas interações e organizam o fluxo circulatório, permitindo certas coisas e impedindo outras, mediante um trabalho de tensão e negociação entre plataformas e interagentes. Nesse sentido, os protocolos geram e são gerados por *processos sociotécnicos* de organização das conexões, que, inter-retroativamente, relacionam lógicas e dinâmicas sociais e tecnológicas, visando condicionar as modalidades de ação – embora sempre com escapes e rupturas por parte da invenção sociocultural. Sem protocolo, não há conexão e, consequentemente, não há rede (Galloway, 2004). Ignorar os protocolos significa obstaculizar a conexão e, portanto, a comunicação.

Em rede, manifesta-se um fluxo circulatório organizado a partir de ações protocolares comuns. Os protocolos indicam condições e possibilidades aos interagentes em suas ações comunicacionais. Existe uma protocolaridade que subjaz às interações, delimitadas tanto pelas plataformas, quanto pelas páginas, quanto, ainda, pelos interagentes. Não há um "sujeito de poder protocolar" nas redes, pois tal processo sociotécnico é relacional e coevolutivo. Se há "controle" nas redes, ele é dialógico, composto por "mecanismos de controle e contracontrole multinivelados" (Ibrus, 2015, p. 238). O protocolo é anti-hierárquico e antiautoritário (Galloway, 2004).

Para a instituição eclesiástica, marcada historicamente por um domínio da "ordem do discurso", a circulação comunicacional, principalmente digital, traz consequências relevantes para a prática religiosa. Por isso, para uma instituição centralizadora como a Igreja, é preciso impor regras à interação, na tentativa de controlar as descontinuidades, os desvios, os desajustes, as diferenças na produção simbólica dos interagentes, marcados pela indeterminação.

Historicamente, os campos sociais clássicos (direito, história, religião, medicina), com suas disciplinas e doutrinas, transmitiam seus saberes e crenças à sociedade principalmente mediante especialistas. Estes assumiam um papel de "intermediários" entre polos de produção (instituições) e de recepção (sociedade em geral) de sentidos sociais, e detinham um certo "poder" sobre os processos de comunicação. O que se percebe na situação contemporânea é justamente uma crise dessas figuras de "peritos", com o seu consequente enfraquecimento (embora não necessariamente desaparecimento), já que informações e conhecimentos estão disponíveis a muitos em redes comunicacionais. Os sistemas complexos tornam se de acesso público, mediados por novas mediações sociomidiáticas. Não há mais um controle total sobre os processos, mas apenas tentativas de *condicionamento dos fluxos de sentido via protocolos*, evitando o rompimento ou a disparidade total da interação.

Nas interações em rede nas páginas católicas, encontramos três grupos de protocolos, cada um subdivisível em duas modalidades específicas (tecnointeracionais e sociocomunicacionais):

1. protocolos explícitos;

2. protocolos implícitos; e

3. protocolos convencionados.

O primeiro grupo é composto pelos *protocolos explícitos*, isto é, regras e normas claramente identificáveis, seja por parte das plataformas em relação aos diversos interagentes, seja por parte das páginas católicas em relação a seus seguidores. Por parte das plataformas, o

Twitter estabelece *Termos de serviço*,[3] uma *Política de privacidade*[4], *Regras e práticas recomendadas do seguidor*[5] etc. Já o Facebook, indica seus *Princípios*,[6] *Termos de páginas*,[7] *Declaração de direitos e responsabilidades*,[8] *Política de dados*[9] etc. Por parte das páginas, temos a seção Quem somos da página *RVPB*; o *Regimento interno* e o *Plano de comunicação* do projeto *Jovens Conectados*; assim como a *Missão*, a *Visão* e os *Valores* indicados pelo grupo *Diversidade Católica*. Trata-se, portanto, de normas explícitas de vinculação e interação com tais plataformas e páginas.

Dentre tais protocolos, encontramos, primeiramente, os *protocolos tecnointeracionais explícitos*, isto é, especificidades técnicas que regulam os usos das plataformas – por exemplo, quando o Twitter informa que o acesso e o uso de sua plataforma "está condicionado à sua aceitação e cumprimento"[10] de seus termos por parte dos diversos interagentes. Por outro lado, temos também *protocolos sociocomunicacionais explícitos*, que orientam as ações voltadas à construção de sentido e as interações entre os usuários e as plataformas – como as opções "curtir", comentar e compartilhar do Facebook ou as Regras e práticas recomendadas do Twitter – ou entre as páginas e seus interagentes –, por exemplo, o Plano de comunicação do *Jovens Conectados* ou os Valores do *Diversidade Católica*. Por serem explícitos e quase obrigatórios, tais protocolos passam por um "processo de normalização" (Dijck, 2013), em que certos hábitos e tendências tornam-se um padrão incorporado na estruturação dos ambientes *on-line*. Em tais casos, os protocolos emergem como um padrão de interconectividade flexível, que possibilita o estabelecimento de redes comunicacionais; sem esse padrão, tais redes não se estabeleceriam.

Por outro lado, há também um grupo de *protocolos tecnointeracionais e sociocomunicacionais implícitos* que podem ser observados nas plataformas e nas páginas católicas. O Twitter, por exemplo, estabelece que tudo o que for postado pelas pessoas fica à disposição da empre-

---

[3] Disponível em: <https://twitter.com/tos>.

[4] Disponível em: <https://twitter.com/privacy>.

[5] Disponível em: <https://support.twitter.com/articles/256432?lang=pt#>.

[6] Disponível em: <https://pt-br.facebook.com/principles.php>.

[7] Disponível em: <https://pt-br.facebook.com/page_guidelines.php>.

[8] Disponível em: <https://pt-br.facebook.com/terms>.

[9] Disponível em: <https://pt-br.facebook.com/privacy/explanation>.

[10] Disponível em: <http://puanotes.com/sync/privacy/>.

sa, que poderá "usar, copiar, reproduzir, processar, adaptar, modificar, publicar, transmitir, exibir e distribuir"[11] tais conteúdos da forma como quiser. As modalidades de como isso se dará e os propósitos de tais ações não ficam delimitados pela plataforma. As páginas católicas, por sua vez, também estabelecem tais modalidades de protocolo: a conta @ *Pontifex_pt*, por exemplo, não segue outros usuários, contrariando a sugestão da própria plataforma de que "a verdadeira magia do Twitter reside na absorção de informações"[12] de outros usuários. Com a opção das contas @*Pontifex* de seguirem apenas a si mesmas, ficam estabelecidos implicitamente um protocolo tecnointeracional (a conta papal não seguirá ninguém, exceto a si mesma) e um protocolo sociocomunicacional (a construção de sentidos por parte da conta papal se dará prescindindo das interações intraplatafórmicas). Já a página *RVPB* também possui protocolos implícitos claros sobre como lidar com postagens abusivas e o uso de palavras de baixo calão por parte de seus seguidores. Embora tenha sido necessário explicitar tal protocolo publicamente devido à tensão gerada entre leitores e leitoras em algumas postagens, ele até então era implícito.

Todas essas regras e políticas envolvem sempre uma relação comunicacional com outros interagentes, seja para publicar uma informação para eles, seja para criar um vínculo interacional com eles. Emergem, assim, regras explícitas que são tensionadas no processo comunicacional, ou regras implícitas que passam a ser explicitadas. Trata-se, portanto, de *protocolos convencionados* entre plataformas e usuários e/ou entre páginas e interagentes.

De um lado, temos protocolos tecnointeracionais convencionados, como no caso das pessoas que negociaram com a página *Diversidade Católica* os protocolos em torno da transmissão *on-line* do 1º Encontro Nacional de Católicos LGBT. Tal negociação gerou depois uma postagem da página com um protocolo explícito sobre a assistência on-line.

De outro lado, temos protocolos sociocomunicacionais convencionados, como vimos no caso da página *Jovens Conectados*, em que a postagem do Evangelho do Dia assume uma ritualidade própria do ambiente digital, com a "proclamação" feita pela página e as inúmeras respostas

---

[11] TWITTER. *Termos de serviço do Twitter*. San Francisco, 2015. Disponível em: <https://twitter.com/tos>.

[12] TWITTER. *Começar a usar o Twitter*. San Francisco, 2015. Disponível em: <https://goo.gl/O59gVV>.

litúrgicas postadas pelos interagentes. Ou, então, a proximidade afetiva coconstruída pelas diversas páginas, que, com a expressão "queridos" por parte do papa ou o "bom-dia" da página *RVPB*, encontra repercussão protocolar por parte de seus interagentes. Nesses casos, os protocolos se apresentam como um sistema de regras compartilhadas para a ação comunicacional entre os interagentes (aquilo que pode ser feito ou não), possibilitando as conexões e condicionando o fluxo circulatório.

Dessa forma, "a delimitação das fronteiras dos quadros das interações em que os seres humanos se envolvem não preexiste ao desenrolar da própria interação, mas depende de um trabalho de negociação que os interactantes realizam em comum" (Rodrigues, 2011, p. 272), sob a forma de protocolos. Trata-se da emergência de sistemas organizadores das interações decorrentes da própria prática interacional, "de sistemas de cooperação padronizados para garantir a estabilidade dos processos – mesmo em situações que enfatizam a liberdade da interação, a ausência de hierarquias, a horizontalidade" (Braga, 2013, p. 168). Assim, é possível perceber modalidades de protocolo que regulam as formas de interação, os usos possíveis e permitidos das plataformas, ou ainda as modalidades de gestão e manipulação dos símbolos (textos, imagens e vídeos) disponibilizados pelas páginas.

As escolhas do interagente *funcionam em função* dos protocolos das plataformas e das páginas, e, por sua vez, as plataformas e as páginas funcionam em função dos protocolos dos seus "funcionários", ou seja, dos interagentes. Estes funcionários "trabalham" para as plataformas (ou para as páginas) em seu próprio interior, realizando usos previstos (e assim gerando matéria-prima comunicacional que realimenta o fluxo circulatório) ou imprevistos (que potencialmente podem levar a aprimoramentos dos sistemas e dos próprios protocolos). Dessa forma, o interagente crê estar utilizando as plataformas ou as páginas como "meio" para a sua construção de sentido em rede (seja em recepção, seja em produção), e as plataformas e as páginas creem estar utilizando o interagente como "meio" para realimentar seus processos internos. Contudo, o que temos é um processo coevolutivo e indeterminado, em que plataformas e interagentes (páginas ou pessoas) inter-retroagem reciprocamente mediante protocolos.

Podemos afirmar que os protocolos são, por um lado, uma *propriedade emergente* da auto-organização de interagentes em rede, que, portanto, não pode ser centralizada em um âmbito específico, nem está dada de antemão em termos tecnológicos ou sociais. Por outro lado, trata-se de um *complexo organizador* heterogêneo, que conecta os interagentes, condiciona os fluxos circulatórios, governa as múltiplas interações sociotécnicas e práticas comunicacionais, como relações de poder e estruturações políticas dos processos midiáticos em rede (Galloway, 2004).

Os protocolos, portanto, vão surgindo e se desdobrando na própria ação de interagir – seja entre o sistema e os usuários, seja entre os próprios usuários –, operando segundo uma *lógica de condicionamento* das redes comunicacionais, possibilitando a constituição de vínculos e de conexões entre os interagentes mediante interfaces específicas, sob certas *condições*, em uma "delicada dança entre controle e liberdade" (Galloway, 2004, p. 75, trad. nossa). Eles se constituem, portanto, na relação entre as interfaces e os usos sociais. Tais "regras de conexão" atuam também como estruturações das ações entre os interagentes, pois "nós simplesmente sabemos o que fazer porque desenvolvemos regras para as respectivas ações" (Quandt, 2009, p. 115, trad. nossa).

O uso das plataformas no caso "católico", por outro lado, também se inscreve no tecido social – ao comportar significações religiosas – e se insere em uma determinada trajetória pessoal ou social de apropriação, ou seja, em macroprotocolos socioculturais que vão além do midiático. As próprias plataformas sociodigitais surgem como resposta aos interesses ou necessidades da sociedade. Cada plataforma possui, desde a sua concepção, uma dimensão ideológica e político-social que se articula comunicacionalmente, no caso católico, com práticas religiosas, mediante uma complexa tensão. Por outro lado, as esferas técnica e sociorreligiosa estão entrelaçadas no tecido organizacional das ações e das associações entre os interagentes: as plataformas nascem ancoradas no social, e os gestos sociorreligiosos de reconstrução do "católico", por sua vez, se dão ancorados em técnicas e tecnologias. Por isso, é preciso perceber que os protocolos não são neutros nem intra nem extraplataformicamente, pois são portadores de valores e fonte de significações sociais para os interagentes comunicacionais.

Ou seja, a esfera tecnossimbólica (as interfaces) também é constituída sociotecnologicamente (mediante protocolos). Dessa forma, as plataformas estruturam as práticas religiosas, e estas, de acordo com usos específicos, atribuem sentidos singulares às plataformas provenientes do âmbito religioso: dessa inter-relação emergem os protocolos como "interface das interfaces" sociotécnicas. Se o poder é uma "ação sobre ações" (Foucault, 1995, p. 243), os protocolos se constituem como *redes de poder*, como uma ação de condicionamento das ações comunicacionais possíveis, constituindo um *modo regrado* de agir em redes comunicacionais.

O dispositivo aqui em análise, contudo, não se resume a essa dupla mediação interfaces-protocolos. As interfaces são acionadas, mediante protocolos, para o desenvolvimento de determinadas práticas sociais, neste caso, a explicitação pública de saberes-fazeres midiático-comunicacionais em torno do "católico", como *reconexões* em redes comunicacionais.

11.3 Processos sociossimbólicos: a reconexão

O ambiente digital possibilita uma complexa rede de interações comunicacionais voltadas à experiência religiosa, em que plataformas como Facebook e Twitter passam a ser compartilhadas midiaticamente por interagentes diversos em torno do catolicismo, desde um nível suprainstitucional, como o papa, até níveis minoritário-periféricos do catolicismo.

Tais conexões, por sua vez, se inter-relacionam com operações de *computação* (Morin, 1999), entendidas como a ação de tratar símbolos, mediante percepção, cognição e expressão de sentidos. Em redes comunicacionais, trata-se, como dizíamos, de uma computação de terceira ordem, em que um conteúdo simbólico é construído publicamente por um interagente (1), recebido e reconhecido por outro interagente em conexão (2) e, potencialmente, reconstruído para outros interagentes mediante novas conexões (3).

No caso da conta *@Pontifex_pt*, por exemplo, de um lado, as reconexões permitem não apenas uma comunicação "direta" com o sumo pontífice da Igreja Católica, na qual o interagente recebe um tuíte papal instantaneamente, onde quer que esteja, mas também a possibilidade de responder ao próprio pontífice na mesma plataforma e de interagir publicamente com outras pessoas do mundo inteiro, assumindo a mensagem pontifícia como eixo de complexas construções de sentido. As páginas católicas, por outro lado, ao postarem algo, desencadeiam ações outras por parte dos demais interagentes que, por sua vez, poderão catalisar potenciais novas ações de outros interagentes ainda, e assim indeterminadamente. Dessa forma, o próprio catolicismo vai sendo ressignificado a partir dos mais diversos pontos de vista da sociedade, que agora se publicizam e se visibilizam midiaticamente.

Como visto nos casos analisados, em ambientes sem qualquer vinculação com a fé católica como as plataformas sociodigitais, os diversos interagentes – não apenas o papa ou a Igreja, mas também leigos--amadores e grupos minoritários e alternativos – podem produzir uma "palavra pública" e também agir publicamente sobre o fenômeno religioso. As pessoas encontram formas de (re)dizer e (re)fazer os discursos, os símbolos, as crenças e as práticas católicos, mediante imagens, textos, áudios, vídeos, graças às interfaces e aos protocolos das plataformas. E a reconexão é justamente *a ação comunicacional sobre tais interfaces e protocolos* (mediante conexão e computação) *e para além deles* (mediante novas conexões e novas computações), alimentando a circulação comunicacional. Trata-se, portanto, de um *processo sociossimbólico*, que, inter-retroativamente, relaciona lógicas e dinâmicas sociais e simbólicas.

A reconexão, desse modo, envolve ações comunicacionais de construção de sentido em plataformas sociodigitais que dependem da "conexão" e da "computação" *stricto sensu* de um computador e de um computante humano, mas vão além delas, mediante uma ação de *"conexão de conexões"* e de *"computação de computações"* em rede. Gera-se, assim, uma "conexão" e um "cômputo" muito mais complexos do que algo meramente humano e/ou tecnológico, envolvendo também outros interagentes e contextos comunicacionais (Fig. 33).

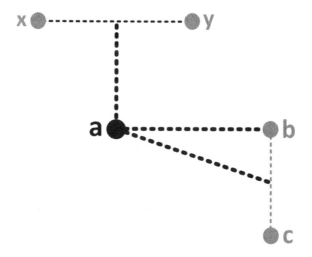

Figura 33 – Diagrama das reconexões
Fonte: Elaborado pelo autor.

Como vemos na figura 33, a reconexão é a ação realizada pelo interagente "a" (uma pessoa, um símbolo, uma tecnologia etc.), ao *conectar a conexão* dos interagentes "x" e "y" com o interagente "b", identificada pelas linhas tracejadas pretas. O mesmo poderia ser dito se o interagente "a" conectasse a conexão dos interagentes "x" e "y" com a conexão dos interagentes "b" e "c". Isto é, ao conectar conexões, a reconexão revela que, no processo de circulação, o sentido (assim como a própria interação) é construído *"preso em feixes de relações* – situação que afastaria a interação das possibilidades de equilíbrio e de linearidade. Em lugar de sentidos atribuídos, desponta a indeterminação" (Fausto Neto, 2013, p. 45, grifo nosso). Os processos sociais e simbólicos das redes comunicacionais, para além dos seus elementos informacionais/computacionais, explicitam a *coprodução* de sentido nas interações em rede. Como *redes de conexão*, as reconexões, portanto, revelam o *modo regular* de ação em redes comunicacionais, já que, *sem ação de conexão, não há rede*.

Contudo, uma reconexão não nasce *ex nihilo*. Sendo uma "conexão de conexões", ela surge a partir de uma conexão prévia, de uma "pré--reconexão". Como víamos, por exemplo, as próprias contas @*Pontifex*, desde a sua origem, nasceram a partir de um fluxo de ações outras, que as antecediam e as ultrapassavam, com a divulgação midiática por parte da Santa Sé da entrada do papa no Twitter e os debates sociais via plataforma sobre esse gesto papal. Os tuítes papais, por sua vez, ganham vida a partir de uma determinada realidade sociorreligiosa que impele o papa a tomar a palavra a respeito, desencadeando, por sua vez, ações outras por parte de seus seguidores, intra e extraplataformicamente. As demais páginas católicas também não nascem "desconectadas", mas surgem a partir de ações comunicacionais outras, previamente ao seu "desembarque" no ambiente *on-line*, por parte de uma emissora católica (no caso da página *RVPB*), das bases juvenis católicas (no caso da página *Jovens Conectados*) e de interações comunicacionais em rede que se articulam como grupo (no caso da página *Diversidade Católica*), e suas postagens envolvem diversas outras "pré-reconexões", que dinamizam seus processos midiáticos.

Nesse sentido, o conceito de reconexão nos ajuda a repensar os processos comunicacionais para além do seu "suporte" tecnológico e do seu "conteúdo" simbólico, atentando para as ações e interações entre os interagentes envolvidos em suas conexões. As reconexões são "ultracone-xões", "conexões *novas*", não por surgirem *ab ovo*, mas por emergirem de modo complexo na conjuntura local das interações em um contexto específico, na inter-relação com interfaces e protocolos.

Ocorre, assim, em redes comunicacionais, uma experimentação religiosa, que caracteriza uma prática religiosa específica das sociedades em midiatização. Do ponto de vista religioso, as reconexões revelam a experimentação social sobre o "católico" nos processos de circulação comunicacional, em que é possível partir de algo já dado (pela tradição, pela doutrina, pela instituição etc.) e *inventar* comunicacionalmente, chegando a algo novo (*in* + *venire*) por meio de práticas conexiais, que se somam e complexificam as práticas tradicionais de construção do catolicismo.

Analisadas no âmbito religioso católico, tão marcado por simbó-lico-discursividades históricas e demarcadas por práticas tradicionais, as reconexões articulam-se em torno de *lógicas de condensação*, em um triplo sentido: 1) "liquefazendo" e "diluindo" os símbolos católicos na constante descontextualização dos sentidos em rede; 2) "juntando" e "amontoando" novamente tais símbolos mediante recombinação com outros interagentes, símbolos e contextos; e 3) "engrossando" o fluxo circulatório com tais reconstruções, dinamizando-o.

O fluxo circulatório, portanto, passa por gestos de percepção--recepção, cognição-computação e expressão-produção de construções simbólicas: mas tudo isso perpassado por conexões sociodigitais. Nesse fluxo comunicacional, as reconexões se convertem em catalisadoras da circulação. O "católico", por sua vez, como macroconstruto sociorreligio-so, explicita um ser-conexial próprio, ou seja, *ações sobre ações* em rede sobre as crenças e as práticas católicas no processo de circulação. Dessa forma, "as expressões [simbólico-discursivas sobre o catolicismo] não têm sentido em si mesmas; adquirem-nas dentro do quadro que delimita as interações em que são usadas ou em que são jogadas" (Rodrigues, 2011, p. 272), em reconexão.

Nas ações de reconexão, "o hipertexto *hibridiza a densidade sim-bólica com a abstração numérica*" (Martín-Barbero, 2006, p. 57, grifo nosso). Tal processo se torna visível naquilo que poderíamos chamar de "produto", ou seja, as construções simbólicas (textuais, sonoros, imagéticos) presentes e acessíveis nas plataformas aqui analisadas, as "matérias significantes" (Verón, 1980) que trazem as marcas das ações e operações dos interagentes, do funcionamento das tecnologias e dos sentidos em construção. Em seu nível social, por um lado, as reconexões conectam as instâncias de produção e recepção, em sua comutabilidade, e, ao conectarem-nas, fazem surgir as diferenças em termos de ação sociossimbólica. Em seu nível simbólico, por outro lado, as reconexões operam uma redução da complexidade social mediante sua "dimensão organizadora do comum" (Sodré, 2014, p. 275).

Por isso, é restritivo falar das práticas religioso-comunicacionais na internet apenas como processos "virais" ou "memes" que se propagam e se espalham de forma quase automatizada (cf. Cheong, 2012; Bellar et al., 2013). Como vimos nos casos analisados, as redes surgem a partir de uma *ação* de conexão, de um *trabalho* em rede (*net-work*); ou seja, as conexões não existem "em si mesmas", mas são construídas e mantidas constantemente pela ação comunicacional via dispositivos. Mesmo em um simples compartilhamento de conteúdo, não há apenas transmissão de informação, mas também e principalmente uma conexão de conexões (sociais, tecnológicas, simbólicas) que rearticulam as redes já existentes em novas redes. Aquilo que é visto apenas como mera "disseminação", "propagação", "espalhamento" (cf. Jenkins; Ford; Green, 2013), na realidade, envolve uma complexa ação circulatória operada pelos diversos interagentes em rede.

Diagramaticamente, temos a seguinte sistematização das reconexões nos processos de interação em redes comunicacionais (Fig. 34):

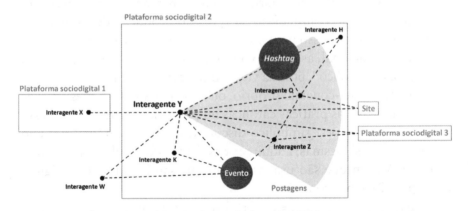

Figura 34 – Reconexões em redes comunicacionais
Fonte: Elaborado pelo autor.

A complexidade das reconexões operadas em redes comunicacionais é representada pelas linhas tracejadas, sem setas direcionais, já que o fluxo está sempre em movimento inter-retroativo. Tomando como ponto de análise o interagente "Y", indicando, por exemplo, a conta @*Pontifex_pt*, temos as diversas ações comunicacionais realizadas por ela no interior do Twitter ("Plataforma sociodigital 2"). De modo geral, as contas e páginas aqui analisadas e suas postagens, muitas vezes, provêm de "pré-reconexões", primeiro em relação a outras plataformas ("Plataforma sociodigital 1") e seus demais interagentes (interagente "X"), como no caso dos tuítes papais que são reconectados aos interagentes do Facebook pelas páginas católicas. Depois, em relação a interagentes extraplatafórmicos e transmidiáticos (interagente "W"), como no caso do tuíte papal de agradecimento aos votos de Natal recebidos no Vaticano. Ou, ainda, em relação a outros interagentes no interior da mesma plataforma (interagente "K"), como no caso dos compartilhamentos de conteúdos de outros usuários ou páginas feitos pelas páginas católicas.

O interagente "Y" também faz suas postagens a usuários que recebem automaticamente suas postagens (por serem seus seguidores/"curtidores"), como representa o cone cinza maior. Contudo, as relações de produção--recepção são recíprocas, como indicam as linhas tracejadas. No caso da conta @*Pontifex_pt*, outros usuários também podem acessar os tuítes papais, mesmo que não sigam o papa no Twitter. Isso se dá, por exemplo, pela visita ao perfil do pontífice por parte de um usuário que não o segue (interagente "K") ou de um usuário que se encontra fora da plataforma (interagente "W"), ou então pela mediação de outro usuário, via retuíte, por exemplo (relação entre os interagentes "Q" e "H").

Outras ações realizadas pelo interagente "Y" envolvem *hashtags*, criadas ou utilizadas dentre os marcadores já existentes no Twitter ou no Facebook (que são compartilhados pelo usuário "H"). No caso do Faccbook, como vimos na página *Diversidade Católica*, é possível criar um evento, que também pode ser acessado por não "curtidores" da página (interagente "K") ou mesmo por usuários extraplatafórmicos que tenham o *link* direto para tal página (interagente "W").

Além disso, as diversas presenças católicas sempre fazem referência a um site próprio ou alheio, ou então a outras plataformas sociodigitais, como o YouTube, situados à direita na figura, como ambientes extraplatafórmicos.

A partir de nossas análises, encontramos diversas modalidades de reconexão simbólica, propriamente ditas, tais como as reconexões por assimilação, por enfatização, por complementação, por menção, por "marcação", por autorreferenciação, por remediação, por adaptação, por suspensão, e por subversão, sintetizadas na Tabela 2. Tais ações são inter-relacionáveis, já que um conteúdo pode ser enquadrado em uma ou mais dessas categorias, de acordo com a complexidade local das interações.

Tabela 2 – Modalidades de reconexão simbólica.

Reconexões por assimilação	Adesão por parte dos interagentes a conteúdos postos em circulação por outros, mediante "curtidas" ou compartilhamentos incorporados, sem modificação em relação ao original.
Reconexões por enfatização	Construções simbólicas (textos, imagens, áudios, vídeos) por parte de interagentes que manifestam seu reconhecimento, consentimento, apreço, agradecimento em relação a ações comunicacionais outras.
Reconexões por complementação	Construções simbólicas que aprofundam e desdobram os sentidos construídos por outros interagentes em relação a um conteúdo específico, mediante o acréscimo de outros elementos, situando-se no mesmo universo simbólico. Insere-se aqui o uso de elementos extratextuais *como* emoticons *e* emojis.
Reconexões por menção	Mediação por parte de um interagente entre um conteúdo e outros interagentes, ou entre interagentes, recorrendo ou não a funcionalidades específicas das plataformas para esse fim. Gera-se um "subfluxo" comunicacional de tal postagem. A "menção temática" envolve o uso de hashtags, em que uma postagem é inserida em outro fluxo comunicacional paralelo. Busca-se fazer o conteúdo circular por outras redes comunicacionais, ou até mesmo fora do ambiente digital, mediante a menção de interagentes extraplatafórmicos ou transmidiáticos.
Reconexões por "marcação"	Referenciação de um conteúdo a outro interagente, que é identificado no próprio conteúdo, como no caso da "marcação" de fotos no Facebook. O conteúdo não apenas é indicado a outro interagente (como no caso das menções), mas é "fundido" com o próprio interagente mediante tal reconexão: a foto remete ao usuário que remete à foto.

Reconexões por autorreferenciação	Ações comunicacionais de autorreconhecimento dos interagentes, que constroem sentido sobre si mesmos, como estímulo para a interação e incremento para seus próprios fluxos circulatórios, por exemplo, mediante autocompartilhamentos ou autocomentários.
Reconexões por remidiação	Ações comunicacionais intraplatafórmicas que se articulam com elementos midiáticos extraplatafórmicos (como tuítes postados no Facebook) ou que, ao contrário, levam potencialmente o interagente para outros ambientes midiáticos extraplatafórmicos (como a publicação de *links* externos). Reconectam-se, assim, vários circuitos midiáticos, fazendo os interagentes transitarem por diversos fluxos.
Reconexões por adaptação	Ações comunicacionais que se apropriam de um conteúdo alheio e fazem coisas não previstas ou desvinculadas do contexto comunicacional original, recontextualizando e ressignificando tal conteúdo para seus próprios fins, com o acréscimo de novas camadas de sentido.
Reconexões por suspensão	Construções simbólicas que manifestam tensionamentos e questionamentos críticos em relação a determinado conteúdo ou interagente, colocando-o em "suspenso". Isso se dá mediante perguntas e solicitações de aprofundamento, explicações, esclarecimentos, voltados ao desdobramento da interação.
Reconexões por subversão	Construções simbólicas que se posicionam contra, rebelam-se e manifestam sua objeção e oposição frontal e agressiva a um conteúdo ou interagente, na tentativa de desconstruí-lo simbolicamente. Emerge aqui o conflito e a divergência explícita nas interações em redes comunicacionais.

Fonte: Elaborado pelo autor.

Tais categorias, que buscam sistematizar, dentro de suas limitações e lacunas, a complexidade das interações em redes comunicacionais, por sua vez, podem ser divididas em quatro grandes grupos, a partir da reconfiguração midiática operada por tais ações comunicacionais:

1. reconexões intraplatafórmicas;

2. reconexões interplatafórmicas;

3. reconexões intermidiáticas; e

4. reconexões transmidiáticas.

Temos, primeiro, ações comunicacionais operadas dentro de uma mesma plataforma, como as diversas modalidades de tuítes e retuítes no interior do Twitter, ou as "curtidas", postagens, comentários e compartilhamentos no interior do Facebook. Chamamo-las de *reconexões intraplatafórmicas*.

Há ainda *reconexões interplatafórmicas*, que reconectam não apenas conteúdos e interagentes, mas também plataformas, como no caso do tuíte papal que remetia o interagente à página *News.va* no Facebook ou à conta do usuário *@infoscholas*, ou ainda as repostagens de tuítes papais por parte das páginas *RVPB* e *Jovens Conectados* no Facebook. Mediante tais reconexões, plataformas distintas, como Facebook e Twitter, interconectam-se, complexificando o fluxo circulatório em rede.

Já as reconexões *intermidiáticas* articulam mídias distintas, agindo extraplataformicamente, como no caso de postagens da conta @ *Pontifex_pt* ou das páginas católicas no Facebook que indicam *link*s para sites externos ou conteúdos provenientes de outras mídias, como livros, jornais, TVs etc.

Por fim, temos *reconexões transmidiáticas*, quando um conteúdo vai além de uma mídia específica. Isso pode se dar "a montante", quando uma determinada conexão surge a partir do contexto *off-line*, como no caso das próprias páginas *Jovens Conectados* e *Diversidade Católica*, que, como tais, só emergiram no contexto *on-line* a partir de interações anteriores ao ambiente digital; ou então "a juzante", quando o ambiente *on-line* "transborda" para o *off-line*, como no caso das conexões em rede que geraram o 1º Encontro Nacional de Católicos LGBT, realizado presencialmente no Rio de Janeiro. Também poderíamos inserir nesse grupo as postagens que se "reconectam" com a transcendência religiosa católica, mediante ritualidades digitais construídas em redes comunicacionais que vão além do midiático, "conectando" a pessoa com o "sagrado" em uma ambiência midiatizada de prática religiosa.

* * *

Em síntese, a partir do acionamento comunicacional de uma dada tecnologia para a constituição de interações em rede (interface), negociada e agenciada dentro de condições sociotécnicas específicas (protocolos), mediante o que a sociedade produz simbolicamente em rede sobre e a partir dessa inter-relação (reconexão), instauram-se complexas conexões, que geram matrizes de interação na internet, que por sua vez promovem e permitem a gênese do "católico".

Analisados tais processos tecnossimbólicos, sociotécnicos e sociossimbólicos em suas especificidades, podemos agora articulá-los reflexivamente como *dispositivo conexial*.

11.4 Dispondo as conexões do dispositivo conexial

Nos casos analisados, a instituição religiosa e a sociedade em geral encontram-se embebidas em competências de organização das possibilidades de construção social de sentido sobre o "católico", mediante um sistema-aparelho que organiza as ações comunicacionais. Ou seja, a interação não se dá em uma zona "franca" nem mediante operações "neutras", mas sim marcadas por limites e possibilidades que moldam e condicionam as modalidades de construção de sentido nas redes comunicacionais. Assim, a circulação do "católico" em rede aponta para um "sistema abstrato descritível" (Braga, 2013), que, a partir de nossas inferências como observadores, pode ser articulado mediante as relações e processos empiricamente identificáveis em um ambiente comunicacional específico, mediante interfaces, protocolos e reconexões.

Esquematicamente, podemos organizar as características das interfaces, dos protocolos e das reconexões de acordo com os diversos tipos de *processualidades, conectividades, logicidades* e *dinamicidades* que os compõem e que dinamizam as redes comunicacionais (Tab. 5).

Tabela 3 – Características das interfaces, protocolos e reconexões.

	Interfaces	Protocolos	Reconexões
Processualidade	Tecnossimbólica	Sociotécnica	Sociossimbólica
Conectividade	Redes de mediação	Redes de poder	Redes de conexão
Logicidade	Delimitação	Condicionamento	Condensação
Dinamicidade	Modo regulado de ação	Modo regrado de ação	Modo regular de ação

Fonte: Elaborado pelo autor.

As interfaces, como processos tecnossimbólicos, apresentam uma *lógica de delimitação* que diferencia os papéis de cada interagente, pondo limites às suas ações no interior das plataformas. Assim, constituem o *modo regulado* de ação em redes comunicacionais. Elas atuam ainda como *redes de mediação* ao se constituírem como lócus das interações entre os diversos interagentes.

Por sua vez, para que as interfaces sejam acionadas comunicacionalmente, os interagentes precisam obedecer aos protocolos das plataformas, assim como podem estabelecer novos. Tais protocolos, portanto, atuam como *redes de poder*, constituindo um *modo regrado* de agir em redes comunicacionais. Eles promovem uma *lógica de condicionamento* dos fluxos de sentido e das interações, evitando o rompimento das conexões ou a disparidade simbólica total, que impossibilitaria qualquer tipo de comunicação.

Por fim, articulando interfaces e protocolos, os interagentes operam reconexões em redes comunicacionais, ou seja, *modos regulares* de ação. Elas atuam como *redes de conexão* dos mais diversos interagentes (pessoas, símbolos, tecnologias, contextos etc.), em uma *lógica de condensação* que possibilita a descontextualização e a recombinação dos mais diversos elementos, "engrossando" o fluxo da circulação em rede.

Esse complexo de inter-relações entre interfaces, protocolos e reconexões em redes comunicacionais constitui aquilo que chamamos de *dispositivo conexial*. Trata-se de um *sistema sócio-técnico-simbólico heterogêneo que possibilita a conexão digital e organiza a comunicação entre os interagentes em rede*, catalisando as práticas midiático-religiosas no fluxo circulatório das plataformas sociodigitais. É ele quem organiza os processos tecnossimbólicos, sociotécnicos e sociossimbólicos em torno das práticas religiosas e da reconstrução do "católico" em redes comunicacionais.

Trata-se de um dispositivo *conexial* porque a "essência" de toda rede é precisamente a conectividade (Kerckhove, 1998). Não se trata, portanto, de um dispositivo de conexões meramente tecnológicas (cabos, fios, *hubs*), mas sim de um sistema de relações mediadas digitalmente entre interagentes humanos, tecnológicos e simbólicos. Se a rede não é um produto acabado, mas um observável que opera dentro de determinadas lógicas e dinâmicas, estas são continuamente reinventadas e reconstruídas pelos desdobramentos de processos sociais, tecnológicos e simbólicos que constituem o dispositivo conexial.

Em síntese, como indica a figura abaixo, o dispositivo conexial emerge como um sistema sócio-tecno-simbólico heterogêneo, articulando relações matriciais triádicas (triângulos) em movimentos inter-retroativos dinâmicos (círculos) (Fig. 35).

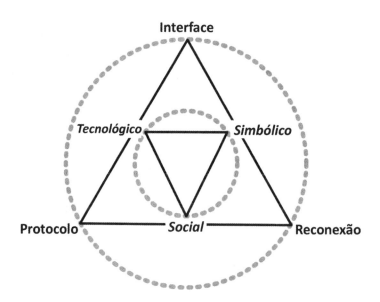

Figura 35 – Diagrama do dispositivo conexial
Fonte: Elaborado pelo autor.

A articulação matricial menor (triângulo interno) atua como lógica geradora da articulação matricial maior, também triádica e dinâmica, formada por inter-relações entre processos tecnológicos e simbólicos (interface), entre processos tecnológicos e sociais (protocolo), e entre processos sociais e simbólicos (reconexão).

A dinâmica da relação entre interfaces, protocolos e reconexões se baseia em um processo flexível e criativo, materializando as conexões em redes comunicacionais. As interfaces estabelecem e possibilitam a emergência de determinados protocolos e de modalidades específicas de reconexão; os protocolos, por sua vez, coevoluindo de forma complexa, demandam e possibilitam a emergência de novas interfaces e de novas reconexões. Já as reconexões se desdobram e se atualizam sempre em interfaces específicas e mediante protocolos locais. De modo geral, podemos afirmar que toda ação social é mediada tecnologicamente, e atravessa e é atravessada por construções simbólicas; toda tecnologia é constituída socialmente e encarna simbologias; e toda prática simbólica é construída socialmente por meio de técnicas e tecnologias.

Na interface entre a heteronomia institucional religiosa e a autonomia social, o dispositivo conexial permite a constituição de processos de gênese de sentido sobre o "católico" que dinamizam o fluxo circulatório em rede. Sem tal dispositivo, a circulação não ocorreria e não haveria qualquer tipo de organização na complexidade das redes comunicacionais. Em suma, não teríamos tais redes. O dispositivo conexial é o "princípio de organização" das redes comunicacionais (Galloway, 2004), atuando como um ordenador de dupla ordem: *ordena* as conexões, oferecendo possibilidades de interação; e *dá ordens* aos interagentes em rede, estabelecendo limites e possibilidades para as conexões (cf. Morin, 2008). Trata-se de um aparelho de organização da comunicação, que apresenta um caráter dependente (com relação às plataformas sociodigitais) e imperativo (com relação aos interagentes), ou seja, emancipa e domina ao mesmo tempo (cf. ibid.).

Pelo fato de as redes serem uma "estrutura composta de elementos em interação, de interconexão instável e cuja variabilidade obedece a alguma regra de funcionamento" (Musso, 2004, p. 31), o dispositivo conexial nos ajuda a entender os padrões que caracterizam as redes, que surgem a partir de complexos modos de reconfiguração por parte da sociedade. Ações locais de interação em experimentação constituem determinadas matrizes comunicacionais específicas e flexíveis que caracterizam um dispositivo, e este, por sua vez, condiciona e molda aquelas ações, que solapam e assoreiam o próprio dispositivo (Braga, 2010a). O dispositivo é constituído e também modificado comunicacionalmente.

Em suma, os dispositivos *dispõem a sociedade*; mas a sociedade também *dispõe os dispositivos*; e, por meio destes, a sociedade *se põe em relação com a realidade e a dispõe* – de modo complexo, inter-retroativo e indeterminado. Se o "católico" circula em rede, ele circula "disposto" em determinadas disposições; e essa circulação dispõe aquilo que emerge como dispositivo observado. Os interagentes (como a Igreja, as páginas católicas e as pessoas em rede) não se sujeitam passivamente às configurações do dispositivo, mas, a partir de seus interesses e necessidades, efetuam também reações e resistências, que, por sua vez, dispõem o dispositivo em novas configurações. É essa "configuração de configurações" sociais, tecnológicas e simbólicas que catalisam a midiatização digital da sociedade, possibilitando um maior *aprofundamento, abrangência e aceleração* dos processos mídiaticos existentes em rede.

Delimitando, condicionando e condensando o fluxo circulatório, portanto, o dispositivo conexial organiza as interações sociorreligiosas em rede, transformando uma diversidade desconexa de catolicismos diversos em uma forma global (o "católico"). Isto é, processos midiáticos sobre discursos, símbolos e crenças católicos vão reconstruindo o catolicismo e fazendo emergir aquilo que chamamos de "católico".

12
A reconstrução do "católico" em rede:
a emergência do leigo-amador e das heresias comunicacionais

Na midiatização digital da religião, surgem novas modalidades de percepção e expressão de crenças e práticas religiosas no ambiente digital, graças à publicização de elementos religiosos e à sua acessibilidade por parte de inúmeros interagentes em rede, em toda parte e a qualquer momento. Com base nos sistemas de sentido próprios à experiência católica – plurais e polarizados por constituição –, os processos locais de comunicação em rede reinventam o próprio catolicismo, mediante circulação.

De certo modo, as discursividades e ritualidades do catolicismo só existem enquanto circulam, e essa circulação depende, primeiro, de "sistemas de crença ancorados em valores, tradições e imagens do mundo e da existência" – pois o "católico" não surge *ex nihilo* – e, segundo, de um "permanente trabalho social, no e através do discurso" (Moscovici, 2011, p. 216) – que, portanto, reconstrói o "católico". Desse modo, a Igreja como um todo constrói comunicacionalmente o catolicismo como sistema teológico e praxiológico; e, depois, a sociedade se apropria dele e o ressignifica, dando origem ao "católico" como eixo comunicacional para suas ações sociorreligiosas, que, portanto, vão além e também desviam aquilo que é construído pela Igreja.

A circulação do "católico" em rede envolve a explicitação pública e o reconhecimento social dos dois polos católicos – do indivíduo e da instituição – que interagem e se articulam de modo ainda mais complexo na constituição do catolicismo. Por um lado, a instância máxima da Igreja, seu clero e suas instituições são impelidos pela midiatização digital a renovar seus processos comunicacionais diante do contexto sociocultural emergente. No caso *@Pontifex_pt*, a "digitalização" do papado e do pontífice envolve, por exemplo, a construção de uma nova identidade pontifícia na internet, assim como a necessidade de uma reconfiguração simbólica de estruturas tradicionais para o ambiente digital – como o conclave, a eleição de um novo papa, o Magistério pontifício. Ainda em nível institucional, a página *RVPB* aponta não apenas para a remidiação de uma emissora de rádio na internet, mas principalmente para a reconstrução da atividade de um órgão católico institucional em um ambiente comunicacional diferente. Já o caso *Jovens Conectados* revela a apropriação eclesial de elementos da cultura digital, "institucionalizando" processos comunicacionais emergentes na cultura e nas bases juvenis da Igreja.

Por outro lado, os interagentes em geral, os fiéis comuns, passam a ter acesso "direto", via plataformas sociodigitais, às instâncias superiores da instituição, incluindo o próprio papa. O papa torna-se nosso "amigo", ao alcance de um clicar de botões, com quem podemos interagir em rede. Nesses vínculos inter-relacionais "desintermediados" – embora fortemente mediados pelas interfaces e protocolos das plataformas –, opera-se também uma recontextualização para outros ambientes midiáticos e sociais daquilo que é publicado pela instituição. No desdobramento das redes comunicacionais, pessoas comuns podem alimentar um amplo debate teológico-eclesial, em que é possível apoiar e defender o papa, ou criticá-lo e apontar seus "erros" publicamente, ou ainda gerar novos ambientes públicos em rede de experiência da fé católica a partir de suas minorias e periferias, como é o caso *Diversidade Católica*.

Catalisa-se, assim, o processo de circulação do "católico", mediante aproximações, tensionamentos e distanciamentos em relação aos sentidos construídos sobre o catolicismo. Agindo em um cosmos coletivo de significados religiosos vinculados à Igreja Católica e internalizando-o, as pessoas em rede apropriam-se subjetivamente desse reservatório e dessa matriz histórica de sentidos e os reconstroem coletiva e publicamente. Sendo uma "rede simbólica socialmente sancionada" (Castoriadis, 1982, p.159), a própria instituição eclesiástica, ao entrar no fluxo da circulação de sentidos em rede, é ressignificada pelas ações comunicacionais da sociedade.

Nesse processo de circulação, entendido como "um trabalho complexo de linguagem e técnica", manifesta-se também uma "atividade construcionista" por parte da sociedade (Fausto Neto, 2010, p. 3). É aquilo que Luckmann (2014) chama de "reconstrução intersubjetiva em atos comunicativos". Ou seja, na circulação do "católico" em redes comunicacionais, crenças e práticas católicas

> são enunciadas sob forma de signos (linguísticos, simbólicos) e reconstruídas (normalmente para os outros, intersubjetivamente). Sobre essas reconstruções será erigida uma segunda ordem de processos de comunicação social, e neles algumas reconstruções serão acolhidas e outras descartadas, relacionando-se umas às outras de forma sistemática e levando à ontologização social da experiência subjetiva de transcendência enquanto testemunho de "outra" realidade (Luckmann, 2014, p. 139).

Nessa articulação complexa entre socialização em rede, tecnicização digital e simbolização religiosa, surge um contexto de reinvenção das práticas católicas. A experiência religiosa é transformada pela interação em rede entre os usuários, explicitando não apenas uma pluralidade de sentidos religiosos em torno do catolicismo, mas também a possibilidade de sua reconstrução pública, em uma ruptura de escala, de alcance e de velocidade em relação aos processos sócio-históricos de constituição do catolicismo. Em um ambiente midiático de crescente pluralismo e reflexividade, "crenças, práticas e autoridades organizacionais convencionais ou exclusivas estão sendo confrontadas com soluções alternativas, com visões de mundo concorrentes e formações sub ou intergrupais" (Højsgaard; Warburg, 2005, p. 5, trad. nossa).

Desse modo, "um uso ('popular') da religião modifica-lhe o funcionamento" (Certeau, 2012, p. 74), tal processo é exponenciado quando perpassado pelo alcance e pela velocidade midiáticas digitais. A circulação do "católico" em rede leva à sua própria reconstrução, como invenção/produção de algo "novo" (*construção*) ou como experimentação/transformação de algo já existente (*desconstrução*). O "católico" é continuamente instituído e ressignificado nas interações, tanto por parte da própria instituição quanto por parte das pessoas. As ações comunicacionais "usam" o "católico", tanto no sentido de "empregá-lo" como eixo das interações quanto no sentido de "gastá-lo", modificando-o (Braga, 2010a). E o trabalho tentativo, de invenção e experimentação, sobre o religioso é justamente um dos principais processos da midiatização da religião.

Em sociedades em midiatização, "a vida moderna nos equipou a todos com a consciência e os recursos reflexivos através dos quais damos sentido à nossa localização na cultura mais ampla" (Hoover, 2013b, p.

19, trad. nossa). "Dar sentido" também é organizar o "caos" em que vivemos, e essa organização "é ao mesmo tempo *transformação e formação*", em que, por sua vez, "as transformações dão origem a novas formas de organização" (Morin, 2008, p. 164-201, grifo nosso). Diferentemente da distribuição de certos produtos materiais (como os alimentos, por exemplo) – que, em geral, envolve a sua progressiva "destruição" durante o consumo, deixando de ter "valor" –, os construtos sociossimbólicos no fluxo circulatório em rede não apenas não se "consomem", mas também passam por uma complexificação de sentido, sendo formados, "re-formados" e transformados. Percebemos que "comunicar não é se desfazer de nada, é, antes, um processo multiplicador" (Marcondes Filho, 2005, p. 7). A reconstrução do "católico", portanto, é dar outro sentido a – reorganizar, ressignificar, "re-formar", transformar – uma conjuntura comunicacional em torno do catolicismo.

Nesses processos, vão se construindo socialmente saberes-fazeres tradicionalmente reservados aos clérigos sobre o catolicismo, em que os vínculos comunitários se constituem e se sustentam mediante a ação comunicacional em rede. Ocorre o "desaparecimento do controle *a priori*" (Cardon, 2011, p. 40, trad. nossa) por parte da instituição eclesiástica em termos teológico-doutrinais, o que reforça ainda mais a *seleção social* em torno dos elementos que compõem o "católico". Nasce, assim, uma prática político-eclesial dos usuários comuns, que desenvolvem circuitos de observação crítica do próprio catolicismo e de constituição de "outro ponto" católico a partir de onde podem expor sua voz e sua teologia próprias, que, sem tal circuito, poderiam continuar invisibilizadas. São os *leigos-amadores*.

12.1 O leigo–amador

Nos processos midiáticos em rede, surge um novo posicionamento dos "fiéis", dos "leigos", não apenas como meros "ouvintes da Palavra", mas também como possíveis "produtores de uma palavra" sobre a fé. Comunicada em rede, tal palavra deixa de ser "palavra pessoal" para ser "palavra social", ao entrar no fluxo da circulação comunicacional midiática. Possibilita-se uma multiplicação das zonas de contato entre a instituição eclesiástica e a sociedade, e, assim, uma democratização comunicacional da expertise religiosa. Fiéis, não fiéis ou infiéis, em redes comunicacionais, constroem o reconhecimento de sua credibilidade dentro da esfera religiosa, buscando aprofundar ou reverter as práticas em vigor na instituição eclesiástica. A sociedade transforma as plataformas sociodigitais em um espaço alternativo para agentes sociorreligiosos ativos, criativos e inventivos, como as minorias católicas e os grupos periféricos na Igreja, como no caso da página *Diversidade Católica*.

Tais coletivos passam a "tomar a palavra" publicamente sobre o catolicismo, erigindo-se socialmente como especialistas religiosos no seu âmbito local de interação, já que o aparato da instituição católica se mostra cada vez menos capaz de regular e controlar as práticas dos fiéis, que validam mutuamente suas experiências religiosas (Hervieu-Léger, 2008). Emergem, assim, *leigos-amadores* que exponenciam no ambiente digital seus vínculos e suas competências sociorreligiosas preexistentes (ou constituindo-os precisamente de modo *on-line*).

Para Flichy (2010, p. 11, trad. nossa), o amador é alguém que "se mantém a meio caminho entre o homem ordinário e o profissional, entre o profano e o virtuoso, entre o ignorante e o sábio, entre o cidadão e o homem político". Deixando de lado o viés da "falta" de experiência ou de conhecimento, trata-se de alguém que pratica uma atividade por *prazer* e não por profissão; que *"ama"* muito alguma coisa. Por sua relevância no cenário da midiatização digital, os amadores se encontram hoje "no coração do dispositivo de comunicação" (ibid., p. 7, trad. nossa).

No caso religioso, não se trata apenas de um amador, nesse senti-do, mas também de um "leigo" – isto é, "todos os cristãos que não são membros da sagrada Ordem ou do estado religioso reconhecido pela Igreja" e que "exercem, pela parte que lhes toca, a missão de todo o povo cristão na Igreja se no mundo".[1] Na autonomização possibilitada pela midiatização digital, tal sujeito comunicacional desponta como uma figura midiaticamente autonomizada, uma hibridação entre o "leigo no assunto" e a "autoridade especialista", que gera sentidos sociais a partir de sua prática discursiva e simbólica digital.

O leigo-amador se manifesta como um interagente comunicacional não revestido pela oficialidade religiosa nem pela institucionalidade

---

[1] O Concílio Ecumênico Vaticano II (1962-1965), uma das cúpulas máximas da Igreja Católica, em sua Constituição Dogmática sobre a Igreja *Lumen gentium*, definiu os leigos como "todos os cristãos que *não são membros da sagrada Ordem ou do estado religioso reconhecido pela Igreja*, isto é, os fiéis que [...] exercem, pela parte que lhes toca, a missão de todo o povo cristão na Igreja e no mundo. É própria e peculiar dos leigos a *característica secular*" (1964, n. 31). Portanto, é próprio da noção de leigo uma *ausência de institucionalidade reconhecida* e a sua *secularidade* em relação à sua participação na missão da Igreja.

midiático-corporativa – ou, se investido de tais competências, é alguém que age em rede propositalmente desprovido de tais qualificações, sem a necessidade de ostentar publicamente o seu saber-fazer reconhecido pela instituição/autoridade midiática ou religiosa. Isso não significa ausência de competência teológica ou comunicacional, mas sim outra forma de engajamento nas práticas midiáticas que é perpassada pela autonomização e pela conectivização das ações de construção de sentido em rede. Cristiana Serra comenta esse processo a partir do ponto de vista do *Diversidade Católica*:

> Existe uma negociação da possibilidade de uma pastoral oficial [voltada às pessoas LGBT] na arquidiocese [do Rio de Janeiro], *e o Diversidade Católica absolutamente não quer se transformar nisso*. Achamos fundamental que haja uma pastoral, mas não queremos sê-la... [...] Não! Não queremos. *Queremos continuar sendo um grupo leigo*. Sabemos que é fundamental que haja uma pastoral *gay* [...] uma pastoral para pessoas homossexuais, LGBT, pastoral da diversidade, dentro da estrutura do Magistério oficial, de pastoral mesmo. Mas ela vai ter limitações, necessariamente, porque tem toda uma questão institucional e política, que vai criar limitações, vai criar uma abertura e uma possibilidade de atuação incrível, mas vai criar limitações também. *E nós não queremos essas limitações. Nós queremos continuar tendo as limitações que já conhecemos pelo fato de não ser um grupo oficial e queremos continuar tendo as liberdades que temos pelo fato de não ser um grupo oficial* (informação verbal, São Leopoldo, 16 out. 2015, grifo nosso).

O que se percebe nas redes comunicacionais, portanto, é justamente o apagamento das fronteiras entre especialistas religiosos e leigos-amadores na internet, isto é, formas de participação e de contribuição das pessoas no universo digital para além de suas competências reconhecidas por quaisquer autoridades, como a Igreja. Manifesta-se, nesses casos, uma "potência de agir" (Proulx, 2012) dos interagentes, que se expressa como um saber-resistir à instituição eclesiástica mediante a organização de um empoderamento leigo. Esse "leigo midiaticamente emancipado" alcança sua expertise mediante suas ações comunicacionais, catalisadas pelas interações em rede com outros leigos-amadores. Suas ações "não dependem da constrição de um trabalho ou de uma instituição, *mas sim de sua escolha*. Ele é guiado pela curiosidade, pela emoção, pela paixão, pela adesão a práticas muitas vezes compartilhadas com os outros" (Flichy, 2010, p. 12, trad. e grifos nossos). O "católico" em rede passa, assim, por uma "inovação ascendente", proveniente não da hierarquia eclesiástica, nem das cúpulas midiático-corporativas, mas sim de bases sociorreligiosas conectadas, formadoras e reformadoras do catolicismo,

A reconstrução do "católico" em rede: a emergência do leigo-amador e das heresias comunicacionais

que comunicam suas invenções religiosas a redes mais amplas, mediante gestos de cooperação.

No fenômeno da midiatização digital da religião, para além da "produção" midiática eclesiástica, a "produção" ubíqua dos leigos--amadores se faz notar não apenas pelas suas maneiras de empregar o que já está "produzido" midiaticamente sobre a religião pela ordem institucional, mas também pelas suas produções próprias, que circulam em rede. Trata-se de *"bricolagens da fé"*, em que "o próprio indivíduo produz, de maneira autônoma, o dispositivo de sentido que lhe permite orientar sua vida e responder às questões últimas de sua existência" (Hervieu-Léger, 2008, p. 156), estabelecendo, assim, um vínculo mais livre entre sua posição pessoal e a tradição católica instituída.

O "sagrado" circula e flui pelos meandros da internet mediante infindáveis ações de produção de sentido dos inúmeros interagentes que compõem as redes. Assim, é possível dizer que, nas práticas religiosas em rede, a possibilidade de dizer o "católico" publicamente, nos ambientes digitais, por parte dos leigos-amadores, também é uma ação propriamente *teopolítica* de publicização, visibilização, reconhecimento e legitimação de minorias eclesiais ou de crenças e práticas católicas periféricas. E é teopolítica em dois níveis: primeiro, por inscrever a percepção social do "católico" em um espaço midiático mais amplo e público do que a prática religiosa ou a reflexão teológica formais, envolvendo a sociedade em geral; segundo, por possibilitar a construção de processos que ainda não estão plenamente estabe-lecidos nas relações entre sociedade e religião, nem são plenamente reconhecidos eclesiasticamente.

Entre a instituição eclesiástica e os leigos-amadores, por conseguin-te, as diversas presenças católicas nas plataformas sociodigitais tornam--se "filtros" que não apenas republicam, mas também recontextualizam e transformam as crenças e as práticas da Igreja. Mais do que circular "conteúdos",[2] a ação comunicacional dos interagentes religiosos faz

---

[2] Muito menos "conteúdos gerado pelo usuário" (*user-generated content*): o "uso do usuário" não é apenas de obediência às interfaces e protocolos, mas também de *reinvenção* deles. E também não é um uso solipsista do usuário, mas sim em reconexão com diversos interagentes. Aquilo que é gerado, por sua vez, é constantemente *degenerado e regenerado* ao ser comunicado e posto em circulação pelos usuários. Por isso, o "conteúdo" não pode ser entendido como um "algo contido por alguém", porque está em contínuo movimento e em fluxo nos circuitos que dinamizam as redes comunicacionais (cf. Hoover, 2009; Jenkins; Ford; Green, 2013).

circular as próprias ações comunicacionais, mediante reconexões, que se desdobram em redes comunicacionais diversas, desdobrando, por sua vez, o próprio "católico".

Gera-se em rede uma "zona de confluência" de símbolos, crenças, práticas, interagentes, contextos os mais diversos em torno do catolicismo, que "estimula a necessidade de uma experimentação inferencial intensiva e extensiva para a produção de novas lógicas articuladoras" (Braga, 2013, p. 164) entre os vários níveis comunicacionais do "católico". Ocorre um processo de articulação e tensionamento entre o "já compartilhado" principalmente por parte da instituição religiosa (sua tradição, sua doutrina) e o trabalho de coconstrução social do "ainda não compartilhado" sobre o catolicismo, a partir das ações comunicacionais dos interagentes. Nessas construções digitais, manifesta-se a emergência de uma nova gramática em que, a partir de "fragmentos" do catolicismo, constrói-se e reconstrói-se um "mosaico" simbólico. Nessas pegadas da produção eclesiástica tendem a não ser mais tão diferenciáveis e delimitáveis em comparação com as demais marcas de produção, como as dos leigos-amadores.

Nessa "transfertilização" (Moscovici, 2011) midiático-religiosa, a midiatização digital da religião faz explodir pelo *socius* uma multiplicidade de racionalidades locais sobre o *sacrus*, que se explicitam midiaticamente, buscando ser reconhecidas socialmente, a partir do "cruzamento, da 'contaminação' (no sentido latino) das múltiplas imagens, interpretações, reconstruções [...] sem qualquer coordenação central" (Vattimo, 1992, p. 13). Nessa polissemia religiosa, entre contradições e complementaridades, o interagente tem a possibilidade de alimentar e construir um sistema comunicacional-religioso a partir de suas bricolagens, "mas sem pretender jamais fechá-lo. Há sempre algo mais para crer ou descrer" (Santos apud Rumstain; Almeida, 2009, p. 50).

Portanto, em meio à pretensa homogeneidade do catolicismo brasileiro, destaca-se em rede o seu pluralismo na metamorfose comunicacional das práticas e crenças reinventadas (Teixeira, 2009), graças também às processualidades da midiatização, em relação ao que é dominante, tradicional e convencional no caldo sociocultural católico. Esse processo é dinamizado e catalisado por aquilo que chamamos de *heresia comunicacional* – ou seja, o "motor" da reconstrução do "católico" em rede.

12.2 A heresia comunicacional

As presenças católicas nas plataformas sociodigitais, como víamos, são resultado de um entrecruzamento das postagens da instituição, de grupos católicos e das intervenções de diversos interagentes. Nesse contexto, todo gesto de "curtir", comentar, compartilhar ou retuitar, potencialmente, é uma forma de introduzir a divergência, a dimensão polêmica, o debate crítico, a turbulência, a instabilidade, o desvio. No contexto católico, tais processos produtivos de sentidos não podem ser controlados pela instituição eclesiástica, por serem organizados e perpassados por lógicas midiáticas, em um contexto mais amplo de transformação do fenômeno religioso. Com a comunicação em rede, é a pessoa comum, o leigo-amador, que confere às conexões em rede um caráter de ambiência comunicacional e existencial (Sodré, 2014).

Nessa ambiência, é possível não apenas perceber e experimentar o catolicismo, mas também expressá-lo publicamente, com grande abrangência e velocidade, de modo mais autônomo. Mediante as diversas reconexões, múltiplos interagentes encontram formas de reconstruir o "católico" mediante experimentação religiosa, gerando tensões e desdobramentos. Nesse contexto multiplicador, combinatório, bricolador, heterogêneo de ações e interações em rede, explicita-se aquilo que chamamos de *heresia comunicacional*, que catalisa a reconstrução do "católico" em rede. Antes de aprofundar sua qualificação comunicacional, entretanto, é importante definir precisamente o campo de significados aqui acionado em torno do termo "heresia", a fim de evitar incompreensões.

Com as transformações da sociedade moderna, a publicização e a pluralização da experiência religiosa e das diversas abordagens alternativas à realidade, do ponto de vista comunicacional, são potencializadas pela midiatização. A *pluralização* envolve a percepção e a expressão da diversidade simbólico-cultural presente nos diversos grupos sociais e religiosos; já a *publicização* está relacionada ao aumento em termos de velocidade e de alcance das interações sociais que permitem a reflexividade sobre tal pluralidade (Berger; Zijderveld, 2010). Essas transformações produzem uma "expansão quase inconcebível da área da vida humana aberta a escolhas": desponta aí um "imperativo herético" (Berger, 1980, p. 3, trad. nossa). Isto é, esses desdobramentos contemporâneos, portanto, "*obrigam todos a serem 'hereges'*, isto é, a realizar uma 'livre escolha' (em grego: *hairesis*) entre as religiões e as concepções de mundo existentes em uma dada sociedade" (Martelli, 1995, p. 294, grifo nosso).[3] Heresia, em grego, é justamente escolher (*hairein*), fazer uma escolha, ter uma opinião (*hairesis*).

Com o avanço da midiatização, não apenas do ponto de vista religioso, mas também comunicacional, "o que anteriormente era destino agora se torna um conjunto de escolhas. Ou: o destino é transformado em decisão" (Berger, 1980, p. 16, trad. nossa). Se os construtos sociais, na chamada "sociedade dos meios", dependiam quase exclusivamente daquilo que as corporações midiáticas traziam à tona socialmente como "destino" comunicacional, o cenário contemporâneo explicita que o conjunto de escolhas midiáticas na "massa de meios" cresceu exponencialmente. O acesso facilitado a uma enorme multiplicidade de construções sociais de sentido sobre o "católico" (o *produto* produzido) e também a diversas possibilidades de construção de sentido por parte do indivíduo (o *processo* produtor) disponíveis em rede *exigem escolhas, demandam decisões, favorecendo, precisamente, heresias comunicacionais.*

Em um resgate histórico, Certeau (2012) nos ajuda a compreender a evolução das modalidades daquilo que chamamos de heresia comunicacional:

> A utilização do livro por pessoas privilegiadas o estabelece como um segredo do qual somente elas são os "verdadeiros" intérpretes. Levanta entre o texto

---

[3] Contextualizando historicamente, Berger (1980) afirma que, na pré-modernidade, a heresia era uma *possibilidade*: havia um mundo de "certeza religiosa", ocasionalmente rompido por desvios heréticos. Os universos de sentido, não só religiosos, eram ambientes "hermeticamente vedados" (em seu sentido clássico, ou seja, envolviam conhecimentos secretos), reservados aos iniciados. Por isso, os conhecimentos e os sujeitos "íntimos" deviam ser mantidos dentro de tais universos, enquanto os "estranhos", os hereges e heréticos, deviam ser impedidos de entrar: era preciso manter os especialistas religiosos como especialistas religiosos, e os leigos como leigos. Isso levou à criação de procedimentos para reprimir a tentação de entrar ou escapar indevidamente de tais universos, como as excomunhões, a Inquisição etc. Com a modernidade, entretanto, a heresia se torna uma *necessidade*, pois é preciso escolher e decidir diante de múltiplas possibilidades – religiosas, mas não só – em que as definições e as filiações autoevidentes já não se dão mais *a priori*. A situação moderna se caracteriza como um mundo de "incerteza religiosa, ocasionalmente evitada por construções mais ou menos precárias de afirmação religiosa" (Berger, 1980, p. 28, trad. nossa). Os "estranhos" passam ter o mesmo acesso à tradição, à doutrina e à prática católicas quanto os "iniciados", principalmente pela publicização catalisada pelo processo da midiatização. A bricolagem apontada por Hervieu-Léger (2008), como gesto comunicacional diante da pluralização e disseminação de construtos religiosos, se articula, assim, ao "imperativo herético" de Berger (1980) como um "pegar e escolher" (*picking and choosing*) necessário à construção de opiniões, muitas vezes, também divergentes e desviantes.

A reconstrução do "católico" em rede: a emergência do leigo-amador e das heresias comunicacionais

> e seus leitores uma fronteira que para ultrapassar somente elas entregam os passaportes, transformando a sua leitura (legítima, ela *também*) em uma "literalidade" ortodoxa que reduz as outras leituras (também legítimas) a ser apenas *heréticas* (não "conformes" ao sentido do texto) ou destituídas de sentido (entregues ao ouvido). [...] Com o enfraquecimento da instituição [eclesiástica, que mantinha uma ruptura entre clérigos e fiéis em torno da interpretação dos textos sagrados], *aparece entre o texto e seus leitores a reciprocidade que ela escondia*, como se, em se retirando, ela *permitisse ver a pluralidade indefinida das "escrituras" produzidas por diversas leituras*. A criatividade do leitor vai crescendo à medida que vai decrescendo a instituição que a controlava (Certeau, 2012, p. 243, grifo nosso).

A heresia comunicacional, nesse sentido, sempre existiu – "escondida" – nas práticas sociais de construção de sentido. Ao reconhecê-la, é possível assumir uma perspectiva observacional que tenta trazer à tona essa reciprocidade interacional e essa pluralidade de ações comunicacionais em rede, muitas vezes invisibilizadas pelo foco de análise estrito na Igreja ou nas mídias corporativas. Trata-se de perceber as operações dos interagentes que "trapaceiam" com os sentidos e símbolos em jogo, "insinuando sua inventividade nas brechas de uma ortodoxia cultural" (Certeau, 2012, p. 244), assumindo a sua heterodoxia comunicacional.

Mas, ao contrário de Certeau (2012), cremos que o reconhecimento da "literalidade herética" *como heresia* não significa "reduzir" o seu significado em relação à "literalidade ortodoxa". A perspectiva de análise não é "verticalista" (ortodoxia = superior, correto; heresia = inferior, errado), mas horizontal: há uma *doxa* comum à "heterodoxia" e à "ortodoxia" comunicacionais – a própria interação – que é sempre uma "rede extremamente complexa de indeterminações" (Verón, 2004, p. 69). Trata-se de interações comunicacionais "nem melhores nem piores: simplesmente 'outras', portanto, 'heréticas'" (Mazzi, 2010, p. 121, trad. nossa). Pensar as ações comunicacionais em rede em termos de heresia comunicacional, nesse sentido, é tentar restituir o "caos" ao suposto cosmos de uma interacionalidade "linear", "lisa" e "uniforme", reconhecendo o poder simbólico da divergência e da instabilidade emergentes nas interações.

A heresia comunicacional é desviar, desestabilizar, desafiar, contestar, subverter, transgredir expectativas sociocomunicacionais convencionais ou supostamente "canônicas" em contextos interacionais diversos. Assumir certos gestos interacionais como heresias comunicacionais, portanto, significa reconhecer neles a sua *liberdade e criatividade de ação*[4] em relação a qualquer suposta ortodoxia comunicacional (ações comunicacionais "permitidas" em termos de interface, protocolo ou reconexão) ou religiosa (símbolos, crenças e práticas canonicamente "aceitos"). É perceber a heresia comunicacional como realidade positiva e dinâmica para o desenvolvimento das interações, não como "ruído", mas como "princípio criativo" e "força gerativa" (Mazzi, 2010, p. 7, trad. nossa).

Ao mesmo tempo, do ponto de vista observacional, o conceito nos permite operar essas mesmas ações "heréticas" em relação à análise do processo comunicacional. Em suas diversas facetas, a heresia comunicacional permite perceber "microdiferenças [de sentido, de fluxo, de ação] onde tantos outros só veem obediências e uniformização" (Certeau, 2012, p. 18) nos processos de comunicação. Se a comunicação pode gerar "comunhão", tão importante para o catolicismo, ela se dá como "comunhão na diferença". Diante de um suposto "monoteísmo" de práticas religiosas ou significados católicos uniformes, explode em redes comunicacionais um "'politeísmo' de práticas disseminadas" (ibid., p. 109) que modifica o "católico" como produto-construto e também como processo-produtor.

Aprofundemos agora, a partir dessa revisão do conceito, a sua qualificação especificamente comunicacional.

12.2.1 A heresia comunicacional como processo–produtor do "católico"

Como vimos, há casos de interações em rede em que uma construção de sentido desencadeia reconexões diversas, muitas vezes subvertendo o campo de sentidos proposto. Um mesmo tuíte papal, por exemplo, em contextos interacionais diferentes, leva os interagentes a produzirem

---

[4] Mazzi (2010) apresenta um estudo da revista *Nature* que explica a sobrevivência de um formigueiro como um "delicado equilíbrio entre conformismo e criatividade, entre obediência e desobediência, entre seguimento e rebelião" (p. 118, trad. nossa). Segundo o estudo, as formigas tendem a seguir em fila indiana a formiga exploradora que descobriu o alimento, indo atrás dos feromônios deixados por ela, os quai impedem os desvios e a desorientação. Contudo, quando surge um obstáculo, o seguimento acrítico coloca em risco a sobrevivência do formigueiro. Surge aí outro princípio "instintivo": a criatividade, a desobediência, a rebelião. "Uma ou mais formigas se rebelam à lei dos feromônios. E tomam outra estrada. O alimento é novamente assegurado, o formigueiro está salvo" (p. 119, trad. nossa). Segundo o autor, "a formiga rebelde percebe que a padronização dos comportamentos é um risco para qualquer ser vivo. O conformismo freia a capacidade de adaptação. Bloqueia a evolução" (id., trad. nossa).

sentidos muito diferentes, em que a única certeza é de que "os efeitos de uma produção de sentido são sempre uma produção de sentido" (Verón, 2004, p. 60), não necessariamente similar, nem correspondente, muito menos igual à produção primeira.

Embora os símbolos sejam sempre polissêmicos, de acordo com o contexto da interação, da situação, do discurso, "um dos seus sentidos exclui os outros e impõe-se ao enunciado" (Morin, 2011, p. 208). Dessa forma, ao mesmo tempo que desenha "um *campo de efeitos de sentido* e não um e único efeito [...] um discurso dado não produz um efeito qualquer" (Verón, 2004, p. 216). Em certos casos, em nível microinteracional, opera-se uma "prática desviacionista" (Certeau, 2012), em que, dada a complexidade e a heterogeneidade do contexto de interação, sentidos imprevistos passam a emergir ou sentidos "excluídos" voltam a ser acionados socialmente. Assim, a defasagem e a distância entre produção e reconhecimento se explicitam como *ultrapassagem e exponenciação* do "campo de efeitos" possível: é a isso que chamamos de *heresia comunicacional* (Fig. 36).

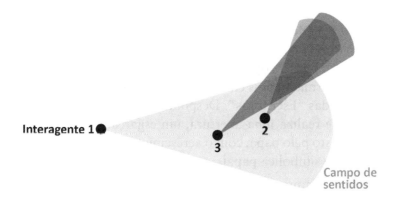

Figura 36 – Diagrama das heresias comunicacionais
Fonte: Elaborado pelo autor.

Tomemos como exemplo o caso do tuíte papal do dia 13 de outubro de 2015, que afirmava: "Aprendamos a viver a solidariedade. Sem a solidariedade, a nossa fé está morta".[5] O "Interagente 1" seria a conta *@Pontifex_pt*, e o cone na horizontal representaria o campo de sentidos possibilitado pelo tuíte papal. Está em jogo, portanto, um contexto de

---

[5] Disponível em: <https://twitter.com/Pontifex_pt/status/653861000769212416>.

interação (o Twitter, a conta papal, o período histórico da postagem etc.), símbolos específicos e suas discursividades ("aprendizagem", "solidariedade", "fé") e interagentes aos quais a mensagem se dirige (em primeiro lugar, os seguidores do papa – os pontos pretos no interior do cone na horizontal – e o *"nós"* genérico do "aprendamos"). A partir desse tuíte, ocorreu a seguinte interação entre usuários:

> Jose (@*pro...*) – @Pontifex_pt –Nossa que novidade ta escrito a mais de dois mil anos e a Igreja não sabia disso errais por não conhecer as Escrituras (sic) [13 out. 2015, às 02:27].

> Neuraci (@*neu...*) – @pro... @Pontifex_pt – José Julio, o que faz um herege desrespeitoso nesta página? [15 out. 2015, às 15:06].

> Jose (@*pro...*) – @neu... @Pontifex_pt – Obedece e melhor que sacrificar (sic) [15 out. 2015, às 18:15].[6]

O usuário "Jose" ("Interagente 2", cf. Fig. 36) responde publicamente ao papa ironizando e criticando uma falta de novidade naquilo que foi afirmado. No contexto específico da interação, parte da crítica do interagente (como a não novidade do discurso papal), embora tensionando a afirmação do pontífice, encontra-se dentro do campo de sentidos possíveis em torno do discurso proposto pelo tuíte original. Contudo, ao mesmo tempo, o usuário opera uma "ultrapassagem" do discurso papal, indo além do afirmado, pois em nenhum momento o pontífice abordou algo em torno das "Escrituras". Desponta dele um "campo de efeitos" imprevisto, que realiza uma abertura, um esgarçamento do campo de sentidos proposto pelo papa, com o acréscimo de elementos imprevistos pela construção simbólica papal.

Esse novo campo de sentidos, por envolver outras redes pessoais de "Jose" (seus próprios seguidores) e por estar publicamente disponível também na conta papal, podendo ser acessado por outros, levou a usuária "Neuraci" ("Interagente 3", cf. Fig. 36) a criticar publicamente "Jose" como "herege desrespeitoso". A partir dessa intervenção, o campo de efeitos de sentidos possivelmente esperado pelo papa ao falar de solidariedade se transforma cada vez mais, com o aumento da tensão "não solidária" entre os interagentes. O desvio operado por "Jose" em relação ao tuíte papal é agora ainda mais desviado por "Neuraci Maria", o que gera um novo campo de sentidos. A usuária, com seu tuíte,

---

[6] Disponível em: <https://twitter.com/projudica/status/653864677382967296>.

não apenas ultrapassa o campo de sentidos construído pelo papa, mas também exponencia o campo de sentidos desviantes de "Jose", ao lhe dirigir a agressão de "herege desrespeitoso". Não é o papa que erra por não conhecer as Escrituras, mas, segundo "Neuraci", é "Jose" que *erra ao querer afirmar isso justamente na conta papal*. É por isso que ela afirma que ele não deveria nem estar "nesta página". Fecha-se a ele a possibilidade simbólico-discursiva e proclama-se, assim, a "excomunhão".

Nesse sentido, toda heresia comunicacional leva a uma "excomunhão" (do latim, *excomunicatio*) que, por sua vez, também é *excomunicação* (do inglês, *excommunication*) (Galloway; Thacker; Wark, 2014). Trata-se da comunicação de que uma comunicação deve cessar, ou de que não deveria nem existir, ou de que outra comunicação é necessária. É o que "Neuraci" faz com "Jose": ela comunica a este último que a sua comunicação não deveria estar "nesta página" por ser herética e desrespeitosa. Por outro lado, se o Twitter sugere que a "verdadeira magia"[7] da plataforma está em seguir outras pessoas, ao seguir apenas as suas próprias versões idiomáticas, a conta @*Pontifex_pt* também realiza uma heresia comunicacional e se fecha a outros possíveis "seguidos", desviando-se dos usos propostos pelo Twitter. "Para que haja conexões, é preciso haver desconexões – excomunicação [*excommunication*]. Algo ou alguém é excluído" (Wark, 2014, p. 161, trad. nossa).

Se para toda comunicação há uma correlativa excomunicação, a heresia comunicacional é aquilo que explicita esta última: é o discurso pela mudança, pela superação, pela radicalização ou pelo fim de outro discurso, passando a se instituir como novo discurso. Vimos isso na necessidade sentida pela página *RVPB* de explicitar uma política em torno dos comentários desrespeitosos e de baixo calão envolvendo uma postagem sobre Dom Helder Camara,[8] que passariam a ser "deletados e bloqueados". Comunicou-se aos usuários o fim de determinada modalidade de comunicação ("ofensas de qualquer gênero"), gerando o fechamento a agressões e promovendo, ao mesmo tempo, o reforço de outras heresias comunicacionais já pleiteadas pelas pessoas ("Seria melhor evitar postagens", "Como medida de obediência ao magistério: CALEM A BOCA!!!" [sic]). A página reforça essa postura ao impedir determinadas ações e ao se fechar a certas interações.

---

[7] TWITTER. *Começar a usar o Twitter*. San Francisco, 2015. Disponível em: <https://goo.gl/MlJEM4>.

[8] Disponível em: <https://www.facebook.com/radiovaticanobrasil/posts/749330091841707>.

A excomunicação provocada pelas heresias comunicacionais também pode ocorrer mediante uma "não comunicação" discursiva: como o silêncio. Mesmo havendo a possibilidade de responder a um tuíte e de participar de uma conversa na plataforma, a conta *@Pontifex_pt* nunca estabelece tais diálogos em rede, nem mesmo quando a reflexão papal passa por uma reconstrução pública de sentidos fortemente desviantes em relação àquilo que podia ser esperado pela Igreja. O papa silencia, não responde. O Twitter até convida os usuários em geral a postarem seus tuítes "mencionando uma celebridade ou uma pessoa que você admira [porque] *eles costumam responder aos fãs*".[9] Mas não a conta *@Pontifex_pt*: faz-se valer o silêncio pontifício, o fechamento interacional, a heresia comunicacional de uma escolha imprevista e desviante em relação às práticas comunicacionais e sociotécnicas habituais nesse ambiente *on-line*, a excomunicação.

Dom Paul Tighe reflete sobre essa inexistência de respostas oficiais da Igreja nas interações nas plataformas sociodigitais:

> Se tudo o que vem do Vaticano precisa ser oficialmente a posição do Vaticano [risos], então temos um problema, porque as mídias sociais frequentemente demandam uma resposta que seja mais engraçada, que seja rápida, que seja irônica, ok? Porque *a linguagem das mídias sociais não é tão séria, a linguagem é, muitas vezes, engraçada, brincalhona, irônica, piadista. E isso é difícil para a Igreja [risos]* [...] Então, portanto, um dos desafios para nós é encontrar uma forma de, ocasionalmente, ser capazes de responder a partir do centro com uma certa clareza, *mas também permitindo a riqueza da comunicação que tem que acontecer em nível local.* [...] Em outras palavras, quando acontecem debates, quando coisas estão acontecendo nas mídias sociais, a Igreja não pode [dizer] simplesmente: "Ok [imita som de trombeta], nós vamos falar agora!", e todo mundo vai escutar... Não funciona assim. Mas, se você diz algo que seja sensato, algo que valha a pena, algo que capte a imaginação, então a sua voz será ecoada por pessoas que talvez não lhe compreendam como uma organização religiosa. Então, eu acho que há um grande aprendizado para nós sobre como nos fazer presentes nas mídias sociais. Eu acho que podemos fazer mais do que isso. Nós podemos pensar: a Igreja é hierarquia, mas a nossa hierarquia é muito uma rede *[network]*. [...] *Assim, a riqueza de ser católico significa que você tem uma relação hierárquica, mas você também faz parte de uma vasta gama de redes.* E algumas dessas redes são baseadas na Igreja, *mas você também faz parte...* [...] Então, se pensamos que a Igreja é uma hierarquia, com uma estrutura autoritária, isso não vai necessariamente funcionar bem nas mídias sociais. Mas, se pensarmos na Igreja como uma *comunidade estabelecida por diferentes comunidades*, todas as quais pertencem a outras comunidades, então acho que temos uma maneira de povoar *[populating]* e compartilhar as

---

[9] Id.

nossas perspectivas. Mas é um modelo diferente e deve ser feito com credibilidade (informação verbal, Vaticano, 5 jun. 2015, trad. e grifo nossos).

A heresia comunicacional, por parte da instituição eclesiástica, a partir da fala de Dom Tighe, surge por uma incompatibilidade de linguagens em rede entre a sociedade e a Igreja (que tem dificuldade para ser "engraçada, brincalhona, irônica, piadista"). De acordo com a sua leitura, isso leva a Igreja a perder a sua capacidade de ser uma voz central no debate católico. Emerge, assim, a relevância do "nível local", da Igreja como "rede", do "você também faz parte", da "comunidade de comunidades". Trata-se, no fundo, do reconhecimento da existência de uma heresia comunicacional, que tensiona a tradicional visão de comunicação da Igreja como um fluxo hierárquico piramidal unidirecional (papa → clero → leigos).

Por outro lado, ações sociotécnicas como o clicar de um botão – "curtir" – também podem ser uma heresia comunicacional no contexto católico, ao manifestar um posicionamento aberto de defesa ou apoio em relação a fatos, sujeitos ou temáticas que, social ou eclesialmente, podem não ser compartilhados, especialmente em relação a certos contextos religiosos marcados por tensões internas ao catolicismo. Nesse sentido, "curtir" a página ou as postagens da página *Diversidade Católica* é uma ação teopolítica de grande peso, pois, ao ser um gesto público, que pode ser notificado aos demais interagentes da rede pessoal do sujeito "curtidor", ela visibiliza uma tomada de posição que, no contexto católico, pode gerar tensões e questionamentos. Em um único gesto, o interagente "curtidor" gera um desvio no discurso católico tradicional, reforçando publicamente a postura do grupo, além de poder favorecer um tensionamento por parte de outros interagentes em relação a ele mesmo, ao grupo e à sua página ou postagens.

Em síntese, a heresia comunicacional se constituiria mediante quatro possibilidades:

1. um *"desvio"* onde há padrão (como o fato de o papa não seguir mais ninguém no Twitter, exceto ele);

2. uma *"abertura"* onde há fechamento (como a própria existência da página *Diversidade Católica* e suas ações e interações comunicacionais no Facebook);

3. um *"fechamento"* onde há abertura (como os comentários de censura a outras pessoas e os protocolos estabelecidos nesse sentido por parte das páginas católicas); e

4. um *"reforço"* de um desvio, abertura ou fechamento já existentes.

Mediante tais ações, por um lado, o interagente "inventa" sobre as postagens alheias (sejam *posts* propriamente ditos ou comentários) algo que não estava previsto, algo que foge à "intenção" original de seus autores. Por outro lado, ele "combina os seus fragmentos e cria algo não sabido no espaço organizado [da plataforma ou das páginas católicas] por sua capacidade de permitir uma pluralidade indefinida de significações" (Certeau, 2012, p. 241).

Em um resgate histórico, antes da internet e das redes comunicacionais, tais heresias comunicacionais se visibilizavam ou no espaço público tradicional (praças, ruas), ou mediante sua publicação em um grande meio de comunicação, que se apropriava de tal construção a partir de seus interesses e agendas. Com a midiatização digital, desenvolve-se um ambiente de comunicação em que a circulação se autonomiza cada vez mais em relação a instituições reguladoras, e a construção social de sentido se torna acessível a partir de uma complexa e indeterminada combinatória de escolhas em rede. Ocorre, assim, um processo de liberação de uma grande energia comunicacional que antes ficava restrita a microinterações localizadas.

Ao contrário do "fã" que, "longe de ser transgressor, é radicalmente conservador", o herege comunicacional promove "uma prática contestatária e crítica para com os produtores" (Fanlo, 2012, p. 111, trad. nossa), sejam quem forem, midiáticos ou eclesiásticos. Conectado com diversos interagentes e contextos de interação, ele é levado a reconstruir símbolos, crenças e práticas recebidos e a construir novos, dadas as possibilidades sociotecnossimbólicas, transgredindo as diversas referências em circulação. Não importa que modalidades de interação ou construções simbólicas os interagentes realizam em torno do "católico": todas elas transgridem e, portanto, modificam o universo referencial do catolicismo. "O importante não é mais o *dito* (um conteúdo) nem o *dizer* (um ato), mas a *transformação* e a invenção de dispositivos [como os conexiais], que permitem multiplicar as transformações" (Certeau, 2012, p. 223) em rede sobre o catolicismo.

Esses esgarçamentos, transbordamentos, intensivações dos sentidos em circulação vão além das expectativas de seus produtores, fazendo-os falar o que não estava previsto. A *hairesis* comunicacional, portanto, também é sempre *poiesis*, "produção criadora", recriação, reconstrução, ressignificação, transformação em que as formas (sociais, tecnológicas, simbólicas etc.) são feitas, desfeitas e refeitas, sendo "re-formadas", dando origem a novas formas de organização (cf. Morin, 2008). A *hairesis/*

poiesis comunicacional sobre o "católico" pode desenvolver a variedade e a novidade no universo de sentidos do catolicismo, como "lugar de transformações e apropriações [que] não é mais um campo de operações programadas e controladas" pelas instituições midiático-religiosas, mas no qual também "proliferam as astúcias e as combinações de poderes" (Certeau, 2012, p. 161) comunicacionais e religiosos, difusos e heterogêneos, por parte dos mais diversos interagentes.

Mediante tais ações, os interagentes geram um ponto de instabilidade no fluxo circulatório, até mesmo, às vezes, a partir de ações ínfimas. Um desses casos, em torno de uma questão bíblico-teológica, ocorreu no dia 30 de março de 2015 na página *Jovens Conectados*. Uma postagem indicava o "Evangelho do Dia", que, naquele dia específico, narrava o encontro de Jesus com os irmãos Maria, Marta e Lázaro, no qual Maria toma "quase meio litro de perfume de nardo puro e muito caro" para ungir os pés de Jesus e enxugá-los com seus cabelos (João 12,1-11). Como de costume, dos mais de 50 comentários, praticamente a totalidade trazia a resposta litúrgica "Glória a vós, Senhor". Exceto uma usuária, que fez uma "grande" reconstrução simbólica do Evangelho com o pequeno acréscimo de apenas uma letra (Fig. 37).

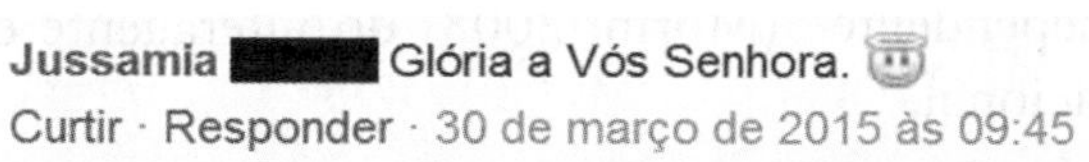

Jussamia ▬▬ Glória a Vós Senhora. 🙂
Curtir · Responder · 30 de março de 2015 às 09:45

Figura 37 – Reconexão por suspensão na página *Jovens Conectados*
Fonte: <https://goo.gl/jZ2nvb>.

Trata-se de um pequeno detalhe em dezenas de outros comentários, uma letra "a" acrescida à palavra "Senhor". Mas, com essa micromodificação, a usuária dirige a Maria – segundo o evangelista João, trata-se da irmã de Marta e de Lázaro; segundo Marcos e Mateus, trata-se de uma mulher desconhecida; para Lucas, é uma "pecadora" – a mesma expressão de glorificação que é reservada a Deus. Sendo considerada uma das cenas mais "sensuais" do Evangelho,[10] chama a atenção essa manifestação da interagente, que, ao glorificar o gesto de Maria, pode levantar questionamentos entre os interagentes sobre a figura feminina nos Evangelhos e, assim, na própria vida da Igreja.

---

[10] MORÁN, J. "Segunda-feira Santa: o Evangelho mais sensual." *Instituto Humanitas Unisinos*, São Leopoldo, 19 abr. 2011. Disponível em: <http://goo.gl/FWwa0R>.

Gera-se, em tais casos, uma "bifurcação" simbólica que faz com que os sentidos fluam para um estado novo em relação ao anterior, a partir do qual podem surgir novos desdobramentos e novas ramificações de significação. Nessas processualidades comunicacionais em rede, em que inexiste um ponto centralizador dos processos, podemos entrever a "indeterminação das coisas" (Prigogine, 2011, p. 63). Isso porque as flutuações de sentido desencadeadas por tais bifurcações simbólicas

> nos forçam a abandonar a descrição determinista [da comunicação]. O sistema [sociossimbólico] escolhe, por assim dizer, um dos possíveis regimes de funcionamento longe do equilíbrio. *O termo "escolha" significa que nada na descrição macroscópica permite privilegiar uma das soluções.* Um exemplo probabilista irredutível introduz-se assim (Prigogine, 2011, p. 73).

É interessante que, a partir de um ponto de vista científico diferente, Prigogine também retoma a ideia da escolha, afastando-a de uma centralidade de decisão no sujeito e dando a primazia ao "sistema", isto é, neste caso, à rede de interagentes. A "solução" finalmente escolhida, isto é, a heresia comunicacional, não é uma escolha decisional independente e autônoma por parte do indivíduo, mas resultado da *complexidade local da interação e de seus interagentes em um dado contexto*, em uma "autonomia dependente" (Morin, 2008) do interagente em relação à rede comunicacional.

Portanto, é importante levar em consideração que as interações comunicacionais, os discursos simbólicos, os fluxos de sentido *vão se dando* por caminhos observáveis, mas poderiam seguir outros. Diferentemente da ciência clássica (que operava com sistemas fechados, deterministas e previsíveis), "mesmo que conheçamos o estado inicial do sistema [comunicacional], o processo de que ele é sede e as condições nos limites, não podemos prever qual dos regimes de atividade esse sistema vai escolher" (Prigogine, 2011, p. 75). A comunicação, assim como a vida, "só é possível num universo longe do equilíbrio" (ibid., p. 30).

Nos subfluxos gerados por essas bifurcações, os interagentes "subvertem" o processo comunicacional, fazendo-o funcionar em outro registro, modificando as plataformas sociodigitais ou, dentro delas, as páginas católicas, explicitando a sua diferença no próprio interior de um ambiente comunicacional organizado. Contudo, por serem ações em rede e interdependentes, interagentes em produção *e* interagentes em recepção têm que negociar, entre tensões e ajustes, os limites e as possibilidades para suas interações. O poder de "controle" é recíproco, e toda proibição "inquisitorial" encontra, por sua vez, brechas e escapes mediante novas conexões, envolvendo novos interagentes, em novos contextos. Nessa construção da estabilidade das interações, percebemos que um

> total equilíbrio significa que o sistema [midiático-religioso] perdeu a dinâmica interna que lhe permitia responder ao ambiente [sociocultural], o que leva à morte. Em caos, no outro extremo, cessa de funcionar como sistema. O ideal produtivo é estar na beira do caos, onde há um máximo de variedade e criatividade que conduzem a novas possibilidades (Santaella, 2010, p. 288).

O caos, a turbulência, o desvio provocados pelos interagentes em rede podem fomentar uma transformação evolutiva das crenças e práticas católicas – neste caso, rumo a uma abertura sistêmica da Igreja ao pluralismo religioso e cultural do macrossistema social. No fenômeno religioso em questão, as "escolhas" feitas nas bifurcações desse processo comunicacional de reconstrução do "católico" (que ação será feita, quem vai fazê-la, que construto irá surgir, que fluxo irá se desdobrar) passam a gerar *"o"* sentido do "católico" na internet. E, assim, o "católico", como produto-construto, revela ainda mais o seu "potencial de incorporar a diversidade" (Teixeira; Menezes, 2009, p. 9).

12.2.2 A heresia comunicacional como produto–construto "católico"

No contexto religioso, "não há no Brasil outro sistema de relações sociais com a multiplicidade de tramas e teias de trocas, alianças e conflitos, que são a estrutura, a difícil grandeza e o dilema da Igreja Católica" (Brandão, 1992, p. 46). Isso permite entender o próprio catolicismo brasileiro como comunicacionalmente "herético", no sentido das escolhas e decisões necessárias pelos seus membros em contextos sociorreligiosos de complexidade crescente. Especialmente no Brasil, o catolicismo explicita a sua "coragem para a encarnação, para a assunção de elementos heterogêneos e sua refundição dentro dos critérios de seu *ethos* católico específico" (Boff, 1994, p. 157). Qualquer recorte da experiência católica sempre revelará a emergência de "vozes dissidentes e leituras desafiantes" (Steil, 2009, p. 155).

Mas, especialmente em redes comunicacionais,

> o sistema de crença católico – representado pela Igreja – se mede com uma crescente multiplicidade e complexidade de um ambiente que, por definição, parece muito mais diferenciado do que a própria Igreja, senão principalmente

pela evolução histórica que ela conheceu no tempo e no fogo das transformações sociais através das quais ela passou muitas vezes sem graves danos (Pace, 2013, p. 69, trad. nossa).

Em suas ações comunicacionais institucionais e alternativas, a Igreja como um todo também precisa fazer escolhas dentro de sua complexa trama de tradições e doutrinas, além de "traduzi-las" para o ambiente digital, de acordo com suas interfaces e protocolos. Em plataformas como Twitter e Facebook, a Igreja precisa realizar heresias comunicacionais para construir midiaticamente a sua presença em rede. No ambiente digital, portanto, a própria Igreja – hierarquia e leigos – *transforma o catolicismo e se transforma*, seja deliberadamente, seja pela complexidade das interações com a sociedade em rede. Assim, é possível reconhecer a heresia comunicacional como a "força primordial criadora de toda transformação" de sentido (Mazzi, 2010, p. 13, trad. nossa).

Nas diversas contas e páginas católicas em plataformas sociodigitais; nas diversas interações possíveis entre a instância máxima do catolicismo e a sociedade, entre católicos, ou entre católicos e não católicos; nos diversos gestos comunicacionais em rede por parte de cada interagente, a diversidade do catolicismo se constitui mais pela "*variação das combinações* do que pela introdução de novos conteúdos" doutrinais ou teológicos (Rumstain; Almeida, 2009, p. 51, grifo nosso). Fortalecendo a pluralização em termos religiosos, as heresias comunicacionais não mudam tanto o "quê" da religião e do catolicismo (sua tradição e doutrina), mas principalmente o "como", e, ao mudarem o "como", levam a também a novas formas de experimentar e interpretar o "quê" (Berger; Zijderveld, 2010).

Isso também se deve ao fato de não haver uma configuração "canônica" sobre como deve ser uma conta ou uma página católica em determinada plataforma sociodigital.[11] Por isso, no Twitter ou no Facebook, a "catolicidade" dos nomes de usuários, das imagens de perfil e de capa, das categorias, das postagens – embora com um certo padrão

---

[11] Muito embora haja delimitações, detalhadamente estipuladas (estas, sim, propriamente *canônicas*), em relação a diversas outras configurações do catolicismo, como, por exemplo, no âmbito da liturgia, no qual gestos, textos, ritos, ambientes, músicas, artes, em suma, as "coisas sagradas", são objeto de legislação restrita. Apenas a título de exemplo, o Código de Direito Canônico aponta nada menos do que 38 cânones (n. 1.205-1.243) para legislar sobre os "lugares sagrados", especificando leis a respeito de igrejas, oratórios e capelas particulares, santuários, altares e cemitérios, além de outros nove cânones (n. 1.244-1.253) sobre os "tempos sagrados", com disciplinas em torno dos dias festivos e dos dias de penitência.

A reconstrução do "católico" em rede: a emergência do leigo-amador e das heresias comunicacionais

e regularidade que configuram uma presença católica como oficial ou não – é decorrente de escolhas e decisões feitas de forma livre, criativa, tentativa, artesanal, local – e, portanto, comunicacionalmente *herética* –, na ausência de cânones ou convenções catolicamente predefinidos e aprovados sobre uma possível "disciplina comunicacional católica" a ser observada no ambiente digital. Em sua flexibilidade, tais heresias comunicacionais podem desestabilizar, subverter, transgredir expectativas sociocomunicacionais por parte da sociedade em relação ao catolicismo.

Contudo, algumas "leis comunicacionais" passam a ser compiladas e promulgadas, como no caso do *Regimento interno* do *Jovens Conectados*, com uma linha editorial definida e um manual de redação próprio. Nesses casos, quando as normas são marcadas por obrigatoriedades e exigências claramente definidas,[12] as possíveis heresias comunicacionais por parte dos próprios membros do grupo ou dos diversos interagentes em rede podem ser reconhecidas como *normativamente* desviantes e transgressoras, e a instituição envolvida pode, então, aplicar sanções, reforçando a sua ortodoxia.

Por outro lado, ao publicizarem e visibilizarem os mais diversos catolicismos socialmente, os processos comunicacionais em rede possibilitados pela midiatização digital também tornam o universo católico potencialmente acessível a qualquer pessoa, católica ou não, fiel ou não, religiosa ou não. Graças à ação social conectada em rede, os saberes e fazeres específicos do campo religioso – ritos religiosos, textos sagrados, práticas litúrgicas –, antes restritos aos iniciados, passam a ser disponibilizados como informação pública, passam a ser "vulgarizados", "secularizados" por e para qualquer pessoa, em uma *ekklesia* (assembleia) a céu aberto.

Nessa multiplicidade de microambientes religiosos públicos digitais, plurais e heterogêneos, a participação midiática potencializa o engajamento político-eclesial, em que a publicização e pluralização midiáticas de símbolos, crenças e práticas católicos levam ao reconhecimento social

---

[12] O *Regimento interno*, na seção "Da composição", por exemplo, afirma: "Art. 1. Par. único: Os integrantes da Equipe Jovem de Comunicação *deverão ser* jovens católicos [...]". Na seção "Das subequipes", continua: "Art. 4. § 1º; I – O material desenvolvido pela subequipe de marketing deverá seguir e respeitar o manual de uso da marca Jovens Conectados [...]". Já em relação à linha editorial, o documento afirma: "Todos os textos, fotos, vídeos e áudios publicados pelo site Jovens Conectados devem ser, acima de tudo, fiéis à doutrina da Igreja Católica. Devem também tratar de temas de interesse da juventude [...] Jovens Conectados se reserva o direito de selecionar o material que será publicado – que deverá seguir todos os princípios expressos acima".

E o Verbo se fez rede: religiosidades em reconstrução no ambiente digital

e à aquisição de poder por parte de pessoas e grupos católicos na esfera pública e socioeclesial. A partir da autonomização de *gays* católicos em suas práticas comunicacionais em rede, por exemplo, Cristiana Serra, do *Diversidade Católica*, amplia a análise para o panorama socioeclesial em geral:

> É impressionante quando [o papa] Francisco começa a falar em diálogo [...], *você vê uma multidão de vozes que começam a falar e você vê como tinha gente calada dentro da Igreja, calada, silenciada dentro da Igreja há muito tempo. Você vê que tinha um discurso que estava sufocado na Igreja e começa a surgir.* "De onde veio isso, de onde vieram essas vozes falando isso, se manifestando?" Não só *gays*, mas outras questões de abertura, *todo um vozerio progressista que estava completamente silenciado* (informação verbal, 16 out. 2015, grifo nosso).

Dessa forma, a midiatização digital da religião exponencia esse processo, não apenas possibilitando a "libertação" de tais vozes e discursos, mas também os colocando em conexão e facilitando a sua articulação. Nesse sentido, catalisada por gestos de heresia comunicacional, a midiatização também fomenta uma "profanação", no sentido dado por Agamben (2006). Isto é, aquilo que, antes, era reservado ao âmbito do "sagrado", dos clérigos, dos iniciados é restituído ao uso e à propriedade de todos, e não mais a uma esfera eclesiástica separada, que "calava, silenciava, sufocava" as vozes dissonantes.

"Profanando", os processos midiáticos descentralizam, marginalizam, periferizam os símbolos, crenças e práticas católicos, que passam a se afastar do centro hierárquico eclesiástico e a estar ao alcance de praticamente toda a sociedade, explicitando ainda mais a crise comunicacional entre os poderes centralizados, como o da Igreja, e as ações distribuídas em rede. Na reconstrução dos tuítes papais, por exemplo, esse processo de "profanação" também demarca um distanciamento social em relação ao pensamento pontifício, por exemplo:

> Papa Francisco (@*Pontifex_pt*) – Senhor, ajudai-nos a viver a virtude da magnanimidade, para amarmos sem limites [6 abr. 2015, às 02:11].

> Vilas (@*AIV...*) – Palavras difíceis como magnanimidade, os simples não sabem o significado [6 abr. 2015, às 02:56][13]

> Papa Francisco (@*Pontifex_pt*) – Queridos jovens, pedi ao Senhor um coração livre para não ser escravos de todas as armadilhas do mundo [8 out. 2015, às 03:00].

---

[13] Disponível em: <https://twitter.com/AIVIBEM/status/585018252834770944>.

Gabriella (@*Gab*...) – Excelentíssimo Senhor, peça a Deus um pouco de bom senso e serenidade, pois ultimamente vossa senhoria está "mandando mal" [8 out. 2015, às 03:09].[14]

Nos casos acima, o usuário "Vilas" tensiona publicamente o próprio linguajar papal, sugerindo que certas palavras como "magnanimidade" podem não ser entendidas pelos "simples". Já "Gabriella" sugere de modo crítico que o pontífice peça a Deus "um pouco de bom senso e serenidade", diante das falhas percebidas pela interagente na ação papal ("mandando mal"). Assim, explicitam-se as tensões e a ação de desviar não apenas os gestos e o pensamento pontifício, mas também a própria autoridade eclesiástica, que, "profanada" no próprio gesto papal de publicizar a sua mensagem via Twitter, é novamente "profanada" por tais pessoas junto aos seus próprios seguidores e demais interagentes na circulação comunicacional em rede.

Em suas ações comunicacionais, os interagentes podem "romper" determinadas regras católicas e, assim, alimentar o pluralismo interno do catolicismo, promovendo um desenvolvimento dinâmico de sua linguagem no ambiente digital. Nesse processo de "amadurecimento da periferia" (Ibrus, 2015), tanto comunicacional (como os chamados "receptores") quanto religioso (como os leigos-amadores), as perturbações sociossimbólicas na circulação do "católico" em rede podem repercutir também em outros espaços, podendo transformar o próprio catolicismo.

A instituição eclesiástica reitera que a preservação da integridade do catolicismo – contra tais "profanações", por exemplo – é uma tarefa dos clérigos, principalmente dos bispos, que "têm o direito e o dever de vigiar para que a fé ou os costumes dos fiéis não sofram dano com os escritos ou uso dos meios de comunicação social", tendo o "direito de exigir que sejam submetidos ao seu juízo os escritos a publicar pelos fiéis, relativos à fé ou à moral; e ainda de reprovar os escritos nocivos à ortodoxia da fé ou aos bons costumes" (Código, 1983, cân. 823). Contudo, nas plataformas sociodigitais, no debate público sobre o "católico" entre os diversos interagentes em rede, são os responsáveis pelas páginas – clérigos também, mas principalmente leigos-amadores – que assumem um papel de "especialistas religiosos" na economia de sentido desses ambientes. Desse modo, a "mediação" entre o "canonicamente certo" e o "canonicamente errado" passa por esses novos *gatekeepers*.

---

[14] Disponível em: <https://twitter.com/GabiNiquini1/status/652080466980376580>.

São as próprias pessoas em geral que reconhecem as páginas católicas e seus administradores como possíveis especialistas competentes (ou incompetentes), não só em termos teológicos, mas principalmente comunicacionais. Já não basta apenas o saber teológico: o diferencial hoje está no *saber-fazer comunicacional*.

Isso se manifesta de modo mais evidente na emergência de alternativas católicas em rede – como a catolicidade gay – onde pareceria haver apenas uniformidade. Do ponto de vista católico-midiático, a partir do caso *Diversidade Católica*, o que anteriormente era um fato autoevidente – a autoexclusão entre homoafetividade e catolicismo – se torna agora um elemento de escolha, tanto religiosa (ser "catolicamente *gay*") quanto comunicacional (não ser invisibilizado e defender publicamente a cidadania *gay* no contexto eclesial). Tal escolha/decisão permite reconectar/religar social e publicamente aquilo que eclesiástica e institucionalmente está separado ou não deveria se conectar (homoafetividade + doutrina católica). As heresias comunicacionais, nesse sentido, corrigem o "e" para "em" (Wark, 2014): não há mais sagrado *e* profano, homoafetividade *e* catolicismo; mas sim sagrado *no* profano, homoafetividade *no* catolicismo, e vice-versa. Não há um "eles" *e* um "nós", mas "eles" *no* "nós", e vice-versa.

Dentro do próprio catolicismo, dessa forma, surge um espaço público de construção e manifestação de sua "diversidade", em que vozes marginais e periféricas ao contexto católico reivindicam e constroem sua catolicidade no espaço público midiático e revelam a capacidade criativa e mais autônoma das pessoas em suas ações comunicacionais em rede, como práticas reveladoras das diferenças, tensões e conflitos internos ao catolicismo. Emerge, assim, uma "discursividade, se não claramente democrática, feita, pelo menos, de certos tipos de interações e intercâmbios com outros atores sociais" (Martín-Barbero, 2006, p. 68), antes inexistentes no catolicismo de forma tão pública e com tão grande alcance e velocidade.

Páginas como a *Diversidade Católica*, nesse sentido, manifestam uma busca de espaços públicos outros que, a seu ver, não são encontrados na instituição eclesiástica – para uma maior abertura da Igreja ao fenômeno social contemporâneo e a sujeitos sócio-históricos emergentes, como os homossexuais. Ocorre, assim, um deslizamento de sentidos e símbolos já existentes sobre o catolicismo, que são investidos de outras significações para além das significações "canônicas". Nesse processo, a autonomia da própria experiência "católica *gay*" converte-se em fonte de

A reconstrução do "católico" em rede: a emergência do leigo-amador e das heresias comunicacionais

legitimidade junto aos demais interagentes sociais conectados. Na interação entre a plataforma sociodigital e as práticas comunicacionais nelas desenvolvidas, emerge um poder individual e coletivo de crítica pública efetiva sobre um campo social específico (o catolicismo), permitindo o desvio e o deslocamento da hierarquia de relações nesse mesmo campo.

Trata-se de ir contra um conjunto de discursos que, segundo Cristiana Serra, "me desautoriza completamente de dizer quem eu sou. É alguém tentando me impor uma identidade ou arrancar de mim uma parte da minha identidade, um aspecto da minha identidade. *Negar o direito de eu ter uma identidade"* (informação verbal, São Leopoldo, 16 out. 2015, grifo nosso). Pelo fato de serem minorias periféricas na Igreja Católica, tais identidades, articuladas em rede, em sua tomada de posição contra-hegemônica diante da instituição, desencadeiam um processo circulatório, estabelecendo um dispositivo simbólico de transformação das relações de poder como "um lugar onde se produz um fluxo de discursos e ações com o objetivo de transformar um determinado ordenamento fixado no nível de instituições e organizações" (Sodré, 2005, p. 14).

Se as heresias teológicas, historicamente, tiveram origem no interior da própria ortodoxia, como parte de um progresso contínuo de explorações nas fronteiras da fé (McGrath, 2009), assim também as heresias comunicacionais sobre o catolicismo ocorrem no interior da própria catolicidade. Perante identidades religiosas já existentes ("ser católico é *isto*"), explicitam-se publicamente, em rede, escolhas individuais e coletivas que deslocam as identidades católicas convencionais (como o católico *gay*): a suposta "branquitude" homogênea do rebanho católico é desconstruída por essa "invasão" (ou, melhor, *evasão*) sociodigital de "ovelhas rosa-*pink*" explicitada socialmente na página *Diversidade Católica*. Desse modo, a conciliação das identidades católica e *gay*, que subsistia de modo latente no interior da Igreja Católica, encontra uma "fresta digital no armário eclesial" em uma ação comunicacional desviante e transgressora.

Diante disso, a criação de um discurso católico desviante, como o do *Diversidade Católica*, em uma plataforma pública, como o Facebook, possibilita experimentar a heresia comunicacional em um "significado novo, de frescor, liberdade, importância. [...] A heresia vivida nos seus aspectos positivos torna-se, substancialmente, um caminho de libertação do domínio do sacro que sufoca o sentido do viver" (Mazzi, 2009, p. 9, trad. nossa). A midiatização digital, portanto, revela ainda mais que o catolicismo não é apenas uma ortodoxia monolítica (opinião elevada, direita, correta), mas está eivado principalmente de *heterodoxias* (opiniões heterogêneas, diversas). A circulação do "católico" em rede explicita justamente o "estar sendo" do catolicismo que se difunde por todo o tecido social em conexão, graças às ações comunicacionais de cada interagente.

Contudo, a ortodoxia, muitas vezes, como defesa diante da diversidade, tenta "converter a diferença em exclusão" (McGrath, 2009, p. 59, trad. nossa), expulsando-a para fora, em nome de uma suposta pureza. No caso das páginas analisadas, vimos que certos interagentes posicionam-se comunicacionalmente como representantes da "ortodoxia católica", reivindicam publicamente a exclusão de terminados *posts*, comentários ou interagentes, ou mesmo o fechamento de determinadas páginas, por perceberem aí elementos "errados", "impuros".

Entretanto, "o Cristianismo puro não existe, nunca existiu nem pode existir", pois "o divino sempre se dá em mediações humanas (Boff, 1994, p. 162), que são comunicacionais. Por isso, em relação ao "católico", como produto-construto de heresias comunicacionais,

> a questão não é de "certo" e "errado"; ao contrário, é de *quem tem o poder de compelir ao assentimento ao seu modo de ver as coisas*. A ortodoxia de hoje, assim, pode facilmente se transmutar na heresia de amanhã [e vice-versa]. Tudo o que se exige é uma *mudança radical na relação social das partes envolvidas* (McGrath, 2009, p. 200, trad. e grifo nossos).

A heresia comunicacional, portanto, envolve um poder comunicacional que se constitui a partir de uma conjuntura de relações sociais. Se, do ponto de vista doutrinal, a heresia teológica surge "apenas por causa da posição central da instituição religiosa no *governo dos discursos* de um momento histórico particular" (Zito apud McGrath, 2009, p. 200, trad. nossa), a tensão entre heresia e ortodoxia envolve uma disputa em torno de um poder discursivo-simbólico. Nesse contexto, a reconstrução do "católico" em rede, mediante heresias comunicacionais, revela uma forma de *resistir* às próprias normas institucionais da Igreja e ao clima "ideológico" dominante no interior da instituição, que, em geral, não oferece espaços institucionais de tomada da palavra, de *poder-dizer* por parte das diversas minorias religiosas que compõem o catolicismo como um todo. Tal resistência "é uma batalha pela diferença [diversidade], variação e metamorfose, pela criação de novos modos de existência" (Galloway; Thacker, 2007, p. 80, trad. nossa) dentro do próprio catolicismo.

A reconstrução do "católico" em rede: a emergência do leigo-amador e das heresias comunicacionais

Esse fenômeno é reconhecido pela instituição eclesiástica, como afirma Dom Tighe, ao analisar o desafio de definir o que é "autenticamente católico" no fluxo circulatório das redes comunicacionais:

Eu não acho que você possa policiar o conteúdo, porque seria perigoso, porque *há uma variedade de conteúdos* [...] Eu não estou tão preocupado a ponto de que cada palavra tenha que ser absolutamente... Porque se você não concorda com o que o autor está dizendo, então vá falar com o bispo, com o núncio. Mas eu não quero que alguém com o botão aqui [no Vaticano] desconecte [o autor supostamente não católico]... *Esse não é o modelo de subsidiariedade que eu acho que é importante na vida da Igreja.* Então, esse é um ponto.

O outro ponto é que você pode ter pessoas querendo se expressar com visões católicas e, *se elas querem ser vistas como católicas, talvez devêssemos ficar felizes com isso também* [risos]. [...] Nós tivemos um encontro aqui, alguns anos atrás, quando convidamos alguns blogueiros católicos. Eu não posso dizer quem é um blogueiro católico ou não é um blogueiro católico. *Somente a pessoa que é blogueira pode dizer se ela é católica ou não. Eu não posso controlar isso, e a blogosfera não funciona desse jeito.* [...] Agora, eu posso entender que, se eu venho de uma tradição em que a mídia católica era bem controlada, em que você tinha o seu *imprimatur* [autorização para imprimir], a sua permissão e o *nihil osbstat* [nada obsta], e tinha uma estrutura muito clara que permite geograficamente controlar o que pode ser publicado ou que não pode ser publicado... *A primeira coisa que eu posso dizer é que esse mundo não existe mais*, porque eu posso estar administrando um blog em inglês de qualquer parte do mundo e, talvez, eu pertença a uma diocese, mas eu acho que temos que ser realistas para dizer que *esse não é um ambiente onde devêssemos pensar em controle.* Talvez o que devêssemos fazer é educar as pessoas de forma que elas entendam o que soa certo no catolicismo e o que não soa certo.

Outra coisa que devemos fazer é que não podemos perder nosso tempo caçando [*chasing*] pessoas que estão dizendo coisas erradas, porque, na internet, se você fizer isso, você vai passar toda a sua vida caçando erros. [...] Então, eu acho que, se você está preocupado com grupos que querem reivindicar uma identidade católica, e talvez você não esteja convencido sobre o que eles estão dizendo – porque eles só querem promover a missa em latim ou porque eles simplesmente querem mudar os ensinamentos da Igreja sobre a sexualidade –, eu acho que, em vez de gastar tempo confrontando-os, você deveria defender o seu próprio caso, defender os seus próprios argumentos e fazer o que eles fazem. Porque uma das coisas frustrantes – não "frustrantes", mas com a qual devemos nos admirar – é que alguns dos grupos mais conservadores têm uma presença *on-line* muito sofisticada. Alguns dos grupos liberais também. Isso significa que a corrente principal [*mainstream*] também precisa igualmente ter uma presença *on-line* sofisticada.

E as pessoas poderiam dizer: "O *on-line*, o mundo digital, a internet é desordenada" [*messy*]. Ok, a Igreja é desordenada, não é clara. Mas eu acho que isso faz parte do que o Papa Francisco disse, de que ele prefere uma Igreja acidentada e aberta a uma Igreja "preto no branco", clara, em que as portas estão fechadas. Eu acho que tem a ver com aprender uma sabedoria. *E uma das dificuldades que temos que reconhecer é que estamos vivendo um tempo de mudanças, estamos vivendo um tempo de mudança cultural. Isso não está desafiando apenas a Igreja: está desafiando todas as organizações. Grandes empresas comerciais precisam pensar continuamente sobre como vão anunciar seus produtos, como vão responder às críticas dos consumidores, como vão fazer para que as pessoas se deem conta de que o site pertence a elas e não a outros.* E eu acho que temos que aprender isso da mesma forma. Não deveríamos ter medo disso, porque o importante é dizer: cada vez mais pessoas estão investindo o seu tempo em suas atividades e em suas presenças nas mídias sociais. Se estamos interessados em levar a boa notícia do Evangelho ao público mais amplo possível, não podemos abandonar essa fé, mas devemos aprender o que significa estar presente (informação verbal, Vaticano, 5 jun. 2015, grifo nosso).

A emergência do "católico", portanto, em meio a heresias comunicacionais, explicita justamente o "fim de um mundo" para a Igreja, marcado por declarações de autoridade institucional (o *imprimatur*[15] e o *nihil obstat*[16]) que não fazem mais sentido em um ambiente "desordenado" como o digital.[17] O "católico" é a explicitação do descentramento

---

[15] Do latim, "imprima-se", autorização mediante a qual os censores eclesiásticos concedem a autorização para que qualquer obra religiosa possa ser impressa.

[16] Do latim, "nada obsta", permissão para publicar um livro, outorgada por um censor oficial da Igreja Católica que certifica que a obra não contém nada contrário à fé ou à moral.

[17] Contudo, na mesma entrevista, Dom Tighe lamentou o fato de a internet "aceitar qualquer coisa, qualquer um pode dizer qualquer coisa": "Eu acho que há organizações na internet que se dizem católicas – eu tenho minhas dúvidas se elas são autenticamente católicas ou não – e elas podem ser pessoas que não compartilham todo o ensinamento da Igreja ou pode ser alguém que está tentando ganhar dinheiro se fazendo passar por católico, para uma escola ou algo parecido, o que pode ser muito sério. Então, é difícil saber isso nesse ambiente, e isso não é somente para a Igreja Católica: todos os dias recebo e-mails de pessoas afirmando ser de meus bancos em Dublin, pedindo detalhes porque eles precisam modificar algo em minhas configurações... você sabe. Então, precisamos aprender a ser compreensivos. Uma das coisas que estamos analisando é: *há alguma maneira de podermos autenticar a presença institucional da Igreja on-line?* E há um projeto que estamos estudando e trabalhando, chamado '.catholic', em que as pessoas que governam a internet – a ICANN [Corporação da Internet para Atribuição de Nomes e Números, na sigla em inglês] – começaram uma liberalização. Isso significa que os principais nomes de domínio – '.com', '.org', '.net' – e os geográficos – '.it', '.br' – podem agora ser expandidos, e você pode abrir outros diferentes. *Então, a Igreja está em um processo em que ela vai adquirir o '.catholic'.* Esse é o principal nome de domínio em inglês, para os caracteres latinos, mas também em cirílico, em árabe e em chinês. *E a ideia era: a) de que ninguém pudesse tirar isso de nós, pois somos católicos, mas também porque, talvez, com isso, seremos capazes de autenticar, ao menos, a nossa presença institucional.* Isso significa que no modelo que estamos buscando cada diocese, cada ordem religiosa global poderá ter um segundo nível, como 'jesuits.catholic' e 'riodejaneiro.catholic'. E, abaixo disso, você poderá ter instituições jurídicas reconhecidas, como paróquias, escolas, associações de fiéis, o que significa que, pelo menos, *se você vir um '.catholic', você sabe que a instituição que é responsável pelo website ou responsável pelo conteúdo é católica.* Mas não acho que você possa policiar o conteúdo, porque seria perigoso, porque há uma variedade de conteúdos, e, se as pessoas têm problemas com isso, nós temos procedimentos *off-line* para verificar se você deveria dizer isso ou não" (informação verbal, Vaticano, 5 jun. 2015, grifo nosso).

institucional em relação à catolicidade do próprio catolicismo: somente a pessoa pode dizer se ela – ou mesmo os símbolos, crenças e práticas católicas em circulação em rede – é católica ou não. A própria heresia comunicacional, portanto, é "catolicizada": como afirma Dom Tighe, caçar "infiéis" ("pessoas que estão dizendo coisas erradas") não faz mais sentido; o mais "sábio" é "fazer o que eles fazem" – e, talvez, até fazer mais benfeito). Do ponto de vista institucional, a melhor "inquisição digital" diante das heresias comunicacionais não seria resistir às resistências, mas ir além delas, refundindo tais práticas sociodigitais e sincretizando-as (como é próprio do catolicismo), para superá-las.

Nesse sentido, como um texto digital "apócrifo" sobre o catolicismo, o "católico" é útil e necessário ao próprio desenvolvimento do catolicismo, assim como as heresias teológicas históricas foram úteis à ortodoxia: não como uma contraposição total, mas sim como um confronto articulado, entre limites e possibilidades que, muitas vezes, se sedimentaram e se fixaram, posteriormente, como doutrina canônica. Como resultado, o "católico", fazendo emergir novas formulações e conceitualizações, *mantém e expande* a tradição católica, em sentido lato. O catolicismo não é uma singularidade religiosa inalterável, uniforme e unificada, mas uma pluralidade de variações em torno de alguns eixos religiosos característicos, que as heresias comunicacionais em torno do "católico" permitem entrever.

Por sua vez, como *"e-reges"*, hereges da era digital, os leigos-amadores despontam como "livres pensadores" que, a partir dos mesmos dados à disposição da Igreja-instituição e dos teólogos canônicos, promovem *ações e interpretações diversas* em relação à doutrina e à prática dominantes no catolicismo (Mancuso, 2014). Produzindo sentidos sociais sobre o catolicismo e desenvolvendo redes alternativas de comunicação religiosa, os leigos-amadores também se tornam capazes de "inventar novos programas para suas vidas com as matérias-primas" de suas experiências, exercendo um contrapoder que se constitui como "um processo de comunicação autônoma, livre do controle dos que detêm o poder institucional" (Castells, 2012, p. 14).

Desse modo, as ações comunicacionais dos leigos-amadores, como heresias comunicacionais microscópicas e multiformes, podem "conduzir ao aparecimento de definições rivais da realidade [do catolicismo] e finalmente ao surgimento de novos peritos [religiosos], tendo a seu cargo as novas definições" (Berger; Luckmann, 2012, p. 153). Isso manifesta a "questão histórica por excelência: a gênese do sentido, a produção de novos sistemas de significados e significantes" (Castoriadis, 1982, p. 168) sobre o *socius* e sobre o *sacrus*. Isto é, o institucional vai emergindo e também sendo reconfigurado pelo não institucional. Em longo prazo, poderá desenvolver-se uma institucionalidade católica diversificada, que traga as marcas dessas novas relações sociais em rede e de interagentes coletivos que trabalham sobre o catolicismo: pois este, cada vez mais, assim como a democracia, "já não é um mero assunto de maiorias, mas, sobretudo, de articulação de *diversidades*; menos uma questão de quantidade do que de *complexidade e pluralidade*" (Martín-Barbero, 1997, p. 275, grifo nosso).

O "católico", em sua circulação em rede, em suma, tensiona o absolutismo do cânone católico institucional e se apresenta como um elemento comunicacional crítico e desafiador a ele, como produto e produtor de novos papéis de mediação entre a pessoa, a Igreja, a sociedade e o "sagrado" católico. Nesse processo, os leigos-amadores, mediante heresias comunicacionais, em geral, tentam "tornar 'mais forte' a posição 'mais fraca'" (Certeau, 2012, p. 47) no contexto católico-midiático. E, assim, é possível "descobrir uma atividade criadora [no catolicismo] ali onde foi negada, e relativizar a exorbitante pretensão de *uma* produção (real, mas particular)" (ibid., p. 239) apenas por parte da Igreja. A Igreja, *lato sensu*, é comunicacionalmente muito mais complexa do que isso.

12.3 Reconstruindo a reconstrução: quatro tendências do "católico"

No contexto de pluralidade religiosa e simbólica da "Reforma digital", a "Contrarreforma digital" por parte da Igreja, em seus diversos níveis, manifesta-se como uma tentativa de reafirmação do amplo espectro do "ser católico" no campo midiático. Assim, acentua-se e reafirma-se a tradição católica com a busca de reconhecimento social nos novos ambientes comunicacionais.

Essa "tradução" digital do catolicismo envolve diversos níveis de ressignificação de seus símbolos, crenças e tradições por parte da sociedade em rede. Nesse sentido, a partir dos casos analisados, percebemos quatro tendências principais em torno dessa reconstrução do "católico", que evidenciam uma frequente autocomunicação intraeclesial (*autorreferenciação*), um poder-dizer emergente de leigos-amadores (*laicização*), a valorização pública da "catolicidade pela catolicidade" (*amenização*), e, por fim, o surgimento de uma "verdade relativa e relacional" sobre o catolicismo, que se nutre de redes de relações (*relativização*).

12.3.1 Autorreferenciação

No processo de midiatização digital da religião, as plataformas sociodigitais possibilitam não apenas a "produção de si", mas principalmente a publicização social do catolicismo. As interfaces e os protocolos das plataformas reapropriados pelas diversas presenças católicas desempenham um papel-chave na construção do "católico" em rede e das interações que o assumirão como eixo. Diante de tais interfaces e protocolos "laicos" ofertados pelas plataformas, as presenças católicas ressignificam, "catequizam", "catolicizam" cada um desses elementos, mediante reconexões. Busca-se manifestar, assim, a "marca católica" em tais ambientes, tendo em vista o reconhecimento social de sua autenticidade. Esta é reforçada ainda, quando necessário, por "selos de verificação", que não são mais conferidos pela Igreja (como o *imprimatur* e o *nihil obstat*), mas pelas próprias plataformas: uma espécie de *imprimatur* sociodigital "laico" que autentica e dá credibilidade de catolicidade a uma expressão comunicacional da própria Igreja.

Diante desse contexto múltiplo e heterogêneo, uma tendência comunicacional católica em rede – em seus diversos níveis – é a *autorreferenciação*. Ou seja, as expressões católicas se voltam para si mesmas, para o próprio "nicho" eclesial: no Twitter, o papa segue apenas a si mesmo; as páginas católicas no Facebook operam frequentes autocompartilhamentos de conteúdos próprios e autocomentários em suas próprias postagens; além de fazerem referências constantes aos seus próprios sites e às suas demais presenças em outras plataformas.

Um caso singular é o de uma postagem da página *Jovens Conectados* do dia 20 de outubro de 2015 sobre "oito passos para esclarecer uma notícia suspeita sobre o Papa Francisco".[18] Um dos comentários ao *post* foi escrito pela página *Rádio Vaticano – Programa Brasileiro*: "Ótima iniciativa!", ao que a página *Jovens Conectados* replicou: "Unidos pelo Evangelho!". Assim, ambas as mídias católicas se autorreferenciam, realimentando seus fluxos de comunicação próprios.

Por parte dos interagentes, "curtir" uma página católica ou uma postagem sobre o catolicismo, comentá-las publicamente e compartilhá-

---

[18] Disponível em: <https://goo.gl/Ddo6TL>.

-las às redes pessoais são gestos que envolvem não apenas uma identificação do interagente com esse "outro" comunicacional, mas também uma forma de reafirmar socialmente a própria identidade católica como um todo. Inclusive em casos de minorias periféricas no contexto católico, como a página *Diversidade Católica*, as diversas interações públicas também reafirmam socialmente, de certa forma, a relevância da doutrina tradicional ao apontarem para suas divergências em relação a ela. Sua identificação social pública se constitui a partir de algo que, para a Igreja, não é doutrinalmente "católico": embora, em sentido contrário, a instituição eclesiástica permaneça como referência.

Singularidades subjetivas (como "católico *gay*") passam a se afirmar social e eclesialmente mediante ações comunicacionais em rede e práticas cultural-religiosas que favorecem a emergência de catolicidades reativas e resistentes em relação à vigilância, à ordem e até mesmo à violência simbólica muitas vezes provocada pela Igreja. Em termos comunicacionais, pende-se para uma apropriação das plataformas sociodigitais somente para reforçar (ou contrariar) uma autoimagem, a institucionalidade católica, a centralidade eclesial em um lugar, algo ou alguém específicos, "falando de si mesmos sempre para os mesmos".

O risco, nesses casos, é de cair em uma mera "autoafirmação por auto*reverência* como uma nova forma de religiosidade" (Kaufmann apud Kehl, 1997, p. 159, grifo nosso), que evita o confronto ativo e efetivo com a diversidade e a diferença religiosas e sociais exógenas. Porém, "o pluralismo cultural e religioso de hoje desautoriza de antemão qualquer sonho de um Cristianismo de configuração única e monolítica. *Devemos reaprender a conviver com a diversidade*" (Miranda, 2011, p. 273, grifo nosso).

12.3.2 Laicização

A hierarquia e as autoridades eclesiais têm o papel de validar institucionalmente as crenças e práticas religiosas, como "instâncias garantidoras da linhagem de fé" (Hervieu-Léger, 2008, p. 160): é por isso que a Igreja e sua cúpula, como vimos, se esforçam para manter uma presença oficial também na internet. Em um ambiente comunicacional diferente, muda também a produção das relações de poder que constituem a própria Igreja como rede de construção social de sentido.

Por parte da instituição, a presença nas plataformas sociodigitais traz a marca da proximidade, em que a máxima autoridade eclesiástica – o papa – "desce" de sua cátedra, marcada por alocuções e longos documentos oficiais, e se engaja em modalidades comunicacionais socialmente difusas e instantâneas de apenas 140 caracteres. Sua comunicação passa a ocorrer por meio das linguagens contemporâneas emergentes, que, por sua vez, reinventam a própria noção de "magistério pontifício": este pode ser recontextualizado e reconectado em rede das formas mais diversas na sintetização dos processos comunicacionais digitais. A relevância social dos ensinamentos papais também passa a ser medida por mediações tecnológicas, como a contabilização de seguidores/curtidores e as competências digitais do pontífice.

Assim, a "profanação" agambeniana em relação aos saberes-fazeres teológico-eclesiais se soma a uma "secularização" da própria autoridade pontifícia: esta passa a ser medida e explicitada sociotecnologicamente. Nesse processo, a visão de mundo eclesial é posta em confronto com outras visões de mundo, mediante a diversificação de ofertas midiáticas e a publicização das crenças e práticas religiosas. A competência teológico-eclesial, para se efetivar e ser conhecida socialmente, precisa se explicitar também como competência midiático-comunicacional. É esta que possibilita, segundo Felipe Rodrigues, "ter sempre uma curva crescente de fãs na sua página, de pessoas que *reconhecem o seu canal como um bom canal de comunicação*" (informação verbal, Skype, 20 dez. 2015, grifo nosso). Dom Paul Tighe, nesse sentido, reitera:

> As pessoas vão pegar as informações daquelas pessoas que elas conhecem e confiam. Também, dependendo da qualidade da informação que é oferecida, elas começam a ter uma relação de confiança com alguém, então a relação entre o conteúdo e o relacionamento fica ainda mais importante. [...] Nas mídias sociais, você não pode simplesmente reivindicar autoridade e dizer: "Eu sou o papa, portanto todos devem me escutar, e a minha voz vale mais". [...] você ganha autoridade porque o que você fala toca o coração das pessoas ou as engaja. [...] No Twitter, o Papa Francisco é um líder religioso ou uma celebridade? [risos] Você entende? Ele é o papa. Algumas pessoas se interessam por ele porque ele é uma celebridade. Outras pessoas estão interessadas porque ele é o papa. Mas acho que ele foi capaz de se libertar disso. Então, o fato de ele ser uma pessoa autêntica, deixando-o expressar-se de uma maneira que não é tão hierárquica, significa que ele é atraente para as pessoas que não o enxergam como uma figura hierárquica (informação verbal, Vaticano, 5 jun. 2015, grifo nosso).

Em rede, portanto, como a própria instituição reconhece, a autoridade religiosa se constitui e se explicita comunicacionalmente ("tocando corações", "engajando as pessoas"), emergindo a partir das interações sociais. A sua construção se dá, principalmente, mediante a autenticidade dos modos de expressão papais, neste caso: embora detentor de um poder hierárquico, Francisco se "libertou disso", passando a ser visto em sua "atratividade" pessoal, *apesar daquele poder.*

A situação se complexifica ainda mais quando pessoas comuns passam a não apenas reivindicar, mas também a pôr em prática uma crítica pública à instituição eclesiástica, situando-se até mesmo acima de sua hierarquia. Isso ocorre no caso de pessoas que pleiteiam conversões, censuras, excomunhões de outros interagentes, também "em nome da Igreja" e da "verdadeira fé católica" da qual eles, e não os membros institucionais, seriam os porta-vozes "oficiais". Tais ações revelam a emergência de um poder-fazer comunicacional católico não institucional, mediante uma prática teopolítica dos leigos-amadores, que adquirem um espaço público para expor sua voz e sua teologia, ubiquamente, "aos quatro cantos".

No caso do *Diversidade Católica*, segundo Cristiana Serra, isso levanta problemáticas intraeclesiais de "tensão com a instituição, com a hierarquia, com o magistério, [que] se concentra na figura dos sacerdotes que assumem, mais ou menos, publicamente, um discurso de inclusão" aos *gays* (informação verbal, São Leopoldo, 16 out. 2015), contrariando a postura católica oficial. Por isso, "nós afirmamos e reafirmamos que somos um coletivo *leigo*" (informação verbal, 16 out. 2015, grifo nosso): aí se encontraria a autoridade e a relevância social e comunicacionalmente reconhecidas do grupo. Por isso, o *Diversidade Católica* não deseja "absolutamente" ser reconhecido como uma pastoral oficial nas arquidioceses e reitera, que quer "continuar sendo um grupo *leigo*", como afirmou Cristiana (informação verbal, São Leopoldo, 16 out. 2015, grifo nosso).

Percebe-se aí uma forte tendência à *laicização* por parte dos interagentes religiosos nos processos midiáticos, a partir, por um lado, de uma "abdicação" de todo e qualquer poder religioso extramidiático por parte das autoridades eclesiásticas (um papa que "desce" midiaticamente ao nível das pessoas em rede) e, por outro lado, de um poder-dizer emergente de leigos-amadores (grupos católicos leigos que "sobem" midiaticamente ao nível de autoridades católicas nas redes). Trata-se, principalmente, da reivindicação de uma efetiva autonomia das pessoas e grupos católicos de "tomar a palavra" publicamente sobre o catolicismo. "A comunicação é um direito de todos na sociedade. Portanto, muito mais dentro da própria Igreja" (Gomes, 1987, p. 11). Ou seja, agentes sociocomunicacionais diversos "assumem com coragem a produção do discurso, colocando-se numa nova relação social ao interno da Igreja", modificando as processualidades canônicas que levaram à criação de um "sistema de seleção/exclusão [de *excomunicação*], através do qual [a Igreja] permite somente a alguns privilegiados o direito e o lugar de falar/escrever de modo reconhecido" (Libanio apud Gomes, 1987, p. 18).

O que vemos, a partir dos casos analisados, é que, no processo de midiatização digital da religião, ocorre uma "explosão *anárquica* do 'sagrado' [...], sem que as instituições tradicionais desse sagrado, como são as Igrejas, consigam ter o adequado controle social dos seus próprios símbolos religiosos" (Miranda, 2006, p. 264, grifo nosso). Tais símbolos, ao serem reconectados com outros símbolos, interagentes e contextos comunicacionais, produzem novos sentidos, muitas vezes alheios à própria tradição católica. Ocorre um processo de descentralização e desinstitucionalização da construção de sentido religioso, a partir da autonomização de leigos-amadores. Suas competências e possibilidades midiáticas se desdobram na interação tensionadora com novas modalidades de alteridade em rede, em que, "cada vez mais, as pessoas compõem elas mesmas sua própria religião" (Lipovetsky, 2009, p. 61).

Para a instituição, isso levanta graves perguntas, como reconhece Dom Claudio Celli, em torno da "autoridade de uma resposta [em nome da instituição eclesiástica]" para os questionamentos ou críticas em rede sobre o catolicismo: "Eu posso pedir que uma pessoa prepare uma resposta. Mas quem é essa pessoa na Santa Sé? Quem tem o direito em mãos para poder dar uma resposta oficial? [...] Isso coloca a pergunta: O que fazemos?" (informação verbal, Vaticano, 3 jul. 2015). Diante disso, surge a problematização da própria relevância midiática das autoridades clericais. Segundo Dom Claudio Celli, "é preciso fazer um aprofundamento sobre a opinião pública na Igreja. Acredito que, mesmo aqui [no Vaticano], *nós temos uma visão muito clerical da Igreja*" (informação verbal, Vaticano, 3 jul. 2015, grifo nosso).

Não só no Vaticano: o projeto *Jovens Conectados*, por exemplo, embora manifeste a autonomização dos sujeitos eclesiais juvenis, acaba revelando uma "apropriação" clerical em sentido negativo, um "tomar posse". Isso acontece quando a resposta às demandas juvenis, segundo Felipe Rodrigues, é repassada, primeiro, para o assessor que acompanha o grupo (um padre) e, depois, aos bispos que integram a Comissão Episcopal Pastoral para a Juventude, "principalmente o presidente", e, se a questão é "ainda mais relevante, isso é levado para o

Conselho Permanente dos Bispos, em que *eles se reúnem* para discutir" (informação verbal, Skype, 20 dez. 2015, grifo nosso).

Entretanto, nos processos midiáticos contemporâneos, a autoridade não conflui a um centro único e isolado (a Igreja, o papa, a hierarquia, os bispos etc.), mas, de modo centrífugo, deflui para as margens, para as periferias, para leigos-amadores reconhecidos comunicacionalmente em sua autenticidade (Spadaro, 2012). Marcada por uma expertise midiática, primeiro, e teológico-eclesial, depois, a competência converte-se em autoridade (Certeau, 2012). Diante disso, quaisquer técnicas utilizadas no passado – como repressões, censuras, índices, excomunhões de todos os tipos –, usadas para condicionar ou delimitar a reconstrução do "católico", são hoje inoperantes, pois "o discurso católico explode em múltiplas correntes" (Hervieu-Léger, 2008, p. 181), indeterminadas, irreversíveis, incontroláveis.

Nas complexas interações sociorreligiosas em rede, o papel da hierarquia e da instituição católicas, portanto, não desaparece, mas, sem dúvida, é posto em xeque, pois o "católico médio" agora pode intervir publicamente, graças aos processos sociais que constituem a midiatização digital, em um debate público e aberto que antes se restringia (e talvez até deveria *continuar se restringindo*, de acordo com setores da instituição eclesiástica) aos "iniciados", em fóruns reservados, herméticos aos "leigos".

12.3.3 Amenização

Do ponto de vista da prática religiosa na era digital, vimos que as bênçãos papais – ainda desde o primeiro tuíte da conta *@Pontifex_pt*, com Bento XVI – passaram a ser dadas "a todos", "de coração", também via Twitter. Orações são tuitadas, em que até o próprio discurso papal se dirige midiaticamente ao "sagrado" católico (mencionando "Deus", "Senhor", "Jesus", "Maria" em seus tuítes), recorrendo a processualidades sociotécnicas (como as *hashtags* com a palavra *"pray"*) que embebem tais ritualidades, em uma verdadeira midioteofania (Sbardelotto, 2012). Emerge uma ambiência midiático-religiosa envolvendo expressões e manifestações das realidades sagradas, de sacerdotes, de fiéis e também de não fiéis (ou até de "infiéis"), em que a plataforma sociodigital se converte em templo e altar.

Nas presenças católicas, mediante novas formas de religação com o "sagrado" em liturgias digitais que ressignificam a liturgia católica, os "protocolos litúrgicos" se somam a outros protocolos sociotécnicos inovadores, como "acessar" *links*, "baixar" arquivos, "curtir", "comentar" ou "compartilhar" o texto evangélico, "marcar" amigos, usar determinadas *hashtags*. A oração, como rito religioso, passa a adquirir um conjunto de novas regras litúrgicas como resultado das interações com práticas sociotécnicas. Tais processos apontam também para a ocorrência de uma certa "tecnicização da ação" (Miège, 2009) em relação às práticas religiosas, que se manifestam na construção e vivência do religioso a partir da apropriação de plataformas sociodigitais para a experiência católica, que passa a operar mediante novos modos de fazer. As redes de relações em rede, portanto, como "experiências de solidariedade e de comunicação, formam, do ponto de vista eclesial, um imenso *laboratório da sacramentalidade* católica contemporânea" (Certeau apud Sanchis, 2009, p. 201, grifo nosso). Nesse "laboratório" digital, as crenças e as práticas católicas vão sendo ressignificadas em rede.

Na economia de sentido do ambiente digital, os protocolos que organizam tal processo não são opcionais, mas muitas vezes se convertem em "liturgia (digital) para a liturgia (religiosa)". Sem eles, o rito pode não se efetivar digitalmente, perdendo significado, embora, ao mesmo tempo, não sejam prescrições da instituição religiosa (ao contrário das liturgias rituais propriamente ditas), mas sim das plataformas sociodigitais como Facebook e Twitter. Trata-se, portanto, de liturgias *praxiológicas*, ou seja, ações que fazem o interagente agir, fazendo o rito e, assim, tendo a sua experiência religiosa. Muitas vezes, são ritualidades ao estilo "clique e receba", como indica a *hashtag #FaçaSuaPrece*, muito usada pela página *Jovens Conectados*, visando motivar os interagentes a compartilharem suas intenções pessoais no campo de comentários da página. Desse modo, o Facebook se converte em um grande "confessionário" digital, acessível a todos, em que a publicização da intimidade pessoal é ritualizada socialmente e assumida como gesto sagrado para a "intercessão" dos demais fiéis e a "invocação de graças".

Em outros casos, trata-se de "ritualidades (digitais) de ritualidades (religiosas)", que geram novas expressões comunicacionais das realidades sagradas do catolicismo, como no seguinte caso de reconstrução do rito católico, presente na resposta a um tuíte papal:

Papa Francisco (@*Pontifex_pt*) – A fé não é um dom privado. A fé é para partilhar com alegria [3 out. 2015, às 01:30].

Cris (@*Cris*...) – #partiumissa! Diante do Senhor com muita fé e com muito amor! [4 out. 2015, às 03:51].

Em sua mensagem, "Cris" responde ao papa com a *hashtag* #*partiumissa*. Trata-se de uma apropriação em sentido católico de uma série de marcadores usados no Twitter e iniciados com a expressão "partiu" (como #*partiufesta*), em que os usuários manifestam a sua participação em determinado evento ou indicam determinado lugar ao qual estejam indo, em geral ressaltando o seu entusiasmo pessoal em tal participação. Com a *hashtag* #*partiumissa*, constitui-se uma ritualidade digital específica (a tradução da participação no rito católico mediante o recurso à linguagem digital e suas processualidades comunicacionais). Essas novas ritualidades vão emergindo e se inserindo "nos ritmos das vidas cotidianas das pessoas e (re)estruturando as condições e o *sensorium* temporal das experiências espirituais diárias" (Cheong, 2012, p. 202, trad. nossa).

Em uma grande diversidade de postagens, a participação dos interagentes em tais "liturgias" envolve a palavra "amém", como confirmação performática não apenas da possibilidade de uma experiência religiosa *on-line*, mas da sua própria efetivação. No caso da conta @Pontifex_pt, muito frequentemente as respostas por parte dos usuários recorrem apenas e unicamente a essa palavra, como modo de confirmar e reiterar o que foi proferido pelo papa no Twitter.

No caso da página *RVPB*, no dia 30 de março de 2015, foi feita uma postagem de teor informativo e jornalístico, em que essa processualidade emerge com força. O *post* trazia um *link* para uma notícia do site da rádio, intitulada "Semana Santa: confira as celebrações com o papa", e uma foto de Francisco na sacada da Basílica de São Pedro. A postagem recebeu os seguintes comentários (Fig. 38):

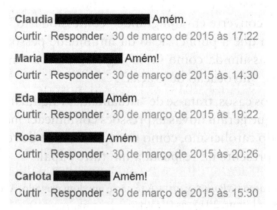

Figura 38 – Comentários em postagem da página *RVPB* com a expressão "amém"
Fonte: <https://goo.gl/Pa0Hta>.

Em uma postagem corriqueira, que informa, em caráter jornalístico, a agenda das "celebrações com o papa" durante a Semana Santa de 2015, assim como das "transmissões ao vivo" por parte da Rádio Vaticano, inúmeras pessoas escrevem ali o seu "amém". Nesse caso e em uma multiplicidade de outras situações, o "assim seja" emerge como a principal resposta social em relação à instituição e às autoridades eclesiásticas. Reforça-se, assim, a estruturação institucional do catolicismo, ao se reafirmarem publicamente a figura papal, as instituições eclesiásticas e a própria hierarquia, os valores, as crenças e práticas vinculadas ao catolicismo, com a "condescendência" do interagente. Nisso, explicita-se uma tendência socioeclesial à *amenização* do catolicismo, em um duplo sentido: "dizer amém" a tudo o que é considerado católico apenas por ser católico; e, assim, simplificar, diluir e abrandar as especificidades do catolicismo.

Por um lado, o risco é que isso se expresse como fundamentalismo (um "amém" como defesa e reafirmação radicais da religião católica e de sua ortodoxia doutrinal, entendidas em viés ideológico), como conservadorismo (um "amém" a tudo o que vem da instituição católica, que passa a ser assumida como sistema de ordem absoluta, em sua clericalidade, centrada na figura do papa), ou ainda como pentecostalismo católico (um "amém" a tudo o que é catolicamente espiritualizante, carismático, afetivo-emotivo, sentimental) (Libanio, 2002).

Amenizar, nesse sentido, pode configurar uma necessidade de reafirmar e confirmar publicamente uma identidade religiosa instável ou ainda em construção por parte dos interagentes. Por sua vez, isso pode levar a uma individualização e privatização extremas da prática religiosa que, embora pública, busca atender apenas às necessidades espirituais do indivíduo, mediante expressões exteriores de caráter afetivo-emocional (ibid., 2002). Nesse processo, "o fortalecimento da religião institucional (a Igreja) desposa o estabelecimento de novas formas de religiosidade individual" (Zviadadze, 2014, p. 186, trad. nossa).

Nas diversas ritualidades em rede, explicita-se, também, digitalmente, a burocratização e a rotinização sociotécnicas da prática religiosa. Isso pode levar a um "esfriamento do sagrado" e a uma *excessiva acomodação ao mundo* [ou à própria institucionalidade eclesiástica] com esquecimento do profetismo", da "perspectiva altruísta, comunitária social", da "abertura ao outro" (Libanio, 2002, p. 248). A amenização, nesse contexto, é o apaziguamento da fé e a resignação diante das contradições do mundo e da própria Igreja, que, "amenizando" a consciência crítica do catolicismo diante da realidade, removem o seu "vigor questionador" (ibid.). No entanto, "a fé tem uma dimensão crítico-política incontornável" (ibid., p. 258), que não condiz com nenhuma "amenização".

12.3.4 Relativização

As práticas católicas em rede inscrevem seus praticantes em novas significações sociorreligiosas, marcadas pela reflexividade e pela autonomia: com a conectividade crescente, as pessoas podem saber mais sobre o contexto eclesial em geral, sobre as vidas uma das outras e sobre a sua própria subjetividade individual, ao verem suas próprias produções de sentido e, assim, produzirem mais sentidos sobre elas, justamente devido à complexificação midiática.

No Twitter papal, por exemplo, a interacionalidade se constitui discursivamente a partir de um "nós" reiterado nos tuítes, no qual o pontífice também se insere, situando-se em um nível de proximidade junto às diversas pessoas em rede, católicas ou não. As interações também são perpassadas por expressões de acolhida por parte do papa, usadas em relação a diversos grupos de seguidores ("queridos amigos", "queridos jovens" etc.). Nas plataformas, por sua vez, as mensagens papais são reconectadas socialmente aos mais diversos interagentes, que realimentam o fluxo circulatório papal.

Essa interacionalidade também se constrói discursivamente, por exemplo, em ritualidades que envolvem gestos comuns (com frases como "reze *conosco*" ou *hashtags* como #WePrayForPeace, "*nós* rezamos pela paz"). As *hashtags*, aliás, também constituem comunidades de interesse em torno do "católico", às quais os interagentes podem se somar, realimentando um debate intraplatafórmico. Os diálogos entre as presenças católicas e os interagentes, e dos interagentes entre si, também desdobram a construção social de sentido sobre o "católico", gerando vínculos sociais que redirecionam as práticas comunicacionais em rede.

Já páginas como a *Diversidade Católica*, em sua busca de explicitação pública da existência de uma comunidade de católicos *gays* e de vinculação de outros que se mantêm isolados ou invisibilizados, rompem divisões como "fora" e "dentro" no contexto católico, a partir de sua rearticulação socioeclesial mediante suas ações comunicacionais. Sua própria categoria na plataforma, "Comunidade", ressignifica para o ambiente digital uma ideia muito cara ao catolicismo, mediante gestos tradicionalmente reservados à presencialidade ("o diálogo e a reflexão, a oração e a partilha"), na busca de uma interação com "todos, sem distinção".[19] Essa experiência comunitária em rede também passa a ser "vista e colocada dentro de uma experiência de relação mais vasta e geral, que vai além e, ao mesmo tempo, contém também a experiência *on-line*" (Padrini, 2014, p. 72, trad. nossa). Tais interações midiáticas podem ser formas de resistência às relações comunitárias tradicionais no interior da Igreja, que levam os interagentes a construírem laços religiosos mais fluidos e alternativos, e vínculos que vão além do *hic et nunc* (aqui e agora) tão relevante à tradição católica.

Nesses casos, percebe-se uma tendência à *relativização*, em um duplo sentido, comunicacional e eclesial. No primeiro, trata-se da reconstrução do "católico" não de forma "ab-soluta", isto é, desvinculada, desconectada, mas *encarnada em relações* mediadas por plataformas sociodigitais e para além delas (cf. Mazzi, 2010). Em rede, as pessoas se encontram cada vez mais expostas umas às outras, cada vez mais em relação, com maior frequência e maior intimidade, confrontando socialmente as suas opções e colocando em debate seus pontos de vista, mediante a pluralização de opções religiosas. A visão de mundo do "outro" conectado a mim é mais facilmente reconhecida, para ser compartilhada ou rejeitada. E, em relação, as pessoas têm "uma chance maior de modificar as doutrinas ou práticas oficiais ordenadas pela Igreja" (Berger; Zijderveld, 2010, p. 19, trad. nossa).

Em rede, podemos ser "amigos" do pontífice máximo do catolicismo e também constituir "comunidades" nas plataformas sociodigitais, que atuam como um ambiente voltado à construção e à publicização de realidades invisibilizadas no catolicismo. Aliás, *"Pontifex"*, nesse sentido, é um nome bastante significativo: uma tentativa eclesial de "construir pontes" simbólicas com a sociedade contemporânea, cuja competência "pontifícia" é compartilhada também pelos diversos interagentes católicos nas plataformas sociodigitais. Isto é, ela não provém mais de um poder sagrado, restrito, reservado à autoridade, mas sim da capacidade de construir relacional e interacionalmente tais "pontes simbólicas". Portanto, hoje, as práticas religiosas e a própria noção de "comunidade" podem ser mais bem entendidas em termos de *redes de relações e*

---

[19] Disponível em: <https://www.facebook.com/diversidadecatolica/info?tab=page_info>.

interações sociais, que envolvem maior maleabilidade, globalidade e interconectividade dos vínculos sociais.

Os diversos níveis de relação, por sua vez, também se relacionam em rede: como vimos no caso da página *Diversidade Católica*, o 1º Encontro Nacional de Católicos LGBT e as redes comunicacionais se exponenciam reciprocamente: as redes sociais de católicos gays já existentes na cultura carioca, na busca de novas formas de vínculo e de sua ampliação para além da esfera local, dão forma e alimentam as práticas sociodigitais; estas, por sua vez, expandem aquelas redes iniciais, gerando novos laços sociais, agora de nível nacional. A partir dessa hibridação sociotécnica, os próprios católicos gays passam a reconhecer que "somos muitos, somos milhões", como afirmou uma pessoa ao compartilhar uma postagem da página Diversidade Católica referente ao Encontro Nacional.[20] No caso da página Jovens Conectados, por outro lado, as relações entre as juventudes católicas em um contexto de midiatização digital permitem vislumbrar que, nas palavras de Felipe Rodrigues, "todos os jovens católicos são jovens conectados" (informação verbal, Skype, 20 dez. 2015).

Contudo, tal relativização não é automática, mas depende de um esforço conjunto para reduzir a margem de "não relação" entre interagentes, símbolos, crenças e práticas a serem compartilhados, mediante negociações em torno de interfaces, protocolos e reconexões. Isto é, o "católico" emergente dessa relativização passa pelo reconhecimento recíproco de construções de sentido alheias, de um "outro religioso" com quem se interage – em tensão – para constituir uma coletividade simbólico-relacional.

Na segunda acepção da ideia de relativização, trata-se de perceber a "relatividade" do catolicismo em relação ao contexto da própria percepção eclesial. Segundo Dom Claudio Celli, em tempos de rede são necessários "um anúncio da verdade sobre o homem e uma defesa da verdade sobre o homem" (informação verbal, Vaticano, 3 jul. 2015). Essa "verdade", entretanto, em sua manifestação digital como "católico", também se revela como uma "verdade *relativa* que se nutre de *relações*, encarnada nas *relações humanas*" (Mazzi, 2010, p. 135, trad. e grifo nossos). Essa "verdade sobre o homem", porém, mediante as relações em rede, se depara com um sistema de mediações que a tornam menos peremptória (cf. Vattimo, 1998).

---

[20] Disponível em: <https://goo.gl/FO6kO4>.

A relativização, no sentido aqui indicado, aponta para o fato de que "uma pessoa só pode manter sua fé católica se conserva uma *relação significativa* com a comunidade católica" (Berger; Luckmann, 2012, p. 198). Quando essa relação inexiste ou deixa de existir ou é invisibilizada (mediante uma "excomunicação" por parte da comunidade católica), como no caso dos católicos *gays*, vão emergindo outras modalidades de relação, como o grupo e a página *Diversidade Católica*, que constroem novos significados sobre o catolicismo para "fazerem-se visíveis socialmente em sua diferença. O que dá lugar a um novo modo de exercerem politicamente [e eclesialmente] seus direitos" (Martín-Barbero, 2006, p. 68), como o do reconhecimento público de sua cidadania católica. Os católicos *gays*, desse modo, podem tomar consciência de sua minoridade periférica na Igreja (reflexividade comunicacional) e, coletivamente, podem "tomar a palavra" no âmbito católico, visibilizando-se (autonomia comunicacional). Pela ação desses sujeitos socioeclesiais emergentes, a comunidade católica passa a se perceber composta por muitos "outros significativos", isto é, por outras pessoas que contribuem para dar sentido ao seu mundo religioso, dependendo das escolhas delas, como "comunidades eletivas" construídas midiaticamente, já que a filiação passa a estar aberta e disponível para qualquer pessoa (Dawson; Cowan, 2004).

Desse modo, o "católico" emerge como *relativo e relacional*. Nessa relativização comunicacional e eclesial, surge a possibilidade de passar "da conexão ao encontro, e do encontro à ação" (Martín-Barbero, 2006, p. 69). Isto é, para que a diversidade socioeclesial, em suas múltiplas facetas, possa ser eclesialmente levada em conta e assumida, é necessário que ela seja *relativa e relacionalmente reconhecida* por toda a Igreja (não no sentido de aceitar/aprovar/"canonizar" o diverso, mas sim de ver/perceber/tomar-contato/saber-que-existe/levar-em-consideração). Dessa forma, o "católico", como processo comunicacional, vai sendo reconstruído mediante "um jeito de ser católico 'arranjado' na subjetividade e na intersubjetividade, definindo-se em relação às alteridades, isto é, as outras identidades" (Follmann, 1992, p. 159). O "ser católico", historicamente plural e sincrético, revela que a diversidade católica não é apenas o nome de um grupo, mas sim uma característica do próprio catolicismo (principalmente em rede), a partir da multiplicação de referentes sociossimbólicos em relação.

O risco, contudo, é que os não conectados não passem por essa relativização, isto é, continuem desconectados, invisibilizados: mesmo "sendo muitos, sendo milhões", há católicos *gays* que permanecem minorizados e periferizados,[21] muitas vezes por não terem acesso aos ambientes digitais. Por outro lado, nem todos os jovens católicos são ou estão "conectados", como desejariam os responsáveis pelo grupo juvenil digital. Nesse sentido, dadas as competências e as limitações ligadas ao ambiente midiático, "nem todos são permitidos de participar, nem todos são capazes de participar, nem todos querem participar e nem todos os que participam o fazem em termos iguais" (Jenkins; Ford; Green, 2013, p. 298, trad. nossa). O risco, por parte das manifestações minoritárias e periféricas no catolicismo, é justamente de se fascinarem com a "situação marginal" (Musso, 2003), não agindo pela dinamização de uma transformação na estruturação eclesial como um todo.

Diante dessas novas formas de relação, como afirma Dom Claudio Celli, os católicos e católicas são chamados a *"sair ao mundo falando o idioma, a linguagem que o homem e a mulher de hoje entendem.* Nós [a Igreja], às vezes, temos uma linguagem que só nós entendemos. *Devemos começar a fazer um movimento [de saída]"* (informação verbal, Vaticano, 3 jul. 2015, grifo nosso). A "Igreja em saída", solicitada pelo Papa Francisco, é justamente uma comunidade de cristãos e cristãs que "sai pela estrada [...] E quando falo de estrada, penso nas estradas do mundo onde as pessoas vivem: é lá que as podemos, efetiva e afetivamente, alcançar. *Entre estas estradas estão também as digitais, congestionadas de humanidade, muitas vezes ferida"* (Francisco, 2014a, s/p, grifo nosso).

Em rede e fora dela, o desafio é viver como uma Igreja de portas abertas, "abertas para deixar que o Senhor entre – ou muitas vezes que o Senhor saia –, prisioneiro das nossas estruturas, do nosso egoísmo" (ibid., 2015d, s/p). Caso contrário, o risco seria o de um "enclaurusamento", de um "encastelamento", de uma "guetização" comunicacional, não apenas por parte das minorias periféricas do catolicismo, mas principalmente da própria Igreja como um todo – e esse também é um desafio pastoral, em tempos de midiatização digital.

---

[21] Segundo Cristiana Serra, "muita gente, muita gente chegou ao grupo [*Diversidade Católica*] pelo Facebook. Encaminhamos muita gente para outros grupos pelo Facebook, porque com algumas pessoas não tínhamos o que fazer: 'Estou na Amazônia'... Estou louca para conseguir abrir um grupo em Belém, porque como tem *gay* católico sofrendo em Belém. Estou louca para fazer alguma coisa em Belém. Nordeste também é superdifícil" (informação verbal, São Leopoldo, 16 out. 2015).

Conclusões

13
Entre raízes e asas:
por uma práxis conexial da Igreja

"Observei o conjunto da obra de Deus
e percebi que o homem não consegue descobrir tudo
o que acontece debaixo do sol.
Por mais que o homem se afadigue em pesquisar,
não chega a compreendê-la.
E mesmo que o sábio diga que a conhece,
nem por isso é capaz de entendê-la."
(Eclesiastes 8,16-17)

Contemplar o "Verbo que se faz rede" – observando o conjunto de relações entre processos comunicacionais que constituem a midiatização digital da religião – foi o esforço que nos mobilizou neste livro. Para isso, tentamos articular e revelar ao leitor e à leitora uma visão panorâmica e poliédrica – mas não totalizante – daquilo que aconteceu "debaixo do sol" de nossas pesquisas. A tentativa foi a de entender, interpretar e explicar como se organizam os processos midiáticos de circulação do "católico" em redes comunicacionais que emergem em plataformas sociodigitais como Facebook e Twitter.

A partir disso, queremos, aqui, inferir possíveis transformações que ocorrem nessa reconstrução da experiência católica, em termos de percepção e expressão de seus símbolos, crenças e práticas no ambiente digital.

Em um contexto de "Reforma digital" (Drescher, 2011), a Igreja Católica, mediante uma "Contrarreforma digital", vai se "fazendo rede", adentrando, aos poucos, como "forasteira", em outro "território" comunicacional que não é mais o próprio. Nesse processo, ela se conecta com inúmeros e diversos "outros" comunicacionais, com a necessidade de obedecer a protocolos alheios, de empresas como Twitter e Facebook, e de interagir com a própria sociedade fora da sua "zona de conforto". Vemos que o sentido do "ser religioso" (e do "ser católico", especificamente) na sociedade contemporânea vai muito além (ou fica muito aquém) de um possível controle e gestão por parte da instituição eclesiástica. Entrevemos em rede uma verdadeira experimentação religiosa diversa e difusa nas plataformas sociodigitais por parte de diversos interagentes, em que as manifestações comunicacionais explicitam mais fortemente o aspecto público do fenômeno religioso, mediante práticas interacionais emergentes que produzem alterações no próprio catolicismo. Em todo esse processo, a Igreja em geral é impelida pela nova complexidade social a modificar suas estruturas comunicacionais e seus sistemas internos e externos de significação do "sagrado" em sociedade.

Agora, ao chegar ao fim deste livro, podemos afirmar que as práticas religiosas em rede parecem estar gerando o desvio e a modificação das relações de sentido religioso, impulsionando, neste caso, a evolução do próprio catolicismo – o que não pressupõe necessariamente um salto de "qualidade" doutrinal-teológica, mas sim um processo de *transformação progressiva e gradual* dessa experiência religiosa, mediante a difusão e a ampliação dos saberes-fazeres a ela relacionados. A circulação do "católico" em rede evidencia ainda mais que o catolicismo, como universo sociossimbólico, envolve uma longa "sabedoria" histórica em torno da gestão de antagonismos, negociação de divergências, estabilização de tensões, solução de conflitos, harmonização de diferenças (Carranza, 2011), que hoje se intensifica e se explicita midiaticamente ainda mais.

As Igrejas cristãs se defrontam com a "Reforma digital" trazendo consigo uma "profunda reserva de sabedoria [...] e um depósito de práticas cristãs básicas" (Drescher, 2011, p. 180, trad. nossa), que são desafiados pelos novos ambientes comunicacionais. Se a chamada "Contrarreforma digital" católica buscou ser "uma nova maneira de aprender e pensar" por parte da Igreja, em seus mais diversos níveis, em resposta ao "fluxo de grandes mudanças culturais e sociais" (Bento XVI, 2011, s/p) no processo de midiatização digital, a sociedade em geral passa a realizar um "trabalho criativo" *sobre a própria Igreja e o catolicismo*, tensionando e reconstruindo a interface e os protocolos eclesiais mediante processos midiáticos de reconexão.

E isso tem implicações relevantes para pontos-chave do catolicismo, que vão além do âmbito digital, como identidade, comunidade, autoridade, ritualidade. Vemos novas modalidades de construção da identidade católica mediante interações emergentes, em que, em meio às diversas expressões católicas que se fazem presentes em rede, cada uma é constrangida a explicitar a sua diferença em relação às outras, para revelar a sua existência e reforçar o seu sentido social. Por outro lado, as relações que se estabelecem em rede constituem novas modalidades de comunidade, ubíquas e instantâneas, dispensando ritos introdutórios ou graus de pertencimento, em que a conexão é suficiente como "sinal" de filiação. Em tais interações, também se experimentam novas modalidades de ritualidade, em que práticas católicas tradicionais são digitalizadas, e novas formas de contato com as realidades sagradas do catolicismo vão surgindo em rede. A autoridade eclesiástica, por sua vez, também se seculariza no contato entre diversas alteridades religiosas em conexão, que deslocam aquela autoridade para outras modalidades emergentes. Não se trata mais apenas de uma heteronomia que determina e define o discurso e a prática católicos, mas também de uma crescente autono- mização das pessoas, que inovam e inventam o "católico" a partir de ações comunicacionais. Entre circulação, reconstrução e resistência, o "católico" flui e se transforma em novos contextos de significação social.

O que a análise da circulação do "católico" em rede permite afirmar é que a irrupção do *novum* católico ocorre em condições socioeclesiais específicas, como algo, muitas vezes, marginal, clandestino, desviante, pequeno, local, provisório, artesanal, modesto, escondido, disperso; mas a sua transformação, mediante ações comunicacionais de reinvenção e expe- rimentação religiosas em rede, por sua vez, potencialmente, também pode transformar essas mesmas condições socioeclesiais. Por ser um processo em rede, o que acontece aqui e agora pode desencadear outros processos, indetermináveis e irreversíveis, em outros "aquis" e "agoras", em reco- nexão. Podemos entrever que os discursos e contradiscursos construídos na internet sobre o catolicismo podem possibilitar a percepção, mas também o reforço do desequilíbrio entre como o macrossistema religioso é *pensado institucionalmente* e *praticado localmente* pela sociedade.

O "católico", portanto, é uma ação propriamente *teopráxica* sobre o catolicismo: ou seja, com possíveis incidências concretas nas práticas religiosas e na própria configuração eclesial institucional a partir de suas minorias e dos desvios de sentido religioso gerados na reconstrução sim- bólica da circulação digital; uma ação social de reforma comunicacional da própria "Contrarreforma digital". Em suma, se a Igreja, muitas vezes, "pensa, diz e não faz", e considera que o povo "não deve pensar e não pode dizer" (Boff, 1994, p. 94), os leigos-amadores em conexão buscam criticar publicamente e reverter eclesialmente essa situação mediante suas ações comunicacionais.

Em suma, o "Verbo se faz rede" justamente na "encarnação digital" das mais diversas expressões comunicacionais religiosas. Esse "fazer-se rede", não é apenas uma necessidade pastoral ou um desafio eclesial, mas também uma *realidade socioantropológica e comunicacional complexa já existente*, que demanda da Igreja uma reflexão e uma ação que levem em conta o seu próprio "ser rede". Nessa complexa ecologia midiática, é preciso abandonar, portanto, em termos pastorais e eclesiais, leituras meramente *funcionalistas* do fenômeno comunicacional (a comunicação vista apenas em função da maximização da Igreja), ou *instrumentalistas* (a comunicação como "instrumento" para alcançar tal maximização dos fins eclesiais), ou ainda *tecnicistas* (a comunicação como mera solução tecnológica de problemas que são de outra ordem – pastoral, por exemplo –, sem levar em conta, portanto, o papel ativo e criativo das pessoas e das culturas). Tais leituras só podem levar a interpretações de cunho dualista-moralista, sem compreender as inter-relações entre a comunicação e os diversos aspectos da vida sociocultural e religiosa.

Isso também significa que a comunicação eclesial não pode ser pensada apenas como *ad intra* ou *ad extra*, em que a instituição é sempre o "centro" autorreferencial das relações e dos processos, que só teriam sentido em função dela. Em rede, não é mais possível delimitar claramente um "fora" e um "dentro" eclesiais, nem um "início" e um "fim" das suas ações comunicacionais, mas apenas "relações de relações" entre a hierarquia, a instituição, o povo, os fiéis, os não fiéis, os infiéis, em que "tudo está interligado" (*Laudato si'*, 2015, n. 91). Ao contrário, a comunicação da Igreja deve ser pensada também e principalmente como *"ad inter"*, isto é, um "ser/estar entre", um "voltar-se aos outros estando entre eles", em que estes "outros" envolvem outros interagentes, outras interações, outros processos. Fora de tais relações, como ser isolado e autocentrado, a Igreja perde seu sentido de existir.

Como afirma Francisco,

> *neste tempo em que as redes e demais instrumentos da comunicação humana alcançaram progressos inauditos*, sentimos o desafio de descobrir e transmitir a "mística" de viver juntos, misturar-nos, encontrar-nos, dar o braço, apoiar-nos, *participar nesta maré um pouco caótica* que pode transformar-se em uma verdadeira experiência de fraternidade, numa caravana solidária, numa peregrinação sagrada (*Evangelii gaudium*, 2013, n. 87, grifo nosso).

Ou seja, é no próprio processo de circulação em rede que a desordem "um pouco caótica" de crenças e práticas religiosas pode se organizar em uma *ecologia sociotécnica* (como o dispositivo conexial em ação nas redes comunicacionais) mediante uma *cosmogênese sociossimbólica* (como as reconexões que fazem emergir o "católico").

***

Com o avanço da midiatização, as mídias e as religiões – dois grandes sistemas sociais simbólicos – passam a encontrar novos desdobramentos. Por serem meios de expressão social, mídias e religiões, ao coexistirem em um ambiente marcado por novos processos midiáticos, passam a fazer um "trabalho" cultural diferente do que vinham fazendo historicamente. Poderíamos dizer que a própria ruptura de uma distinção clara e evidente entre "mídias" e "religiões" seria, justamente, um dos efeitos da midiatização. Ou seja, a lógica midiática não se sobreporia à religiosa, ou vice-versa: desse encontro, surgiriam – mediante ajustes, conflitos, negociações – lógicas conjuntas e plurais entre mídia e religião, que não são especificamente de "propriedade" de nenhum dos dois polos. Trata-se de uma interface multiforme, que – não sendo definida exclusivamente nem pela religião nem pela mídia – dá origem a um "meio" múltiplo e mutante, a interlógicas midiático-religiosas híbridas, que perpassam tanto as mídias quanto as religiões. A midiatização da religião, dessa forma, é um fenômeno-terceiro que surge no interstício comunicacional entre processos midiáticos e práticas religiosas.

Vemos aí lógicas comuns, *modi operandi* semelhantes, em que mídias e religiões atuam como meios de organização de instâncias diferentes da experiência humana (o privado e o público, o sagrado e o profano, o arcaico e o moderno, o tradicional e o contemporâneo). Nessas inter-relações, o midiático não é acessório nem indispensável, e o religioso também não é mero epifenômeno: ambos se articulam em uma circularidade autoprodutiva. Religiões e mídias são produtos e produtoras de sua própria interface: as religiões são como são porque a sociedade assim também as significa midiaticamente; e as mídias são como são porque as religiões assim também as significam socialmente. Tal interface é complexa e se manifesta em polissistemas midiático-religiosos emergentes.

Historicamente, as instituições religiosas, como a Igreja Católica, possuíam o controle da sua "mensagem" e dos meios de sua transmissão

E o Verbo se fez rede: religiosidades em reconstrução no ambiente digital

como intermediária entre a produção do saber e a sua difusão na sociedade – quem se interpusesse nessa intermediação corria o risco de ser considerado herege, ser listado no *Índex*,[1] ou mesmo ser queimado nas fogueiras. O exercício da censura e da repressão esteve presente em um período bastante extenso e intenso da história cristã mediante a instituição da Inquisição. A mensagem certa, veiculada pelas pessoas certas, no meio certo, garantiria a fixação das crenças e da tradição religiosas.

Contudo, hoje, como reconhece Dom Paul Tighe, ex-secretário do Pontifício Conselho para as Comunicações Sociais do Vaticano,

> as tecnologias mudaram, elas estão continuamente mudando, os processos são mais rápidos, mais poderosos, mais acessíveis, estão mais conectados, *mas o mais interessante é o que as pessoas estão fazendo com essas tecnologias em termos de como estão se comunicando*. Então, se olharmos para os jovens em particular, eles estão aprendendo, toda a educação é bem diferente da geração anterior, *a maneira que eles obtêm as notícias e as informações, a maneira como eles se expressam, a maneira como eles formam amizades, a maneira como eles formam comunidades mudaram radicalmente* (informação verbal, Vaticano, 5 jun. 2015, grifo nosso).

Nesse contexto, o ambiente *on-line* também oferece inúmeras alternativas de presença, debate e ação sociorreligiosos públicos para pessoas e grupos que tradicionalmente ficaram às margens (ou mesmo fora) das tradições religiosas, mas que, a partir da evolução social e das condições eclesiais, nelas querem entrar com direito próprio, como, por exemplo, os homossexuais. Com o avanço de sociedades em midiatização, o "religioso" explode em "uma multiplicidade de racionalidades 'locais'" (Vattimo, 1992, p. 15), muitas vezes minoritárias e subculturais, que se conectam "globalmente", para além das mais diversas fronteiras, e tomam a palavra publicamente, reconhecendo a contingência, a relatividade e a limitação de todo e qualquer sistema de valores religiosos.

Nesse sentido, o "religioso" seria a manifestação inferencial de que a existência social das religiões hoje, é ainda mais fortemente o resultado da interação comunicacional. Entrevê-se, na multiplicidade e na imprevisibilidade dos interagentes e de suas interações no ambiente digital, a construção e a reconstrução de um universo simbólico estável, mas não estático nem monolítico, a partir das mais diversas religiosidades.

---

[1] Uma interessante reconstrução da origem, da atuação e do desaparecimento do *Índex* foi feita pelo jornalista Marco Ventura. Disponível em: <http://goo.gl/YSUq3t>.

Com a emergência de um acesso e de uma enunciação pública sobre as religiões por parte da sociedade, os sujeitos investem-se de um poder de produção simbólica antes detido apenas pelas instituições religiosas ou midiático-corporativas. A articulação entre ações comunicacionais sobre a religião e plataformas tecnológicas de acesso público e alcance ubíquo desencadeia um processo de liberação de uma grande energia social de reconstrução cultural dos sentidos religiosos.

* * *

Hoje, não estaríamos simplesmente diante de um período entre a extinção de um modelo "oficial" de religião (Luckmann, 2014) e o surgimento de um novo modelo "oficial", mas sim perante o nascimento de uma nova forma sociocomunicacional da religião e das religiosidades. Emergem novas formas de percepção, experiência e expressão contemporâneas do religioso – uma "nova" religiosidade marcadamente midiatizada. Isto é, a midiatização digital da religião *pluraliza a própria noção de religião*, mediante uma maior reflexividade (= tornar consciente), flexibilidade (= tornar adaptável) e conectabilidade (= tornar relacionável) das mais diversas religiosidades e expressões religiosas.

Em redes comunicacionais, o fenômeno religioso se manifesta não apenas como ações de *religação* (*religare*) entre o humano e o divino, mas principalmente de *reconexão* entre o humano, o social, o tecnológico, o simbólico, o divino: a reconexão comunicacional passa a complexificar o papel da religião no sentido de conectar comunicacionalmente em âmbito social aquilo que não se conecta em âmbito religioso, bem como de reconectar, *sim-bolicamente*, aquilo que, na realidade, está (ou, segundo as instituições e autoridades religiosas, deveria estar) desconectado, separado.

As próprias religiões e religiosidades, em redes comunicacionais, podem ser percebidas e expressadas socialmente como um universo de experiências e vivências de transcendência e de relação com o "sagrado" que *mudam e permanecem em comunicação*, ou seja, na "organização radical do comum" (Sodré, 2014). O "comum" dessa comunicação é precisamente aquilo que emerge da rede de relações e das relações em rede ("co-mum"). No ambiente digital, portanto, manifesta-se ainda mais claramente o "comum" da religião e o "comum" na religião.

Isto é, quando "encarnada" em rede, a religião, de modo geral, escapa da "propriedade" de qualquer entidade, inclusive das instituições ou das autoridades religiosas. Nas conexões de conexões e nas relações de relações perceptíveis em redes comunicacionais, não há indivíduo independente, não há controle unívoco, não há centro, não há posse, não há domínio sobre os sentidos em circulação nem sobre a circulação dos sentidos.

Explicita-se, assim, uma verdadeira "religião (em) comum", que se caracteriza não por aquilo que é "próprio" do humano ou do divino, do terreno ou do celestial, do profano ou do sagrado, mas por aquilo que emerge dessa relação, por aquilo que é "im-próprio" a cada um dos polos por existir apenas entre eles, por aquilo que se "desapropria" de tais polos, tornando-se, precisamente, "co-mum" a ambos e apenas entre ambos, em meio às possibilidades de reconexão que se exponenciam em rede.

O "religioso", portanto, não é uma propriedade "ab-soluta", isolada e independente, desvinculada e separada, mas sim algo que *co-existe em relação, religante*. Na "religião (em) comum" que emerge em rede, há um dom/dever/tarefa/ação (munus) *com*-partilhado, que co-evolui e co-existe *apenas na relação e como relação, na religação e como religação, na conexão e como conexão*. E, ao ser apropriado, apossado, dominado e, assim, desligado e desconectado, perde o seu sentido religioso/religante (cf. Cacciari, 2010).

Nesse sentido, a circulação do "católico", a partir de sua especificidade, permite conceber a religião, especialmente no ambiente digital, como um processo comunicacional de esvaziamento (novamente uma *kénosis*), de desapropriação, de descentramento. Em reconexão, todo "eu" e todo "tu" se esvaziam, se descentram, se desapropriam, se desapossam, cedendo espaço ao "co-", à relação, à religação, ao "nós". Mas, ao mesmo tempo, esse "nós", nas relações em rede, é plural, diverso, heterogêneo, sendo, portanto, um *"nós-outros", "outros-em-nós"*. O "comum" da religião em midiatização digital não é o "próprio" de cada interagente, mas sim a *relação/religação com o "outro"*: "Não outro sujeito, mas uma *cadeia de alterações* [a *reconexão*] que não se fixa nunca em uma nova identidade" (Esposito, 2006, p. 148, trad. nossa).

O Papa Francisco aprofunda essa ideia, a partir de outra perspectiva. E o faz refletindo sobre a parábola evangélica do "bom samaritano". Este, de acordo com o relato dos Evangelhos, encontra um homem espancado e quase morto na beira da estrada e, ao contrário de um sacerdote e de um homem das leis, aproxima-se, cuida e trata dele (Lucas 10,25-37). A partir desse relato, o pontífice afirma: "Quem comunica *faz-se próximo*. [...] Jesus inverte a perspectiva: não se trata de reconhecer o outro como um meu semelhante, *mas da minha capacidade de me fazer semelhante ao outro*" (Francisco, 2014a, s/p, grifo nosso). Nesse processo, passa a não haver mais um "eu" e um "tu", mas a relação que nos aproxima, a proximidade que nos conecta, o reconhecimento que nos torna reciprocamente "co-muns".

A "alteridade do outro" não pode ser apropriada/apossada por um "eu", sob o risco de destruir e aniquilar a diferença inigualável dessa alteridade e, portanto, o "dom" da relação compartilhada (cf. Esposito, 2006). Para que a relação seja possível, *é preciso fazer-se semelhante a ele, des/refazer-se*. O "outro" (alter) me altera. "Fazer-se outro" (alterizar-se) é sair de si, abandonar o "mesmo", ir ao encontro do novo, do desconhecido, do diferente, é re/transformar-se. Para ser capaz de construir sentido em rede, a Igreja também precisa constantemente "fazer-se outra", *alterizar-se alterando-se*, ou ainda *alterar-se alterizando-se*.

Em um sentido mais amplo, o próprio mistério cristão da Encarnação (o "fazer-se outro" do Verbo) pode ser lido a partir desse sentido comunicacional do *"co-mum"*:

> Ao se autocomunicar, o Mistério [...] *sai totalmente de si em direção do ser humano. O Mistério se esvazia para poder estar totalmente no outro. O Mistério se faz outro*. Ao acolher a autocomunicação do Mistério, o ser humano se esvazia totalmente de si para estar todo no Mistério. [...] o *Mistério fica o outro, e o outro fica Mistério* (Boff, 2011, p. 40-41, grifo nosso).

Nessa relação, não há mais Mistério *e* outro, como polos divisíveis e separados, mas Mistério *no* outro, e vice-versa, a *relação* entre ambos. A diferença, que também é alteridade e "outridade", se converte em unidade, reciprocidade, interdependência. Aqui retorna a figura do *"pontifex", o construtor de pontes*. A ponte pode ser uma metáfora desse *"co-mum"*, pois ela mantém as diferenças das margens opostas, ao mesmo tempo que as une em uma relação. E só as une porque mantém as diferenças: não há fusionalidade, identificação, igualamento, mas um *continuum* entre duas margens diferentes e opostas, agora em relação, alter(iz)adas, des/refeitas, re/transformadas.

Nas novas formas de constituição e de organização do "religioso", por conseguinte, a manifestação de uma "religião (em) comum" aponta para a emergência de um saber-fazer e de um poder-dizer simbólico--religiosos compartilhados em redes comunicacionais, mediante experimentação e reinvenção religiosas "co-muns". Tais processos vão deslocando o papel central não apenas das corporações midiáticas na construção social de sentido, mas também das próprias instituições eclesiais na promoção de experiências, no estabelecimento de crenças e na configuração de práticas religiosas nas sociedades contemporâneas.

A teologia também, nesse sentido, pode ser vista não como "razão pura" sobre a fé, mas como "saber-fazer colaborativo", explorativo, aberto, comunitário sobre a fé, que se desenvolve dinamicamente dentro de contextos históricos precisos (cf. Spadaro, 2012). Nessa ação, que também é comunicacional, hierarquia eclesiástica e leigos--amadores compartilham um "senso *comum*" católico que possibilita uma "ação *comum*", como a reconexão, em um "lugar *comum*", como a internet, na profundidade daquilo que esses conceitos de *"co-mum"* buscam expressar.

Assim, o catolicismo contemporâneo vai se constituindo não apenas como aquilo que é "enunciado" pela instituição eclesiástica e seus representantes autorizados, mas principalmente por aquilo que é *"anunciado"* pela comunidade eclesial em geral, pelas mais diversas pessoas católicas, em seus diversos níveis, em suas variadas interações sociais, sendo, portanto, diversa e difusamente posto em circulação, reconhecido e reconstruído pela sociedade em rede.

O catolicismo, na era digital, continua se manifestando como historicamente enraizado e institucionalmente estruturado, mas também como contemporaneamente fluido e comunicacionalmente poliédrico.

* * *

Assim como Copérnico, ao remover a Terra do centro do universo, revelou uma concepção totalmente nova que se tornou uma visão de mundo, abalando fortemente as estruturas e os paradigmas institucionais da Igreja Católica, assim também as atuais práticas religiosas em redes comunicacionais revelam uma concepção de mundo religioso em que, embora haja uma Igreja bem delimitada por suas leis e protocolos inter-nos, cada vez mais as pessoas, afastando-se desse "centro", se apropriam do "católico" e o reconstroem publicamente, deslocando e desviando a "centralidade" da identidade própria da Igreja, que, ao se "encarnar" em rede, se vê desprovida de um ponto central.

Alguns construtos sobre o catolicismo se espalham de "cima para baixo", a partir da cúpula da instituição, e depois são apropriados por uma série de públicos diferentes, circulando pela cultura. Outros emergem de "baixo para cima", a partir de vários agentes sociais, e permeiam a cultura sociodigital predominante. Vê-se que o poder das redes comunicacionais é que elas *diversificam e amplificam* ao mesmo tempo. A construção social em rede gera maior diversidade cultural sobre as religiões, e o reforço público da institucionalidade por parte da Igreja Católica tenta garantir a não fragmentação sociocultural da tradição do catolicismo. Mas isso não impede que o próprio catolicismo seja socialmente ressignificado, modificado, expandido, mediante circulação em rede.

Na tensão comunicacional entre a ação religiosa institucional (marcada pela permanência) e a ação social em rede (marcada pela mudança), opera-se uma dialética que incide sobre as religiões, catalisando e exponenciando seu histórico movimento de permanência-mudança. Por isso, parece não ser possível definir de antemão o que é "legítimo" ou "autêntico" nas religiosidades digitais. As práticas sociais de construção de sentido revelam que a autoridade, credibilidade, autenticidade, legitimidade, relevância, confiabilidade das expressões religiosas se constituem comunicacionalmente, nas interações locais, mediante lógicas midiáticas.

Diante desse cenário, a Igreja, como "instituição humana e terrena", também é chamada a uma "reforma perene" (*Evangelii gaudium*, 2013, n. 33). E a própria "Contrarreforma digital" da Igreja, como parte de sua ação humana e terrena, também o é. Não apenas chamada a se reformar, mas também *convocada* pela própria ação social, em suas práticas comunicacionais. E convocada também a reformar constantemente qualquer tentativa de reforma comunicacional. Tal desafio "exige o abandono deste cômodo critério pastoral: 'Sempre se fez assim'" (ibid., n. 33).

Como afirma Dom Paul Tighe,

As mídias do Vaticano são muito importantes. Mas a Igreja não é somente o Vaticano. A Igreja também é as comunidades locais. E, para muitas pessoas, no nível de comunidade local, a fonte primária de informação e de contato com a Igreja é através da sua própria Igreja local e das suas operações de mídia. E, portanto, sempre acho que, quando começamos a pensar na própria mídia vaticana, nós temos que pensá-la em relação a uma presença muito rica e forte de mídia que a Igreja tem globalmente [...] Uma das coisas de que eu gosto é não centralizar as iniciativas. Então, que a Igreja está fazendo na Ásia? O que a Igreja está fazendo na América Latina? O que a Igreja está fazendo no Leste europeu? Podemos ver o que está funcionando e por que está funcionando? Podemos criar essa rede de pessoas, de modo que elas possam dizer: "Não faz sentido fazer isso. Nós fizemos, e não deu certo"? [risos]. Então, a Igreja se torna uma rede em que aprendemos juntos. Para mim, esta é uma analogia que nós usamos, nós dizemos que temos que ter uma nova linguagem quando nos movemos para as mídias sociais. Quando você está aprendendo uma língua nova, você comete erros. E, na Igreja, nós não gostamos de cometer erros [risos]. Mas, sim, você precisa estar disposto a aprender com esses erros (informação verbal, Vaticano, 5 jun. 2015, grifo nosso).

Em rede, portanto, explicita-se ainda mais o caráter local, artesanal, provisório e tentativo dos processos comunicacionais, inclusive em contexto macroeclesial, de nível global. O erro e o seu reconhecimento, a imprevisibilidade e a indeterminação dos fenômenos explicitam-se ainda mais como parte do processo, o que demanda discernimento, aprendizagem e reforma constantes, seja em termos comunicacionais, seja em termos religiosos, teológicos, doutrinais. *Ecclesia semper reformanda est.*

Diante da "Reforma digital", o desafio da Igreja, mas também de toda a sociedade, é "inculturar-se" na cultura midiática emergente. A inculturação, em sentido eclesial, é o processo pelo qual a Igreja "*introduz os povos com as suas culturas na sua própria comunidade*, porque cada cultura oferece *formas e valores positivos* que podem enriquecer o modo como o Evangelho é pregado, compreendido e vivido" (*Evangelii gaudium*, 2013, n. 116, grifo nosso). Isto é, trata-se de reconhecer as "formas e valores positivos" presentes na cultura digital e de "introduzi-los" na cultura eclesial, realizando uma verdadeira "mestiçagem eclesial-digital". Para isso, é preciso partir rumo às "fronteiras digitais", ir ao encontro delas, e não trazê-las "para casa, para envernizá-las um pouco e para domesticá-las" (Francisco, 2013d, s/p).

Nesse sentido, uma "inculturação digital" leva a Igreja a assumir uma *práxis conexial*,[2] que saiba *conectar e reconectar* eclesialmente aquilo que se encontra separado e desconectado social e culturalmente, como resultado de (ou resultando em) divisão, desunião, exclusão, para, ao contrário, "gerar vínculos, cultivar laços, criar novas redes de integração, construir um tecido social firme" (*Amoris laetitia*, 2016, n. 100). Uma práxis conexial busca promover uma ecologia comunicacional integral, assumindo "a convicção de que tudo está estreitamente interligado no mundo" (*Laudato si'*, 2015, n. 16). Estando no mundo, mesmo sem ser do mundo (cf. João 15,19), a Igreja reconhece que nada nele lhe é indiferente e que nada nela lhe é independente. "Em virtude da criação e, mais ainda, da Encarnação, nada é profano, aqui embaixo,

---

[2] No sentido freireano de práxis como "reflexão e ação dos homens sobre o mundo para transformá-lo" (Freire, 1987, p. 38), ou seja, é teoria e prática, inserção crítica na realidade que, ao objetivá-la, simultaneamente a transforma.

para quem sabe ver" (Chardin, 2010, p. 33). Tal convicção permite à Igreja "incluir e integrar em si mesma [...] tudo o que de autenticamente humano oferecem as demais fontes de sentido, presentes na atual sociedade pluralista" (Miranda, 2006, p. 271).

Na ação pastoral, o desafio é assumir todas as consequências da *conectividade* (não apenas tecnológica) da própria Igreja, entendida como "comunidade de comunidades evangelizadas e missionárias" (Documento de Aparecida, 2007, n. 99e). É preciso entender e vivenciar também a própria Pastoral da Comunicação dentro de uma ampla e diversa "rede de pastorais", articuladas e organizadas, como "pastoral a serviço das pastorais", favorecendo que a Igreja ponha em prática a missão confiada por Jesus à sua Igreja.

A Igreja, assim, se "encarna" na cultura digital como uma "rede" de pessoas em comunhão em Deus, "conectadas" entre si e com Ele, "compartilhando" com todas as pessoas, especialmente os mais pobres, o Seu amor.

* * *

Por fim, antes de encerrar – assumindo, desde já, as lacunas e as sobras desta pesquisa,[3] que, como todo processo investigativo, é incompleta e limitada –, queremos propor algumas breves reflexões "*quase* teológicas", a partir do ponto de vista comunicacional, sobre a "encarnação do Verbo em rede". E faremos isso na tentativa de problematizar

---

[3] Por exemplo, parece-nos importante investigar ainda mais a fundo a representatividade socioeclesial daqueles que efetivamente agem comunicacionalmente em rede sobre o catolicismo. Por um lado, apenas o acesso às redes não é capaz de garantir uma ação pastoral e eclesial por parte das pessoas. Por outro, a comunicação em rede em torno do "católico", principalmente em páginas católicas específicas, também pode acabar sendo "dominada" por uns poucos e mesmos interagentes, símbolos, crenças e práticas católicas, em uma "bolha filtrada" eclesial e teológica (Spadaro, 2012). Tais desdobramentos demandam também um esforço de pesquisa de maior fôlego, que, aqui, deixamos em aberto. Fica em suspenso, também, a questão ideológica e corporativa das plataformas sociodigitais na construção das interfaces e dos protocolos. Reconhecemos que o foco foi posto sobre as reconstruções sociodigitais, sobre a emergência de leigos-amadores, sobre as heresias comunicacionais, deixando em aberto, por exemplo, aquilo que alguns chamam de "Facebookpólio", ou seja, o monopólio que as empresas que gerenciam as plataformas sociodigitais têm sobre dados e informações pessoais de praticamente a humanidade inteira. Há uma tensão subjacente à relação entre o ideal comunitário e participativo das páginas católicas em geral em tais plataformas e os interesses político-econômicos das empresas que fornecem esses serviços digitais, visto que os bens imateriais produzidos pelos usuários (textos, fotos, vídeos) são, depois, convertidos em insumos para fins mercadológicos, altamente rentáveis, de tais empresas. Outro ponto em aberto, para aprofundamento futuro.

dois pontos que "pairam" sobre as nossas reflexões – o primeiro como desafio e possibilidade para a Igreja; o segundo como limite e sugestão de superação –, a partir dos desdobramentos da circulação do "católico". Pois as inferências aqui problematizadas visam a ser não apenas de diagnose e de prognose, mas também de *prescrição* (Ferreira, 2013b), isto é, uma ação em vista de outras ações *sobre e a partir daquela ação*. Cremos que tais reflexões podem ser úteis aos diversos agentes pastorais e eclesiais, assim como – em uma leitura em perspectiva – aos demais agentes comunicacionais que atuam nas mais diversas interfaces sociais.

13.1 *Katholikós*: sobre a catolicidade do "católico"

Na circulação do "católico", pode surgir a dúvida – institucional, principalmente – em torno da credibilidade do "autenticamente católico", em meio à pluralidade de símbolos, crenças e práticas católicas em rede. O receio eclesiástico é de que, no universo dos fiéis católicos, as intuições corretas em relação ao catolicismo difuso na sociedade em rede "podem estar misturadas com várias opiniões puramente humanas, ou mesmo erros relacionados com os limites de um contexto cultural particular" (Comissão, 2014, n. 55, grifo nosso). Isto é, os fiéis podem ter e expressar "opiniões errôneas, porque nem todos os seus pensamentos procedem da fé. Nem todas as ideias que circulam entre o povo de Deus são coerentes com a fé" (id.).

No âmbito católico, especialmente na internet, manifesta-se uma tensão generativa de sentidos entre unidade/diversidade, individualidade/comunidade, autoridade/autonomia, hierarquia/igualdade, continuidade/mudança: uma verdadeira diversidade católica simbólica. O risco, diante dessa realidade, seria o de uma diluição total do catolicismo em uma disparidade incomensurável de sentidos, que o tornaria *tudo e nada* ao mesmo tempo – "mitigando" a sua "integridade", como temia Bento XVI em 2011 –, em um impasse de interpretações. Restaria saber se, social e comunicacionalmente, é possível buscar, hoje, possibilidades compartilhadas e compartilháveis de experiência e de reconhecimento comum em torno de elementos católicos que circulam na internet.

Uma primeira possibilidade de resposta seria a *personalização*, a aposta nas competências comunicacionais de cada pessoa. Como afirma Dom Paul Tighe, é tentar "educar as pessoas de forma que *elas entendam o que soa certo no catolicismo* e o que não soa certo" (informação verbal, Vaticano, 5 jun. 2015, grifo nosso) no universo de sentidos presente nas redes comunicacionais. Com maior acesso aos conteúdos religiosos e às diversas "teologias" espalhadas pelas mídias, sem a possibilidade de certificação ou de filtro doutrinal externo, seria a própria pessoa que deveria reconhecer a autenticidade e conferir autoridade ao que lhe parece mais coerente e consistente com o catolicismo.

Trata-se de um reconhecimento eclesial importante da "passagem a uma ética da autonomia [...] a uma literalidade menos rígida na interpretação dos dogmas e dos preceitos" (Vattimo, 1998, p. 39). Isto é, o reconhecimento, cada vez mais forte, de que "o povo de Deus percebe intuitivamente aquilo que, em meio a multiplicidade de ideias e doutrinas que se oferecem a ele [também na rede], efetivamente corresponde ao Evangelho" (Comissão, 2014, n. 82).

Nesse processo de interpretação personalizada, realiza-se uma *kénosis*[4] comunicacional do catolicismo e, principalmente, da instituição e das autoridades católicas: um despojamento de qualquer possibilidade de controle eclesiástico sobre a circulação, um "esvaziamento" do poder simbólico institucional sobre as culturas, uma desmistificação de sua centralidade nas práticas sociais, uma dessacralização de qualquer realidade doutrinal "naturalmente divina" ou "naturalmente humana", "já dada", "sempre a mesma" em torno do catolicismo.

É o que Dom Tighe também nos revela ao falar sobre a presença do Papa Francisco no Twitter: mesmo sendo "seguido" por pessoas que o consideram uma grande "autoridade" eclesial ou "celebridade" social, Francisco "foi capaz de *se libertar disso*" (informação verbal, Vaticano, 5 jun. 2015, grifo nosso), de se esvaziar e de se despojar de qualquer postura magisterial (*magis* = mais, acima) em rede. E essa sua humildade e autenticidade permitem que ele se expresse "de uma maneira que não é tão hierárquica; significa que ele é atraente para as pessoas, que *não o enxergam como uma figura hierárquica*" (id.), isto é, como alguém que assume uma postura propriamente pastoral e ministerial (*minus* = menos, abaixo).

---

[4] A palavra grega *kénosis* é usada na teologia cristã para se referir ao autoesvaziamento ou autodespojamento de Cristo com a sua encarnação. O termo vem de uma frase da Carta de São Paulo aos Filipenses, onde se diz: "[Cristo] tinha a condição divina, mas não se apegou a sua igualdade com Deus. Pelo contrário, esvaziou-se a si mesmo [*ekenôsen*], assumindo a condição de servo e tornando-se semelhante aos homens" (Filipenses 2,6-7).

Desse modo, o catolicismo, como tal, nas interações em rede, não está dado de uma vez por todas, mas se "mostra" e se *"revela"* (com todo o peso semântico que a palavra carrega no Cristianismo) às pessoas dentro do seu próprio contexto interacional, social, cultural, histórico. É necessário, portanto, reconhecer *à pessoa* a capacidade ativa, criativa e inventiva de avaliar a catolicidade do "católico", de perceber ou não a sua autenticidade e autoridade.

Sem dúvida, como o próprio Papa Francisco afirma, é custoso para a Igreja "deixar espaço à consciência dos fiéis, que *muitas vezes respondem o melhor que podem ao Evangelho no meio dos seus limites e são capazes de realizar o seu próprio discernimento perante situações onde se rompem todos os esquemas*. Somos chamados a formar as consciências, não a pretender substituí-las" (*Amoris laetitia*, 2016, n. 37). Mediante tal reconhecimento da "consciência pessoal", toda e qualquer comunicação pode atuar como "elemento de libertação da rigidez das narrações monológicas, dos sistemas dogmáticos" (Vattimo, 1992, p. 33).

Uma segunda possibilidade de resposta, articulada com a primeira, seria a *dialogicidade*, a aposta no diálogo entre as pessoas, reconhecidas como sujeitos, não como meros "leigos passivos", especialmente em suas ações comunicacionais em rede. Reconhecendo que a construção "ascendente" do catolicismo (das bases à hierarquia) não é (nem pode ser) tradução plena das diversas experiências católicas, assim como a construção "descendente" do dogma católico (da hierarquia às bases) não é (nem pode ser) aplicação pura do Magistério e da doutrina católicos, "só existe uma consequência possível: *o encontro da verdade na Igreja deve acontecer dialogicamente*. [...] Hoje a verdade não é capaz de recepção e consenso de outra forma" (Kasper apud Kehl, 1997, p. 138).

Como afirma o Papa Francisco, as formas de expressão da verdade também podem ser "multiformes, e *isto é necessário para a transmissão da mensagem evangélica no seu significado imutável*" (2013b, p. 143), porque a Igreja tem a confiança de que é Deus quem "constrói uma unidade que nunca é uniformidade, mas multiforme harmonia que atrai. A evangelização reconhece com alegria estas múltiplas riquezas que o Espírito gera na Igreja" (*Evangelii gaudium*, 2013, n. 117). Dizer que "o Verbo se fez rede" é compreender que a própria lógica da Encarnação, também do ponto de vista comunicacional, se distancia de um "cristianismo monocultural e monocórdico" (*Evangelii gaudium*, 2013, n. 117).

Isto é, especialmente em rede, explicita-se que "a verdade é um encontro, um encontro entre pessoas" (Francisco, 2014c, s/p).

Nesse sentido, para Dom Tighe, o desafio do ambiente digital é justamente de "contato":

> Eu consigo capturar a atenção da pessoa? Consigo fazê-la pensar? Consigo, talvez, mudar algum preconceito que ela tenha sobre mim? [*risos*] Posso surpreendê-la? E, então, se eu ganho a sua atenção, *conseguimos iniciar uma conversa?* E nessa conversa, se a pessoa estiver interessada, talvez eu consiga fazer com que ela leia algo do Catecismo ou alguma encíclica, de modo que possa aprofundar o seu conhecimento sobre a questão. Por isso, para mim, a grande coisa para a Igreja é, sim, estar presente nas mídias sociais, mas isso não significa abandonar as nossas linguagens tradicionais de teologia ou a linguagem da liturgia ou nossas tradições espirituais. Mas isso significa: nós ajudamos as pessoas a tentar expressar essas questões da melhor maneira possível em termos das mídias sociais, *mas durante todo o tempo convidando as pessoas a um relacionamento mais profundo* (informação verbal, Vaticano, 5 jun. 2015, grifo nosso).

Dom Claudio Maria Celli também reafirma, precisamente, que um dos principais desafios da Igreja em rede é o que ele chama de "interdiálogo", isto é, estar presente em rede em uma atitude de *"diálogo respeitoso com a verdade dos outros"*. Por parte da Igreja em geral, afirma ele,

> está em jogo a sua *capacidade de saber falar com essas pessoas* [os "habitantes do continente digital"]. Ou seja, *saber usar uma linguagem que essas pessoas consigam entender*. Esse é um dos maiores desafios que a Igreja hoje deve enfrentar. Na sua abordagem, na sua aproximação, no seu andar ao encontro do homem e da mulher de hoje, *a Igreja deve usar uma linguagem que o homem e a mulher de hoje possam entender* (informação verbal, Vaticano, 3 jul. 2015, grifo nosso).

E, por "Igreja", é preciso entender, precisamente, os seus mais diversos níveis, não apenas a instituição ou a hierarquia. Nas palavras de Dom Paul Tighe, trata-se de "possibilitar que *as pessoas, localmente, na Igreja, ofereçam uma resposta*" ao debate e aos questionamentos sociomidiáticos sobre o catolicismo, para que a sociedade tenha "a sensação de que a Igreja está respondendo, está conversando comigo, para que a nossa presença [católica] se torne mais apropriada para um ambiente digital". Ele continua, relatando o seguinte episódio:

> Em 2013, o Papa Francisco deu uma audiência ao nosso [Pontifício] Conselho [para as Comunicações Sociais] na época da nossa plenária e lá ele disse forte-

mente o que ele quer que os cristãos façam na internet. *E destacou três coisas:* "*Eu quero que vocês escutem, eu quero que vocês conversem e eu quero que vocês encorajem*". Eu acho que isso diz muito bem como podemos ser bons "próximos", [...] *como parte de uma conversa, na qual estamos abertos aos outros e aprendemos com os outros* [...] Estar presente nas mídias sociais não apenas para simplesmente falar ou promover a sua mensagem, que você difunde [*broadcast*], mas também para escutar. *Isso significa que você deve reaprender e entender o que as pessoas estão pensando, quais são as suas preocupações, as suas prioridades* (informação verbal, Vaticano, 5 jun. 2015, grifo nosso).

Aqui, em germe, encontra-se uma verdadeira "virada comunicacional" no âmbito eclesial: desconstrói-se o preconceito de que "o povo não pensa e não deve falar" ou, em linguagem eclesial, de que "os leigos não pensam e devem calar". Ao contrário, é preciso "escutar", "abrir-se aos outros", "aprender com os outros". Dom Tighe também enfatiza uma mudança em termos comunicacionais para a Igreja, especialmente para a sua hierarquia:

Um bispo, antigamente, poderia publicar uma carta pastoral, e todo mundo tinha que ler a carta do bispo. *Isso mudou.* Mas, se um bispo consegue intervir em um debate e dizer algo que seja bom, então ele pode se *envolver com um tipo de público mais amplo. Eu acho que temos que aprender um novo jeito de ensinar e um novo jeito de nos expressar. Ele precisa ser mais convidativo, mais dialogal e menos explicitamente instrutivo* (informação verbal, Vaticano, 5 jun. 2015, trad. e grifo nossos)

São as práticas comunicacionais dialógicas, portanto, que passam a consolidar os universos de sentido católicos em que os interagentes se inscrevem, como ambientes de diálogo, justamente, em torno da própria experiência religiosa, em meio a tensões e diferenças. Em uma sociedade plural em midiatização, comunicar o catolicismo demanda "uma consciência intensa da historicidade, contingência, limitação, de todos sistemas, a começar pelo meu" (Vattimo, 1992, p. 15). É o que o Papa Francisco também afirma: "Dialogar significa *estar convencido de que o outro tem algo de bom para dizer*, dar espaço ao seu ponto de vista, às suas propostas. Dialogar não significa renunciar às próprias ideias e tradições, *mas à pretensão de que sejam únicas e absolutas*" (2014a, s/p, grifo nosso).

No diálogo com o "outro", essa conscientização possibilita, ao menos, partir do consenso de que *há diferenças*, sim, mas não em termos de gradualidade (uns "mais", outros "menos"), mas de dialogicidade entre uns e outros, que são cointerdependentes em suas ações comunicacionais.

A diversidade católica, que emerge, precisamente, a partir da diferença das condições e processos religiosos, é extremamente necessária para a própria atualização do catolicismo em relação à evolução da história, e só se pode dar como "organização da diversidade" (Morin, 2008), ou como "diversidade reconciliada" (*Amoris laetitia*, 2016, n. 139). Ou seja, o diálogo possibilita o surgimento de uma nova síntese que enriqueça os interlocutores, em que se mantêm os matizes, as nuances e as ênfases distintas, que enriquecem o bem comum. O diálogo nos lembra que "temos de nos libertar da obrigação de ser iguais" (id.).

Em meio às mais diversas reconexões operadas pelos interagentes em suas bricolagens religiosas em rede, emerge a necessidade de intercambiar experiências e práticas com outras pessoas, como forma de "buscar consenso e acordo", organizar, estabilizar, dar sentido e encontrar uma garantia comum da pertinência de seus saberes-fazeres religiosos. Para o Papa Francisco, a Igreja é chamada a contribuir com o mundo contemporâneo mediante aquilo que ele chama, precisamente, de "diálogo social":

> É hora de saber como projetar, em uma cultura que *privilegie o diálogo como forma de encontro, a busca de consenso e de acordos*, mas sem a separar da preocupação por uma sociedade justa, capaz de memória e sem exclusões. O autor principal, o sujeito histórico deste processo, é *a gente e a sua cultura*, não uma classe, uma fração, um grupo, uma elite. *Não precisamos de um projeto de poucos para poucos, ou de uma minoria esclarecida* ou testemunhal que se aproprie de um sentimento coletivo. Trata-se de um acordo para viver juntos, de um pacto social e cultural (*Evangelii gaudium*, 2013, n. 239).

Isto é, a cultura digital se manifesta como uma construção coletiva e colaborativa, em que não há um indivíduo central, mas uma rede em ação ("a gente e a sua cultura"), e em que qualquer "minoria esclarecida" perde relevância em processos de sentido que se tornam cada vez mais distribuídos, compartilhados e participativos. Mas isso não significa que seja um processo "liso", ao contrário, muitas vezes, envolve o conflito: "No diálogo, se dá o conflito: é lógico e previsível que seja assim. E não devemos temê-lo, nem ignorá-lo, mas aceitá-lo. [Enfrentar o conflito é] Aceitar suportar o conflito, resolvê-lo e transformá-lo no elo de ligação de um novo processo" (Francisco, 2015e, s/p). Pois, mesmo nas tensões e disputas simbólicas que aí surgem, "*a internet corrige a internet*. No novo mundo digital, o *debate e a argumentação* continuam sendo as melhores armas contra a mediocridade e a má-fé" (Flichy, 2010, p. 91, trad. e grifo nossos).

É assim também que o "católico" vai encontrando a sua autenticidade. Isto é, o "católico" manifesta a sua catolicidade quando possibilita um diálogo com "todos, sem distinção", como afirma a página *Diversidade Católica*. A catolicidade teológica do "católico" se encontra, em suma, na sua própria "catolicidade" comunicacional: quanto mais um símbolo, crença ou prática for universal (*katholikós*), heterorreferencial, dialógico, aberto, plural *e também* religante, relacional, interacional, conexial em relação aos demais símbolos, crenças ou práticas, *mais católico ele será*. A catolicidade do "católico" se revela quando este consegue "harmonizar as diferenças por meio de formas de diálogo" (Francisco, 2014a, s/p) e quando leva a ações comunicacionais que vão em sentido contrário à excomunicação e à vontade de "converter a diferença em exclusão" (McGrath, 2009, p. 59, trad. nossa).

A catolicidade do "católico", portanto, manifesta-se a partir daquilo que Dom Claudio Celli chama de "*sínteses existenciais*, isto é, testemunhos existenciais" (informação verbal, 3 jul. 2015, grifo nosso), em que os interagentes, reconhecendo e assumindo suas diferenças, *organizam-nas em comunicação*, mediante personalização e dialogicidade, tanto a partir de sua prática socioindividual, quanto de sua reflexão teórico-crítica sobre o catolicismo.

Mas a catolicidade do "católico" vai além:

> A fé, não a opinião, é o ponto de referência ao qual é necessário prestar atenção. A opinião é, muitas vezes, a expressão, sujeita a frequentes mudanças e transitoriedade, de tendências e desejos de um determinado grupo ou de uma determinada cultura, enquanto a fé é o eco do único Evangelho, que é válido para todos os tempos e para todos os lugares (Comissão, 2014, n. 118).

Assim, é a fé, vivida e comunicada, que permite *lutar contra toda e qualquer incerteza relativista* presente nas redes – para que os mistérios cristãos não se pulverizem em um "vale-tudo" – e também *combater toda e qualquer certeza dogmática* – para que seja possível desconstruir inverdades sobre o Cristianismo que circulam midiaticamente como "verdades" doutrinal-teológicas (cf. Morin, 1999). E a fé "nasce no encontro com o Deus vivo, que nos chama e revela o seu amor [...]. A fé, que recebemos de Deus como dom sobrenatural, aparece-nos como luz para a estrada orientando os nossos passos no tempo" (*Lumen fidei*, 2013, n. 4), inclusive para as "estradas digitais [...] congestionadas de humanidade, muitas vezes ferida: homens e mulheres que procuram uma salvação ou uma esperança" (Francisco, 2014a, s/p).

13.2 Rumo a "comunidades eclesiais digitais" e a um *"sensus fidelium digitalis"*?

Quando a Igreja desponta em sociedades em midiatização como um meio comunicacional complexo, o histórico período de cristandade, que desautorizava e desvalorizava – "excomunicava" – o diferente, vai aos poucos desaparecendo. Diante da expansão das opções de escolha em meio à pluralização e publicização de sentidos em circulação, a sociedade passa a não se contentar mais com sentidos absolutos: tenta-se continuamente ressignificá-los, via reconexões em interfaces e protocolos diversos, reconstruindo o "católico".

Hoje, quando os sentidos católicos são cada vez mais postos em circulação em redes comunicacionais por uma ação dos diversos leigos--amadores e interagentes diversos, manifestam-se modos tentativos e articulados de ir ao encontro de uma catolicidade menos heterônoma. Isso revela, aliás, uma falta de espaços de partilha e de debate intraeclesiais, em que determinadas questões possam ser levantadas, o que fomenta essa "migração" ao ambiente digital, essas novas manifestações comunicacionais em rede e os tensionamentos públicos em torno do catolicismo a elas relacionados.

Em outro contexto semelhante – em nível social, de "grande atomização da existência e um geral anonimato das pessoas, perdidas dentro de mecanismos de macro-organizações, das burocracias e da consequente uniformização dos comportamentos, dos quadros, dos horários etc."; e, em nível eclesial, de "um forte esquema hierárquico e dentro de uma compreensão jurídica dos relacionamentos entre os cristãos, apresentando inegáveis aspectos mecânicos e coisificados" (Boff, 1977, p. 9) – surgiu no Brasil, nos anos da ditadura militar, um dos principais frutos do Concílio Ecumênico Vaticano II na América Latina: as comunidades eclesiais de base (CEBs). Tratava-se de uma "nova experiência de Igreja, de comunidade, de fraternidade", em que emergiu "outra forma de ser Igreja, assentada sobre o eixo da Palavra e do leigo" (ibid., p. 10).

A partir dos casos analisados, podemos questionar se não estaríamos, hoje, diante da emergência de "comunidades eclesiais digitais" (ou *CEDs*), que atualizariam, em outros "meios" e em outros "ambientes" (agora midiáticos), a mesma busca e necessidade de experiência religiosa, de vínculo interpessoal, de cidadania eclesial, de autonomia para o apostolado leigo. Não seriam tais formações em rede também "outra forma de ser Igreja", que emergeria a partir da insuficiência das experiências comunitárias eclesiais existentes diante dos novos desafios contemporâneos, ou a partir da inexistência de ambientes comunitários eclesiais capazes de acolher e integrar as "periféricas existenciais"?

Muito além da mera proximidade geográfico-territorial ou étnico-cultural, o que constitui uma comunidade – na rede ou fora dela – é a orientação a "um *sentimento* de reciprocidade e pertença", um "*espírito a ser criado*, uma inspiração que alimenta o esforço de continuamente superar as barreiras entre as pessoas e gerar um relacionamento solidário e recíproco" (Boff, 1977, p. 14-15, grifos nossos).

Nesse sentido, o ambiente digital também poderia estar possibilitando, justamente, a resistência a formas tradicionais de comunidade e a construção de novas modalidades de interação social, interconectando múltiplos contextos sociais diversos e gerando complexas redes de relação socioindividuais (Campbell, 2013). Mantém-se e reforça-se nas redes comunicacionais um mesmo "*esforço de criar e manter* a envolvência comunitária" (Boff, 1977, p. 15, grifos nossos), especialmente na fluidez e na instantaneidade dos contatos.

De modo mais específico, assim como as CEBs históricas, as páginas aqui analisadas, pensadas como *CEDs*, também permitem, principalmente, que "as pessoas *se conhe[çam] e reconhe[çam]*, [possam] *ser elas mesmas em suas individualidades*, [possam] *dizer a sua palavra e ser acolhidas e acolher pelo nome próprio*" (Boff, 1977, p. 9, grifos nossos). Como no caso das minorias periféricas conectadas em redes comunicacionais, as formações eclesiais em rede, muitas vezes, indo além das configurações espaço-temporais da estrutura eclesiástica local, apontam para essa busca de relações *outras* em ambientes *outros*, a partir de uma necessidade de "atualizar" as comunidades tradicionais, de "traduzi-las" às linguagens e às modalidades de comunicação contemporâneas e até de "criar/inventar" experiências inovadoras de vivência e comunicação da fé.

Diante da emergência das *CEDs*, que apontam para um "novo-ainda-não-experimentado" dentre as variações históricas das formas comunitárias da Igreja, é importante que a instituição eclesiástica e suas autoridades busquem – assim como em relação às CEBs históricas – "respeitar o caminho que se inaugurou; não querer logo enquadrar o fenômeno com categorias teológico-pastorais nascidas de outros contextos e de outras experiências eclesiais; colocar-se numa atitude de quem quer ver, compreender e aprender; manter a vigilância crítica para poder discernir verdadeiros de falsos caminhos" (Boff, 1977, p. 10).

Por outro lado, "o adjetivo (eclesial) é mais importante do que o substantivo (comunidade), porque ele é o princípio constituinte e estruturante da comunidade (...) como resposta à fé cristã e como resultado do apelo evangélico à conversão e à salvação" (ibid., p. 21). Tal eclesialidade se manifesta a partir de um "princípio iniciador e estruturador da Igreja particular" (Boff, 1977, p. 32), a fé. E, se a fé se "apresenta essencialmente como comunhão", a Igreja se torna perceptível "quando os fiéis se reúnem na fé" (ibid., p. 33): "Onde dois ou mais estiverem reunidos em meu nome, Eu estou aí no meio deles" (Mateus 18,20). O "onde" – em rede ou fora dela, nas "bases" ou na internet – é quase irrelevante: o importante é reunir-se em comunidade no nome de Jesus Cristo, assumindo uma *consciência eclesial*.

Nesse sentido, as *CEDs* também podem encarnar em sociedades em rede, de certo modo, a missão conferida às CEBs pelos bispos latino-americanos reunidos em Aparecida, isto é, de chegar "ao surgimento de novos serviços leigos e à educação da fé dos adultos" (Conselho, 2007, n. 178). E, tal como as CEBs, podem trazer "um novo ardor evangelizador e uma capacidade de diálogo com o mundo que renovam a Igreja" (*Evangelii gaudium*, 2013, n. 29).

Certamente, caberá a novos estudos aprofundar tais questões. Mas já é perceptível, nessas experiências que aqui chamamos de *CEDs*, a constituição de novos modos de construir a "opinião pública" na Igreja, novas condições de dizer e de fazer o catolicismo, agora no ambiente digital. De certa maneira, o que vemos surgir nas redes comunicacionais é "a formação de um [novo] meio de fermentação de ideias [eclesiais e teológicas] que não é apenas reflexo de ensinamento do Magistério ou resultado do trabalho de teólogos" (Comblin, 1970, p. 4). Tal "meio" se desenvolve "com uma certa autonomia, sem depender a cada momento de um estimulante recebido de cima" (ibid., p. 3), ou seja, da instituição, da hierarquia, do clero. Escritas há mais de três décadas, tais afirmações, atualizadas para o contexto contemporâneo, são centrais para entender o que as novas relações e os novos modos de comunicação que surgem com a midiatização digital vão possibilitando em termos eclesiais.

Podemos associar tais ideias com um conceito muito relevante na tradição da Igreja, o *sensus fidelium*: isto é, "uma realidade comunitária e eclesial: o instinto da fé da própria Igreja" (Comissão, 2014, n. 3). Trata-se da "sabedoria católica do povo" (ibid., n. 108), que se constitui precisamente como processo comunicacional, pelo fato de que "os fiéis estão *sempre em relação uns com os outros*" (ibid., n. 65, grifo nosso).

A partir do documento vaticano e daquilo que entrevemos no ambiente digital, podemos questionar se, com o avanço da midiatização digital, o catolicismo não estaria diante da emergência de um *"sensus fidelium digitalis"*, mediante gestos comunicacionais em rede. Embora ínfimos e "microbianos", estes trazem consigo potenciais repercussões e desdobramentos nos mais diversos níveis da vida eclesial, a começar pela própria prática religiosa, para além de uma divisão clara entre "conteúdo" e "forma", instituição e indivíduo, fiel e não fiel.

Entretanto, o *sensus fidelium digitalis* significaria muito mais do que uma mera possibilidade de "consultar os fiéis, em alguns casos, no sentido de perguntar a opinião ou julgamento deles" (Comissão, 2014, n. 121), em uma espécie de condescendência da hierarquia em relação aos fiéis. Como o documento vaticano deixa entrever, na própria história da Igreja "muitas vezes não foi a maioria, mas uma minoria que realmente viveu a fé e a testemunhou [...] Por isso, é particularmente importante *discernir e escutar as vozes dos 'pequeninos que creem'"* (Comissão, 2014, n. 118, grifo nosso). E, como vemos nas plataformas sociodigitais, há diversos "pequeninos que creem" em rede, que vão se autonomizando mediante ações e práticas comunicacionais digitais, gerando outras formas de fazerem ouvir as suas "vozes".

Isto é, o *sensus fidelium digitalis* não se restringiria apenas a afirmações doutrinais no ambiente digital, mas se ampliaria também às "múltiplas e multiformes expressões da experiência cristã de fé [...] na vida cotidiana" (Vitali, 1993, p. 323), que hoje se dão, particularmente, em rede. Como "ato de comunicação de um conteúdo doutrinal" (ibid., p. 328), o *sensus fidelium* na contemporaneidade se complexifica ainda mais em relação aos processos comunicacionais atuais. Estando ligado estreitamente à vida cotidiana e social (cf. ibid.), o *sensus fidelium* hoje pode encontrar formas de expressão relevantes nos ambientes digitais, nos quais se explicita aquilo que "está acontecendo" no mundo e na Igreja,[5] já que a realidade social e religiosa é cada vez mais reconstruída e posta em circulação em redes comunicacionais pelas diversas pessoas que ali interagem, atualizando sentidos sociais em novos ambientes de relação.

Portanto, também em rede,

> o Magistério deve estar atento ao *sensus fidelium*, que é a voz viva do povo de Deus. Os batizados não só têm o direito de serem ouvidos, mas também

---

[5] O *slogan* de 2016 do Twitter, por exemplo, afirma: *"É o que está acontecendo"*. E, ao acessar a plataforma, o usuário é confrontado com a pergunta: *"O que está acontecendo?"*.

as suas reações ao que está sendo proposto como pertencente à fé dos apóstolos *devem ser consideradas com maior seriedade* (Comissão, 2014, n. 74, grifo nosso).

E, na cultura midiatizada contemporânea, essas "reações" também podem estar ocultas sob as polarizações presentes nos debates sobre o catolicismo nas plataformas sociodigitais, muitas vezes aprioristicamente criticados e desprezados como coisas de pouca importância para a pastoral eclesial, vistos meramente como "expressões extremas" do catolicismo. Contudo, cremos, o Magistério e a teologia são chamados a ver as práticas sociais em redes comunicacionais como um "lócus teológico" e também como um ambiente de manifestação e de escuta do *sensus fidelium* na contemporaneidade.

Como ressalta a Comissão Teológica Internacional, a teologia "está a serviço da inteligência da fé" e, por isso, "depende necessariamente da existência do *sensus fidelium* e de seu exercício correto" (Comissão, 2014, n. 81). O *sensus fidelium* "constitui um fundamento e um lócus para o seu trabalho [...] porque a fé que eles [os teólogos] estudam e explicam vive no povo de Deus": e, portanto, a fé que eles estudam e explicam *vive também onde o povo de Deus vive e habita na contemporaneidade*, como o ambiente digital. Nas expressões comunicacionais da fé em rede, em suas luzes e sombras, em meio a banalidades e extremismos, riquezas e grandiosidades, a teologia é chamada a "descobrir as ressonâncias profundas da Palavra de Deus" e, assim, a ajudar também os fiéis a "expressar o *sensus fidelium* autêntico, lembrando-lhes as linhas essenciais da fé e ajudando-lhes a evitar desvios e confusões causadas pela influência de elementos imaginários provenientes de outros lugares" (id.).

Sem dúvida, "o *sensus fidelium* não se identifica pura e simplesmente com a opinião da maioria dos batizados em uma determinada época" (Comissão, 2014, n. 82) ou em um determinado ambiente comunicacional. Mas, de modo especial, ele se expressa na "linguagem mística ou simbólica, que frequentemente se encontra [...] na piedade popular", o que demanda que o teólogo seja "sensível às manifestações da religiosidade popular", que hoje também estão presentes, de modo especial, nas plataformas sociodigitais. Também na internet, o teólogo é chamado a "apreender profundamente, com o coração e não apenas pelo espírito, o contexto real, histórico e cultural em que a Igreja e seus membros se esforçam para viver a sua fé e dar testemunho de Cristo no mundo de hoje" (id.).

Como afirma Dom Paul Tighe, no ambiente digital também é possível alcançar

> um bom senso e entendimento até mesmo sobre o que os fiéis estão sentindo, o que os está incomodando e perturbando. Mas, sobre o *sensus fidelium on-line*, uma das coisas que você precisa se perguntar é se o *on-line* representa completamente a comunidade como um todo. [...] Eu ainda não diria que é possível monitorar completamente o *sensus fidelium*, mas eu diria que é possível ficar atento ao que as pessoas estão dizendo nos comentários, pelas observações que estão fazendo, até mesmo pelas pesquisas que estão sendo feitas, e você pode aprender muito. Eu não acho que você possa traduzir isso como um guia imediato do que é certo ou errado, mas eu acho que pode ser um meio muito interessante para entender o que está acontecendo com as pessoas (informação verbal, Vaticano, 5 jun. 2015, grifo nosso).

Esse é o maior desafio eclesial, pois exige que se vá além da mera ilusão, preconceito, apriorismo ou condescendência diante de um fenômeno comunicacional emergente, o que demanda uma observação e um acompanhamento atentos dos processos midiáticos por parte da Igreja e da sociedade em geral. O futuro da Igreja e das próprias religiões não se encontraria mais apenas na capacidade das instituições religiosas de delinearem estratégias de controle central ou de direcionamento das crenças e práticas contemporâneas. Se os fiéis têm liberdade para expressar seus pensamentos, e "o debate público de opiniões é um meio fundamental para avaliar o *sensus fidelium*" (Comissão, 2014, n. 125), o ambiente digital pode ser um lócus para o reconhecimento da vitalidade mais autônoma dos novos modos de constituição e expressão do catolicismo, principalmente a partir da ação das minorias e periferias eclesiais. E, também nesses processos midiáticos, tanto para a Igreja quanto para a sociedade em geral, encontra-se uma importante manifestação dos "sinais dos tempos" sobre o catolicismo e a religião em geral.[6]

Diante das expressões de fé em rede, seja em relação às comunidades eclesiais digitais, seja em relação ao sensus fidelium digitalis, em suma, Magistério e teologia são chamados ao discernimento, isto é, a

> discernir se, em um caso particular, a Igreja está diante de um desvio devido a uma crise de fé, ou de uma má compreensão dela; ou de uma opinião que tem

---

[6] Uma ideia semelhante foi proposta pelo então Padre Jorge Mario Bergoglio, atual Papa Francisco, ainda em 1974: "Quando quiser saber em que crê a Mãe Igreja, dirija-se ao Magistério, porque ele tem o cargo de ensiná-lo de maneira infalível. Mas, quando quiser saber como crê a Igreja, dirija-se ao povo fiel" (apud FARES, Diego. *Papa Francesco è come un bambù. Alle radici della cultura dell'incontro*. Milano, 2014, cap. 3, trad. e grifo nossos).

seu lugar no pluralismo da comunidade cristã, *mas que necessariamente não se relaciona com o todo*; ou também diante de algo que está em acordo tão perfeito com a fé que deve ser reconhecido como inspirado ou suscitado pelo Espírito (Comissão, 2014, n. 83, grifo nosso).

E especialmente "as novas redes de comunicação, seja dentro ou fora da Igreja, exigem novas formas de atenção e crítica, bem como a renovação dos métodos de discernimento" (Comissão, 2014, n. 117). Também em tempos de rede, "as grandes interrogações espirituais estão mais vivas do que nunca, mas é necessário que alguém as interprete e compreenda" (Francisco, 2013d, s/p).

Por isso, exorta o Papa Francisco: "Com inteligência humilde e aberta, 'procurem e encontrem Deus *em todas as coisas*', como escrevia Santo Inácio" (Francisco, 2013d, grifo nosso). E também – por que não – em todas as redes.

* * *

E o Verbo se fez rede: na fluidez das redes comunicacionais, Aquele a quem damos o nome de Deus, de sagrado ou de transcendente – o Sentido, por excelência – se revela muito mais na *relação* do que no isolamento, muito mais na *transformação* do que na imutabilidade. Sendo as redes ambientes de devir dinâmico e processual, apenas a observação de longo prazo poderá dizer se as práticas religiosas experimentais e inventivas de hoje não apenas se sustentarão ao longo do tempo, mas também se, efetivamente, tornarão a instituição eclesiástica mais atenta aos "sinais dos tempos" comunicacionais e desdobrarão o seu potencial libertador para as minorias periféricas em relação à sua luta por cidadania eclesial. Somente em suas "encarnações" no processo histórico é que poderemos contemplar *se, quando* e *como* o "Verbo" se faz rede. "A realidade é mais importante do que a ideia" (*Evangelii gaudium*, 2013, n. 231).

Como Igreja, a responsabilidade pastoral de seus diversos agentes, diante das pessoas que buscam um sentido para viver ou uma forma para comunicar a fé no ambiente digital, é muito maior. Também em rede é preciso que elas realmente encontrem o "Deus vivo e verdadeiro", e não apenas teologias baratas e experiências religiosas individualistas e *"à la carte"*, sem a experiência do contato pessoal e o sentido da comunhão eclesial (a *koinonia* das primeiras comunidades cristãs). Na "galáxia de imagens e sons" que compõem a rede, é preciso também que emerja o "rosto de Cristo" e se ouça a sua voz (João Paulo II, 2002, s/p).

O desafio eclesial é enfrentar essa realidade com responsabilidade pastoral crítica, sem anacronismos nem deslumbramentos, percebendo na digitalização uma complexificação do fenômeno religioso – não necessariamente a sua simplificação, muito menos a sua solução diante dos desafios do mundo contemporâneo. *A internet não é nem essencial nem acessória à pastoral.*

Ao lidar com a "novidade" digital, muitas vezes corre-se o risco de cair na tentação das "estratégias de marketing" religioso, do "solucionismo tecnológico", das "métricas publicitárias" como resposta aos desafios pastorais. Contudo, isso pode acabar manifestando aquilo que o Papa Francisco chama de "mundanismo espiritual", que, embora com "aparências de religiosidade e até mesmo de amor à Igreja", busca, no fundo, "a glória humana e o bem-estar pessoal" (*Evangelii gaudium*, 2013, n. 93). Ou seja, "uma maneira sutil de procurar 'os próprios interesses, não os interesses de Jesus Cristo'".

O risco – continua Francisco – é que isso acabe em um "funcionalismo empresarial [ou comunicacional], carregado de estatísticas, planificações e avaliações, onde o principal beneficiário não é o povo de Deus, mas a Igreja como organização. (...) Já não há ardor evangélico, mas o gozo espúrio de uma autocomplacência egocêntrica" (ibid., n. 95). O recado é duro e direto. "Quantas vezes sonhamos com planos apostólicos expansionistas, meticulosos e bem traçados, típicos de generais derrotados!" (ibid., n. 97), denuncia o papa. É preciso fugir da autorreferencialidade comunicacional na pastoral, que coloca no centro da ação não o "Outro" em nome de quem a Igreja fala, nem o "outro" a quem a Igreja se dirige, mas sim a própria Igreja, a própria comunidade, o próprio movimento, os próprios projetos de expansão quantitativa, em uma "*eu*-vangelização" degenerada.

Isso não significa ignorar a importância de que a Igreja tenha e busque os recursos necessários para a prática concreta e efetiva da missão. Mas a autêntica evangelização deve ir no sentido oposto ao da "cultura do descarte", que corre o risco de "fagocitar" o próprio Evangelho como um "produto" a mais nas prateleiras comunicacionais do "mundo atual, com sua múltipla e avassaladora oferta de consumo" (*Evangelii gaudium*, 2013, n. 2).

O problema fundamental para uma presença significativa da Igreja na cultura digital não é a aquisição de tecnologias sofisticadas, nem um suposto "poder comunicacional" calculado em números. "O Deus em quem acreditamos, um Deus apaixonado pelo ser humano, quer se manifestar através dos nossos meios, *ainda que pobres*, porque é ele que opera, é ele que transforma, é ele que salva a vida do ser humano", diz o Papa Francisco (2013c, s/p). Para o papa, *"independentemente das tecnologias*, o objetivo é saber *inserir-se no diálogo com os homens e as mulheres de hoje*, para compreender as suas expectativas, dúvidas, esperanças" (ibid., grifo nosso).

Segundo Bento XVI, a resposta cristã à cultura digital se fundamenta não no "desejo de estar presente, *mas porque esta rede tornou-se parte integrante da vida humana*" (2011, s/p, grifo nosso): onde há ser humano, aí está a missão da Igreja. Mas o testemunho cristão no ambiente digital "não se faz com o bombardeio de mensagens religiosas" (Francisco, 2014a, s/p). Também em rede, "a Igreja não faz proselitismo. Ela cresce muito mais por 'atração'" (Bento XVI, 2007, s/p). Portanto, o desafio da pastoral diante das mudanças comunicacionais contemporâneas é promover "uma 'diaconia da cultura' no atual 'continente digital'" (Bento XVI, 2010, s/p), que também passa pelo "compromisso por um testemunho do Evangelho na era digital" (ibid., 2013b, s/p). E o valor do testemunho, na rede e fora dela, "tem mais força do que mil palavras, do que mil volantes, do que mil '*likes*', do que mil '*retweets*', do que mil vídeos do YouTube" (Francisco, 2016a, s/p).

Para uma instituição bimilenar como a Igreja Católica e para uma tradição religiosa como o catolicismo, a circulação do "católico" em rede explicita uma profunda e desafiadora tensão transformadora entre tradição e reforma, entre estabilidade e movimento, entre permanência e mudança, da qual emerge o fenômeno religioso católico, que não se restringe nem aos dogmas permanentes da instituição nem aos constructos mutáveis da sociedade, mas se constitui na experiência da sua comunicabilidade, na duração sócio-histórico-cultural do "católico".

De certa forma, isso já foi apontado por Santo Ambrósio (século IV), arcebispo da então Mediolano (atual Milão, Itália). Ele dizia: *"Nova semper quaerere; parta custodire"* [buscar sempre o novo e conservar as coisas do passado]. Relida hoje, essa é a tensão entre manter e aprofundar as "raízes" histórico-culturais católicas e alçar voo nas "asas" da midiatização digital. Mas com a consciência crítica de que se "asas sem raízes levam à superficialidade ou ao aventureirismo [...] raízes sem asas degeneram em conservadorismo" (Zamagni, 2013, p. 11). Acompanhar essa tensão – que não tem solução, pois toda solução seria a fixidez, a inércia, o fim do movimento – é um grande ponto de interrogação para o futuro. Se o novo se apresenta sempre como síntese e assunção diferente do anterior e do antigo (Boff, 1994), podemos perguntar: entre o novo e o antigo das tradições religiosas, entre suas asas e suas raízes, que religião está se constituindo no processo de midiatização?

Deixamos essa reflexão em aberto, enquanto este texto vai se fechando.

Para concluir, voltemos ao início deste capítulo. Quando escreveu o trecho que consta na epígrafe destas conclusões, o autor do Livro do Eclesiastes, na Palestina do século III a.C., havia anotado, nos versículos anteriores, que, depois de examinar coisa por coisa, chegara a uma conclusão: "Pesquisei muito, e nada concluí. [...] Deus fez o homem correto, mas o homem inventa muitas complicações" (Eclesiastes 7,27.29). De nossa parte, ao fim deste livro, esperamos não ter complicado demais, pesquisado pouco e concluído muito.

Porém, concordando com o autor, nossa principal conclusão é de que encerramos este estudo com muitos mais "por quês" interrogativos do que "porquês" explicativos. Esperamos que, finalizada a leitura deste livro – cujas palavras fixadas nestas páginas, entretanto, cristalizam e espacializam o fluxo e o movimento tanto desta pesquisa quanto dos fenômenos por ela observados –, as leitoras e os leitores possam também "reescrevê-lo", acionando outros processos de ação e reflexão – diversos, heterogêneos, plurais –, mediante práticas geradoras de novos dinamismos de compreensão, explicação e transformação da realidade. "O tempo é superior ao espaço" (*Evangelii guadium*, 2013, n. 222).

Este ponto final, portanto, é apenas o sinal para novos inícios.

Posfácio

O futuro das "espiritualidades digitais"

Stewart M. Hoover[1]

Talvez não haja nada no mundo de hoje que seja tão importante ou tão difícil de entender quanto a religião. Durante a maior parte do século passado, assumiu-se que a religião simplesmente "desapareceria" à medida que as populações em todo o mundo se tornassem mais saudáveis e instruídas. Essa ideia de "secularização" era tão forte que muitas universidades pararam de ensinar cursos de religião ou de estudos da religião, e campos inteiros, como o meu próprio – estudos dos meios ou de comunicação –, cresceram e se desenvolveram dando pouca atenção a esse importante tópico.

Como todos sabemos, a religião não "desapareceu". Ela emergiu nos assuntos nacionais e globais na última parte do século XX com grande força em coisas como a revolução no Irã, a emergência de novas políticas religiosas e de novas formas de religião, como o movimento pentecostal no protestantismo e os movimentos carismáticos e das "comunidades de base" no catolicismo. Em vez de ir embora, a religião, na realidade, evoluiu em novas formas e em novos locais. Muitas dessas novas formas se posicionavam muito fora das fronteiras das estruturas e instituições religiosas tradicionais. Muitas pareciam ser movimentos religiosos inteiramente novos. Muitas envolviam indivíduos que buscavam novos caminhos e novas formas de ser religioso fora do controle da Igreja ou do pastor.

---

[1] Professor da University of Colorado Boulder (Estados Unidos), fundador e diretor do Center for Media, Religion and Culture.

Os mais intrigantes desses novos desenvolvimentos foram aqueles que parecem ter surgido a partir das novas plataformas e das novas possibilidades de "mídia". Mas há uma história de complexidade aqui também.

Ao mesmo tempo que as elites intelectuais e culturais desprezavam a religião, elas também estavam ignorando importantes mudanças no mundo da "mídia" e em novas formas e sistemas de mediação. Elas tendiam a pensar a mídia popular como algo trivial, marginal e não merecedor de investigação. Isso, é claro, começou a mudar à medida que novos estudos acadêmicos dedicados à mídia começaram a emergir. Mas, como eu disse, esses esforços acadêmicos frequentemente ignoravam a religião.

Esse tem sido um problema contínuo, porque grande parte da persistência e do ressurgimento da religião na vida moderna, de fato, é resultado da mídia e da mediação. Muitas dessas novas formas de prática e exploração religiosa emergiram porque podiam usar os canais e as plataformas midiáticas. Isso é óbvio nas Américas na experiência com a televisão religiosa. Começando em meados do século passado, muitas organizações religiosas começaram a explorar as formas pelas quais o novo meio da televisão poderia ser usado para perseguir seus objetivos. Grandes organizações de teledifusão, de cinema e, mais tarde, de produção de vídeo surgiram nos Estados Unidos, no Brasil, em outros países da América Latina e realmente em todo o mundo. Estes se seguiram ao uso anterior do rádio por parte de muitos dos mesmos movimentos. Essas organizações baseadas na mídia obtiveram grande parte do seu sucesso por causa do uso da mídia. Por meio da mídia, elas podiam criar novas mensagens e novos apelos. E, também por meio da mídia, podiam formar novas audiências, redes e comunidades de apoio. O uso da mídia também passou a ser simbólico, em si mesmo. Aquelas religiões que usavam a mídia podiam ser rotuladas como modernas, voltadas para o futuro e influentes.

Muitas dessas organizações eram religiosamente conservadoras, e, de fato, esse se tornou o estereótipo comum. Vozes ou fontes mais progressistas ou liberais ficaram para trás no seu uso da mídia. Os grupos mais conservadores alcançaram uma proeminência que poderiam não ter de outra forma.

Então, em torno da virada do século XXI, um novo fenômeno começou a tomar forma: a digitalização. Originalmente chamada de – e pensada como – "nova mídia", a mídia digital foi rapidamente adotada por inovadores que buscavam usar esses canais e plataformas para a exploração religiosa e espiritual, e para a construção de redes e da identidade. A comunicação baseada no computador, que foi a partir de onde tudo começou, foi usada para novas publicações e circulações e para construir novas redes, muitas vezes em torno de formas inteiramente novas e inovadoras de religião. Naqueles dias, muitas vezes se pensava que o caminho mais provável para o computador no campo da religião era o de ser um agente que sempre desafiaria as estruturas estabelecidas. Surgiram novas "espiritualidades digitais", e era fácil assumir que o efeito mais natural dessas novas mídias seria contribuir para a criação de espiritualidades e religiões inteiramente novas, bastante à parte das instituições e estruturas tradicionais.

Então, a questão sempre foi: Quão revolucionária será a revolução digital? Nos primeiros dias, parecia que ela seria muito revolucionária.

E há boas razões para se pensar isso. Não só porque houve tanta experimentação desde cedo. Inovadores no Budismo, no Cristianismo, no Islã e no Judaísmo buscaram, todos, produzir novas formas *"on-line"*. Surgiram as assim chamadas espiritualidades "nova era", que exploraram novas combinações de religiões e práticas tradicionais e não tradicionais. É que algumas características dessas novas mídias realmente parecem demandar mudanças e resistência à autoridade. A mais importante delas é a implicação de que essas novas mídias encorajam os seus *consumidores* a se tornarem *produtores* também. Houve debates sobre a melhor forma para descrever essa situação. Eles são "prossumidores" [*prosumers*] ou "condutores" [*conducers*] (isso funciona melhor em inglês, é claro!). Eles são "saudados" nessas posições? Essas condições são coercitivas ou são meramente *"affordances"* dessas mídias? Há muito a se ponderar, e, como estudiosos, sabemos que tal ponderação é mais bem realizada por estudos acadêmicos disciplinados.

O que está claro é que essas circulações de produção, canal, *affordance* e circulação encorajam as audiências, os consumidores e as redes conectadas com a religião digital a se pensarem como *empoderados por essas tecnologias e processos*. Essa é a mais importante – e a mais clara – implicação desses desdobramentos. Na era digital, as pessoas já não devem mais pensar em si mesmas como consumidoras passivas. Elas são participantes e circuladoras ativas, e são encorajadas pela ética emergente da era digital a se tornarem cada vez mais ativas. Isso tem implicações óbvias para a autoridade institucional e clerical religiosa. Não podemos voltar a um tempo em que os leigos podiam ser facilmente pensados como receptores de experiências religiosas ou de mensagens religiosas. Hoje, eles pensam em si mesmos como desafiados a assumir mais responsabilidade pela sua própria fé e espiritualidade. Essa é uma realidade da época. Isso significa, para as lideranças religiosas, que sempre pode haver uma subcorrente de desafio nos espaços digitais.

Ao mesmo tempo, as instituições religiosas não ficaram estáticas nem foram complacentes. Muitas delas iniciaram novas atividades e plataformas *on-line*. O que elas enfrentam, porém, é um problema inevitável: qualquer coisa que elas façam *on-line* sempre vai ser vista como algo tradicional e conservador. Sempre será muito difícil para elas se moverem com os tempos, ou parecerem se mover com eles. Essa é simplesmente a realidade dos tempos em que elas vivem. E nem todas as vozes alternativas que emergiram *on-line* são progressistas ou liberais ou defensoras da mudança. À medida que o tempo passou, vozes cada vez mais conservadoras e tradicionalistas também encontraram o seu caminho *on-line*.

A Igreja Católica Romana é um contexto especial e muito particular para esses desenvolvimentos. Como a maior estrutura religiosa internacional, suas necessidades, intenções e desafios a partir desses desenvolvimentos são profundos. Ela tem muito a perder com o aumento da atividade *on-line* e deve lutar para parecer cheia de frescor e relevante no contexto de tanta mudança cultural e midiática. Ela dedicou uma grande energia às atividades *on-line* (tanto Bento XVI quanto Francisco mantiveram contas no Twitter), mas, para muitos observadores, ela ainda parece ter ficado para trás nesses desdobramentos. Talvez isso seja inevitável.

As dimensões dos problemas da Igreja Católica são bastante claras e distintas. É que as escolhas sobre o que ela fará na era digital podem definir o curso para o seu trabalho no próximo século. Estes são tempos importantes. A sua situação deve ser de grande interesse para os estudiosos da mídia e da religião neste ponto da história.

É por isso que este livro é tão oportuno e relevante. Outras obras olharam de um modo inicial para a forma como a Igreja Católica está evoluindo na era digital, mas Moisés Sbardelotto, nestas páginas, leva essas considerações a um novo nível de seriedade e de substância acadêmica. Combinando um excelente trabalho histórico com estudos de campo ricos e detalhados, ele demonstra como são complexas e em camadas as relações que estão moldando este presente e este futuro. Não é simplesmente uma questão de uma instituição resistente que sobe ou desce nas suas habilidades para enfrentar esses novos desenvolvimentos. Também não é uma questão das várias redes alternativas e vozes emergentes que a desafiam ou a defendem. Como Sbardelotto mostra, as realidades fundamentais das plataformas e canais digitais e das formações de identidade e de comunidade baseadas digitalmente circulam, todas, em torno das escolhas que indivíduos e instituições devem fazer.

No centro de tudo isso, está a autonomia de que eu falava antes. É inevitável que os espaços digitais encorajem e empoderem os indivíduos. Eles se sentirão chamados e desafiados a se engajar ativamente em novos contextos e comunidades de discurso e de ação. Eles vão encontrar novas redes de relacionamento e apoio. E essas próprias redes levarão a novas formações e a novos sistemas de disseminação, conversação e ação. E tudo isso inevitavelmente acontecerá fora do controle direto da autoridade. Ao mesmo tempo, essas atividades terão uma variedade de formas. Elas terão a ver com muitas coisas. Algumas vão buscar a reforma. Algumas vão resistir. Outras verão a si mesmas como um suporte para a tradição e a estrutura. Mas todas elas são novas e constituem novos locais de energia, exploração e mudança. As coisas não permanecerão as mesmas.

Duas implicações interessantes decorrem desta obra. Primeiro, como as circulações nos espaços digitais são tão complexas e em camadas, e envolvem apelos a valores e símbolos tradicionais, as autoridades podem perder a medida em que as coisas estão mudando. Em segundo lugar, a realidade das coisas, como Moisés Sbardelotto mostra tão magistralmente, não está em qualquer conjunto estabelecido de relações, mas sim em *negociações*. Novas relações, novos contextos, novas formas e fundações, novas autoridades. Tudo isso emerge não em um conjunto estabelecido de estruturas ou sistemas de poder, mas sim mediante as interações de estrutura, tradição, indivíduos e redes de ação.

Nós ainda não sabemos aonde isso tudo vai levar. Este livro, no entanto, fornece ferramentas críticas e valiosas, intuições e sentidos através dos quais podemos começar a ver o caminho pela frente. O que parece ser um mercado aberto de símbolos, reivindicações e desafios entra em uma definição um pouco mais clara nestas páginas.

Referências[1]

ABRIL, Neyla G. P. Midiatização, multimodalidade e significado. In: FAUSTO NETO, A. et al. (org.). *Midiatização e processos sociais na América Latina*. São Paulo: Paulus, 2008, p. 57-118.

AGAMBEN, Giorgio. *Che cos'è un dispositivo?* Roma: Nottetempo, 2006.

ALENCAR, Jackson. Editorial. *Vida Pastoral*, São Paulo, Ano 55, n. 297, p. 1, jul.-ago. 2014. Disponível em: <http://goo.gl/zLV7ro>.

ALVES, Rosental Calmon. Passamos dos meios de massa para a massa de meios. *Valor Econômico*, São Paulo, 31 jul. 2013. Disponível em: <http://goo.gl/Mtajae>.

AMAR, Georges. *Homo mobilis*: la nueva era de la mobilidad. Buenos Aires: La Crujía, 2011.

AQUINO, Marcelo. F. de. Os arranjos colaborativos e complementares de ensino, pesquisa e extensão na educação superior brasileira e sua contribuição para um projeto de sociedade sustentável no Brasil. *Cadernos IHU Ideias*, São Leopoldo, Ano 11, n. 187, 2013. Disponível em: <http://goo.gl/ToH0yp>.

AROLDI, Piermarco; SCIFO, Barbara (org.). *Internet e l'esperienza religiosa in rete*. Milano: Vita e Pensiero, 2002.

BARRUCHO, Luís Guilherme. IBGE: Metade dos brasileiros estão conectados à internet; Norte lidera em acesso por celular. *BBC Brasil*, São Paulo, 29 abr. 2015. Disponível em: <http://goo.gl/NFU3SX>.

BASTOS, Marco Toledo. *Medium, media*, mediação e midiatização: a perspectiva germânica. In: MATTOS, M. Â.; JANOTTI JUNIOR, J.; JACKS, N. (org.). *Mediação e midiatização*. Salvador: EDUFBA, 2012, p. 53-78.

BELLAR, W.; CAMPBELL, H. A., KYONG, J. C.; TERRY, A.; TSURIA, R.; YADLIN-SEGAL, A.; ZIEMER, J. Reading Religion in internet Memes. *Journal of Religion, Media and Digital Culture*, Durham, v. 2, n. 2, 2013, p. 1-39. Disponível em: <http://goo.gl/QxY6Hu>.

BENTO XVI. Novas tecnologias, novas relações. Promover uma cultura de respeito, de diálogo, de amizade. Mensagem para o 43º Dia Mundial das Comunicações Sociais. *Vatican.va*, Vaticano, 24 jan. 2009. Disponível em: <http://goo.gl/OhZUka>.

_____. O sacerdote e a pastoral no mundo digital: os novos *media* ao serviço da Palavra. Mensagem para o 44º Dia Mundial das Comunicações Sociais. *Vatican.va*, Vaticano, 24 jan. 2010. Disponível em: <http://goo.gl/8nOIPA>.

---

[1] Todas as referências *on-line* aqui indicadas foram acessadas pela última vez em abril de 2017.

_____. Verdade, anúncio e autenticidade de vida, na era digital. Mensagem para o 45º Dia Mundial das Comunicações Sociais. *Vatican.va*, Vaticano, 24 jan. 2011. Disponível em: <http://goo.gl/cynrqM>.

_____. Encontro com o clero de Roma. *Vatican.va*, Vaticano, 14 fev. 2013a. Disponível em: <http://goo.gl/AcFDB4>.

_____. Redes sociais: portais de verdade e de fé; novos espaços de evangelização. Mensagem para o 47º Dia Mundial das Comunicações Sociais. *Vatican. va*, Vaticano, 24 jan. 2013b. Disponível em: <http://goo.gl/C3lCMV>.

_____. *Declaratio*. *Vatican.va*, Vaticano, 10 fev. 2013c. Disponível em: <http://goo.gl/Qje7Nj>.

BERGER, Peter L. *Heretical Imperative*: Contemporary Possibilities of Religious Affirmation. Nova York: Doubleday, 1980.

_____. *The Sacred Canopy*: Elements of a Sociological Theory od Religion. New York: Anchor Press, 1990.

BERGER, Peter L.; LUCKMANN, Thomas. *A construção social da realidade*. 34. ed. Petrópolis: Vozes, 2012.

_____; ZIJDERVELD, Anton. *In Praise of Doubt*: How to Have Convictions Without Becoming a Fanatic. New York: Harper One, 2010.

BOFF, Leonardo. Eclesiogênese: as comunidades eclesiais de base reinventam a Igreja. Petrópolis: Vozes, 1977.

_____. *E a Igreja se fez povo*. Eclesiogênese: a Igreja que nasce da fé do povo. Petrópolis: Vozes, 1986.

_____. *Igreja, carisma e poder*: ensaios de eclesiologia militante. São Paulo: Ática, 1994.

_____. *O despertar da águia*: o dia-bólico e o sim-bólico na construção da realidade. 15. ed. Petrópolis: Vozes, 1998.

_____. *Cristianismo*: o mínimo do mínimo. Petrópolis: Vozes, 2011.

BOYD, Dannah M.; ELLISON, Nicole B. Social Network Sites: Definition, History, and Scholarship. *Journal of Computer-Mediated Communication*, v. 13, n. 1, p. 210-230, 2007. Disponível em: <http://goo.gl/opPZQj>.

BRAGA, José Luiz. *A sociedade enfrenta sua mídia*: dispositivos sociais de crítica midiática. São Paulo: Paulus, 2006.

_____. Midiatização como processo interacional de referência. In: MÉDOLA, A. S.; ARAÚJO, D. C.; BRUNO, F. (org.). *Imagem, visibilidade e cultura midiática*. Porto Alegre: Sulina, 2007.

_____. Comunicação, disciplina indiciária. *MATRIZes*, São Paulo, n. 2, p. 73-88, abr. 2008. Disponível em: <http://goo.gl/VKxtcy>.

_____. Midiatização: a complexidade de um novo processo social. *IHU On-Line*, São Leopoldo, Ano 9, n. 289, s/p, 13 abr. 2009. Entrevista concedida a Graziela Wolfart. Disponível em <http://migre.me/8Uxky>.

_____. Comunicação é aquilo que transforma linguagens. *Alceu*, Rio de Janeiro, v. 10, n. 20, p. 41-54, jan.-jun. 2010a.

_____ Pesquisando perguntas (um programa de ação no desentranhamento do comunicacional). In: FAUSTO NETO, Antonio et al. (org.). *Midiatização e processos sociais*: aspectos metodológicos. Santa Cruz do Sul: EDUNISC, 2010b, p. 79-93.

_____. Nem rara, nem ausente – tentativa. *MATRIZes*, São Paulo, v. 4, n. 1, p. 65-81, 2010c. Disponível em: <http://goo.gl/XhVZX8>.

_____. Dispositivos interacionais. *Anais do Encontro da Compós*, 20, Porto Alegre, 2011. Disponível em: <http://migre.me/a2lp6>.

_____. Constituição do Campo da Comunicação. *Verso e Reverso*, São Leopoldo, Ano XXV, n. 58, p. 62-77, jan./abr. 2011a.

_____. Circuitos *versus* campos sociais. In: MATTOS, M. Â.; JANOTTI JUNIOR, J.; JACKS, N. (org.). *Mediação e midiatização*. Salvador: EDUFBA, 2012a, p. 31-52.

_____. La política de lós internautas es producir circuitos. In: CARLÓN, M.; FAUSTO NETO, A. (org.). *Las políticas de los internautas*. Buenos Aires: La Crujía, 2012b, p. 43-60.

_____. Dispositivos interacionais: lugar para dialogar e tensionar conhecimentos. *Dispositiva*, Belo Horizonte, v.1, n.1, p. 29-38, maio/out. 2012c.

_____. Interação como contexto da comunicação. *MATRIZes*, São Paulo, ano 6, n. 1, p. 25-41, jul./dez. 2012. Disponível em: <http://goo.gl/zgytr7>.

_____. O que a comunicação transforma? In: BRAGA, J. L. et al. (org.). *Dez perguntas para a produção de conhecimento em comunicação*. São Leopoldo, 2013, p. 156-171.

_____. Lógicas da mídia, lógicas da midiatização? In: FAUSTO NETO, A. et.al. (org.). *Relatos de investigaciones sobre mediatizaciones*. Rosario: UNR Editora, 2015, p. 15-32.

BRANDÃO, Carlos Rodrigues. Crença e identidade, campo religioso e mudança cultural. In: SANCHIS, P. (org.). *Catolicismo*: unidade religiosa e pluralismo cultural. São Paulo: Loyola, 1992, p. 7-74.

BRASHER, Brenda E. *Give Me That On-line Religion*. New Jersey: Rutgers University Press, 2004.

BRUNO, Fernanda. Mediação e interface: incursões tecnológicas nas fronteiras do corpo. In: SILVA, D. F. da; FRAGOSO, S. (org.). *Comunicação na cibercultura*. São Leopoldo: Editora Unisinos, 2001, p. 191-215.

BURITY, J. A. Mídia e religião: regimes do real entre o mistério, o aparente e o virtual. *Religião & Sociedade*, Rio de Janeiro, v. 23, n. 2, p. 77-91, dez. 2003.

CACCIARI, Paolo. *La società dei beni comuni*: una rassegna. Roma: Ediesse, 2010.

CAMPBELL, Heidi. Community. In: CAMPBELL, H. (org). *Digital Religion*: Understanding Religious Practice in New Media Worlds. New York: Routledge, 2013, p. 57-71.

CAPRA, Fritjof. *As conexões ocultas*: ciência para uma vida sustentável. São Paulo: Cultrix, 2005.

_____. *A teia da vida*: uma nova compreensão dos sistemas vivos. São Paulo: Cultrix, 2006.

CARDON, Dominique. *La démocratie Internet*: promesses et limites. Paris: Seuil, 2010.

CARRANZA, Brenda. *Catolicismo midiático*. Aparecida: Ideias & Letras, 2011.

CASTELLS, Manuel. *O poder da identidade* (A era da informação: economia, sociedade e cultura. V. 2). 3. ed. São Paulo: Paz e Terra, 1999.

_____. *A sociedade em rede* (A era da informação: economia, sociedade e cultura. V. 1). 4. ed. São Paulo: Paz e Terra, 2000.

_____. *A galáxia da internet*: reflexões sobre a internet, os negócios e a sociedade. Rio de Janeiro: Jorge Zahar Ed., 2003.

_____. Internet e sociedade. In: MORAES, D. *Por uma outra comunicação*: mídia, mundialização, cultura e poder. Rio de Janeiro: Record, 2005.

_____. Inovação, liberdade e poder na era da informação. In: MORAES, Dênis de (org.). *Sociedade midiatizada*. Rio de Janeiro: Mauad X, 2006, p. 225-232.

_____. Communication, Power and Counter-power in the Network Society. *International Journal of Communication*, v. 1, Los Angeles, Annenberg Press, p. 238-266, 2007. Disponível em: <http://migre.me/5ZVHN>. Acesso em: 11 jul. 2012.

_____. *Redes de indignação e esperança*: movimentos sociais na era da internet. Rio de Janeiro: Zahar, 2013.

CASTORIADIS, Cornelius. *A instituição imaginária da realidade*. Rio de Janeiro: Paz e Terra, 1982.

CERTEAU, Michel de. *A invenção do cotidiano*: 1. Artes de fazer. 19. ed. Petrópolis: Vozes, 2012.

CHARDIN, Teilhard de. O meio divino. Petrópolis: Vozes, 2010.

CHEONG, Pauline H. Authority. In: CAMPBELL, H. (org.). *Digital Religion*: Understanding Religious Practice in New Media Worlds. New York: Routledge, 2013, p. 72-87.

_____. Twitter of Faith: Understanding Social Media Networking and Microblogging Rituals as Religious Practices. In: CHEONG, P. H. et al. (org.). *Digital Religion, Social Media and Culture*: Perspectives, Practices and Futures. New York: Peter Lang, 2012, p. 191-206.

CINGOLANI, Gastón. Sobre la distinción medio/dispositivo en Eliseo Verón. In: FAUSTO NETO, A. et.al. (org.). *Relatos de investigaciones sobre mediatizaciones*. Rosario: UNR Editora, 2015, p. 55-70.

CÓDIGO de Direito Canônico promulgado por S.S. o Papa João Paulo II. Tradução da Conferência Episcopal Portuguesa – Lisboa. Braga: Editorial Apostolado da Oração, 1983. Disponível em: <http://goo.gl/9r1mDd>.

COMBLIN, José. *Mitos e realidades da secularização*. São Paulo: Herder, 1970.

COMISSÃO Teológica Internacional. O *sensus fidei* na vida da Igreja. *Vatican. va*, Vaticano, 2014. Disponível em: <http://goo.gl/VAoP4G>.

CONCÍLIO Vaticano II. Decreto *Inter mirifica* sobre os meios de comunicação social. *Vatican.va*, Vaticano, 4 dez. 1966. Disponível em: <https://goo.gl/SSrkw>.

CONFERÊNCIA Nacional dos Bispos do Brasil. *Diretório de Comunicação da Igreja no Brasil*. Brasília: Edições CNBB, 2014.

CONSELHO Episcopal Latino-Americano. *Documento final da V Conferência Geral do Episcopado Latino-Americano e do Caribe (Documento de Aparecida)*. 4. ed. São Paulo/Brasília: Paulus/Paulinas/ CNBB, 2007.

COULDRY, Nick. A Mídia tem futuro? *MATRIZes*, São Paulo, Ano 4, n. 1, p. 51-64, jul./dez. 2010. Disponível em: <http://goo.gl/0NPKaq>.

_____. *Media, Society, World*: Social Theory and Digital Media Practice. Malden: Polity Press, 2012.

DARIVA, Noemi (org.). *Comunicação social na Igreja*: documentos fundamentais – *Inter mirifica* 40 anos – 1963-2003. São Paulo: Paulinas, 2003.

DAWSON, L. L.; COWAN, D. E. *Religion On-line*: Finding Faith on the Internet. New York: Routledge, 2004.

DIANICH, Severino. *Ecclesiologia*: questioni di metodo e una proposta. Milano: Paoline, 1993.

DIJCK, José Van. *The Culture of Connectivity*: A Critical History of Social Media. New York: Oxford University Press, 2013.

DRESCHER, Elizabeth. *Tweet If You Heart Jesus*: Practicing Church in the Digital Reformation. Morehouse Publishing, 2011.

DUARTE, Jorge. Entrevista em profundidade. In: DUARTE, J.; BARROS, A. (org.). *Métodos e técnicas de pesquisa em comunicação*. 2. ed. São Paulo: Atlas, 2011, p. 62-83.

DUVEEN, Gerard. O poder das ideias. In: MOSCOVICI, S. *Representações sociais*: investigações em psicologia social. 8. ed. Petrópolis: Vozes, 2011.

ECO, Umberto. Chifres, cascos, canelas: algumas hipóteses acerca de três tipos de abdução. In: ECO, U.; SEBEOK, T. A. *O signo de três*. São Paulo: Perspectiva, 1983, p. 219-244.

EDELMANN, Noella. Reviewing the Definitions of "Lurkers" and Some Implications for *On-line* Research. *Cyberpsychology, Behavior, and Social Networking*, New Rochelle, v. 16, n. 9, p. 645-649, 2013. Disponível em: <http://goo.gl/8OeW36>.

ESPOSITO, Roberto. *Communitas*: origine e destino della comunità. Torino: Einaudi, 2006.

FANLO, Luis García. Twitter y la rebelión de los ciberfans de Gran Hermano 2.0. In: CARLÓN, M.; FAUSTO NETO, A. (org.). *Las políticas de los internautas*. Buenos Aires: La Crujía, 2012, p. 97-116.

FAUSTO NETO, Antonio. Midiatização, prática social – Prática de sentido. *Anais do Seminário sobre Midiatização*, São Leopoldo, 2005.

_____. Contratos de leitura: entre regulações e deslocamentos. *Diálogos Possíveis*, Salvador, Ano 6, n. 2, p. 7-28, jul.-dez. 2007.

_____. Mudanças da medusa? A enunciação midiatizada e sua incompletude. In: FAUSTO NETO, A. et al. (org.). *Midiatização e processos sociais na América Latina*. São Paulo: Paulus, 2008, p. 119-144.

_____. Fragmentos de uma "analítica" da midiatização. *MATRIZes*, São Paulo, n. 2, p. 89-105, abr. 2008a.

_____. Comunicação das organizações: da vigilância aos pontos de fuga. In: OLIVEIRA, I. L. SOARES, A. T. N. (org.). *Interfaces e tendências da comunicação no contexto das organizações*. São Paulo: Difusão, 2008b, p. 39-63.

_____. Ombudsman: a interrupção de uma fala transversal. *Intexto*, Porto Alegre, v. 2, n. 19, p. 1-15, jul./dez. 2008c. Disponível em: <http://goo.gl/SGZ2ed>.

_____. A circulação além das bordas. In: FAUSTO NETO, Antonio; VALDET-TARO, Sandra. *Mediatización, sociedad y sentido*: diálogos entre Brasil y Argentina. Rosario: UNR, 2010. Disponível em: <http://goo.gl/hN2Ec9>.

_____. Uma palavra a mais... In: GOMES, P. G. *Da Igreja eletrônica à sociedade em midiatização*. São Paulo: Paulinas, 2010a, p. 9-14.

_____. Como as linguagens afetam e são afetadas na circulação? In: BRAGA, J. L. et al. (org.). *Dez perguntas para a produção de conhecimento em comunicação*. São Leopoldo, 2013, p. 43-64.

FELINTO, Erick. Da teoria da comunicação às teorias da mídia ou, temperando a epistemologia com uma dose de cibercultura. *Eco-Pós*, Rio de Janeiro, v. 14, n. 1, p. 233-249, 2011.

FERREIRA, Jairo. Uma abordagem triádica dos dispositivos midiáticos. *Líbero*, São Paulo, v. 9, n. 17, p. 137-145, jun. 2006.

_____. Um caso sobre a midiatização: caminhos, contágios e armações da notícia. In: FAUSTO NETO, A. et al. (org.). *Midiatização e processos sociais na América Latina*. São Paulo: Paulus, 2008, p. 51-65.

_____. ¿Qué cultura se configura con los dispositivos digitales? Inferencias a partir de casos investigados desde el enfoque de la mediatización a partir de la Web 2.0. In: CEDAL. *Cultura Digital en América Latina*: investigación interuniversitaria Educación y Evangelización. Bogotá: CEDAL, 2012a, p. 250-269.

_____. Como a circulação direciona os dispositivos, indivíduos e instituições? In: BRAGA, J. L. et al. (org.). *Dez perguntas para a produção de conhecimento em comunicação*. São Leopoldo, 2013a, p. 140-155.

_____. A inscrição das tecnologias nos processos de midiatização: contexto, método e questões. In: *Anais do Encontro Nacional da Rede de Grupos de Pesquisa em Comunicação*, 2, Natal, 2013b, p. 154-160. Disponível em: <http://goo.gl/p3knj3>.

_____; DAIBERT, Paula. ¿Dónde estás? En búsqueda de lo tercero en el terreno de índices e íconos en el estúdio de un conflicto inexplorado: el caso sharek. al jazzera.com. In: CARLÓN, M.; FAUSTO NETO, A. (org.). *Las políticas de los internautas*. Buenos Aires: La Crujía, 2012, p. 81-96.

FEYERABEND, Paul. *Contra o método*. 2. ed. São Paulo: Editora Unesp, 2011.

FIDALGO, António. Cultura e mídias digitais. Elegias e ditirambos. In: VERÓN, E.; FAUSTO NETO. A.; HEBERLÊ, A. L. O. (org.). *Pentálogo III*: Internet: viagens no espaço e no tempo. Pelotas: Editora Cópias Santa Cruz, 2013, p. 25-50.

FIEGENBAUM, Ricardo Zimmermann. Midiatização: a Reforma Protestante do século XXI? Igrejas, dispositivos midiáticos e sistemas de valor, de visibilidade e de vínculo entre regulações e resistências. 2010. 262 f. Tese (Doutorado em Ciências da Comunicação)-Programa de Pós-Graduação em Ciências da Comunicação, Universidade do Vale do Rio dos Sinos (UNISINOS), São Leopoldo, 2010. Disponível em: <https://goo.gl/v4vVol>.

FLICHY, Patrice. *Le sacre de l'amateur*: Sociologie des passions ordinaires à l'ère numérique. Paris. Éditions du Seuil, 2010.

FOLLMANN, José Ivo. O cotidiano religioso católico numa paróquia suburbana da Região Metropolitana de Porto Alegre (RS). In: SANCHIS, P. (org.). *Catolicismo*: cotidiano e movimentos. São Paulo: Loyola, 1992, p. 155-240.

FOUCAULT, Michel. Sujeito e Poder. In: DREYFUS, H.; RABINOW, P. *Michel Foucault, uma trajetória filosófica*: para além do estruturalismo e da hermenêutica. Rio de Janeiro: Universitária, 1995. p. 231-239.

FRANCISCO. Discurso do Santo Padre ao encontro com o clero, os consagrados e os membros dos conselhos pastorais de Assis. *Vatican.va*, Vaticano, 4 out. 2013a. Disponível em: <http://goo.gl/FekcxH>.

_____. Entrevista exclusiva do Papa Francisco às revistas dos Jesuítas. *Brotéria*, Lisboa, v. 177, n. 2/3, pp. 113-144, ago./set. 2013b. Disponível em: <https://goo.gl/hpJ8Ff >.

_____. Discurso aos participantes na Assembleia Plenária do Pontifício Conselho para as Comunicações Sociais. *Vatican.va*, Vaticano, 21 set. 2013c. Disponível em: <https://goo.gl/oKykv3>.

_____. Discurso aos membros da comunidade da revista "La Civiltà Cattolica". *Vatican.va*, Vaticano, 14 jun. 2013d. Disponível em: <https://goo.gl/Ao5y9Y>.

_____. Carta encíclica *Lumen fidei* sobre a fé. *Vatican.va*, Vaticano, 24 mai. 2013e. Disponível em: <https://goo.gl/nL6nAz>.

_____. Exortação apostólica *Evangelii gaudium* sobre o anúncio do Evangelho no mundo atual. *Vatican.va*, Vaticano, 24 nov. 2013f. Disponível em: <http://goo.gl/FCZf87>.

_____. Comunicação ao serviço de uma autêntica cultura do encontro. Mensagem para o 48º Dia Mundial das Comunicações Sociais. *Vatican.va*, Vaticano, 24 jan. 2014a. Disponível em: <http://goo.gl/8JbLFr>.

_____. Discurso aos participantes do Congresso Internacional de Pastoral das Grandes Cidades. *Vatican.va*, Vaticano, 27 nov. 2014b. Disponível em: <https://goo.gl/vh5mB8>.

_____. Discurso na visita privada do Santo Padre a Caserta para o encontro com o pastor evangélico Giovanni Traettino. *Vatican.va*, Vaticano, 28 jul. 2014c. Disponível em: <https://goo.gl/6TbvHy>.

_____. Carta apostólica em forma de "motu proprio": instituição da Secretaria para a Comunicação. *Vatican.va*, Vaticano, 27 jun. 2015a. Disponível em: <http://goo.gl/smxm7R>.

_____. Dos años con Francisco, por los villeros de Baires. *La Cárcova News*, Buenos Aires, mar. 2015b. Disponível em: <http://goo.gl/hWsZkr>.

_____. Audiência geral do dia 18 de novembro de 2015. *Vatican.va*, Vaticano, 18 nov. 2015c. Disponível em: <https://goo.gl/UEoug5>.

_____. Discurso aos participantes do V Congresso da Igreja Italiana. *Vatican.va*, Vaticano, 10 nov. 2015d. Disponível em: <https://goo.gl/GtgYZY>.

_____. Carta encíclica *Laudato si'* sobre o cuidado da casa comum. *Vatican.va*, Vaticano, 24 maio 2015e. Disponível em: <http://goo.gl/uZkzBG>.

_____. Discurso aos participantes do 3º Encontro Mundial dos Movimentos Populares. *Vatican.va*, Vaticano, 5 nov. 2016a. Disponível em: <https://goo.gl/xxbkuV>.

_____. Exortação apostólica pós-sinodal *Amoris lætitia* sobre o amor na família. *Vatican.va*, Vaticano, 19 mar. 2016b. Disponível em: <https://goo.gl/Iq0JCe>.

FREIRE, Paulo. *Pedagogia do oprimido*. 17. ed. Rio de Janeiro: Paz e Terra, 1987.

_____. *Extensão ou comunicação*. 15. ed. São Paulo: Paz e Terra, 2011.

FRIESEN, Norm; HUG, Theo. The Mediatic Turn: Exploring Concepts for Media Pedagogy. In: LUNDBY, K. (org.). *Mediatization*: Concept, Changes, Consequences. New York: Peter Lang Publishing, 2009, p. 63-84.

GALLOWAY, Alexander R. *Protocol*: How Control Exists After Decentralization. Cambridge: Massachusetts Institute of Technology Press, 2004.

_____; THACKER, Eugene. *The Exploit*: A Theory of Networks. Minneapolis: University of Minnesota Press, 2007.

_____; WARK, McKenzie. *Excommunication*: Three Inquiries in Media and Mediation. Chicago: The University of Chicago Press, 2014.

GENSOLLEN, Michel. Le Web relationnel: vers une économie plus social? In: MILLERAND, F.; PROULX, S.; RUEFF, J. (org.). *Web social*: Mutation de la communication. Québec: Presses de l'Université du Quebec, 2010, p. 93-110.

GINZBURG, Carlo. Sinais: Raízes de um paradigma indiciário. In: *Mitos, emblemas, sinais*: morfologia e história. São Paulo: Companhia das Letras, 1989, p. 143-179.

GOMES, Pedro Gilberto. *Cultura, meios de comunicação e Igreja*. São Paulo: Edições Loyola, 1987.

_____. O processo de midiatização da sociedade e sua incidência em determinadas práticas sociossimbólicas na contemporaneidade: a relação mídia e religião. In: FAUSTO NETO, A. et al. (org.). *Midiatização e processos sociais na América Latina*. São Paulo: Paulus, 2008, p. 17-30.

_____. *Da Igreja eletrônica à sociedade em midiatização*. São Paulo: Paulinas, 2010.

_____. Fenomenologia da comunicação. In: FERREIRA, J.; SIGNATES, L.; PIMENTA, F. J. P. *Estudos de comunicação*: transversalidades epistemológicas. São Leopoldo: Unisinos, 2010a, p. 101-114.

_____. O caleidoscópio midiático. In: GOMES, P. et al. (org.). *Mídias e religiões*: a comunicação e a fé em sociedades em midiatização. 2. ed. São Leopoldo: Ed. Unisinos; Casa Leiria, 2012, p. 18-20.

_____. Como o processo de midiatização (um novo modo de ser no mundo) afeta as relações sociais? In: BRAGA, J. L. et al. (org.). *Dez perguntas para a produção de conhecimento em comunicação*. São Leopoldo, 2013, p. 127-139.

_____. et al. (org.). *Mídias e religiões*: a comunicação e a fé em sociedades em midiatização. 2. ed. São Leopoldo: Ed. Unisinos; Casa Leiria, 2012.

_____. Midiatização: um conceito, múltiplas vozes. In: FAUSTO NETO, A. et.al. (org.). *Relatos de investigaciones sobre mediatizaciones*. Rosario: UNR Editora, 2015, p. 33-54.

GUSMÃO, Luís de. *O fetichismo do conceito*: limites do conhecimento teórico na investigação social. Rio de Janeiro: Topbooks, 2012.

GUTIÉRREZ, Luis I. S. Posfácio. Religiosidade hipermidiatizada. In. BORELLI, V. (org.). *Mídia e religião*: entre o mundo da fé e o do fiel. Rio de Janeiro: E-papers, 2010, p. 189-194.

HEPP, Andreas. *Cultures of Mediatization*. Cambridge: Polity, 2012.

HERVIEU-LÉGER, Danièle. *O peregrino e o convertido*: a religião em movimento. Petrópolis: Vozes, 2008.

HJARVARD, Stig. The Mediatization of Religion: A Theory of the Media as Agents of Religious Change. *Northern Lights*, n. 6, 2008, p. 9-26. Disponível em: <http://goo.gl/UNxadt>.

_____. *The Mediatization of Culture and Society*. New York: Routledge, 2013.

_____. Midiatização: conceituando a mudança social e cultural. *MATRIZes*, São Paulo, v. 8, n. 1, p. 21-44, jan.-jun. 2014.

_____; LÖVHEIM, Mia (org.). *Mediatization and Religion*: Nordic Perspectives. Göteborg: Nordicom, 2012.

HOOVER, Stewart M. Introduction: The Cultural Construction of Religion in the Media Age. In: HOOVER, S. M.; CLARK, L. S. (org.). *Practicing Religion in the Age of Media*: Explorations in Media, Religion, and Culture. New York: Columbia University Press, 2001, p. 1-6.

_____. *Religion in the Media Age*. New York: Routledge, 2006.

_____. *Media and Religion*: White Paper from The Center for Media, Religion, and Culture. Boulder: University of Colorado, 2008. Disponível em: <http://migre.me/8UUZT>.

_____. Complexities: The Case of Religious Cultures. In: LUNDBY, K. (org.). *Mediatization*: Concept, Changes, Consequences. New York: Peter Lang Publishing, 2009, p. 123-138.

_____. *Estabelecendo um estudo global em mídia e religião*. São Leopoldo, 11 a 15 mar. 2013a. Informação retirada dos subsídios do Seminário Estudo Global em Mídia e Religião, do PPG em Ciências da Comunicação da Universidade do Vale do Rio dos Sinos – Unisinos.

_____. *Emerging Dimensions of "The Religious" in Mediatic Culture*. São Leopoldo, 11 a 15 mar. 2013b. Informação retirada dos subsídios do Seminário Estudo Global em Mídia e Religião, do PPG em Ciências da Comunicação, da Universidade do Vale do Rio dos Sinos – Unisinos.

_____. Concluding Thoughts: Imagining the Religious in and through the Digital. In: CAMPBELL, H. A. *Digital Religion*: Understanding Religious Practice in New Media Worlds. Oxon: Routledge, 2013c, p. 266-268.

_____. Evolving Religion in the Digital Media. In: LUNDBY, K. (org.). *Religion Across Media*: From Early Antiquity to Late Modernity. New York: Peter Lang, 2013d.

_____. Media, Culture, and the Imagination of Religion. In: CHRISTIANS, C.; NORDENSTRENG, K. (org.). *Communication Theories in a Multicultural World*. New York: Peter Lang, 2014, p. 197-212.

HOOVER, Stewart. M.; ECHCHAIBI, Nabil. *The "Third Spaces" of Digital Religion*: A Discussion Paper. Boulder: The Center for Media, Religion, and Culture, 2012. Disponível em: <http://migre.me/8xIqG>.

HORSFIELD, Peter. *From Jesus to the Internet*: A History of Christianity and Media. West Sussex: Wiley Blackwell, 2015.

HØJSGAARD, Morten T.; WARBURG, Margit. Introduction: Waves of Research. In: HØJSGAARD, M. T.; WARBURG, M. *Religion and cyberspace*. Londres: Routledge, 2005, p. 1-11.

IBRUS, Indrek. Una alternativa: la evolución de los medios abordada desde la semiótica de la cultura. In: SCOLARI, C. A. (org.). *Ecología de los medios*: entornos, evoluciones e interpretaciones. Barcelona: Gedisa, 2015, p. 221-246.

JAURÉGUIBERRY, Francis; PROULX, Serge. *Usages et enjeux des technologies de coomunication*. Toulouse: Érès, 2011.

JENKINS, Henry; FORD, Sam; GREEN, Joshua. *Spreadable Media*: Creating Value and Meaning in a Networked Culture. New York: New York University Press, 2013.

JOÃO PAULO II. Internet: um novo foro para a proclamação do Evangelho. Mensagem para o 36º Dia Mundial das Comunicações Sociais. *Vatican. va*, Vaticano, 24 jan. 2002. Disponível em: <https://goo.gl/k7zqG4>.

JOHNSON, Steven. *Cultura da interface*: como o computador transforma nossa maneira de criar e comunicar. Rio de Janeiro: Jorge Zahar, 2001.

JOVENS Conectados. *Regimento interno*: Equipe Jovem de Comunicação. Brasília: CEPJ, 2014.

_____. *Plano de comunicação 2015-2018*. Brasília: CEPJ, 2015.

KADUSHIN, Charles. *Understanding Social Networks*: Theories, Concepts, and Findings. New York: Oxford University Press, 2012.

KEHL, Medard. *A Igreja*: uma eclesiologia católica. São Paulo: Edições Loyola, 1997.

KERCKHOVE, Derrick de. *Connected Intelligence*: The Arrival of the Web Society. Londres: Kogan Page, 1998.

KNOBLAUCH, Hubert. A dissolução da religião no religioso. In: LUCKMANN, T. *A religião invisível*. São Paulo: Olho D'Água; Loyola, 2014, p. 4-33.

KROTZ, Friedrich. The Meta-Process of 'Mediatization' as a Conceptual Frame. *Global Media and Communication*, Thousand Oaks, v. 3, p. 256-260, 2007. Disponível em: <http://migre.me/4Cvan>.

KÜNG, Hans. Introdução: o debate sobre o conceito de religião. *Concilium*, Petrópolis, n. 203, p. 5-10, 1986.

LIBANIO, João Batista. *A religião no início do milênio*. São Paulo: Edições Loyola, 2002.

LICOPPE, Christian; PROULX, Serge; CUDICIO, Renato. Contribution et coopération à distance via l'usage de messageries instantanées en entreprise. In: MILLERAND, F.; PROULX, S.; RUEFF, J. (org.). *Web social*: Mutation de la communication. Québec: Presses de l'Université du Quebec, 2010, p. 233-252.

LIMA, Luís Corrêa. Homoafetividade e evangelização: abrir caminhos. *Vida Pastoral*, São Paulo, Ano 55, n. 297, p. 29-36, jul.-ago. 2014. Disponível em: <http://goo.gl/zLV7ro>.

LIPOVETSKY, Gilles. Futuro da autonomia e sociedade do indivíduo. In: NEUTZLING, I.; BINGEMER, M. C.; YUNES, E. (org.). *Futuro da autonomia*:

uma sociedade de indivíduos? Rio de Janeiro/ São Leopoldo: Ed. PUC-Rio/ Ed. Unisinos, 2009, p. 59-72.

LOGAN, Robert K. La base biológica de la ecologia de los medios. In: SCOLARI, C. A. (org.). *Ecología de los medios*: entornos, evoluciones e interpretaciones. Barcelona: Gedisa, 2015, p. 197-217.

LOTMAN, Iuri M. *La semiosfera 1*: semiótica de la cultura y del texto. Madrid: Ediciones Cátedra, 1996.

LUCKMANN, Thomas. *A religião invisível*. São Paulo: Olho D'Água; Loyola, 2014.

LUHMANN, Niklas. *A realidade dos meios de comunicação*. São Paulo: Paulus, 2005.

LUNDBY, Knut. Introduction: "Mediatization" as Key. In: LUNDBY, K. (org.). *Mediatization*: Concept, Changes, Consequences. New York: Peter Lang Publishing, 2009, p. 1-18.

MANCUSO, Vito. *Risposta a Telmo Pievani*. Milano, 6 fev. 2014. Disponível em: <http://goo.gl/AS6OUV>. Informação retirada do site pessoal do autor.

MANOVICH, Lev. *The Language of New Media*. London: The MIT Press, 2001.

MARCONDES FILHO, Ciro. Niklas Luhmann, a comunicação vista por um novo olhar. In: LUHMANN, N. *A realidade dos meios de comunicação*. São Paulo: Paulus, 2005, p. 7-12.

MARINELLI, Alberto. *Connessioni*: nuovi media, nuove relazioni sociali. Milano: Guerini Studio, 2004.

MARQUES, Luis Henrique. Marketing católico como reflexo do processo de midiatização da religião. In: BELLOTTI, K. K.; CUNHA, M. N. Mídia, religião e cultura: percepções e tendências em perspectiva global. Curitiba: Prismas, 2016, p. 271-292.

MARTELLI, Stefano. *A religião na sociedade pós-moderna*: entre secularização e dessecularização. São Paulo: Paulinas, 1995.

_____. Identità e relazione nel Web 2.0: come il *social networking* cambia il rapporto tra comunità e persona umana. In: CONFERENZA Episcopale Italiana. *Chiesa in rete 2.0*: atti del Convegno Nazionale. Roma: Edizioni San Paolo, 2010, p. 42-61.

MARTÍN-BARBERO, Jesús. *Dos meios às mediações*. Rio de Janeiro: UFRJ, 1997.

_____. Tecnicidades, identidades, alteridades: mudanças e opacidades da comunicação no novo século. In: MORAES, Dênis de (org.). *Sociedade midiatizada*. Rio de Janeiro: Mauad, 2006, p. 51-80.

_____. Uma aventura epistemológica. *MATRIZes*, São Paulo, v. 2, n. 2, p. 143-162, jul.-dez. 2009.

MARTINO, Luis Mauro Sá. Mediação e midiatização da religião em suas articulações teóricas e práticas: um levantamento de hipóteses e problemáticas. In: MATTOS, M. A.; JANOTTI JUNIOR, J.; JACKS, N. (org.). *Mediação e midiatização*. Salvador: EDUFBA, 2012, p. 219-244.

_____. A mediatização do campo religioso: esboço de uma síntese possível. *Comunicação & Informação*, Goiânia, v. 18, n. 2, p. 6-21, jul./dez. 2015. Disponível em: <http://goo.gl/ZxJo4x>.

MAZZI, Enzo. *Il valore dell'eresia*. Roma: Manifestolibri, 2010.

McGRATH, Alister. *Heresy*: A History of Defending the Truth. New York: HarperOne, 2009.

MEHL, Dominique. A vida privada pública. In: ABRANTES, J. C.; DAYAN, D. (org.). *Televisão*: das audiências aos públicos. Lisboa: Livros Horizontes, 2006, p. 171-196.

MIÈGE, Bernard. *A sociedade tecida pela comunicação*: técnicas da informação e da comunicação entre inovação e enraizamento social. São Paulo: Paulus, 2009.

MIKLOS, Jorge. A ciber-religião: a midiatização do sagrado e a sacralização da mídia. In: GOMES, P. et al. (org.). *Mídias e religiões*: a comunicação e a fé em sociedades em midiatização. 2. ed. São Leopoldo: Ed. Unisinos; Casa Leiria, 2012, p. 181-193.

MILLERAND, Florence; PROULX, Serge; RUEFF, Julien (org.). *Web social*: Mutation de la communication. Québec: Presses de l'Université du Quebec, 2010.

MIRANDA, Mario de França. *A Igreja numa sociedade fragmentada: escritos eclesiológicos*. São Paulo: Edições Loyola, 2006.

MIROSHNICHENKO, Andrey. *Man as Media*: The Emancipation of Authorship. Moscow: Andrey Miroshnichenko, 2013.

MOSCOVICI, Serge. *Representações sociais*: investigações em psicologia social. 8. ed. Petrópolis: Vozes, 2011.

MORIN, Edgar. Epistemologia da complexidade. In: SCHNITMAN, Dora Fried. *Novos paradigmas, cultura e subjetividade*. Porto Alegre: Artes Médicas, 1996, p. 274-289.

_____. *O método 3*: o conhecimento do conhecimento. 2. ed. Porto Alegre: Sulina, 1999.

_____. A epistemologia da complexidade. In: MORIN, E.; LE MOIGNE, J.-L. *A inteligência da complexidade*. 2. ed. São Paulo: Peirópolis, 2000, p. 43-138.

_____. *O método 1*: a natureza da natureza. 2. ed. Porto Alegre: Sulina, 2008.

_____. *Introdução ao pensamento complexo*. 5. ed. Lisboa: Instituto Piaget Editora, 2008a.

MOYA, Juan A. Gaitán; RAIGADA, José L. Piñuel. *Técnicas de investigación en comunicación social*: elaboración y registro de datos. Madrid: Editorial Síntesis, 1998.

MÜLLER, Gerhard L. Alcune sfide per la teologia nell'orizzonte della "cittadinanza" contemporanea. *Lectio magistralis* inaugural do Ano Acadêmico da Facoltà Teologica di Milano. *Avvenire*, Roma, 2014. Disponível em: <http://goo.gl/Vsdquv>.

MUSSO, Pierre. A filosofia da rede. In: PARENTE, A. (org.). *Tramas da rede*. Porto Alegre: Sulina, 2004, p. 17-38.

_____. *L'ideologia delle reti*. Milano: Apogeo, 2007.

NOVELLO, Mario. Um pensamento que não recebe ordens. Revista IHU On-Line, São Leopoldo, n. 402, set. 2009. Disponível em <http://migre.me/d9ogf>.

PACE, Enzo. *La comunicazione invisibile*: le religioni in internet. Milano: San Paolo, 2013.

PATTEN, Christopher. Full text: Lord Patten's speech on the Vatican's media operation. *Catholic Herald*, Londres, 27 maio 2015. Disponível em: <http:// goo.gl/QJ3nwt>.

PERAYA, Daniel. O ciberespaço: um dispositivo de comunicação e de formação midiatizada. In: ALAVA, S. (org.). *Ciberespaço e formações abertas*: rumo a novas práticas educacionais? Porto Alegre: Artmed, 2002, p. 25-52.

PONDÉ, Luiz Felipe. *O catolicismo hoje*. São Paulo: Benvirá, 2011.

PONTIFÍCIO Conselho para a Promoção da Unidade dos Cristãos; FEDE-RAÇÃO Luterana Mundial. *Do Conflito à Comunhão*. Comemoração conjunta católico-luterana da Reforma em 2017. Relatório da Comissão Luterana – Católico-Romana para a Unidade. Brasília, Edição cojunta Edições CNBB e Editora Sinodal. 2015. Disponível em: <https://goo.gl/jlO1ki>.

PRIGOGINE, Ilya. *O fim das certezas*: tempo, caos e as leis da natureza. 2. ed. São Paulo: Unesp, 2011.

PRIMO, Alex. Quão interativo é o hipertexto? Da interface potencial à escrita coletiva. *Fronteiras: Estudos Midiáticos*, São Leopoldo, v. 5, n. 2, p. 125-142, 2003. Disponível em: <http://goo.gl/iLiMtp>.

_____. Inteações mediadas e remediadas: controvérsias entre as utopias da cibercultura e a grande indústria midiática. In: PRIMO, A. (org.). *Interações em rede*. Porto Alegre: Sulina, 2013, p. 13-32.

PROULX, Serge. La puissance d'agir d'une culture de la contribution face à l'emprise d'un capitalisme informationnel: premières réflexions. In: CONS-TANTOPOULOU, C. (org.). *Barbaries contemporaines*. L'Harmattan: Paris, 2012, p. 1-9.

_____; CHOON, Mary J. K. L'usage des réseaux socionumériques: une intériorisation douce et progressive du contrôle social. *Hermès*, Paris, n. 59, p. 105-112, 2011.

_____; MILLERAND, Florence. Le web social, au carrefour de multiples questionnements. In: MILLERAND, F.; PROULX, S.; RUEFF, J. (org.). *Web social*: Mutation de la communication. Québec: Presses de l'Université du Quebec, 2010, p. 13-32.

PUNTEL, Joana T. A Igreja a caminho na comunicação. *Teocomunicação*, Porto Alegre, v. 41, n. 2, p. 221-242, jul./dez. 2011. Disponível em: <http://goo. gl/930MTU>.

_____. Comunicação: eixo da ação pastoral da Igreja. *Vida Pastoral*, São Paulo, Ano 55, n. 300, 2014. Disponível em: <http://goo.gl/9RMY4c>.

QUANDT, Thorsten. Network Theory and Human Action. In: LUNDBY, K. (org.). *Mediatization*: Concept, Changes, Consequences. New York: Peter Lang Publishing, 2009, p. 111-133.

RAINIE, Lee; WELLMAN, Barry. *Networked*: il nuovo sistema operativo sociale. Milano: Guerini Scientifica, 2012.

RECUERO, Raquel. *Redes socia'is na internet*. Porto Alegre: Sulina, 2009.

RIEZU, Xabier. Medios digitales y religión: investigar la mediatización de la fe en la era digital. *Anais do XI Congreso Español de Sociología*. Madrid: Federación Española de Sociología, 2013. Disponível em: <http://goo.gl/ GoL9TU>.

RODRIGUES, Adriano D. *O paradigma comunicacional*: história e teorias. Lisboa: Fundação Calouste Gulbenkian, 2011.

_____. Prefácio. In: MATTOS, M. Â.; JANOTTI JUNIOR, J.; JACKS, N. (org.). *Mediação e midiatização*. Salvador: EDUFBA, 2012, p. 9-19.

ROTHENBUHLER, Eric W. Continuities: Communicative Form and Institutionalization. In: LUNDBY, K. (org.). *Mediatization*: Concept, Changes, Consequences. New York: Peter Lang Publishing, 2009, p. 277-292.

RUMSTAIN, Ariana; ALMEIDA, Ronaldo de. Os católicos no trânsito religioso. In: TEIXEIRA, F.; MENEZES, R. (org.). *Catolicismo plural*: dinâmicas contemporâneas. Petrópolis: Vozes, 2009, p. 31-55.

SANCHIS, Pierre. Introdução. In: SANCHIS, P. (org.). *Catolicismo*: modernidade e tradição. São Paulo: Loyola, 1992, p. 9-40.

_____. Perspectivas antropológicas sobre o catolicismo. In: TEIXEIRA, F.; MENEZES, R. (org.). *Catolicismo plural*: dinâmicas contemporâneas. Petrópolis: Vozes, 2009, p. 181-206.

SANTAELLA, Lucia. *A ecologia pluralista da comunicação*: conectividade, mobilidade, ubiquidade. São Paulo: Paulus, 2010a.

SBARDELOTTO, Moisés. *"E o Verbo se fez bit"*: uma análise de sites católicos brasileiros como ambiente para a experiência religiosa. 2011. 205 f. Dissertação (Mestrado em Ciências da Comunicação) – Programa de Pós-graduação em Ciências da Comunicação, Universidade do Vale do Rio dos Sinos (UNISINOS), São Leopoldo, 2011.

_____. *E o Verbo se fez bit*: a comunicação e a experiência religiosas na internet. Aparecida: Santuário, 2012.

_____. Midiamorfose da fé: continuidades e transformações da religiosidade na internet. In: GOMES, P. G. et al. (org.). *Mídias e religiões*: a comunicação e a fé em sociedades em midiatização. 2. ed. São Leopoldo: Ed. Unisinos; Casa Leiria, 2012a, p. 138-155.

_____. Deus digital, religiosidade *on-line*, fiel conectado: estudos sobre religião e internet. *Cadernos Teologia Pública*, São Leopoldo, Ano IX, n. 70, 2012b. Disponível em: <http://goo.gl/UFPrp1>.

_____. L'assemblea in rete e la mediamorfose della fede. *Rivista di Pastorale Liturgica*, Brescia, v. 6, p. 47-51, 2012c.

_____. The Sacred in Bits and Pixels: An Analysis of the Interactional Interface in Brazilian Catholic *On-line* Rituals. *Journal of Religion, Media and Digital Culture*, Stockholm, v. 3, p. 82-115, 2014a. Disponível em: <https://goo.gl/0YNf9r>.

_____. La reconstrucción de lo "religioso" en la circulación en redes socio-digitales. *La Trama de la Comunicación*, Rosario, v. 18, p. 151-170, 2014b. Disponível em: <http://goo.gl/QqaVTw>.

_____. Mediatización de la religión: la relación entre lo 'religioso' y lo mediático en tiempos de red. InMediaciones de la Comunicación, Montevidéu, v. 11, p. 113-138, 2016. Disponível em: <https://goo.gl/YbZMwU>.

SCOLARI, Carlos. *Hacer clic*: hacia una sociosemiótica de las interacciones digitales. Barcelona: Gedisa, 2004.

_____. *Hipermediaciones*: elementos para una teoría de la comunicación digital interactiva. Barcelona: Gedisa, 2008.

_____. Los 10.000 días que estremecieron al mundo. Redes, medios e interfaces. In: In: VERÓN, E.; FAUSTO NETO. A.; HEBERLÊ, A. L. O. (org.). *Pentálogo III*: Internet: viagens no espaço e no tempo. Pelotas: Editora Cópias Santa Cruz, 2013, p. 75-98.

SECRETARIA de Comunicação Social. *Pesquisa brasileira de mídia 2015*: hábitos de consumo de mídia pela população brasileira. Brasília: Secom, 2014.

SÍNODO dos Bispos. Os desafios pastorais sobre a família no contexto da evangelização. Documento preparatório para a III Assembleia Geral Extraordinária do Sínodo dos Bispos. *Vatican.va*, Vaticano, 2013. Disponível em: <http://goo.gl/9dQRMV>.

_____. A vocação e a missão da família na Igreja e no mundo contemporâneo. Relatório final do Sínodo dos Bispos ao Santo Padre Francisco. *Vatican.va*, Vaticano, 2015. Disponível em: <http://goo.gl/UHX8H7>.

SODRÉ, Muniz. Ciência e método na comunicação. In: LOPES, M. I. V. (org). *Epistemologia da comunicação*. São Paulo: Loyola, 2003, p. 305-311.

_____. Por um conceito de minoria. In: PAIVA, R.; BARBALHO, A. (org.). *Comunicação e cultura das minorias*. São Paulo: Paulus, 2005, p. 11-14.

_____. O *socius* comunicacional. In: VERÓN, E.; FAUSTO NETO. A.; HEBERLÊ, A. L. O. (org.). *Pentálogo III*: Internet: viagens no espaço e no tempo. Pelotas: Editora Cópias Santa Cruz, 2013, p. 241-252.

_____. *A ciência do comum*: notas para o método comunicacional. Petrópolis: Vozes, 2014.

SPADARO, A. *Cyberteologia*: pensare il cristianesimo al tempo della rete. Milano: Vita e Pensiero, 2012.

_____. *Web 2.0*: redes sociais. São Paulo: Paulinas, 2013.

_____. *Quando la fede si fa social*. Bologna: EMI, 2015.

STEIL, Carlos A. A cultura já não é mais a mesma. In; TEIXEIRA, F.; MENEZES, R. (org.). *Catolicismo plural*: dinâmicas contemporâneas. Petrópolis: Vozes, 2009, p. 151-158.

_____; TONIOL, Rodrigo. O catolicismo e a Igreja Católica no Brasil à luz dos dados sobre religião no Censo de 2010. *Debates do NER*, Porto Alegre, Ano 14, n. 24, p. 223-243, jul./dez. 2013. Disponível em: <http://goo.gl/MRGaoc>.

STRICKLAND, Donald; SCHLESINGER, Lester. "Lurking" as a Research Method. *Human Organization*, Lexington, v. 28, n. 3, p. 248-250, 1969. Disponível em: <http://goo.gl/xjncLj>.

TAYLOR, Yvette; FALCONER, Emily; SNOWDON, Ria. Queer youth, Facebook and faith: Facebook methodologies and *on-line* identities. *New Media & Society*, v. 16, n. 6, p. 1138-1153, jul. 2014. Disponível em: <http://goo.gl/8m5OHv>.

TEER-TOMASELLI, Ruth; TOMASELLI, Keyan G. Struggle, Vatican II, and Development Communication Practice. In: CHRISTIANS, C.; NORDENSTRENG, K. (orgs.). Communication Theories in a Multicultural World. New York: Peter Lang, 2014, p. 241-254.

TEIXEIRA, Faustino. Faces do catolicismo brasileiro contemporâneo. In: TEIXEIRA, F.; MENEZES, R. (org.). *Catolicismo plural*: dinâmicas contemporâneas. Petrópolis: Vozes, 2009, p. 17-30.

_____. O Censo de 2010 e as religiões no Brasil: esboço de apresentação. In: TEIXERIA, Faustino; MENEZES, Renata (org.). *Religiões em movimento*: o Censo de 2010. Petrópolis: Vozes, 2013, p. 17-35.

TEIXEIRA, Faustino; MENEZES, Renata. Catolicismo plural: uma introdução. In: TEIXEIRA, F.; MENEZES, R. (org.). *Catolicismo plural*: dinâmicas contemporâneas. Petrópolis: Vozes, 2009, p. 7-14.

TOLEDO, Jorge Alberto H. Interfaz y comunicación: la compleja red de intermediaciones significativas en la era digital. *Versión – Estudios de Comunicación y Política*, Ciudad de Mexico, Ano 22, dez. 2012, p. 63-84.

VALLE, Edênio. A Igreja Católica ante a homossexualidade: contextualizações e indicações pastorais. *Vida Pastoral*, São Paulo, Ano 55, n. 297, p. 9-28, jul.-ago. 2014. Disponível em: <http://goo.gl/zLV7ro>.

VATTIMO, Gianni. *A sociedade transparente*. Lisboa: Relógio D'Água, 1992.

_____. *Acreditar em acreditar*. Lisboa: Relógio D'Água, 1998.

VERÓN, Eliseo. *A produção de sentido*. São Paulo: Cultrix, 1980.

_____. Esquema para el análisis de la mediatización. *Diálogos de la Comunicación*, Lima, n. 48, 1997, p. 9-17.

_____. Conversación sobre el futuro. In: *Espacios mentales*: efectos de agenda 2. Barcelona: Gedisa, 2002.

_____. *Fragmentos de um tecido*. São Leopoldo: Unisinos, 2004.

_____. Midiatização, novos regimes de significação, novas práticas analíticas? In: FERREIRA, G. M.; SAMPAIO, A. O.; FAUSTO NETO, A. (org.). *Mídia, discurso e sentido*. Salvador: EDUFBA, 2011, p. 17-25.

_____. Prólogo: La mediatización, ayer y hoy. CARLÓN, M.; FAUSTO NETO, A. (orgs). *Las políticas de los internautas*: nuevas formas de participación. Buenos Aires: La Crujía, 2012.

_____. *La semiosis social 2*: ideas, momentos, interpretantes. Buenos Aires: Paidós, 2013.

_____. Teoria da midiatização: uma perspectiva semioantropológica e algumas de suas consequências. *MATRIZes*, São Paulo, n. 1, p. 13-19, jan./jun. 2014. Disponível em: <http://goo.gl/OauFDM>.

VITALI, Dario. *Sensus fidelium*: una funzione ecclesiale di intelligenza della fede. Brescia: Morcelliana, 1993.

WARK, McKenzie. Furious Media: A Queer History of Heresy. In: GALLOWAY, A. R.; THACKER, E.; WARK, M. *Excommunication*: Three Inquiries in Media and Mediation. Chicago: The University of Chicago Press, 2014, p. 151-210.

YIN, Robert K. *Estudo de caso*: planejamento e métodos. 2. ed. Porto Alegre: Bookman, 2001.

ZAMAGNI, Stefano. A identidade e a missão de uma universidade católica na atualidade. *Cadernos IHU Ideias*, São Leopoldo, Ano 11, n. 185, 2013. Disponível em: <http://goo.gl/Z72Wru>.

ZANON, Darlei. *Chiesa e società in rete*: elementi per una cyberecclesiologia. Milano: Edizioni San Paolo, 2013.

ZVIADADZE, Sophie. I "like" my Patriarch. Religion on Facebook. New Forms of Religiosity in Contemporary Georgia. *On-line – Heidelberg Journal of Religions on the Internet*, Heidelberg, v. 6, p. 164-194, 2014. Disponível em: <http://goo.gl/5iiTif>.

Impresso na gráfica da
Pia Sociedade Filhas de São Paulo
Via Raposo Tavares, km 19,145
05577-300 - São Paulo, SP - Brasil - 2017